MARK SCHWIETE

Finanzsysteme und wirtschaftliche Entwicklung

Abhandlungen zur Nationalökonomie

Herausgegeben von Professor Dr. Karl-Dieter Grüske

in Zusammenarbeit mit den Professoren
Dr. Wolfgang Harbrecht, Dr. Joachim Klaus,
Dr. Werner Lachmann, Dr. Manfred Neumann

Band 9

Finanzsysteme und wirtschaftliche Entwicklung

Theoretische Aspekte, Vergleich westlicher Finanzsysteme und Systemtransformation in Osteuropa

Von

Mark Schwiete

Duncker & Humblot · Berlin

Die Deutsche Bibliothek – CIP-Einheitsaufnahme

Schwiete, Mark:
Finanzsysteme und wirtschaftliche Entwicklung : theoretische Aspekte, Vergleich westlicher Finanzsysteme und Systemtransformation in Osteuropa / von Mark Schwiete. – Berlin : Duncker und Humblot, 1998
(Abhandlungen zur Nationalökonomie ; Bd. 9)
Zugl.: Erlangen, Nürnberg, Univ., Diss., 1997
ISBN 3-428-09269-4

n 2

Fotoprint: Werner Hildebrand, Berlin
Printed in Germany

ISSN 0947-4595
ISBN 3-428-09269-4

Gedruckt auf alterungsbeständigem (säurefreiem) Papier
entsprechend ISO 9706 ♾

Einführung der Herausgeber

Welche Rolle das Finanzsystem eines Landes für wirtschaftliches Wachstum spielt, welche Bedeutung den Banken und dem organisierten Kapitalmarkt zukommt, wird in der ökonomischen Literatur kontrovers diskutiert. Strittig ist insbesondere, ob im Interesse des wirtschaftlichen Wachstums eher das kontinentaleuropäische Modell der Universalbanken oder das des angelsächsischen Trennbanksystems den Vorzug verdient. Die Einführung einer marktwirtschaftlichen Ordung und damit eines durch Wettbewerb gekennzeichneten Finanzsystems in den Reformländern des ehemaligen Ostblocks bildet ein interessantes Großexperiment. Während sich Rußland und Ungarn für das angelsächsische System entschieden haben, ist in den übrigen Ländern Osteuropas eine Reform in Anlehnung an das kontinentaleuropäische Modell erfolgt.

Mit der vorliegenden Arbeit hat sich der Verfasser die Aufgaben gestellt, Vor- und Nachteile alternativer Finanzsysteme herauszuarbeiten und die Entwicklung in den Reformländern im Lichte theoretischer Einsichten und empirischer Befunde zu kommentieren. Die sehr klare und übersichtliche Arbeit beginnt mit einer Analyse der Bedeutung des Finanzsystems für wirtschaftliches Wachstum. Begrifflich wird dabei einmal zwischen bank- und marktorientierten Finanzsystemen unterschieden und zum anderen zwischen einem Universalbanken- und einem Trennbankensystem. Auf Grund theoretisch fundierter Abwägungen sowie einer empirischen Studie kommt der Verfasser zu dem Ergebnis, daß die namentlich von amerikanischen Ökonomen häufig vertretene These, ein marktorientiertes Finanzsystem sei fortschrittlicher als ein bankorientiertes und deshalb vorzuziehen, nicht haltbar ist. Vielmehr sprechen gute Gründe für die Überlegenheit eines bankorientierten Systems nach kontinentaleuropäischem Vorbild.

Die Arbeit ist flüssig geschrieben, zahlreiche Schaubilder verdeutlichen die Aussagen im Text. Die Fülle der Informationen wird jeweils am Ende eines Kapitals sowie im Schlußkapital zusammengefaßt. Dem Verfasser ist ein wichtiger Beitrag zum Verständnis der Transformationsprobleme in Osteuropa zu verdanken.

Nürnberg, im August 1997

Karl-Dieter Grüske
(Geschäftsführender Herausgeber)

Manfred Neumann
(Mitherausgeber)

Vorwort

Die vorliegende Abhandlung wurde im Juni 1997 von der Wirtschafts- und Sozialwissenschaftlichen Fakultät der Friedrich-Alexander-Universität Erlangen-Nürnberg unter dem Titel "Finanzsektor, Unternehmensfinanzierung und Systemtransformation - theoretische Aspekte, Vergleich westlicher Finanzsysteme und Implikationen für die Transformationsländer in Osteuropa" als Dissertation angenommen und mit dem Promotionspreis der Herman-Gutmann-Stiftung ausgezeichnet.

Die Abhandlung entstand überwiegend während meiner Zeit als wissenschaftlicher Mitarbeiter am Lehrstuhl für Volkswirtschaftslehre, insbesondere Wirtschaftstheorie, meines Doktorvaters Professor Dr. Manfred Neumann. Ihm schulde ich besonderen Dank für vielfältige Anregungen sowie die Unterstützung und Förderung, die ich während meiner gesamten Assistentenzeit an seinem Lehrstuhl erhielt. Meinem Korreferenten Herrn Professor Dr. Ernst Dürr bin ich ebenfalls zu großem Dank verpflichtet. Er hat die Dissertation stets ermutigend und zustimmend begleitet. Herrn Professor Dr. Karl-Dieter Grüske danke ich für die Aufnahme dieser Studie in die Reihe *Abhandlungen zur Nationalökonomie*.

Mein tiefer Dank gilt darüber hinaus Herrn Professor Dr. Rainer Klump (Universität Ulm), der diese Forschungsarbeit anregte und mir über unsere kurze gemeinsame Würzburger Zeit hinaus durch zahlreiche Gespräche und kritische Anmerkungen betreuend zur Seite stand. Zahlreiche Hinweise und Anregungen verdanke ich ferner Frau Professor Dr. Doris Neuberger (Universität Rostock), Herrn Dr. Jürgen Weigand, Frau Dipl.-Vw. Monika Lindner-Lehmann (Universität Rostock) und Frau Dipl.-Vw. Claudia Weigand, die verschiedenste Versionen des Manuskriptes sorgfältig gelesen und kritisch mit mir diskutiert haben. Frau Dr. Claudia Buch (Institut für Weltwirtschaft, Kiel) danke ich für ihre Hilfsbereitschaft bei der Beschaffung aktueller und der Auswertung widersprüchlicher Informationen zum Transformationsprozeß in Mittel- und Osteuropa. Herr Studienrat Erwin Barth hat das Manuskript mit großer Sorgfalt auf Rechtschreibung und Interpunktion geprüft, auch ihm schulde ich Dank. Ferner danke ich allen Mitarbeitern des Lehrstuhls, die durch zahlreiche anregende Gespräche und ein inspirierendes Arbeitsklima einen wesentlichen Anteil am Gelingen dieser Arbeit hatten.

Der Wirtschafts- und Sozialwissenschaftlichen Fakultät der Friedrich-Alexander-Universität Erlangen-Nürnberg und der Herman-Gutmann-Stiftung danke ich für die finanzielle Unterstützung, die mir durch die Verleihung des Promotionspreises der Herman-Gutmann-Stiftung zuteil wurde.

Last not least gilt mein Dank meinen Eltern sowie meiner Frau Dorothe und meinem Sohn Carsten, die entscheidend zu diesem Werk beitrugen. Sie haben mich über viele Jahre in jeder Weise unterstützt und alle mit der Dissertation einhergehenden negativen Auswirkungen klaglos ertragen. Ihnen widme ich dieses Buch.

'Alles fließt.' Diese frühe Erkenntnis Heraklits gilt auch für die heutige rasante Entwicklung auf den internationalen Finanzmärkten und die sich stets wandelnde Situation in den Transformationsländern Osteuropas. Ich möchte daher abschließend darauf hinweisen, daß die in dieser Abhandlung dargelegten Ausführungen auf den mir bis März 1997 zugänglichen Informationen beruhen. Neuere Quellen konnten nur teilweise berücksichtigt werden.

Nürnberg, im August 1997 *Mark Schwiete*

Inhaltsverzeichnis

Tabellenverzeichnis

Abbildungsverzeichnis

Abkürzungsverzeichnis

AktG	Aktiengesetz
BfAI	Bundesstelle für Außenhandelsinformation
BIP	Bruttoinlandsprodukt
BIS	Bank for International Settlements
BIZ	Bank für Internationalen Zahlungsausgleich
BMWi	Bundesministerium für Wirtschaft
BSP	Bruttosozialprodukt
CEPR	Centre for Economic Policy Research
CPI	Consumer Price Index
CSFR	Czech and Slovak Federal Republic
DIW	Deutsches Institut für Wirtschaftsforschung
EBRD	European Bank for Reconstruction and Development
EDI	Economic Development Institute
EU	Europäische Union
GDP	Gross Domestic Product
GmbHG	GmbH-Gesetz
GNP	Gross National Product
GUS	Gemeinschaft unabhängiger Staaten
IAS	International Accounting Standards
IfW	Institut für Weltwirtschaft
ILO	International Labour Organisation
IMF	International Monetary Fund
IWH	Institut für Wirtschaftsforschung Halle
KWG	Gesetz über das Kreditwesen
NBER	National Bureau for Economic Research

OECD	Organisation for Economic Cooperation and Development
SbK	Solvabilitätskoeffizient
TL	Transformationsländer
WiSt	Wirtschaftswissenschaftliches Studium

Einführung

Does finance matter? Diese Frage beschäftigt die Ökonomie sowohl auf makro- als auch auf mikroökonomischer Ebene seit langer Zeit.

In der Makroökonomik wird u.a. der Beitrag des Finanzsystems zur wirtschaftlichen Entwicklung untersucht. Während bereits frühe Forschungen einen Zusammenhang zwischen finanzieller und gesamtwirtschaftlicher Entwicklung einer Volkswirtschaft erkennen lassen, bestehen nach wie vor Meinungsverschiedenheiten über die Bedeutung des Finanzsektors. Sind Wachstum und Wohlstand Ursache oder Folge des finanziellen Entwicklungsstandes einer Volkswirtschaft? Beeinflußt die finanzielle Entwicklung die Wachstumsrate einer Volkswirtschaft oder nur das Wohlstandsniveau? Diese Fragen stehen im Mittelpunkt der wachstumsorientierten Forschungen zur Rolle der Finanzintermediäre.

In der Mikroökonomik analysiert die Theorie der Finanzintermediation die Aufgaben, die Finanzintermediäre insbesondere Banken in einer Volkswirtschaft wahrnehmen. Anfängliche Ansätze stellten die transaktionskostensenkende Wirkung von Finanzintermediation in den Vordergrund, während neuere Arbeiten Vorteile der Intermediäre bei der Risikodiversifikation, der Informationsproduktion und der Unternehmenskontrolle hervorheben. Die Theorie der Unternehmensfinanzierung wiederum untersucht den Einfluß der Finanzierungsentscheidungen von Unternehmen auf ihre Investitionsentscheidungen. Beide Strömungen beschäftigen sich mit den Divergenzen verschiedener Finanzsysteme. Die Theorie der Finanzintermediation hinterfragt in diesem Zusammenhang, ob Risikodiversifikation, Informationsproduktion und Unternehmenskontrolle der Banken durch die regulative Ausgestaltung des Finanzsystems beeinflußt werden oder ob Banken diese Aufgaben in unterschiedlichen Finanzsystemen gleichermaßen erfüllen können. Die Theorie der Unternehmensfinanzierung geht der Frage nach, ob verschiedene Finanzsysteme die Investitions- und Finanzierungsentscheidungen der Unternehmen unterschiedlich beeinflussen.

Im Rahmen dieser Diskussion wird hauptsächlich zwischen *marktorientierten* und *bankorientierten* Finanzsystemen unterschieden. Die Bezeichnung *bank-* bzw. *marktorientiert* bezieht sich in erster Linie auf den Schwerpunkt der Unternehmensfinanzierung. In bankorientierten Finanzsystemen finanzieren sich Nicht-Finanzunternehmen überwiegend über Banken, in marktorientierten

Systemen überwiegend über den Kapitalmarkt. Als bankorientiert werden z.B. die Finanzsysteme Japans und Deutschlands bezeichnet, als marktorientiert die Systeme der USA und des UK.[1] Wirtschaftshistorische Forschungen zeigten, daß die Industrialisierung Europas - von England abgesehen - stets mit sehr bankorientierter Finanzierung verbunden war.[2] Die hohen Wachstumsraten Japans in den achtziger Jahren lösten eine erneute Diskussion über die Unterschiede zwischen bank- und marktorientierten Finanzsystemen und über den Einfluß der Finanzsysteme auf das Wirtschaftswachstum aus. Nach verbreiteter Ansicht ist demnach die Bankorientierung eines Landes ursächlich für hohes Wirtschaftswachstum.[3]

Auf der anderen Seite haben u.a. die Skandale um die Metallgesellschaft, den Immobilienmakler Jürgen Schneider, die Balsam/Procedo-Affäre sowie die umstrittene Wahl von Edzard Reuter in den Aufsichtsrat der Daimler-Benz AG die Diskussion um die Macht der Banken - und ihren Mißbrauch - in der Bundesrepublik Deutschland neu entfacht. Diese Fälle werden vielfach als Beweis für das Versagen der deutschen Aufsichtsräte - und der darin vertretenen Banken - interpretiert. Den deutschen Banken wird darüberhinaus von ihren Kritikern ein zu starker Einfluß auf die Wirtschaft vorgeworfen, der in wettbewerbsbeschränkendem Verhalten resultiert.[4] Gleichzeitig wird von anderen Autoren die Unterentwicklung des deutschen Kapitalmarktes beklagt und auf mangelhafte Möglichkeiten der Finanzierung über Beteiligungskapital für kleinere und mittlere Unternehmen sowie eine allgemeine Eigenkapitallücke deutscher Unternehmen verwiesen.[5] Diese Unterentwicklung ist nach häufiger Ansicht auf die Dominanz der Banken im deutschen Finanzsystem zurückzuführen.

Ebenso geriet das japanische Finanzsystem in Kritik. Das beträchtliche Ausmaß an notleidenden Forderungen japanischer Banken,[6] läßt Zweifel an der

---

[1] Daneben könnte man auch zwischen *Insider-* und *Outsider-Systemen* oder zwischen *relationship banking* und *transaction-based banking* unterscheiden. Im Ergebnis kommen diese Ansätze zu den gleichen Gruppierungen realer Finanzsysteme wie die Unterscheidung markt- und bankorientiert. Von der Unterscheidung zwischen markt- und bankorientierten Finanzsystemen ist die Unterteilung in *Universalbanken-* und *Trennbankensysteme* zu trennen. Diese bezieht sich auf den Umfang der erlaubten Geschäftstätigkeit der Banken.

[2] Vgl. Gerschenkron 1962; Cameron et. al. 1967, 1972.

[3] Vgl. ausführlich Teil zwei.

[4] Vgl. den Überblick bei Haas 1994.

[5] Vgl. Gerke et.al. 1992, Albach et.al. 1987 und sowie den Kurzüberblick bei Wiendieck 1992 S. 8.

[6] Allein 1995 bildeten die 21 größten japanischen Banken Wertberichtigungen in Höhe von ca. 2 Bill. Yen. Dies entsprach 8% ihres Kernkapitals (Grundkapital + Rücklagen). Die Relation 'Kernkapital zu Krediten' reduzierte sich durch diese Maßnahmen von 5,25% auf 4,5% (vgl. IMF 1996 S. 50).

These eines Informationsvorsprunges und einer effizienteren Kreditwürdigkeitsprüfung aufgrund der japanischen Bankorientierung aufkommen.

Zusätzliche Aktualität erlangte die Frage *Does finance matter?* im Zusammenhang mit der Transformation der Wirtschaftsordnungen in Osteuropa, denn nach verbreiteter Ansicht stellt der Finanzsektor eine Schlüsselposition für den Erfolg der Wirtschaftsreformen dar.[7] Zu Beginn der Transformation wurden in erster Linie Probleme der Geldwertstabilisierung, die Rolle des Finanzsystems bei der Inflationsbekämpfung und die Organisation des bargeldlosen Zahlungsverkehrs erörtert. Mittlerweile liegt das Hauptaugenmerk der wissenschaftlichen Literatur auf Problemen der institutionellen Ausgestaltung des Finanzsektors. Die Lösung der Altschuldenproblematik, Regulierungen der Geschäftstätigkeit der Banken, Reihenfolge und Art der Privatisierung von Staatsbetrieben und das Problem der Bankenaufsicht stehen im Mittelpunkt dieser Überlegungen. Wissenschaftlich fundierte Empfehlungen zur Transformation der Finanzsysteme sollten dabei zum einen auf den neuesten theoretischen Erkenntnissen zur Rolle und Funktion des Finanzsektors und zur Unternehmensfinanzierung beruhen, zum anderen sollten sie sich auf die Erfahrungen westlicher Industrieländer mit ihren unterschiedlichen Finanzsystemen stützen.

Diese Skizzierung der verschiedenen Forschungsrichtungen zur Bedeutung des Finanzsektors gibt die Orientierung für die vorliegende Arbeit. Ein Überblick über die neueren theoretischen Forschungen zur Bedeutung der Finanzintermediäre bzw. des Finanzsektors in Teil eins ist der erste Schwerpunkt dieses Beitrages. In Abschnitt 1.1 wird der Einfluß von Finanzintermediären auf Wachstum und Entwicklung im Rahmen wachstumstheoretischer Ansätze dargestellt und auf neuere empirische Untersuchungen verwiesen. Die Resultate dieses Abschnittes betonen die hohe Bedeutung von Finanzintermediären und liefern somit auch eine Rechtfertigung für die detaillierte Beschäftigung mit der Gestaltung des Finanzsystems. Abschnitt 1.2 vertieft diese Überlegungen auf mikroökonomischer Ebene und faßt die Ergebnisse der Theorie der Finanzintermediation zum Entstehen von Banken zusammen. Diese Resultate bieten eine Erklärung für das Kreditangebotsverhalten der Banken. Eine Erklärung für die Nachfrage nach Fremdkapital durch Unternehmen wird in Abschnitt 1.3 dargestellt. Dabei wird zunächst ein Überblick über die bisher vorliegenden Resultate der Theorie der Unternehmensfinanzierung gegeben. Anschließend wird ein eigener Ansatz vorgestellt, bei dem die Unternehmensleitung ihren Nutzen durch die Wahl von Produktionsrichtung und Kapitaleinsatz maximiert. Der Verschuldungsgrad - und damit die Kreditnachfrage - des Unternehmens ist dann das endogene Ergebnis dieser Nutzenmaximierung.

---

[7] Vgl. z.B. Funke 1993; Nuti 1993; Buch et.al. 1994.

Der Vergleich markt- und bankorientierter Finanzsysteme mit Blick auf die Finanzierung von Unternehmen in den westlichen Industriestaaten bildet im zweiten Teil den zweiten Schwerpunkt. In Abschnitt 2.1 wird die Einteilung der Finanzsysteme der USA, des UK, Deutschlands und Japans in markt- und bankorientierte Systeme vorgenommen und gegenüber anderen Klassifikationen abgegrenzt. In den Abschnitten 2.2 bis 2.4 werden die Systeme der USA, des UK, Japans sowie Deutschlands auf relevante Unterschiede zwischen den Systemen untersucht. Abschnitt 2.2 befaßt sich mit Unterschieden in der Informationsproduktion durch Banken, Abschnitt 2.3 mit Unterschieden in der Unternehmenskontrolle. Dabei wird insbesondere auf die Bedeutung von Bankbeteiligungen und langfristigen Beziehungen sowie die Rolle konkursrechtlicher Bestimmungen eingegangen. Mögliche Unterschiede aus Sicht des Managements von Nicht-Finanzunternehmen werden in Abschnitt 2.4 betrachtet. In Abschnitt 2.5 wird abschließend die vorliegende neuere empirische Evidenz zur Unternehmensfinanzierung in unterschiedlichen Finanzsystemen vorgestellt.

Ausgehend von den theoretischen Resultaten des ersten Teiles und dem im zweiten Teil geschilderten Vergleich westlicher Finanzsysteme, stellt die Übertragung dieser Ergebnisse auf die Transformation der Finanzsysteme in Osteuropa mit Teil 3 den dritten Schwerpunkt dar. In Abschnitt 3.1 wird ein kurzer Überblick über die makroökonomische Situation der Transformationsökonomien gegeben, während Abschnitt 3.2 ein typisiertes Finanzsystem sozialistischer Prägung skizziert. In den Abschnitten 3.3 bis 3.6 werden dann die Resultate des ersten und zweiten Teils mit Blick auf mögliche wirtschaftspolitische Implikationen zur Transformation der Finanzsysteme ausgewertet und die tatsächlich erfolgten Reformschritte in den Transformationsökonomien erörtert. Abschnitt 3.3 befaßt sich mit der Diversifikation der Banken, Abschnitt 3.4 mit der Informationsproduktion durch Banken und Abschnitt 3.5 mit der Unternehmenskontrolle in Osteuropa. Die wettbewerbspolitische Ausgestaltung der Finanzsektoren ist Gegenstand des Abschnitts 3.6, Abschnitt 3.7 faßt den Stand der Transformation in verschiedenen Ländern zusammen.

Eine generelle Zusammenfassung und kritische Würdigung der Ergebnisse beschließen die Arbeit.

1. Theoretische Erkenntnisse zur Bedeutung des Finanzsystems

Der Rolle des Banken-/Finanzsektors widmet die wissenschaftliche Literatur in jüngster Zeit wieder verstärkt ihre Aufmerksamkeit. Grundlage dieses Interesses sind neuere theoretische und empirische Erkenntnisse über den bedeutenden Einfluß des Finanzsystems/Bankensektors auf die reale Entwicklung einer Volkswirtschaft. Formal läßt sich dieser Einfluß auf makroökonomischer Ebene durch neuere Ansätze der Wachstumstheorie erklären (Abschnitt 1.1). Seine Bestätigung erfährt er auf mikroökonomischer Ebene durch aktuelle Erkenntnisse der Theorie der Finanzintermediation (Abschnitt 1.2) und der Theorie der Unternehmensfinanzierung (Abschnitt 1.3).

1.1 Finanzintermediation im Wachstumsprozeß

Bereits Schumpeter (1926, S. 103ff.) hob die Rolle der Banken im Wachstums- und Entwicklungsprozeß hervor. Für ihn erfolgte wirtschaftliche Entwicklung aufgrund der 'Andersverwendung' von Produktionsfaktoren durch neue oder alte Unternehmer. Die Durchsetzung dieser Innovationen erfordert die Verfügung über die Produktionsfaktoren. Bei etablierten Unternehmern bzw. vermögenden Personen stellt dies kein Entwicklungshemmnis dar. Erstere verfügen bereits über die Produktionsfaktoren, letztere besitzen genügend Geld bzw. Kaufkraft, um sie ihrer bisherigen Verwendungsrichtung zu entziehen und für ihre neuen Kombinationen einzusetzen. In der Regel sind es aber nicht die etablierten Unternehmer, die Innovationen hervorbringen. Dies geschieht vielmehr durch neue 'dynamische Unternehmer', die gezwungen sind, "Kredit in Geld oder Geldersatzmitteln aufzunehmen und dafür die nötigen Produktionsmittel zu kaufen" (Schumpeter 1926 S. 104). Dieser Kredit wird dem dynamischen Unternehmer in erster Linie von Banken zur Verfügung gestellt und "ist die Quelle, aus der die Durchsetzung neuer Kombinationen typisch finanziert wird und, wenn Resultate vorhergegangener Entwicklung nicht tatsächlich in jedem Augenblick immer vorlägen, so gut wie ausschließlich finanziert werden müßte" (Schumpeter 1926 S. 109). Die Bank bzw. der Bankier steht als Intermediär zwischen dem dynamischen Unternehmer und den Eigentümern von Produktionsmitteln.

Gurley und Shaw (1955) bekräftigten die wachstumsfördernde Wirkung von Finanzintermediation und beklagten die Vernachlässigung des Finanzsektors in der Wachstums- und Entwicklungsproblematik. Nach den Ergebnissen wirtschaftshistorischer Forschungen kommt Banken in ihrer Funktion als aktive Unternehmer, die nach rentablen Investitionsmöglichkeiten suchen, zentrale Bedeutung für wirtschaftliche Entwicklung zu. Diese Rolle konnten die Banken allerdings nur dann erfüllen, wenn der Finanzsektor nicht durch unsachgemäße Gesetze oder politische Maßnahmen beschränkt war. Während Regulierungen des Bankensektors die wirtschaftliche Entwicklung behindern können, konnten die Länder, deren Finanzsysteme die wenigsten Beschränkungen des Marktzuganges und der Geschäftstätigkeit sowie den freiesten Wettbewerb aufwiesen, die größten Entwicklungserfolge verzeichnen.[1]

Diese positive Ansicht über die wachstumsmehrenden Wirkungen der Banken ist bis heute umstritten. Neuburger/Stokes (1974) kamen zu dem Ergebnis, die Bank-Industrie-Beziehungen in Deutschland hätten die Schwerindustrie zu Lasten kleinerer Firmen und Branchen in ineffizienter Weise bevorzugt.[2] Ferner waren auch die Bankensysteme der langsam wachsenden Staaten Frankreich und Österreich-Ungarn durch enge Beziehungen zur Industrie gekennzeichnet.[3] Umstritten ist zudem die Kausalitätsrichtung dieser Beziehung. Einige Autoren[4] betrachteten die Entwicklung des Finanzsektors als notwendige (ursächliche) Determinante wirtschaftlichen Wachstums (*supply-leading* Funktion). Andere verneinten diese Einschätzung der Bedeutung von Finanzintermediation oder zumindest ihre Gültigkeit für alle Entwicklungsstadien.[5] Für sie war der reale Sektor der Motor des Wachstums, der die finanzielle Entwicklung nach sich zog (*demand-following* Funktion). Allgemein anerkannt ist lediglich die Tatsache, daß ein Zusammenhang zwischen dem Entwicklungsstand des realen Sektors und dem des Finanzsektors besteht. "Although a higher rate of financial growth and rising M3/GNP ratios are positively correlated with higher growth in real gross domestic produkt (GDP), Patrick's (1966) problem remains unresolved: what is the cause and what is the effect? Is finance a leading sector in economic development, or does it simply follow growth in real output, which is generated elsewhere?" (McKinnon 1991 S. 15)

---

1 Vgl. Cameron et.al. 1967, 1972 und Gerschenkron 1962. Neuere Untersuchungen der Weltbank (1989) bestätigen diese Resultate.

2 Vgl. zu dieser Diskussion die Überblicke bei Neuberger, D. 1989 S. 204ff.; Hellwig 1991 sowie Levine 1997.

3 Vgl. Cameron et.al. 1967 sowie Kindleberger 1984.

4 Goldsmith 1969; McKinnon 1973; Shaw 1973; King/Levine 1993a und 1993b; Please 1991.

5 Vgl. z.B. Patrick 1966, Jung 1986, Lucas 1988.

Eine Ursache für die Zweifel an der Rolle der Finanzintermediation lag in den Ergebnissen der neoklassischen Wachstumstheorie. Nach Ansicht von McKinnon (1973) und Shaw (1973) würde Finanzintermediation die effektive Sparquote eines Landes erhöhen. Für Goldsmith (1969) und McKinnon (1991) lag die Wirkung von Finanzintermediation in einer (einmaligen) Erhöhung der Effizienz von Investitionen. Ein Einfluß dieser Faktoren auf die gleichgewichtige Wachstumsrate war lange Zeit nur über die mittlerweile 'überholten' Harrod-Domar Wachstumsmodelle theoretisch nachweisbar.[6] Im Grundmodell der neoklassischen Wachstumstheorie bewirken sie jedoch lediglich eine Erhöhung des Wohlstandsniveaus. Die gleichgewichtige Wachstumsrate - als Summe der exogenen Wachstumsraten der Bevölkerung sowie der Arbeitsproduktivität - wird durch Finanzintermediation nicht berührt.

Erst in neuerer Zeit konnte dieser Kritikpunkt, durch die Berücksichtigung eines konstanten Grenzprodukts des Kapitals aufgrund externer Effekte bzw. die Endogenisierung des technischen Fortschritts im Rahmen der neoklassischen Theorie, entkräftet werden. Finanzintermediation hat dann neben dem Niveaueffekt auch einen positiven Einfluß auf die gleichgewichtige Wachstumsrate. Wie und durch welche Variablen Finanzintermediation den Wachstumprozeß beeinflußt, wird im folgenden sowohl an einem einfachen Modell der sog. neuen Wachstumstheorie (Abschnitt 1.1.1) als auch an einem neoklassischen Modell mit endogenem technischem Fortschritt (Abschnitt 1.1.2) gezeigt.

1.1.1 Die Wirkung von Finanzintermediation bei konstantem gesellschaftlichem Grenzprodukt des Kapitals

Nahezu alle Ansätze zur Berücksichtigung von Finanzintermediation im Rahmen der 'neuen Wachstumstheorie' beinhalten die Annahme eines konstanten Grenzprodukts des Kapitals auf gesamtwirtschaftlicher Ebene. Die Gültigkeit des mikroökonomisch fundierten Gesetzes vom abnehmenden Grenzertrag wird dabei auf die einzelwirtschaftliche Ebene beschränkt. Gesamtwirtschaftlich kommt es durch positive externe Effekte zwischen den einzelnen Wirtschaftseinheiten zu einem konstanten Grenzprodukt. Die volkswirtschaftliche Produktionsfunktion lautet dann $Y = AK$, mit A als technologischem Ausgangspunkt der Gesellschaft. Im folgenden werden verschiedene Ansätze zur Berücksichtigung von Finanzintermediation vorgestellt, die auf dieser Produktionsfunktion basieren. Auf die mangelnde empirische Evidenz zur Unterstützung der 'AK-Modelle' wird in Abschnitt 1.1.3 eingegangen.

---

[6] Vgl. Fischer, B. 1982, McKinnon 1991.

Nach Bencivenga/Smith (1991) besteht die Funktion der Finanzintermediäre in der Versicherung der Individuen gegen Schwankungen ihrer Liquiditätsbedürfnisse. Durch diese Versicherung erhöhen sie die volkswirtschaftliche Sparquote und die Kapitalproduktivität. Sowohl bei Sparern als auch bei Investoren besteht Unsicherheit über die zukünftigen Liquiditätsbedürfnisse. In einer Welt ohne Banken kommt es daher zur individuellen Liquiditätssicherung durch Geldhortung bzw. den Verzicht auf produktive, aber illiquide Produktionsmöglichkeiten. Durch ihre Fristentransformation bieten Banken liquidere Anlagealternativen als die Investoren und erhöhen somit das Sparen in Anlagen, d.h. sie erhöhen die volkswirtschaftlich wirksame Sparquote. Ferner sind aufgrund des Gesetzes der großen Zahl für Banken die Schwankungen des Depositenabflusses geringer, als sie es bei jedem einzelnen Investor wären. Dadurch reduzieren sie das in Liquiditätsreserven gebundene Kapital der Volkswirtschaft und erhöhen die durchschnittliche Kapitalproduktivität, da nun auch produktivere, aber weniger liquide Projekte verwirklicht werden. Aufgrund der Konstanz des gesamtwirtschaftlichen Grenzproduktes des Kapitals hat nicht nur die direkte Erhöhung der Kapitalproduktivität, sondern auch die Erhöhung der volkswirtschaftlichen Sparquote einen positiven Einfluß auf die gleichgewichtige Wachstumsrate.

Saint-Paul (1992) untersucht die Wirkung von Finanzintermediation, wenn Unsicherheit über die Marktnachfrage besteht. Eine höhere Produktivität ist in seinem Modell nur durch eine stärkere Spezialisierung - aufgrund größerer Arbeitsteilung - möglich. Je ausgeprägter allerdings der Spezialisierungsgrad, desto anfälliger ist der Unternehmer für unerwartete Schwankungen der Marktnachfrage. Finanzintermediation ermöglicht nun eine andere Art der Risikoversicherung mittels Substitution von technischer Diversifikation (geringe Spezialisierung) durch finanzielle Diversifikation (Hedging). Dadurch steigen der gesamtwirtschaftliche Spezialisierungsgrad und somit Produktivität und Wachstumsrate.

King/Levine (1993b) betrachten ein endogenes Wachstumsmodell und gehen von Banken im Sinne Schumpeters aus. Banken mobilisieren nicht nur Kapital, sondern ihre Hauptaufgabe besteht in der Bewertung, Prüfung und Auswahl von kreditwürdigen Unternehmern. Sie erhöhen damit die Erfolgswahrscheinlichkeit von Innovationen bzw. den Produktivitätsfortschritt.

Eine Vielzahl potentieller Wirkungen von Finanzintermediation auf Sozialprodukt und Wachstum erklärt das einfach gehaltene Modell Paganos (1993) sehr anschaulich. Betrachtet wird eine geschlossene Volkswirtschaft ohne Staat und mit stationärer Bevölkerung. Unterstellt wird die bereits erwähnte gesellschaftliche Produktionsfunktion

$$Y_t = AK_t, \tag{1}$$

die - trotz abnehmender Grenzerträge beim einzelnen Produzenten - ein konstantes gesellschaftliches Grenzprodukt des Kapitals aufweist.[7] Die Bruttoinvestitionen ergeben sich aus

(2) $$I_t = K_{t+1} - (1-\delta)K_t\,,$$

mit δ als Abschreibungsrate je Periode.

Im makroökonomischen Gleichgewicht entspricht die volkswirtschaftliche Ersparnis S den Bruttoinvestitionen I. Die hierfür notwendige Transferierung der Mittel von den Überschuß- (Sparern) zu den Defiziteinheiten (Investoren) geht jedoch nicht reibungslos vonstatten. Die Intermediation verursacht Transaktionskosten in Höhe eines Anteils (1-ϕ) der Bruttoersparnis. Dieser Anteil stellt die Reibungsverluste im Intermediationsprozeß dar. Es gilt

(3) $$\phi S_t = I_t\,.$$

Berechnet man die Wachstumsrate von (1),berücksichtigt (2) und (3) und bezeichnet die durchschnittliche Sparquote mit s, erhält man bei konstantem A als steady state Wachstumsrate:

(4) $$g = A\frac{I}{Y} - \delta = A\phi s - \delta\,.$$

Finanzintermediation bzw. Fortschritt im Entwicklungsstand des Finanzsektors kann nun auf drei potentiellen Wegen die gleichgewichtige Wachstumsrate erhöhen.

1. Das Auftreten von Finanzintermediären könnte den Anteil ϕ der volkswirtschaftlichen Ersparnis, der in Investitionen gelenkt wird, erhöhen. Dies ist der Fall, wenn der Prozeß der Kapitalbeschaffung bzw. -anlage mit Unteilbarkeiten verbunden ist und daher zunehmende Skalenerträge der Intermediation bestehen. Ferner würden eine geringere *financial repression*[8] und

---

[7] Pagano bezeichnet dies als Produktionsfunktion der reduzierten Form. Ausgangspunkt könnten zum einen externe Effekte der individuellen Produktion sein, zum anderen die Zusammensetzung des Gesamtkapitals aus Sach- und Humankapital (vgl. Pagano 1993 S. 614).

[8] Der Ausdruck *financial repression* geht auf McKinnon (1973) und Shaw (1973) zurück und bezeichnet "any of a variety of onerous administrative controls or taxation regimes which are thought to have impeded the development of an efficient financial system" (Honohan 1992 S. 89). Unter diesen Begriff fallen insbesondere Höchstgrenzen

eine geringere Konzentration des Finanzsektors das Ausmaß an Ineffizienzen, z.B. X-Ineffizienz, verringern und auch auf diesem Wege ϕ erhöhen.[9]

2. Ferner wäre eine die private Sparquote steigernde Wirkung denkbar. Hier würden sich nach Pagano allerdings zwei Effekte gegenüberstehen. Die Versicherung gegen Ertragsrisiken durch Finanzintermediation würde die Sparquote erhöhen, solange bei konstanter relativer Risikoaversion der Individuen, diese kleiner als eins ist.[10] Dagegen würde aber die bessere Verfügbarkeit von Konsumentenkrediten die Sparquote verringern. Zusammenfassend kommt Pagano zu dem Schluß, daß weder theoretisch noch empirisch der Zusammenhang zwischen finanzieller Entwicklung und Sparquote geklärt ist.[11]

3. Schließlich könnte das gesamtwirtschaftliche Grenzprodukt A des Kapitals erhöht werden. Die Steigerung der Kapitalproduktivität geschieht durch die risikoversichernde Wirkung der Finanzintermediation und der daraus resultierenden Bereitschaft, in produktivere, aber gleichzeitig riskantere Projekte zu investieren.

1.1.2 Die Wirkung von Finanzintermediation bei neoklassischer Produktionstechnik und endogenem technischem Fortschritt

Grundlage der folgenden Analyse ist das neoklassische Wachstumsmodell von Neumann (1990), das eine endogene Bestimmung der gleichgewichtigen Sparquote sowie eine Endogenisierung des technischen Fortschritts ermöglicht und Ungewißheit explizit berücksichtigt. Dieses Modell wird im Sektor der privaten Haushalte um Transaktionskosten der Kapitalanlage, im Sektor der Unternehmen um Transaktionskosten der Mittelaufnahme erweitert. Ferner wird der mögliche Einfluß von Finanzintermediation auf das Ausmaß an Unsicherheit in den Wirtschaftssektoren untersucht.

Das reale Sozialprodukt (Y) der Wirtschaft wird durch die Produktionsfaktoren Kapital (K) und Arbeit (L) erzeugt und für Konsum (C), Investitionen in Kapital (I) sowie Aufwendungen für Forschung und Entwicklung (R) verwendet. Gemäß den stilisierten Fakten des Wirtschaftswachstums ist die funktionale

---

für Kredit- und Einlagenzinsen, die unter der Inflationsrate liegen, sowie Marktzutrittsbeschränkungen (vgl. Honohan 1992).

[9] Vgl. auch Fry 1988, Lowe 1992, King/Levine 1993a und 1993b.

[10] Bei einer relativen Risikoaversion von größer als eins, ergäbe sich eine negativer Effekt auf die Sparquote (vgl. Pagano 1993 S. 617).

[11] Pagano 1993 S. 617ff.

Einkommensverteilung zwischen den Produktionsfaktoren in dem Sinne konstant, daß sich kein Trend nachweisen läßt, während der Reallohn pro Kopf mit der Veränderungsrate der Arbeitsproduktivität wächst. Im Rahmen eines neoklassischen Wachstumsmodells ist dies langfristig nur dann der Fall, wenn der technische Fortschritt rein arbeitserhöhend - d.h. Harrod-neutral - ist. Dies wird im folgenden angenommen. Technischer Fortschritt erhöht die Effektivität A des Produktionsfaktors Arbeit mit der Rate $a(t) \equiv \dot{A}/A$. Die Produktionsfunktion wird ferner als stetig und zweimal differenzierbar angenommen. Sie sei linearhomogen in K und L und durch positive, aber abnehmende Grenzprodukte der Faktoren gekennzeichnet:

$$Y(t) = F(K(t), A(t)L(t))$$

mit

$$F_K, F_L > 0 \text{ und } F_{KK}, F_{LL} < 0.$$

Die gleichgewichtige Wachstumsrate der Wirtschaft ist dann

$$\frac{\dot{Y}}{Y} = \frac{\dot{K}}{K} = n + a.$$

Sie hängt allein vom Wachstum der Bevölkerung und vom technischen Fortschritt ab. Technischer Fortschritt ist hier jedoch nicht exogen, sondern das Ergebnis von Forschungs- und Entwicklungsaktivitäten sowie der Investitionen in Humankapital.

Betrachtet wird eine Volkswirtschaft mit zwei Sektoren: Haushalten und Unternehmen. Die Haushalte, als Nachfrager auf den Güter- und Anbieter auf den Faktormärkten, maximieren ihren Nutzen. Die Unternehmen, als Anbieter auf den Güter- und Nachfrager auf den Faktormärkten, maximieren ihren Cash Flow.

1.1.2.1 Der Sektor der privaten Haushalte

Die Nachfrageseite wird durch die Vorstellung eines repräsentativen Haushaltes abgebildet. Der Nutzen dieses - als intergenerational altruistisch angenommenen - Haushaltes ist durch folgende intertemporale Nutzenfunktion gegeben:

(1) $$\int_0^\infty L(t)u(c(t))e^{-\rho t}dt$$

L kennzeichnet die Bevölkerung, die mit der exogenen und konstanten Rate *n* wächst, *c* den Konsum pro Kopf (*C/L*) und ρ die positive und ebenfalls exogene Zeitpräferenzrate. Unterstellt wird ein abnehmender positiver Grenznutzen des Konsums [u'(c)>0 ;u''(c)<0]. Angenommen wird ferner, das Individuum habe eine positive, konstante relative Risikoaversion ε von kleiner als eins. Der Nutzen je Periode wird dann durch $u(c) = c^{1-\varepsilon}/1-\varepsilon$, mit $\varepsilon \equiv -cu''(c)/u'(c)$, beschrieben.[12]

Der Haushalt bezieht sicheres Arbeitseinkommen in Höhe von *w*, wobei er auf den Lohnsatz keinen Einfluß hat, und mit Unsicherheit behaftete Kapitalerträge (μk). Betrachtet wird eine Naturalwirtschaft bzw. eine Situation, in der die Identität von Say erfüllt ist. Geld dient lediglich zu Transaktionszwecken und nicht als Wertaufbewahrungsmittel. Somit besteht die einzige Möglichkeit des Sparens im Erwerb von Anteilsscheinen am Produktivvermögen[13]. Der Ertrag dieser *Aktien* ist ungewiß.

Zum einen unterliegt die reale Entwicklung der Wirtschaft unvorhersehbaren Einflüssen. Rezessionen, Konjunkturaufschwünge, Produktfehlentwicklungen usw. führen zu Schwankungen der Unternehmenserträge und damit zu Schwankungen der Kapitalerträge seitens der Aktionäre. Zum anderen besteht für den Haushalt aufgrund von Informationsasymmetrie zwischen ihm (Gläubiger) und dem Unternehmer (Schuldner) Unsicherheit darüber, ob der Unternehmer das überlassene Kapital zur Produktion oder zum eigenen Konsum verwendet. Die Ungewißheit bewirkt, daß die realisierten Kapitalerträge ständig von ihrem erwarteten Wert abweichen. Formal läßt sich dies mit Hilfe eines Wiener-Prozesses darstellen, bei dem die tatsächlichen Erträge mit der Varianz σ^2 um den Erwartungswert μ schwanken.[14]

---

12 Zum Konzept der altruistischen Nutzenfunktion und der möglichen Berücksichtigung von Egoismus vgl. Neumann (1990 S. 57ff.). Zur Begründung einer positiven Zeitpräferenzrate derselbe S. 34ff. In anderen Ansätzen wird vielfach die Nutzenfunktion $u(c) = (c^{1-\varepsilon} - 1)/1 - \varepsilon$ verwendet. Der Vorteil dieser Form liegt drin, daß sich aus ihr für den Grenzfall $\varepsilon = 1$ unmittelbar die logarithmische Nutzenfunktion $u(c) = \ln c$ ergibt. Da der Grenznutzen dieser Funktion mit dem der hier verwendeten identisch ist, ergeben sich jedoch keine Unterschiede in den qualitativen Aussagen. (vgl. Maußner/Klump 1996 S. 118 Fn.4)

13 Zur Berücksichtigung von Geld als sichere, aber ertragslose Anlagealternative im Modell eines repräsentativen Individuums vgl. Klump (1993 S. 38ff. und S. 93ff.) sowie Neumann (1994 S. 74f.). In der Realität müßte man jedoch bei den privaten Haushalten nicht nur unvollkommene Information hinsichtlich der Entwicklung des realen Sektors unterstellen, sondern zusätzlich Ungewißheit über die Höhe der Inflation annehmen. Eindeutige Aussagen wären dann nur möglich, wenn man zusätzliche Annahmen über das Ausmaß der verschiedenen Arten von Unsicherheit träfe.

14 Neumann 1990 S. 86f., Malliaris/Brock 1982 S. 36-38. Die Unterscheidung zwischen Unsicherheit hinsichtlich der realen Entwicklung und Unsicherheit aufgrund Unvorhersehbarkeit des Schuldnerverhaltens erfolgt lediglich bei der ökonomischen Interpretation von Finanzintermediation. Beide Arten beruhen auf unvollständiger Informati-

Die Ausgaben des Haushaltes bestehen aus Konsum (*c*) und der Ausstattung der Nachkommen mit Kapital (*nk*). Ferner ist der Erwerb von Aktien mit Transaktionskosten (*sdk*) verbunden, die vereinfachend als linear abhängig von der Kapitalakkumulation der jeweiligen Periode angenommen werden, mit *s* als konstanten Transaktionskosten je Kapitaleinheit.

Als Veränderungsgleichung des Vermögens ergibt sich dann:

(2) $$dk = [(\mu k + w - c - nk)dt + \sigma_k k dz] - sdk$$

bzw.

(2') $$dk = \frac{1}{1+s}[(\mu k + w - c - nk)dt + \sigma_k k dz].$$

Der Zufallsprozeß $z(t)$ ist hierbei logarithmisch normalverteilt, hat eine standardisierte Varianz von Eins sowie einen Erwartungswert der Veränderung (*dz*) von Null. Ökonomisch gesehen kommen in der Varianz die Vorstellungen des Haushaltes über die mögliche Schwankungsbreite der von Ungewißheit betroffenen Größen zum Ausdruck.

Gemäß dem Bernoulli-Prinzip maximiert der repräsentative Haushalt nun den Erwartungswert seines Nutzens (1) unter der Nebenbedingung (2) mit Hilfe des stochastischen Maximumprinzips.[15]

Die current-value Hamilton-Funktion lautet:

(3) $$H = u(c) + \Psi \tfrac{1}{1+s}(\mu k + w - c - nk) + \frac{1}{2}\frac{\partial \Psi}{\partial k}\left(\frac{\sigma_k k}{1+s}\right)^2$$

Als Bedingungen für ein Maximum ergeben sich:

(3.1) $$\frac{\partial H}{\partial c} = u_c - \Psi \tfrac{1}{1+s} = 0 \ ,$$

on, und beide führen zu nicht vorhersehbaren Schwankungen des KapitalertrageS. Es erscheint daher durchaus gerechtfertigt, diese Ungewißheit formal mittels *eines* Wiener-Prozesses darzustellen.

[15] Zum stochastischen Maximumprinzip vgl. Neumann 1990 S. 192-194 sowie Malliaris/Brock 1982 S. 109-113.

$$\frac{\partial^2 H}{\partial c^2} = u_{cc} < 0\,, \tag{3.2}$$

sowie

$$\begin{aligned}\frac{1}{dt}E_t d\Psi &= (\rho - n)\Psi - \frac{\partial H}{\partial k} = \Psi\left[\rho - n - \tfrac{1}{1+s}(\mu - n) - \frac{k}{\Psi}\frac{\partial \Psi}{\partial k}\frac{\sigma_k^2}{(1+s)^2}\right] \\ &= u_c\left[\rho - \mu + s(\rho - n) - \frac{k}{\Psi}\frac{\partial \Psi}{\partial k}\frac{\sigma_k^2}{(1+s)}\right]\end{aligned} \,. \tag{3.3}$$

Die Bildung einer Taylorreihe aus (3.1) liefert

$$d\Psi = (1+s)\left[u_{cc}dc + \tfrac{1}{2}u_{ccc}(dc)^2\right]. \tag{3.4}$$

Das Niveau des Konsums c ist im Gleichgewicht abhängig von der stochastischen Zustandsvariablen k:

$$dc = c_k dk + \tfrac{1}{2}c_{kk}(dk)^2 \;. \tag{3.5}$$

Berücksichtigt man Itô's Lemma, wonach $(dt)^2 = 0$, $(dz)^2 = dt$ und $dtdz = 0$, erhält man

$$\text{a)}\;\; (dk)^2 = \left(\frac{\sigma_k k}{1+s}\right)^2 dt \;\;;\;\; \text{b)}\;\; (dc)^2 = \left(\frac{c_k k \sigma_k}{1+s}\right)^2 dt \;. \tag{3.6}$$

Fügt man 3.6 b), 3.4 und 3.3 zusammen, ergibt sich für die gleichgewichtige Änderung des Konsums als

$$\frac{1}{dt}E_t dc = \frac{u_c}{(1+s)u_{cc}}\left\{\rho - \mu + s(\rho - n) + \frac{1}{1+s}\eta\varepsilon\sigma_k^2\left[1 - \tfrac{1}{2}\eta(\varepsilon + 1)\right]\right\}, \tag{4}$$

mit

$$\frac{k}{\Psi}\frac{\partial \Psi}{\partial k} = -\eta\varepsilon; \quad \eta = \frac{k}{c}c_k\,; \quad c^2\frac{u_{ccc}}{u_c} = \varepsilon(\varepsilon + 1).$$

Im steady state ist $E(dc)=E(dk)=0$ und damit

$$\rho-\mu+s(\rho-n)+\frac{1}{1+s}\eta\varepsilon\sigma_k^2\left[1-\tfrac{1}{2}\eta(\varepsilon+1)\right]=0. \tag{5}$$

Aus $E(dk)=0$ ergibt sich ferner $c=(\mu-n)k+w$ und damit

$$\eta=\frac{k(\mu-n)}{k(\mu-n)+w}<1.$$

Da die Risikoaversion des Individuums mit $\varepsilon<1$ angenommen wurde, ist der Wert der eckigen Klammer größer Null. Bei exogener Zeitpräferenzrate ρ ist der als Anreiz zur Kapitalbildung erforderliche Kapitalertrag folglich um so höher, je höher die Ungewißheit des Ertrages σ^2 ist.[16] Der Effekt einer Veränderung der Transaktionskosten ist mit

$$\frac{\partial\mu}{\partial s}=\rho-n-\frac{1}{(1+s)^2}\eta\varepsilon\sigma_k^2\,[>0]\gtreqless 0$$

nicht eindeutig. Zwar muß $\rho>n$ angenommen werden, da das Maximierungsproblem sonst nicht lösbar ist. Eine Verringerung der Transaktionkosten bewirkt daher eine Tendenz zur Senkung des gleichgewichtigen Kapitalertrages. Gleichzeitig tritt jedoch eine stärkere Gewichtung des Risikoterms ein, die für sich zu einer Erhöhung des Kapitalertrags führen würde. Ob aufgrund von Finanzintermediation einer dieser Effekte überwiegen könnte, kann erst nach Einbeziehung des Unternehmenssektors geklärt werden.

1.1.2.2 Der Unternehmenssektor

Das risikoneutrale repräsentative Unternehmen der Volkswirtschaft habe keinen Einfluß auf den Marktpreis[17] und maximiere den erwarteten Gegen-

---

[16] Der positive Zusammenhang zwischen erforderlichem Kapitalertrag und Risiko entspricht den Ergebnissen der Kapitalmarkttheorie (vgl. u.a. Brealey/Myers 1991 S. 155ff.). Lediglich bei $\varepsilon>1$ könnte der Wert der Klammer kleiner null sein und eine Zunahme des Risikos zu einem niedrigeren erforderlichen Kapitalertrag führen. Die hier getroffene Annahme einer relativen Risikoaversion von kleiner als eins trägt der Tatsache Rechnung, daß bei $\varepsilon>1$ ein Individuum eine Verlängerung des Lebens negativ bewerten würde (vgl. Neumann 1990 S. 59). Ferner ist die real beobachtbare Zunahme der Risikoaversion bei zunehmenden Alter nur bei $\varepsilon<1$ unter bestimmten Bedingungen mit dynamischer Optimierung vereinbar (vgl. Sinn 1983).

[17] Diese Beschränkung auf den Spezialfall der vollständigen Konkurrenz dient der Vereinfachung der Maximierungsaufgabe ohne die Ergebnisse qualitativ zu verändern. Zum allgemeineren Fall des Oligopols vgl. Neumann 1990 S. 93ff.

wartswert seines Cash Flows durch die Wahl von Arbeitseinsatz (L), Investitionshöhe (I) und Höhe der F&E-Aufwendungen (R). Von Abschreibungen wird abstrahiert und der Preis der Investitionsgüter wird als konstant angenommen und identisch 1 gesetzt. Der Gegenwartswert des Cash Flow (über unendlich viele Perioden) lautet dann:

$$(6) \qquad \max_{L,I,R} \quad E\int_0^\infty \pi(t)e^{-\mu t}dt$$

mit

$$\pi(t) = p(\theta)q - wL - (1+\tau)(I+R);$$

Ungewißheit resultiert für das Unternehmen zum einen aus möglichen Schwankungen der Marktnachfrage. Diese Ungewißheit wird mittels eines Wiener-Prozesses durch Schwankungen des Lageparameters θ der Preis-Absatz-Funktion erfaßt:

$$(7) \qquad d\theta = \sigma_\theta \theta dz_\theta \; ; \qquad \frac{\partial p}{\partial \theta} > 0$$

Die Produktion q wird durch die Produktionsfunktion $F(K,AL)$ abgebildet. Die Umsatzerlöse (pq) werden durch die notwendigen Aufwendungen für Arbeitseinsatz (wL), Investitionen (I) und Forschung und Entwicklung ($R:=rAL$) geschmälert. Die Aufnahme des zur Durchführung von Investitionen und F&E notwendigen Kapitals verursacht zusätzliche Transaktionskosten $\tau(I+R)$, die als linear abhängig vom Kapitalbedarf der jeweiligen Periode angenommen werden, mit τ als konstantem Transaktionskostensatz je Kapitaleinheit. Die Veränderung des Kapitalstockes ist durch $dK = Idt$ gegeben.

Unabhängig von möglichen Schwankungen der Marknachfrage sind die Ergebnisse der F&E-Tätigkeit ungewiß. So kann eine Produktinnovation vom Markt nicht angenommen werden, die Entwicklung eines neuen Produktes trifft auf nicht erwartete Schwierigkeiten, kostspielige Prozeßinnovationen erweisen sich als Fehlschlag etc. Beschreibt man auch diese Ungewißheit durch einen Wiener-Prozeß, erhält man für die Veränderung des technischen Wissens die stochastische Differentialgleichung:

$$(8) \qquad dA = a(r)Adt + \sigma_A A dz_A \, .$$

Der Erwartungswert des technischen Fortschritts $a(r)$ ist vom Unternehmen durch die Wahl der Höhe der F&E-Ausgaben je Effizienzeinheit Arbeit ($r:=$

R/AL) beeinflußbar.[18] Unterstellt wird, daß die Aufwendungen für Forschung und Entwicklung *R* überproportional zur angestrebten Fortschrittsrate *a* zunehmen. Es gilt $a'>0$ und $a''<0$. Ferner sei $a'''>0$ für alle $r>0$.[19] Auch hier liefert die Anwendung des stochastischen Maximumprinzips die gleichgewichtige Lösung.

Die Hamilton-Funktion in ihrer current-value Formulierung lautet:

$$H=\{p(\theta)q-wL-(1+\tau)(I+R)\}+\Psi_1 I+\Psi_2 aA+\frac{1}{2}\frac{\partial\Psi_2}{\partial A}(\sigma_A A)^2+\frac{1}{2}\frac{\partial\Psi_3}{\partial\theta}(\sigma_\theta\theta)^2. \tag{9}$$

Die notwendigen Bedingungen für ein Maximum sind:

$$\frac{\partial H}{\partial L}=pF_L-w-(1+\tau)rA=0\,, \tag{9.1}$$

$$\frac{\partial H}{\partial I}=\;-(1+\tau)+\Psi_1=0\;, \tag{9.2}$$

$$\frac{\partial H}{\partial r}=\;-(1+\tau)AL+\Psi_2 Aa_r=0\,, \tag{9.3}$$

$$\frac{1}{dt}Ed\Psi_1=\mu\Psi_1-\frac{\partial H}{\partial K}=(1+\tau)\mu-pF_K\;, \tag{9.4}$$

sowie

$$\begin{aligned}\frac{1}{dt}Ed\Psi_2&=\mu\Psi_2-\frac{\partial H}{\partial A}\\&=(\mu-a(r))\Psi_2-pF_L\frac{L}{A}+(1+\tau)rL-A\frac{\partial\Psi_2}{\partial A}\sigma_A^2\end{aligned} \tag{9.5}$$

---

[18] Goel/Ram (1994) bestätigen diese Einschätzung. Sie weisen einen positiven Zusammenhang zwischen F&E-Aufwendungen und Wachstum des Sozialprodukts pro Kopf nach. Da im Gleichgewicht das Sozialprodukt pro Kopf mit der Rate des technischen Fortschritts wächst, besteht somit ein positiver Zusammenhang zwischen F&E-Aufwendungen und Fortschrittsrate. Auch Harhoff (1994) stellt für Deutschland einen signifikant positiven Zusammenhang zwischen F&E-Aufwendungen und dem Produktivitätswachstum fest.

[19] Vgl. Neumann 1990 S. 94 u. S. 195f.

Gemäß Gleichung (9.1) stimmt im Maximum das Grenzwertprodukt der Arbeit mit den gesamten Aufwendungen je Arbeitseinheit überein. Aus Bedingung (9.2) ist wegen $d\tau=0$ unmittelbar ersichtlich, daß $d\Psi_1=0$ ist. Aufgrund von Gleichung (9.4) muß dann im Maximum das Grenzwertprodukt des Kapitals pF_K mit den Opportunitätskosten des Kapitals $(1+\tau)\mu$ übereinstimmen. Sind die Ertragserwartungen der Aktionäre μ und/oder die Transaktionskosten der Emission τ hoch, ist bei gegebenem Preis das Grenzprodukt des Kapitals ebenfalls hoch und damit aufgrund des Gesetzes vom abnehmenden Grenzertrag der gleichgewichtige Kapitalstock je Effizienzeinheit Arbeit niedrig.

Unter Berücksichtigung von Bedingung (9.3) erhält man für die Veränderung der zweiten Kozustandsvariablen:

$$d\Psi_2 = \frac{1+\tau}{a_r} dL - \frac{(1+\tau)L}{a_r^2} da_r . \tag{10}$$

Aufgrund einer Entwicklung nach der Taylorschen Formel ist

$$da_r = a_{rr} dr + \tfrac{1}{2} a_{rrr} (dr)^2 . \tag{11}$$

Im optimalen Zeitpfad ist r eine Funktion der Zustandsvariablen K, A und θ und daher gilt näherungsweise

$$dr = r_K dK + \tfrac{1}{2} r_{KK} (dK)^2 + r_A dA + \tfrac{1}{2} r_{AA} (dA)^2 + r_\theta d\theta + \tfrac{1}{2} r_{\theta\theta} (d\theta)^2 . \tag{12}$$

Beachtet man die Multiplikationsregeln von Itô und berücksichtigt, daß $dK=Idt$ ist, erhält man:

$$(dr)^2 = \left[(r_A \sigma_A A)^2 + (r_\theta \sigma_\theta \theta)^2 \right] dt . \tag{13}$$

Fügt man (9.5), (10), (11) und (13) zusammen und berücksichtigt $E(n)\equiv n$ (das Bevölkerungswachstum wird als exogen betrachtet), ergibt sich für die erwartete Veränderung der F&E Aktivität

$$\frac{1}{dt} E dr = \frac{-a_r^2}{a_{rr}} \left\{ \begin{array}{l} \dfrac{[\mu - a(r) - n]}{a_r} - p \dfrac{F_L}{(1+\tau)A} + r + \\ \underbrace{(-1) \dfrac{A}{\Psi_2} \dfrac{\partial \Psi_2}{\partial A} \dfrac{\sigma_A^2}{a_r} + \dfrac{1}{2} \dfrac{a_{rrr}}{a_r^2} \left[(r_A \sigma_A A)^2 + (r_\theta \sigma_\theta \theta)^2 \right]}_{=\zeta} \end{array} \right\} . \tag{14}$$

In einem steady state mit *Edr/dt* muß der Wert der geschweiften Klammer Null sein. Da $\zeta > 0$ ist[20], ist die gleichgewichtige Fortschrittsrate - und bei gegebenem Bevölkerungswachstum damit die Wachstumsrate der Volkswirtschaft $(n+a)$ - um so höher, je niedriger das Ausmaß an Ungewißheit über die F&E-Ergebnisse und die Marktnachfrage ist. Der Effekt einer Verringerung der Transaktionskosten ist wiederum nicht eindeutig. Infolge von Gleichung (9.3) ist $\Psi_2 = (1+\tau)L/a_r$ und damit $\partial\zeta/\partial\tau < 0$. Auch hier führt eine Verringerung der Transaktionskosten somit zu einer stärkeren Berücksichtigung des Risikos. Ob der direkte Effekt der Kostensenkung diesen indirekten Effekt überwiegt, kann ohne weitere Angaben nicht bestimmt werden.

1.1.2.3 Die Wirkung von Finanzintermediation

Aufgrund der Annahme vollständiger Konkurrenz ist $p\equiv 1$. Definiert man ferner $x:=K/AL$ und fügt Gleichung (5) und (9.4) zusammen, erhält man für den gleichgewichtigen Wert des Grenzprodukts des Kapitals:

$$f_x = (1+\tau)\left\{\rho + s(\rho - n) + \frac{1}{1+s}\sigma_k^2\eta\varepsilon\left[1 - \tfrac{1}{2}\eta(\varepsilon+1)\right]\right\}. \tag{15}$$

Aus (14) ergibt sich für den gleichwichtigen Aufwand für Forschung und Entwicklung:

$$r = \frac{-[\mu - a(r) - n]}{a_r} + \frac{1}{1+\tau}\left[f(x) - xf_x\right] - \zeta. \tag{16}$$

Abbildung 1 gibt diese beiden Gleichungen graphisch wieder.

Der gleichgewichtige Wert des Grenzproduktes des Kapitals aus Gleichung (15) ist von der Höhe der Fortschrittsrate unabhängig, so daß die XX-Kurve horizontal verläuft. Die Steigung der AA-Kurve, die Gleichung (16) abbildet, ist bei gegebenem ζ positiv. Da $a_{rr}<0$ und $f_{xx}<0$ angenommen wurde und $\mu > a+n$ sein muß, damit das Maximierungsproblem einen endlichen Wert annimmt, ist

$$\frac{\partial x}{\partial r} = \frac{[\mu - a(r) - n]a_{rr} \big/ (a_r)^2}{xf_{xx} \big/ (1+\tau)} > 0.$$

---

[20] Vgl. Neumann 1990 S. 95f.

Ohne Transaktionskosten und Risiko ist $r = [f(x)-xf_x] - [\mu - a(r) - n]/a_r$ sowie $f_x = \rho$. Das Gleichgewicht der betrachteten Wirtschaft entspricht dem First-Best-Optimum, wenn $s=\tau=\sigma=\zeta=0$ ist. Ist einer oder sind mehrere dieser Bestandteile größer Null, so weicht das reale Gleichgewicht vom Referenzpunkt ab. Finanzintermediation ist dann positiv zu beurteilen, wenn sie durch Verringerung dieser Bestandteile die Realität näher an das Referenzgleichgewicht heranführt.

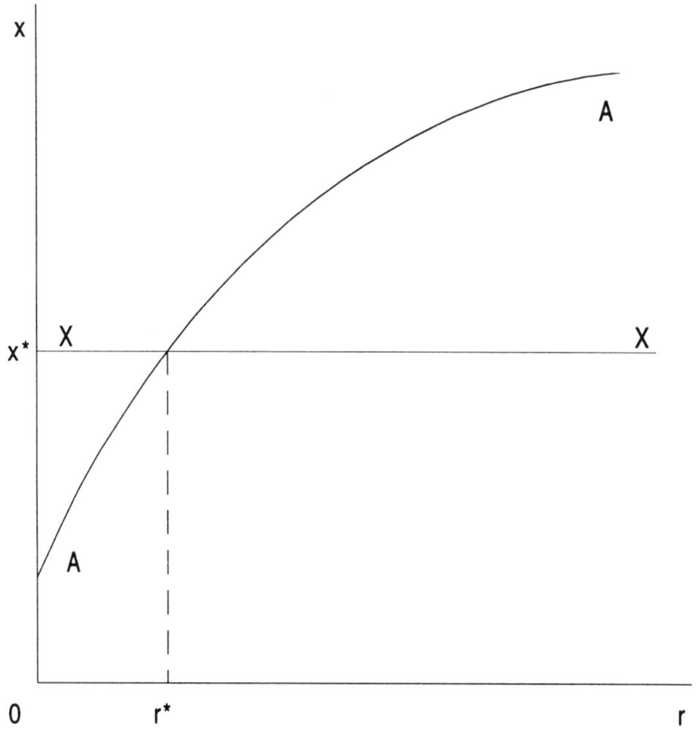

Abb. 1: Das Wachstumsgleichgewicht

Quelle: eigene Darstellung

Ist der Prozeß der Kapitalanlage bzw. -aufnahme durch zunehmende Skalenerträge gekennzeichnet, kann Finanzintermediation die gesamtwirtschaftlichen Transaktionskosten senken. Der Einfluß der Transaktionskosten *s* und *t* auf die Lage der XX- bzw. der AA-Kurve ergibt sich aus den Gleichungen (15) und (16) mit:

(17.1) $$\frac{\partial^2 f}{\partial x \partial \tau} > 0;$$

(17.2) $$\frac{\partial^2 f}{\partial x \partial s} = (1+\tau)\left\{\rho - n - \frac{1}{(1+s)^2}\eta\varepsilon\sigma_k^2[>0]\right\} \begin{matrix} > \\ = \\ < \end{matrix} 0;$$

(17.3) $$\frac{\partial r}{\partial \tau} = \frac{-1}{(1+\tau)^2}[f(x) - xf_x] - \frac{\partial \zeta}{\partial \tau} = \frac{-1}{(1+\tau)^2}\left[\underbrace{p\frac{F_L}{A}}_{>0} + \underbrace{\frac{A}{L}\frac{\partial \Psi_2}{\partial A}\sigma_A^2}_{<0}\right] \begin{matrix} > \\ = \\ < \end{matrix} 0.$$

Der Effekt einer Reduzierung der Unternehmenskosten τ auf das Wohlstandsniveau ist eindeutig. Eine Abnahme dieser Kosten vermindert das gleichgewichtige Grenzprodukt des Kapitals (s. Gleichung (17.1)) und erhöht den Kapitalstock je Effizienzeinheit Arbeit.

Die Wirkung einer Verringerung der Anlegerkosten s ist indes offen, da dem kostensenkenden Effekt die stärkere Gewichtung des Risikozuschlages entgegenwirkt (Gleichung (17.2)). Finanzintermediäre senken jedoch nicht nur die direkten Transaktionskosten des Kapitaltransfers, sie nehmen gleichzeitig Aufgaben der Risikodiversifikation, Informationsproduktion und Unternehmenskontrolle wahr (vgl. ausführlich Abschnitt 1.2). Diese Funktionen lassen sich durch die in Abschnitt 1.1.2. eingeführte ökonomische Unterscheidung zwischen Unsicherheit über die reale Entwicklung und Unsicherheit aufgrund der Unvorhersehbarkeit des Schuldnerverhaltens indirekt berücksichtigen, denn Finanzintermediation kann das Ertragsrisiko seitens der Anleger entscheidend reduzieren.

In der Realität gibt es nicht das eine repräsentative Unternehmen, an dessen Produktivvermögen der Anleger Anteilsscheine erwirbt. Vielmehr existiert eine Vielzahl von Unternehmen, die zum Teil sehr unterschiedlichen Risiken ausgesetzt sind. Ohne Finanzintermediation kann sich jeder Anleger aufgrund der Unteilbarkeit der Anteilsscheine sowie seiner individuellen Vermögensrestriktion nur an einer begrenzten Anzahl von Unternehmen beteiligen. Durch die Hereinnahme der Einlagen vieler Individuen weist ein Finanzintermediär eine wesentlich größere Kapitalbasis auf als ein einzelner Anleger und hat dadurch bessere Diversifikationsmöglichkeiten. Sind die Einzelrisiken der verschiedenen Kreditnehmer nicht vollständig positiv miteinander korreliert, kann Finanzintermediation durch diese bessere Diversifikation die real bedingten Schwankungen des Kapitalertrages reduzieren und den Anlegern einen sicheren Ertrag anbieten. Aufgrund der zu Beginn dieses Abschnittes erwähnten Informationsasymmetrie zwischen Gläubiger und Schuldner ist ferner eine Überwachung der Kreditnehmer notwendig. Ist nicht nur der direkte Intermediationsprozeß, sondern auch diese Überwachung durch Unteilbarkeiten gekennzeichnet, kann ihre Übertragung auf einen Intermediär zu einem höheren Überwachungsniveau der Schuldner führen und so die Gefahr eines Mittelmißbrauches - und damit wiederum die Ungewißheit über die Kapitalerträge - reduzieren. Durch die Risikosenkung verschiebt sich die XX-Kurve nach oben (Es ist $\partial^2 f/\partial x \partial \sigma_k^2 > 0$). Finanzintermediation bewirkt eine Annäherung an das First-Best Optimum.

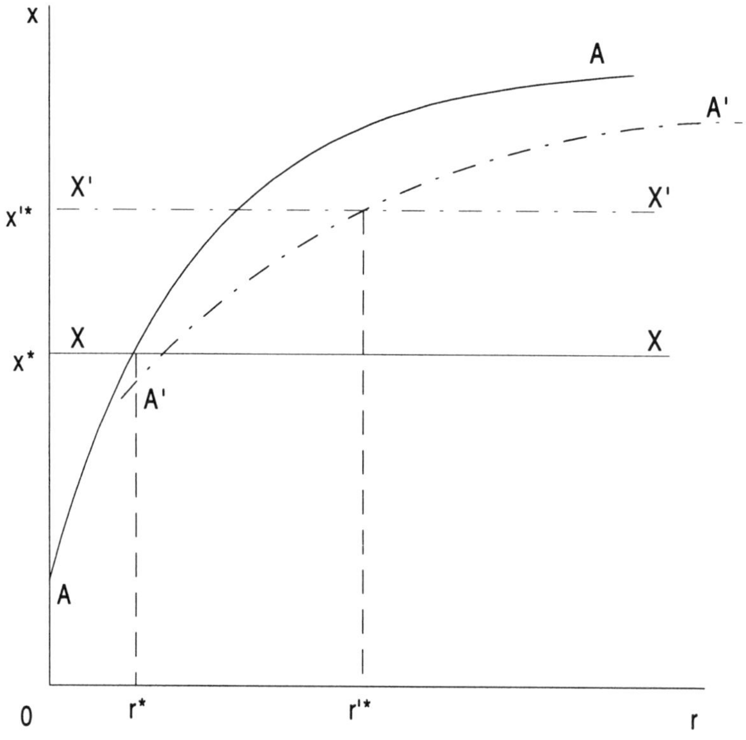

Abb. 2: Die Auswirkungen von Finanzintermediation auf das Wachstumsgleichgewicht

Quelle: eigene Darstellung

Erfüllt Finanzintermediation diese risikomindernden Funktionen in hinreichendem Ausmaß, kann dadurch $\rho\text{-}n > [1/(1+s)^2]\eta\varepsilon\sigma_k^2\,[>0]$ sichergestellt sein. Der Effekt einer Reduzierung der Transaktionskosten der Anleger (s) ist dann ebenfalls eindeutig: Finanzintermediation senkt den gleichgewichtigen Grenzertrag des Kapitals und erhöht den gleichgewichtigen Kapitalstock pro Kopf. Dies wird in Abbildung 3 durch eine Verschiebung der XX-Kurve nach X'X' veranschaulicht.

Allein diese Verschiebung der XX-Kurve nach oben erhöht nicht nur das Wohlfahrtsniveau, sondern auch die gleichgewichtige Wachstumsrate. Bei einer sehr steil verlaufenden AA-Kurve ist der Effekt auf die Wachstumsrate jedoch gering. Die Wachstumsrate wird in stärkerem Maße durch eine Rechtsverschiebung der AA-Kurve beeinflußt, deren Lage u.a. durch die Transaktionskosten des Unternehmenssektors τ bestimmt wird.

Dabei stehen sich zwei Effekte gegenüber. Zum einen führt die Transaktionskostensenkung zu einer stärkeren Gewichtung des Risikoterms, wodurch sich c.p. die AA-Kurve nach oben verschieben würde. Zum anderen würde aus der stärkeren Gewichtung des Reallohnes c.p. eine Rechtsverschiebung und Rechtsdrehung der AA-Kurve resultieren. Der Effekt ist dann eindeutig, wenn Finanzintermediation gleichzeitig das aus Forschung und Entwicklung resultierende wirtschaftliche Risiko der Unternehmen senkt (vgl. Gleichung (17.3)). Ein Rückgang der Unsicherheit über die F&E-Ergebnisse erhöht die Aufwendungen für F&E und damit den Erwartungswert der Fortschrittsrate.

Nicht alle F&E-Projekte sind gleich risikobehaftet oder gleich effizient. Durch eine ausführliche Projektbewertung im Vorfeld der Kreditvergabe könnte Finanzintermediation dazu beitragen, nur effiziente und lohnende F&E-Projekte zu realisieren. Betrachtet man den Innovationswettbewerb zwischen Unternehmen als Patentrennen, kann man sich die Projektbeurteilung durch die Finanzintermediäre als Qualifikationslauf vorstellen, der sicherstellt, daß nur die besten Läufer in den Endlauf gelangen. Durch diese Vorauswahl der F&E-Projekte wird der gesamtwirtschaftlich notwendige Ressourcenverzehr zur Erreichung des Forschungsziels reduziert. Durch das Aussondern ineffizienter Projekte erhöht sich der Erwartungswert der Fortschrittsrate und ihre Varianz sinkt.

Hebt man ferner - analog dem Vorgehen in Abschnitt 1.3 - die Annahme der Risikoneutralität (s. S. 33) der Unternehmensleitung auf, zeigt sich, daß Finanzintermediation insbesondere durch die Reduzierung des von den Entscheidungsträgern zu tragenden Risikos einen Anreiz zu verstärkter F&E-Tätigkeit liefern kann.

Ein möglicher weiterer Effekt sind externe Effekte im Forschungssektor durch Finanzintermediation. Geht man realistischerweise von einer oligopolistischen oder polypolistischen Marktstruktur aus, wird Forschung und Entwicklung nicht von einem, sondern von vielen Unternehmen unabhängig voneinander betrieben. Gesamtwirtschaftlich steigt die Erfolgswahrscheinlichkeit von F&E mit der Anzahl der unabhängig voneinander betriebenen Forschungsprozesse. Hier kann die Rolle der Finanzintermediäre im Sinne Schumpeters zum Tragen kommen. Bei Unteilbarkeiten im F&E-Prozeß könnten ohne Finanzintermediation nur die Unternehmen forschen, die über ausreichende Eigenmittel verfügen. Insbesondere kleine und mittlere Unternehmen sind stark auf Fremdfinanzierung angewiesen und müssen die Transaktionskosten der Mittelaufnahme berücksichtigen. Sind diese Transaktionskosten aufgrund der Unterentwicklung des Finanzsektors sehr hoch, unterbleibt F&E durch kleine und mittlere Unternehmen unter Umständen vollständig. Die empirischen Ergebnisse von Weigand (1996) zeigen jedoch, daß gerade diese Unternehmen F&E nachhaltig vorantreiben. Effiziente Finanzintermediation kann nun die Kosten der Kapitalaufnahme senken und gerade kleineren Unternehmen ohne ausreichendes Eigenkapital die Durchführung fremdfinanzierter Forschungsprojekte erleichtern. Das individuelle Forschungsrisiko der einzelnen Unternehmen, und damit auch das Risiko des betrachteten repräsentativen Unternehmen, wird durch diese Wirkung von Finanzintermediation zwar nicht beeinflußt, die gesamtwirtschaftliche Ungewißheit über die F&E-Ergebnisse sinkt jedoch mit zunehmender Anzahl an forschenden Unternehmen.

1.1.3 Empirische Evidenz

Erstmals wiesen Goldsmith (1969), McKinnon (1973) und Shaw (1973) eine positive Korrelation zwischen Entwicklungsstand des Finanzsektors und Wachstumsrate einer Volkswirtschaft nach. Die neueren Untersuchungen von B. Fischer (1982) und Atje/Jovanovic (1993) bestätigen diesen Zusammenhang. Der Entwicklungsstand des Finanzsektors ist für wirtschaftliche Entwicklung und Wachstum von zentraler Bedeutung.

Mit dem Problem der Kausalitätsrichtung befaßten sich Gupta (1984 S. 35ff.) und Jung (1986). Sie untersuchten die Bedeutung des Finanzsektors in Entwicklungsländern mittels der Kausalitätstests von Granger und Granger-Sims. Zumindest für frühe Entwicklungsstadien stellten sie die *supply-leading* Funktion des Finanzsektors fest. Der unterschiedliche finanzielle Entwicklungsstand in diesen Ländern war demnach Ursache und nicht Folge des unterschiedlichen Wirtschaftswachstums. Für reifere Entwicklungsstadien konnte die Hypothese der *demand-following* Funktion nicht verworfen werden.

King/Levine (1993a) untersuchten den Zusammenhang zwischen finanzieller und wirtschaftlicher Entwicklung für eine Stichprobe von insgesamt 80 Industrie- und Entwicklungsländern im Zeitraum 1960-1989. Den finanziellen Entwicklungsstand maßen sie durch die Variablen:

- 'Tiefe des Finanzsektors' (LLY) = Relation M3 zu Bruttoinlandsprodukt,

- 'Bedeutung von Banken' (BANK) = Anteil der Bankkredite an allen Krediten (Banken und Zentralbank),
- 'Bedeutung des privaten Sektors':
  PRIVATE = Relation 'Kredite an Nicht-Finanzunternehmen zu Gesamtkrediten (Nicht-Finanzunternehmen + Staatssektor + Konsumentenkredite)',
  PRIVY = Relation 'Kredite an Nicht-Finanzunternehmen zu Bruttoinlandsprodukt'.

Als Indikatoren für die wirtschaftliche Entwicklung betrachteten sie

- das Wachstum des Bruttoinlandsprodukt pro Kopf = GYP,
- das Wachstum des Kapitalstocks pro Kopf = GK,
- die Investitionsquote = INV,
- die "growth rate of everything else" (King/Levine 1993a S. 722) = EFF, die aufgrund ihrer Berechnung (EFF = GYP - 0,3GK) als Maß für Effizienzsteigerungen, d.h. technischen Fortschritt, betrachtet werden kann.

Tabelle 1

Der Zusammenhang von Wachstumsrate und Finanzindikatoren

unabhängige Variable / abhängige Variable	LLY	BANK	PRIVATE	PRIVY
GYP	0,024***	0,032***	0,034***	0,032***
GK	0,022***	0,022**	0,020**	0,025***
INV	0,097***	0,133***	0,115***	0,102***
EFF	0,018**	0,026**	0,027***	0,025***

** signifikant auf dem 95%-Niveau; *** signifikant auf dem 99%-Niveau;

Quelle: King/Levine 1993a S. 727;

King und Levine ermittelten einen signifikant positiven Einfluß aller Finanzindikatoren auf die wirtschaftliche Entwicklung bzw. die Wachstumsrate einer Volkswirtschaft unabhängig vom betrachteten Wachstumsindikator (s. Tab. 1).

Bemerkenswert ist insbesondere, daß finanzielle Entwicklung nicht nur auf das Wachstum des Bruttoinlandsprodukts pro Kopf (GYP) sondern auch auf die Variable EFF positiv einwirkt. Dieses Ergebnis entspricht den vorgestellten theoretischen Überlegungen. Finanzielle Entwicklung beeinflußt nicht nur das Wohlstandsniveau sondern auch die Wachstumsrate und Fortschrittsrate einer Volkswirtschaft.

Zur Überprüfung der Kausalitätsrichtung zwischen finanzieller und wirtschaftlicher Entwicklung (*supply-leading* oder *demand-following*) schätzten King/Levine (1993a S. 731ff.) abschließend einen verzögerten Einfluß der Finanzindikatoren auf die Wachstumsgrößen. Ermittelt wurde der Einfluß der Werte der Finanzindikatoren zu Beginn eines Jahrzehnts (1960, 1970, 1980) auf die Wachstumsrate dieses Jahrzehnts (1960-69, 1970-79, 1980-89). Die Ergebnisse bestätigen die Überlegung einer *supply-leading* Funktion des Finanzsektors. Die Koeffizienten der Variablen LLY, BANK und PRIVY hatten in allen Regressionsgleichungen das gleiche Signifikanzniveau und die gleiche Größenordnung wie die Werte in Tabelle 1. Lediglich die Variable PRIVATE hatte keinen nennenswerten Einfluß. Andere Schätzungen der Autoren (King/ Levine 1993b und 1993c) kamen zu vergleichbaren Ergebnissen.

Die Ergebnisse Odedokums (1996) für eine Gruppe von 71 Entwicklungsländern sowie die Resultate von Jayaratne/Strahan (1996) für die USA stützen ebenfalls die *supply-leading* These.

Der empirische Nachweis eines gesamtwirtschaftlich konstanten Grenzprodukts des Kapitals - wie es das *AK*-Modell postuliert - konnte bisher nicht erbracht werden. In den meisten Ansätzen wird eine Produktionsfunktion der Form $Y=AK^{\alpha}L^{(1-\alpha)}e^{\gamma t}$ unterstellt. Erfolgt die Entlohnung der Produktionsfaktoren nach ihrem Grenzprodukt und liegen keine externen Effekte vor, dann entspricht die Produktionselastizität des Kapitals α der Kapitaleinkommensquote. Wenn allerdings externe Effekte bestehen, so unterschätzt die Kapitaleinkommensquote die Produktionselastizität α systematisch. Der von Romer (1987) sowie Englander und Mittelstadt (1988) in Länderquerschnittsbetrachtungen ermittelte Wert für α liegt mit 0,4 bis 0,6 über der Kapitaleinkommensquote und ist daher ein Indiz für positive externe Effekte.[21] Die im *AK*-Modell unterstellte Höhe α's von 1 wird jedoch deutlich verfehlt.

Die Ergebnisse Reichels (1993 S. 291ff.) widerlegen ebenfalls die These eines konstanten gesellschaftlichen Grenzproduktes des Kapitals. Wäre es konstant, müßte ein signifikanter Zusammenhang zwischen der Sparquote und der Wachstumsrate eines Landes bestehen. In seiner ausführlichen Untersuchung zu den Determinanten der Sparquote in Entwicklungs- und Schwellenländern testete Reichel die Bestimmungsgrößen des Wirtschaftswachstums anhand mehrerer Testverfahren. Lediglich beim einfachen OLS-Test ergab sich ein signifikanter, aber sehr schwacher Einfluß der Sparquote auf die Wachstumsrate des Brutto-

---

[21] Zitiert bei Pack 1994 S. 57.

sozialproduktes pro Kopf. Bei allen anderen Testverfahren war der Einfluß der Sparquote insignifikant.[22]

Auch Jones (1995) überprüfte Varianten des *AK*-Modells sowie die darauf beruhenden Modelle endogenen Wachstums auf ihre empirische Stichhaltigkeit. Die Ergebnisse seiner Zeitreihenuntersuchungen für mehrere OECD-Länder konnten keine der aus den Modellen ableitbaren Hypothese bestätigen. Das *AK*-Modell wird durch diese Resultate vielmehr widerlegt.

Eindeutig gesichert ist damit summa summarum der positive Zusammenhang von realer und finanzieller Entwicklung und die Widerlegung eines konstanten gesellschaftlichen Grenzproduktes des Kapitals.[23] Ferner unterstützen die vorliegenden neueren empirischen Befunde die *supply-leading* These für Entwicklungs- und Industrieländer. Lediglich die früheren Studien durch Gupta (1984) und Jung (1986) ermitteln für Entwicklungsländer in fortgeschrittenen Entwicklungsstadien die *demand-following* Funktion.

1.1.4 Fazit

Die Ausführungen dieses Abschnittes zeigten, daß der Skepsis gegenüber den wohlstandsmehrenden Wirkungen von Finanzintermediation die wirtschaftstheoretische Fundierung fehlt. Die hier vorgestellten neueren Theorieansätze weisen durchgehend einen positiven Einfluß von Finanzintermediation auf das Wohlstandsniveau und die gleichgewichtige Wachstumsrate einer Volkswirtschaft nach. Wie in Abschnitt 1.1.2 gezeigt wurde, hängt dabei die Stärke des Einflußes auf die Wachstumsrate maßgeblich von der Ausgestaltung des Finanzsystems ab.

Begünstigt ein Finanzsystem aufgrund seines ordnungspolitischen Rahmens überwiegend die Kapitalanleger (die Haushalte) durch die Reduzierung ihrer Transaktionskosten der Kapitalbeschaffung und die Minderung des von Ihnen zu tragenden Kapitalertragsrisikos (Verschiebung der XX-Kurve nach oben),

---

22 Es bleibt anzumerken, daß Reichels Ergebnisse auch der neoklassischen Wachstumstheorie widersprechen, denn er ermittelt einen insignifikanten oder gar negativen Erklärungsbeitrag des Bevölkerungswachstums für die Wachstumsrate (ebenda S. 291ff). Ursache hierfür könnte sein, daß aufgrund fehlender Institutionen zur Förderung des Humankapitals das Bevölkerungswachstum die Fortschrittsrate negativ beeinflußt, oder daß in den betrachteten Ländern das Wachstum von Bevölkerung und Erwerbspersonenpotential auseinanderfällt, bzw. die Annahme klassischer Vollbeschäftigung nicht erfüllt ist.

23 Theorieansätze, deren Ergebnisse entscheidend auf der Annahme eines konstanten Grenzprodukts des Kapitals beruhen, sollten daher vorsichtig interpretiert werden.

überwiegt der Effekt auf das Wohlstandsniveau, während der Effekt auf die Wachstumsrate u.U. (je nach Steigung der AA-Kurve) gering ist. Steht bei der Ausgestaltung des Finanzsystems dagegen die Finanzierung des produktiven Sektors und die Senkung der Finanzierungskosten der Unternehmen und die Minderung des Risikos aus Forschung und Entwicklung m Vordergrund, kann Finanzintermediation nicht nur das Wohlstandsniveau (die Senkung der Finanzierungskosten verschiebt die XX-Kurve nach oben), sondern auch die gleichgewichtige Wachstumsrate (die Senkung des Forschungsrisikos verschiebt die AA-Kurve nach rechts) entscheidend beeinflussen.

Die vorliegenden empirischen Befunde bekräftigen diese Resultate. In nahezu allen Untersuchungen konnte ein signifikant positiver Einfluß des Entwicklungsgrades des Finanzsektors auf Wohlfahrtsniveau und Wachstumsrate eines Landes nachgewiesen werden.[24]

Die vorgestellten theoretischen Ergebnisse bestätigen zugleich die Entwicklungen in der Theorie der Finanzintermediation, die die Entstehung von Finanzintermediären zu erklären versucht, in anschaulicher Weise. Die neueren Ansätze dieser Theorie betrachten weniger die direkten Kosten der Kapitalbeschaffung, sondern befassen sich in erster Linie mit den Funktionen der Finanzintermediäre als Risikoversicherer sowie als Informationsproduzenten und Unternehmenskontrolleure. Diese Ansätze werden im folgenden Abschnitt ausführlich diskutiert.

1.2 Theorie der Banken / Theorie der Finanzintermediation

Auf einem vollkommenen Kapitalmarkt gibt es keine Transaktionskosten, keine Unteilbarkeiten und keine Ungewißheit. Die verfügbare Information ist vollständig und symmetrisch auf alle Wirtschaftssubjekte verteilt. Der Kapitaltransfer von den Überschußeinheiten (Sparern/Anlegern) zu den Defiziteinheiten (Unternehmern/Investoren) verläuft reibungslos, und für die Existenz von Banken/Finanzintermediären ist kein Raum. Der perfekte Kapitalmarkt ist indessen nur eine Fiktion. In der Realität ist die Kapitalanlage respektive die Kapitalbeschaffung mit Transaktionskosten, Informationsasymmetrie und Ungewißheit verbunden. Die hieraus resultierenden gesamtwirtschaftlichen Kosten setzen sich vereinfachend ausgedrückt aus den direkten Kosten des Kapitaltransfers, den Kosten der Informationsproduktion und den Kosten der Diversifikation zusammen.

---

[24] Vgl. auch die Zusammenfassung theoretischer und empirischer Studien bei Levine 1997.

Kosten der Informationsproduktion entstehen, wenn die Information der Kapitalgeber aufgrund von Ungewißheit und/oder Informationsasymmetrie unvollständig ist. Sie bestehen aus Ressourcen und Zeit, die zur Gewinnung zusätzlicher Information bzw. zur Beseitigung der Informationsasymmetrie aufgewandt werden. Bei gleichzeitiger Risikoaversion der Individuen entstehen zusätzlich Diversifikationskosten, die neben Ressourcen und Zeit hauptsächlich aus den Opportunitätskosten der Liquiditätsreserve und entgangenen Gewinnen bestehen.[25] In dieser Situation kann die Entstehung von Finanzintermediären/ Banken sinnvoll sein, sofern der Prozeß des Kapitaltransfers, die Informationsproduktion und/oder die Diversifikation mit Unteilbarkeiten verbunden sind. Die Delegation dieser Aufgaben an einen Intermediär senkt dann die gesamtwirtschaftlichen Kosten des Kapitaltransfers.

Ein in sich geschlossener Ansatz, der die genannten Funktionen simultan berücksichtigt, existiert beim momentanen Stand der Theorie der Finanzintermediation allerdings nicht. Vielmehr werden einzelne Aspekte herausgegriffen und die Entstehung von Finanzintermediären unter diesem Aspekt erklärt (vgl. Abb. 3). In den folgenden Abschnitten wird ein Überblick über diese verschiedenen Ansätze gegeben.[26]

Abschnitt 1.2.1 befaßt sich mit der Entstehung von Finanzintermediären aufgrund unzureichender Diversifikationsmöglichkeiten einzelner Wirtschaftssubjekte. Abschnitt 1.2.2 schildert mögliche Größen- und Umfangsvorteile bei den direkten Kosten des Kapitaltransfers und faßt die vorliegende empirische Evidenz zu Skalen- und Umfangsvorteilen im Bankbereich zusammen. Abschnitt 1.2.3 zeigt die Bedeutung von Finanzintermediären bei der Lösung von Problemen asymmetrischer Information zwischen Kapitalanlegern und Unternehmen durch die Beschaffung zusätzlicher Informationen. Neben der Erfüllung dieser Aufgaben kann die Einschaltung eines Intermediärs sinnvoll sein, wenn unter Unsicherheit - unabhängig von asymmetrischer Informations - Interessensdivergenzen zwischen Kapitalgebern und Kapitalverwendern bestehen und die Vertragsmöglichkeiten zwischen ihnen unvollständig sind. Banken/Finanzintermediäre üben dann Aufgaben der Unternehmenskontrolle aus. Dieser Ansatz wird in Abschnitt 1.2.4 dargestellt.

Die vorgestellten Ansätze zur Finanzintermediation konzentrieren sich auf die Rolle der Intermediäre als Vermittler im Prozeß des Kapitaltransfers. Im Unterschied zu dieser Auffassung besteht nach Ansicht einiger Ökonomen die

---

25 Wären die Individuen risikoneutral, würde es bei Ungewißheit nicht zu einer Streuung des Portfolios kommen, sondern der Erwartungswert der Erträge wäre die einzige Entscheidungsgröße.

26 Vgl. auch die Literaturüberblicke die Überblicke bei Scholtens 1993 sowie Santomero 1984.

zentrale Aufgabe der Finanzintermediäre dagegen in der Bereitstellung und Abwicklung des bargeldlosen Zahlungsverkehrs.[27]

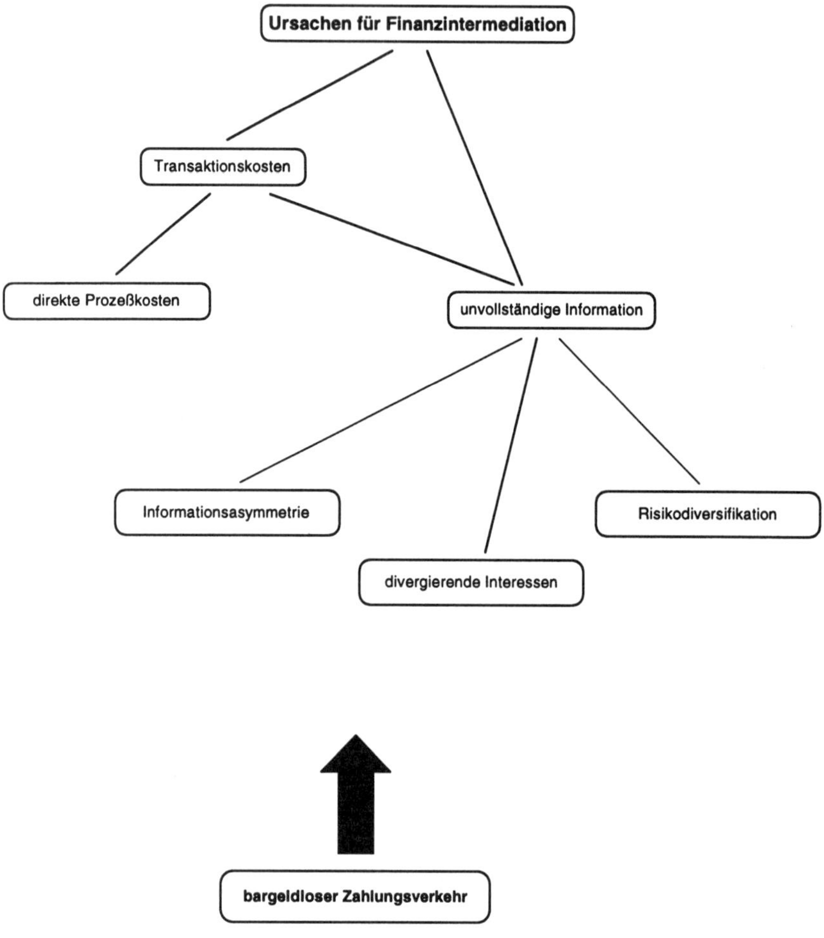

Abb. 3: Mögliche Ursachen für das Entstehen von Finanzintermediären/Banken

Quelle: eigene Darstellung

[27] S. Santomero 1984 sowie Scholtens 1993.

Diese unterschiedlichen Ansichten stehen jedoch nicht unvereinbar nebeneinander, denn die besondere Stellung der Banken unter den Finanzintermediären wird durch die *Vermittlerrolle* allein nicht erklärt. Die Vermittlerfunktionen können Versicherungen, Fondsgesellschaften u.a. ebenso anbieten. Erst unter Hinzunahme des bargeldlosen Zahlungsverkehrs zeigt sich - in Verbindung mit unvollständiger Information - der komparative Vorteil der Banken gegenüber den anderen Finanzintermediären.[28]

1.2.1 Risikodiversifikation

Unter Ungewißheit können Banken/Finanzintermediäre in einer Volkswirtschaft eine zweifache Risikoversicherung bzw. Risikokonsolidierung ausüben. Durch ihre Diversifikation im Einlagengeschäft können sie für ihre Kreditnehmer das Risiko möglicher Schwankungen in den Liquiditätsbedürfnissen der Kapitalgeber mindern. Durch ihre Diversifikation im Kreditgeschäft wiederum können sie ihre Einleger gegen Schwankungen der Kapitalerträge versichern. Diese Risikominderung durch Finanzintermediation ist vor allem vorteilhaft, wenn Risikoaversion der Individuen besteht. Sie ist aber auch bei Risikoneutralität volkswirtschaftlich effizient, wenn mit dem Risiko objektive Kosten, z.B. Anpassungskosten oder Informationskosten, verbunden sind.

1.2.1.1 Das Diversifikationsprinzip

Bei Ungewißheit über die zukünftigen Liquiditätsbedürfnisse werden sich die Anleger gegen dieses Risiko *versichern*, indem sie ihr Kapital nur für einen bestimmten Zeitraum fest anlegen und/oder sich die Möglichkeit der kurzfristigen Kündigung vorbehalten. Können Investitionsprojekte nicht ohne Kosten abgebrochen werden, werden die Kapitalverwender in letzterem Fall einen Teil des überlassenen Kapitals als Liquiditätsreserve halten, um sich gegen mögliche Schwankungen der Liquiditätsnachfrage durch die Anleger abzusichern.[29] Es ergibt sich das Problem der optimalen Höhe der Liquiditätsreserve. Ist die Reserve zu groß bemessen, ist zuviel Kapital unproduktiv gebunden, die Oppor-

---

[28] Der Aspekt des Zahlungsverkehrs als Entstehungsursache für Finanzintermediäre wird daher im Rahmen dieser Arbeit nicht eingehender betrachtet. Sofern die Abwicklung des Zahlungsverkehrs die Funktionen Informationsproduktion und Unternehmenskontrolle beeinfluß, wird in den jeweiligen Abschnitten darauf Bezug genommen.

[29] Sofern das überlassene Kapital nicht zur Finanzierung eines bestimmten zeitlich determinierten Projektes sondern zur generellen Unternehmensfinanzierung (also indeterminiert) verwendet wird, gilt dies auch bei der Mittelüberlassung für einen bestimmten Zeitraum.

tunitätskosten durch ungenutze Investitionsmöglichkeiten sind zu hoch. Ist sie zu gering, entstehen Anpassungskosten, wenn kurzfristig Liquidität bereitgestellt werden muß. Die kostenminimierende Höhe der Liquiditätsreserve hängt ab vom Erwartungswert der Liquiditätsabflüsse und der Schwankungsbreite der tatsächlichen Abflüsse um diesen Erwartungswert. Mit steigender Anzahl an Einlegern sinkt aufgrund des Gesetzes der großen Zahl die Schwankungsbreite und damit die optimale Reservehöhe.

Baltensperger/Milde (1987 S. 33ff.) zeigen dies an folgendem einfachen Beispiel. Angenommen wird, der gesamte Nettoliquiditätsbedarf v sei eine Zufallsvariable, die durch eine Normalverteilung mit dem Erwartungswert $\mu^v = E(v)$ und der Standardabweichung $\sigma^v = (Var(v))^{1/2}$ hinreichend approximiert werden kann und jeder der insgesamt n Einleger habe eine Einlage in gleicher Höhe von $\overline{D}$. Das Gesamtdepositenvolumen ist dann $D = n\overline{D}$. Der Nettoliquiditätsbedarf jedes Anlegers relativ zur Größe seiner Einlage sei v_i. Der Gesamtliquiditätsbedarf ergibt sich als:

(1) $$v = \sum_{i=1}^{n} v_i \overline{D} = \overline{D} \sum_{i=1}^{n} v_i$$

Die Varianz des gesamten Liquiditätsbedarfs ist somit

(2) $$Var[v] = \overline{D}^2 Var\left[\sum_{i=1}^{n} v_i\right] = \overline{D}^2 \left\{\sum_{i=1}^{n} Var(v_i) + \sum_{i=1}^{n} \sum_{\substack{j=1 \\ j \neq i}}^{n} \rho(v_i; v_j)\sigma_i^v \sigma_j^v\right\}.$$

Die Korrelationskoeffizienten ρ zeigen, wie stark die Einzelrisiken miteinander korreliert sind und liegen im Bereich [(-1);(+1)]. Bei insgesamt n Einlegern existieren $(n^2-n)/2$ unterschiedliche Koeffizienten. Für den Effekt der Risikokonsolidierung ist die Höhe dieser Korrelationskoeffizienten von entscheidender Bedeutung. Um dies zu zeigen, vergleichen Baltensperger/Milde die beiden Fälle *stochastische Unabhängigkeit* der Einzelrisiken und *perfekte Korrelation* der Einzelrisiken. Zur Vereinfachung wird angenommen, die Zufallsvariablen v_i seien über alle Einleger gleich, mit $\mu^v_i = k$ und $Var(v_i) = a^2$, und alle $(n^2-n)/2$ Korrelationskoeffizienten wären identisch. Bei stochastischer Unabhängigkeit sind die Einzelrisiken vollkommen voneinander unabhängig, die Korrelationskoeffizienten sind Null. Für Gleichung (2) ergibt sich dann

(3) $$Var[v] = \overline{D}^2 Var\left[\sum_{i=1}^{n} v_i\right] = \overline{D}^2 n a^2 = \overline{D} D a^2$$

bzw.

$$\sigma^v = a(\overline{D}D)^{1/2}.$$

Daraus folgt

$$\frac{\partial \sigma^v}{\partial D} = \tfrac{1}{2} a \overline{D}^{1/2} D^{-1/2} = \frac{\sigma^v}{2D}$$

sowie

$$\varepsilon(\sigma^v; D) := \frac{\partial \sigma^v}{\partial D} \frac{D}{\sigma^v} = 1/2.$$

Bei gegebenem $\overline{D}$ ist ein Anstieg des Gesamtdepositenvolumens D gleichbedeutend mit einer Zunahme der Anzahl der Einleger n. Mit steigender Anzahl der Einleger steigt die Schwankungsbreite der Depositenabflüsse nur unterproportional und damit auch das optimale Reservevolumen.[30] Für die Kapitalverwender ist dann die Delegation der Kapitalbeschaffung an einen Intermediär sinnvoll, denn die optimale Liquiditätsreserve des Intermediärs ist geringer als die Summe der optimalen Reserven der einzelnen Kapitalverwender.

Bei identischem Verhalten aller Einleger sind die Korrelationskoeffizienten eins. Aus (2) ergibt sich für diesen Fall

$$(4)\quad \begin{aligned} Var[v] &= \overline{D}^2 Var\left[\sum_{i=1}^{n} v_i\right] = \overline{D}^2 n a^2 + \left[2^{(n^2 - n)}\!\!\Big/_{2}\right] \overline{D}^2 a^2 \\ &= \overline{D}^2 n^2 a^2 = D^2 a^2 \end{aligned}$$

sowie

$$\varepsilon(\sigma^v; D) = 1 .$$

In dieser Situation wäre Intermediation überflüssig, da sich die Schwankungsbreite proportional zum Volumen ändert. Der Effekt der Risikokonsolidierung findet nicht statt.[31] Der Fall vollständiger positiver Korrelation stellt

---

30 Vgl. Baltensperger/Milde 1987 S. 37f.

31 Vgl. Baltensperger/Milde 1987 S. 36.

allerdings eine Ausnahmesituation dar. In allen anderen Fällen steigt das Risiko unterproportional zur Anzahl der Einleger, und die Einschaltung eines Intermediärs ist volkswirtschaftlich effizient. Dies gilt insbesondere bei negativer Korrelation und stochastischer Unabhängigkeit, aber auch bei positiver Korrelation der Einzelrisiken, wie folgende Variation des Ansatzes von Baltensperger und Milde zeigt.

Zur Vereinfachung wird angenommen, alle Korrelationskoeffizienten haben den identischen Wert b. Für Gleichung (2) ergibt sich

$$\begin{aligned} Var[v] &= \overline{D}^2 Var\left[\sum_{j=1}^{n} v_j\right] = \overline{D}^2 na^2 + [n(n-1)]\overline{D}^2 a^2 b \\ &= \overline{D}^2\left(n^2a^2b + (1-b)na^2\right) \end{aligned} \tag{5}$$

Wegen $D = n\overline{D}$ ist

$$\sigma^v = \left(D^2a^2b + (1-b)a^2\overline{D}D\right)^{1/2}.$$

Bei einer Erhöhung des Gesamtdepositenvolumens, d.h. einer Erhöhung der Anzahl der Einleger, ergibt sich

$$\frac{\partial\sigma^v}{\partial D} = \tfrac{1}{2}\left(D^2a^2b + (1-b)a^2\overline{D}D\right)^{-1/2}\left(2Da^2b + (1-b)a^2\overline{D}\right)$$

und somit

$$\varepsilon(\sigma^v; D) = \frac{\partial\sigma^v}{\partial D}\frac{D}{\sigma^v} = \tfrac{1}{2}\,\frac{2D^2a^2b + (1-b)a^2\overline{D}D}{D^2a^2b + (1-b)a^2\overline{D}D}.$$

Die Beispiele von Baltensperger/Milde sind Sonderfälle dieser Elastizität: Bei stochastischer Unabhängigkeit ist $b = 0$ und damit $\varepsilon(\sigma^v;D) = 1/2$; identisches Verhalten bedeutet $b = 1$, d.h. $\varepsilon(\sigma^v;D) = 1$. Allgemein gilt:

- $1/2 \leq \varepsilon(\sigma^v;D) \leq 1$, für alle Werte von b mit $0 \leq b \leq 1$ sowie
- $0 \leq \varepsilon(\sigma^v;D) < 1/2$, für alle Werte von b mit $-1/(n-1) \leq b < 0$.[32]

---

[32] Bei identischen Korrelationskoeffizienten kann der Wert -1 bei mehr als zwei Einlegern nicht vorkommen, da man negative Werte für die Varianz erhalten würde. Der kleinste mögliche Wert *ist* -1/(n-1), in diesem Fall ist die Varianz Null und damit auch ε (vgl. Baltensperger/Milde 1987 S. 36).

Die Standardabweichung der Liquiditätsabflüsse nimmt mit steigender Einlegerzahl immer dann nur unterproportional zu, wenn die Korrelationskoeffizienten kleiner als Eins sind. Das Prinzip der Risikokonsolidierung kommt zum Tragen.

Auf der anderen Seite besteht für die Kapitalgeber die Gefahr, daß die Investitionsprojekte der Kapitalverwender einen zu geringen Ertrag erwirtschaften und diese in Konkurs gehen. Da der Konkurs mit Kosten für die Kapitalgeber verbunden ist, werden diese ihr Kapital nur zur Verfügung stellen, wenn das Konkursrisiko eine bestimmte Höhe nicht überschreitet. Der Kapitalverwender muß dann in ausreichender Höhe Eigenkapital einsetzen, um das Konkursrisiko entsprechend abzuschwächen. Die Wirkung der Diversifikation auf das Ertragsrisiko des Kredit- bzw. Projektportfolios läßt sich durch eine Modifikation des Ansatzes von Fama/Miller (1972 S. 253ff.) zeigen. Auch in diesem Fall sinkt, bei unvollständiger Korrelation der einzelnen Risiken, das Ertragsrisiko bzw. die Insolvenzgefahr mit der Anzahl der finanzierten Investitionsprojekte. Damit sinkt das insgesamt notwendige Eigenkapital bzw. bei gleicher Eigenkapitalbasis können mehr Investitionsprojekte finanziert werden.

Fama/Miller (1972 S. 253ff.) berechnen die Varianz der Rendite eines Portfolios ($\tilde{R}_P$) mit insgesamt K verschiedenen Anlagen und $x_i = 1/K$ als dem Anteil der einzelnen Anlage i am Portfolio. Es gilt

$$\sigma^2(\tilde{R}_p) = \sum_{i=1}^{K} \sum_{j=1}^{K} x_i x_j \sigma_{ij} = \frac{1}{K^2} \sum_{i=1}^{K} \sum_{j=1}^{K} \sigma_{ij},$$

Dieser Ausdruck läßt sich umformen zu

$$\sigma^2(\tilde{R}_p) = \frac{1}{K^2} \sum_{i=1}^{K} \sigma^2(\tilde{R}_i) + \frac{1}{K^2} \sum_{i=1}^{K} \sum_{\substack{j=1 \\ j \neq i}}^{K} \sigma_{ij}.$$

Der Durchschnitt der Kovarianzen zwischen den einzelnen Erträgen ist

$$\overline{\sigma}_{ij} = \frac{\sum_{i=1}^{K} \sum_{\substack{j=1 \\ j \neq i}}^{K} \sigma_{ij}}{K(K-1)}.$$

Für großes K, d.h. eine große Anzahl unterschiedlicher Anlagen im Portfolio, ist dann die Portfoliovarianz näherungsweise

$$\sigma^2\left(\tilde{R}_p\right) \cong \frac{1}{K^2}\sum_{i=1}^{K}\sum_{\substack{j=1\\j\neq i}}^{K}\sigma_{ij} = \frac{K-1}{K^2(K-1)}\sum_{i=1}^{K}\sum_{\substack{j=1\\j\neq i}}^{K}\sigma_{ij} = \frac{K-1}{K}\overline{\sigma_{ij}}.$$

Berücksichtigt man nun, daß $\sigma_{ij} = \rho_{ij}\sigma_i\sigma_j$, ergibt sich

$$\sigma^2\left(\tilde{R}_p\right) \cong \frac{K-1}{K}\overline{\rho_{ij}\sigma_i\sigma_j}.$$

Nimmt man vereinfachend an, die Varianzen der einzelnen Anlagen wären identisch und alle Korrelationskoeffizienten gleich, ist der Grenzwert der Portfoliovarianz

$$\lim_{K\to\infty}\sigma^2\left(\tilde{R}_p\right) = \rho\sigma^2\left(\tilde{R}_i\right).$$

Sofern die einzelnen Anlagen nicht vollständig positiv miteinander korreliert sind, verringert sich durch Diversifikation die Varianz des Portfolioertrages. Der Effekt der Risikokonsolidierung ist bei positiver Korrelation zwar geringer als bei stochastischer Unabhängigkeit oder negativer Korrelation und geht für $\rho \to 1$ gegen Null, doch auch bei positiver Korrelation läßt sich in gewissem Ausmaß ein Diversifikationseffekt erzielen.

Bezogen auf das Kreditportfolio einer Bank ist allerdings die Annahme gleichgroßer Kredite mit gleicher Varianz problematisch. In der Realität sind Kredite unterschiedlich groß und weisen unterschiedlich hohe Ausfallrisiken auf. Bei Kreditnehmern mit hohem Ausfallrisiko besteht insbesondere in Konjunkturabschwüngen das Risiko der Zahlungsunfähigkeit. Es ist dann wahrscheinlich, daß hohe Ausfallrisiken positiv korreliert sind, d.h. kumuliert auftreten. Der Diversifkationseffekt eines Portfolios, das nur hohe Ausfallrisiken beinhaltet, wird dann sehr gering sein. Bei Krediten mit geringer Ausfallwahrscheinlichkeit hingegen ist eine Kumulation von Kreditausfällen eher unwahrscheinlich.[33]

Spezialisiert sich eine Bank auf die Kreditvergabe an riskante oder stark konjunkturabhängige Industriebranchen, ist daher ihr Kreditportfolio nur gering diversifiziert. Sofern die Bank jedoch Kredite an Unternehmen in risikoarmen bzw. relativ konjunkturunabhängigen Branchen vergibt, läßt sich auch dann eine Risikokonsolidierung erreichen, wenn die Bank Kredite an mehrere Firmen der gleichen Branche vergibt.

---

[33] Vgl. Schmidt, H. 1988 S. 251.

Eine Erklärung für die Entstehung von Finanzintermediären liefert das geschilderte Prinzip der Diversifikation in dieser Form nicht. Ursachen und Bedingungen für das Auftreten von Intermediären, die auf dem Prinzip der Diversifikation im Depositen- und Kreditgeschäft aufbauen, versuchen die portfoliotheoretischen Ansätze zur Finanzintermediation aufzuzeigen.

1.2.1.2 Die Entstehung von Intermediären

Ausgangspunkt ist die Betrachtung der Bilanz einer Bank als ein Portfolio verschiedener Finanzanlagen. Auf der Aktivseite der Bilanz sind Finanzanlagen mit positiven Erträgen (d.h. Zahlungsansprüchen), die Kredite, verzeichnet. Auf der Passivseite der Bilanz stehen die Finanzanlagen mit negativen Erträgen (d.h. Zahlungsverpflichtungen), die Einlagen der Bank. Ein Finanzintermediär ist nach dieser Konzeption eine Firma, die mit Zahlungsverpflichtungen behaftete Anlagetitel (Depositen) veräußert, um mit den erzielten Einnahmen andere, mit Zahlungsansprüchen behaftete Finanzanlagen (Kredite) zu erwerben.

Pyle (1971) untersuchte, unter welchen Bedingungen eine Firma bereit ist, als Intermediär tätig zu werden. Hat eine Firma drei Anlagemöglichkeiten, eine risikofreie und zwei risikobehaftete (Depositen und Kredite), wird sie nur dann zu einer Betätigung als Intermediär bereit sein, wenn sie eine positive Risikoprämie auf Kredite und eine negative Risikoprämie auf Depositen erhält. Mit anderen Worten: Der Erwartungswert des Ertrages auf Kredite muß höher sein als der Ertrag der sicheren Anlage, während der Erwartungswert der Zahlungsverpflichtungen auf Depositen niedriger als der sichere Ertrag sein muß. Das Auftreten von Finanzintermediären ist dabei um so wahrscheinlicher je größer der Spread zwischen Kredit- und Depositenzins ist.

Im Ansatz von D. Neuberger (1991, 1993, 1994 S. 100ff.) entstehen Finanzintermediäre aufgrund der unterschiedlichen Risikoaversion verschiedener Individuen. Die Anlagemöglichkeiten Eigen- und Fremdkapital sind aus Sicht der potentiellen Anleger mit Ertrags- bzw. Rückzahlungsrisiken behaftet.[34] Diese

---

[34] Bei einer Investition in Eigenkapital besteht für den Anleger ein hohes Ertragsrisiko, da er keine festen Zahlungsansprüche, sondern lediglich einen Anspruch auf Gewinnbeteiligung erwirbt. Ein Rückzahlungsrisiko besteht im Endeffekt nicht, da Anteile am Eigenkapital keine feste Laufzeit haben und keine Verpflichtung zur Rückzahlung besteht. Sie können lediglich weiterveräußert werden. Fremdkapital besteht in aller Regel aus einem Standardkreditvertrag, d.h. die Zinszahlungen des Schuldners (und damit die Erträge des Gläubigers) sind zustandsunabhängig. Sie bestehen in vertraglich festgelegter Höhe unabhängig von den realisierten Erträgen des Kreditnehmers, und die Laufzeit ist begrenzt. Da jedoch die Erträge des Schuldners geringer sein können als die Zahlungsverpflichtungen aus Zins und Tilgung, besteht ein Bankrottrisiko. Dies ist für die Gläubiger gleichbedeutend mit einem Ertrags- und Rückzahlungsrisiko.

Risiken begrenzen die Möglichkeit von Investoren, Kapital von Anlegern zu erhalten, die risikoaverser sind als sie selbst. Aufgrund mangelnder Diversifikationsmöglichkeiten der Anleger entsteht Raum für Finanzintermediäre mit entsprechend niedriger Risikoaversion. Der Finanzintermedär setzt in Höhe der Ausfallwahrscheinlichkeit der Kredite Eigenkapital ein und kann so den Anlegern eine risikofreie Anlagemöglichkeit anbieten. Gleichzeitig nehmen die Finanzintermediäre - durch ihre Diversifikation im Einlagengeschäft - den Kreditnehmern das Liquiditätsrisiko ab. Sind Bankkredite nicht beliebig teilbar und die Diversifkationsmöglichkeiten der Banken dadurch unvollkommen, ist die Stellung von Kreditsicherheiten eine notwendige Bedingung zur Entstehung von Finanzintermediation. Sicherheiten reduzieren im Falle eines Kreditausfalles dessen Höhe, und der Erwartungswert des Ausfallbetrages und die Höhe des erforderlichen Eigenkapitals sinken. Das vorgestellte Modell liefert dadurch eine theoretisch fundierte Erklärung für den real beobachtbaren positiven Zusammenhang zwischen Sicherheiten und Kreditrisiko[35]. Banken fordern besonders von risikobehafteten Kreditnehmern Sicherheiten, um sich gegen entsprechende Ausfallrisiken abzusichern.

Im Rahmen dieses Ansatzes ergeben sich für Finanzintermediäre mit ausgeprägteren Diversifikationsmöglichkeiten Wettbewerbsvorteile, da sie mit weniger Sicherheiten auskommen. Durch den positiven Zusammenhang zwischen der Größe einer Bank und ihren Diversifikationsmöglichkeiten kommen große Banken c.p. mit weniger Sicherheiten bzw. einer geringeren Eigenkapitalquote aus als kleine Kreditinstitute. Reine Investmentfonds können beliebig diversifizieren und haben dementsprechend keinen Bedarf an Kreditsicherheiten. Banken haben hingegen nur beschränkte Möglichkeiten der Diversifikation, denn Bankkredite unterliegen Unteilbarkeiten; sie sind informationsintensiv und unhandelbar. Jede zusätzliche Beeinträchtigung der Diversifikationsmöglichkeiten der Banken, führt folglich zu erhöhten Forderungen der Kreditinstitute nach Sicherheiten und behindert so die gesamtwirtschaftliche Kapitalakkumulation.[36]

Die wachstumstheoretische Analyse zeigte, daß der Einfluß der Finanzintermediation auf Wohlstand und Wachstum einer Volkswirtschaft entscheidend von ihrer risikosenkenden Wirkung abhängt. Gerade der Ansatz Neubergers fördert in diesem Zusammenhang die Erkenntnis, warum es Finanzintermediäre gibt und welche Aufgaben sie in einer Volkwirtschaft wahrnehmen. Dies gilt um so mehr, als auch die Ansätze zur Informationsproduktion und Unternehmens-

---

Die Finanzierung über Fremdkapital mit zustandsunabhängigen Zahlungsverpflichtungen kann bei Informationsasymmetrie bzw. bei unvollständigen Verträgen die optimale Finanzierungsform darstellen (vgl. Abschnitt 1.2.3 und 1.2.4).

[35] Vgl. zum empirischen Nachweis u.a. Berger/Udell 1990.

[36] Vgl. Neuberger; D. 1994 S. 128.

kontrolle durch Banken letztlich auf der Annahme einer hinreichend großen Diversifikation des einzelnen Intermediärs beruhen. Eine Frage bleibt indes offen.

Aufgrund von Transaktionskosten und/oder Spezialisierungsvorteilen bei der Informationssuche sind Bankkredite nicht beliebig teilbar. Kreditinstitute können sich daher weniger stark diversifizieren als andere Finanzintermediäre, die auf Wertpapiermärkten tätig sind und deren Unteilbarkeitsproblem somit gering ist.[37] Diese Unteilbarkeit ist ein genereller Wettbewerbsnachteil von Banken gegenüber Investmentfonds, Versicherungen usw. Auf freien Märkten wäre dann zu erwarten, daß andere Finanzintermediäre im Laufe der Zeit Banken verdrängen würden. Diese Evolution der Finanzsysteme war und ist in der Realität nicht zu beobachten. Banken sind bis heute auch im als hoch entwickelt bezeichneten Finanzsystem der USA nicht von anderen Intermediärsformen verdrängt worden. Vielmehr dominieren in allen Industrienationen Banken die Finanzierung von Unternehmen mit externem Kapital. Aktienmärkte und Märkte für festverzinsliche Wertpapiere spielen nur eine untergeordnete Rolle.[38] Diese Dominanz der Banken kann darauf beruhen, daß sie neben der Risikodiversifikation andere Funktionen in einer Volkswirtschaft wahrnehmen, die sie effizienter anbieten als andere Wirtschaftseinheiten. So könnten z.B. komparative Vorteile der Banken bei der Informationsproduktion (Abschnitt 1.2.3) oder Unternehmenskontrolle (Abschnitt 1.2.4) die komparativen Nachteile bei der Diversifikation überkompensieren.

Unterschiedliche Risikoaversionen der Individuen sind nicht der einzige Grund, warum der Diversifikationsaspekt zur Entstehung von Finanzintermediären führen kann. Die Konsolidierung und Transformation von Risiken erfordert den Einsatz realer Ressourcen durch den Intermediär. Bei gegebener Größe des Depositen- bzw. des Kreditvolumens bedeutet eine größere Diversifikation letztlich die Aufspaltung des Depositen(Kredit)bestandes auf eine größere Anzahl von Kunden. Dies verlangt die Führung einer größeren Anzahl von Konten, den Abschluß einer größeren Anzahl von Kontrakten, die Durchführung einer größeren Anzahl von Transaktionen usw. und beansprucht somit einen größeren Einsatz an realen Ressourcen. Sofern diese Ressourcen nicht beliebig teilbar sind, kann die Existenz der Finanzintermediäre auch darauf beruhen, daß sie ein

---

37 Vgl. Neuberger; D. 1993 S. 156.

38 Vgl. Blommestein 1995 S. 14.
Im Rahmen der Unternehmensfinanzierung wird zwischen der Finanzierung mit internem Kapital (Innenfinanzierung) und der Finanzierung mit externem Kapital (Außenfinanzierung) unterschieden. Die Innenfinanzierung umfaßt alle Finanzmittel, die vom Unternehmen selbst erwirtschaftet werden, z.B. einbehaltene Gewinne, Zuführungen zu Rückstellungen usw. Die Außenfinanzierung umfaßt Kapital, das die Unternehmung extern aufnimmt, insbesondere Kredite und die Emission von Aktien und Schuldverschreibungen.

bestimmtes Maß an Risikokonsolidierung und Kreditvermittlung mit geringerem Ressourceneinsatz erbringen als bei individuellem Vertragsabschluß möglich ist, bzw. mit gegebenen Ressourcen eine höhere Diversifikation und einen höheren Grad an Kreditvermittlung erreichen.[39]

Nicht nur die Diversifikation erfordert den Einsatz realer Ressourcen. Generell ist der gesamte Prozeß des Kapitaltransfers mit Transaktionskosten verbunden. Intermediation wird entstehen, wenn dieser Prozeß durch Unteilbarkeiten gekennzeichnet ist. Die dann entstehenden Skalen- und/oder Umfangsvorteile sind Gegenstand des nächsten Abschnittes.

1.2.2 Skalen- und Umfangsvorteile

1.2.2.1 Transaktionskosten

Betrachtet wird zunächst eine Welt ohne Kapitalmärkte und ohne Verschuldungsmöglichkeiten.[40] Ein Individuum kann dann maximal sein eigenes Vermögen in Investitionsprojekte investieren. Es ist durch die Bedingung 'eigenes Anfangsvermögen als maximaler Auszahlungsbetrag' in seinen Investitionsentscheidungen begrenzt. Innerhalb dieser Budgetrestriktion wird es alle ihm zur Verfügung stehenden Investitionsprojekte verwirklichen, deren Bruttorendite nicht kleiner als seine intertemporale Grenzrate der Substitution ist. Besteht die Möglichkeit der Verschuldung, d.h. führt man einen Kapitalmarkt ein, wird die Budgetrestriktion 'Auszahlungsbetrag ≤ Anfangsvermögen' ersetzt durch die Restriktion 'Zins+Tilgung ≤ Cash flow '. Für Unternehmer/Unternehmen, deren Investitionsmöglichkeiten ihr Eigenkapital übersteigen, erweitert sich dadurch die Budgetrestriktion, und das gesamtwirtschaftliche Investitionsniveau wird zunehmen. Bei vollkommenem Kapitalmarkt ist dann der Zins k die alleinige Entscheidungsgröße. Ein Individuum führt alle Investitionsprojekte "mit einer Rendite von mindestens k durch und ergänzt die dadurch erzeugte Position durch Anlage bzw. Aufnahme von Geld am Kapitalmarkt, bis seine marginale Zeitpräferenz die Höhe (1+k) erreicht." (Franke/Hax 1988 S.105)[41]

---

39 Vgl. Baltensperger/Milde 1987 S. 6

40 Vgl. Franke/Hax 1988 S. 102ff.

41 Franke/Hax (1988 S. 104) bezeichnen mit der marginalen Zeitpräferenz die absolute Steigung der Indifferenzkurve der intertemporalen Nutzenfunktion. Dies ist gleichbedeutend mit dem hier verwendeten Begriff der intertemporalen Grenzrate der Substitution. Im Unterschied zu Franke/Hax bezeichnet der hier verwendete Begriff der Zeitpräferenzrate, "die intertemporale Grenzrate der Substitution auf der 45°-Linie minus Eins." (Neumann 1994 S. 20)

Der Prozeß der Mittelbeschaffung ist jedoch für beide Marktseiten mit hohen Kosten verbunden. Die (potentiellen) Schuldner müssen Arbeitszeit und reale Ressourcen für die Suche nach Geldgebern aufwenden, z.B. durch Werbung für eine Anleihe, die Prospekterstellung, Verkaufsgespräche, die Verwaltung und technische Abwicklung usw. Den Anlegern wiederum entstehen Kosten durch die Suche nach geeigneten Gläubigern, vor allem durch die Sammlung von Anlagealternativen, deren Bewertung und die endgültige Auswahl. Durch diese Kosten sind für die Investoren die effektiven Kapitalbeschaffungskosten höher als die Zinsen des aufgenommenen Kapitals, während für die Anleger der effektive Ertrag geringer als die Verzinsung der Einlage ist. Die möglichen negativen Auswirkungen von Transaktionskosten auf Wohlfahrtsniveau und Wachstumsrate wurden bereits dargelegt. Finanzintermediation kann diese Transaktionskosten reduzieren, wenn der Intermediationsprozeß Skalen- und/ oder Umfangsvorteile beinhaltet.

Im speziellen können sich für Banken Skalenvorteile durch die bessere Auslastung von Mindestkapazitäten des Intermediationsprozesses z.B. des Computersystems, des Zweigstellennetzes usw. ergeben. Weitere Faktoren sind eine größere Produktivität aufgrund stärkerer Spezialisierung, die Verwendung von standardisierten Verträgen und Verfahren usw. Insbesondere die Lernkurveneffekte beim Produktionsfaktor Arbeit bewirken eine zunehmende Produktivität. Lassen sich diese Mindestkapazitäten auf Seiten der Finanzintermediäre durch die Spezialisierung auf bestimmte Kunden, denen verschiedene Produkte angeboten werden, besser ausnutzen als durch die Spezialisierung auf bestimmte Produkte, spricht man produktionstheoretisch von Umfangs- und nicht von Skalenvorteilen.[42] Bestehen solche Umfangsvorteile der Finanzintermediation, entstehen Vorteile der Universalbanken. Relevante Umfangsvorteile der Universalbanken können sich z.B. durch die Verknüpfung von *investment banking* und *commercial banking* bei unvollständiger und asymmetrischer Information ergeben. Kundenspezifische Informationen müssen dann nur einmal beschafft werden.

Unabhängig von den Umfangsvorteilen der Produktion bestehen *economies of scope* auf Seiten der Nachfrager, d.h. der Debitoren und Kreditoren. Deren Such- und Wegekosten sind dann minimal, wenn alle Intermediärs-/Bankprodukte von einem Intermediär bezogen werden können. Analog zu den Informationskosten der Produzenten reduzieren sich die durchschnittlichen Erfahrungskosten der Nachfrager, denn die marginalen Erfahrungskosten bei Bezug zusätzlicher Leistungen gehen gegen Null. Können z.B. die Erfahrungen des Kunden auf andere Intermediärsprodukte extrapoliert werden, so sinken die Risikokosten, einen schlechten Anbieter auszuwählen. Ferner kann eine Verringerung

42 Vgl. Steinherr/Huveneers 1990 S. 5.

der Zahl der Geschäftsbeziehungen die Angebotsinanspruchnahme einfacher und bequemer gestalten und zu einer verbesserten Beratung der Kunden führen.

1.2.2.2 Empirische Relevanz

Gleichgültig wieviele plausible Überlegungen für die Existenz von Skalen- und Umfangsvorteilen sprechen, kann die Frage der tatsächlichen Existenz solcher Vorteile nur empirisch beantwortet werden. In zahlreichen Untersuchungen zu Transaktionskosten im Bankenbereich wurden in diesem Zusammenhang Kostenfunktionen für Banken geschätzt. Aufgrund der Dualität von Produktions- und Kostentheorie sind daraus Rückschlüsse auf Skalen- und Umfangsvorteile möglich.

Sowohl bei Skalen- als auch bei Umfangsvorteilen wird dabei zwischen *global (overall) economies of scale (scope)* und *product-specific economies of scale (scope)* unterschieden. Produktspezifische Skalenvorteile bezeichnen die zusätzlichen Erträge aus der erhöhten Produktion eines bestimmten Produktes. Bei den *global economies of scale* betrachtet man die erhöhte Produktion aller Produkte einer Firma, bei konstantem (*ray scale economies*) oder variablem (*expansion path scale economies*) Produktmix. Produktspezifische Umfangsvorteile liegen vor, wenn die Hinzunahme eines Produktes zum Produktmix die Effizienz erhöht, d.h. die Produktionskosten dieses Produktes sinken. Bei *global economies of scope* werden häufig - für ein gegebenes Produktmix - die gesamten Kosten der kombinierten Produktion aller Produkte mit der Summe der einzelnen Produktionskosten bei unabhängiger Produktion verglichen.[43]

Im Unterschied zu industrieökonomischen Studien bereitet für den Bankensektor die Definition des Produktionsergebnisses (Output) Probleme. Da Banken genau genommen als Vermittler tätig werden, ergeben sich Spielräume bei der Bestimmung des Outputs. Beim *Produktionsansatz* betrachtet man die Anzahl der Konten (sowohl im Einlagen- als auch im Kreditgeschäft) als Output und die gesamten Personal- und Sachkosten als Input, Zinsaufwendungen der Bank werden nicht als Kosten betrachtet. Beim *Intermediationsansatz* stellt man hingegen auf die Kontenbestände (Volumen in Geldeinheiten) als Output ab und berücksichtigt zusätzlich die Einlagenzinsen als Input.[44] Problematisch an beiden Definitionen ist, daß Banken ihren Kunden eine Vielzahl an Dienstleistungen bereitstellen, die in Anspruch genommen werden können, aber nicht

---

[43] Alternativ können andere Maße zur Feststellung von Verbundvorteilen betrachtet werden. Einen Überblick über verschiedene Maße für Umfangsvorteile geben z.B. Lang/Welzel 1994 S. 158 ff. und Berger et al. 1987 S. 504ff.

[44] Vgl. Humphrey 1985. S. 753ff.

müssen. Der Aufwand je Konto bzw. je Geldeinheit kann dann in Abhängigkeit des spezifischen Kunden erheblichen Schwankungen unterliegen. Da bessere Alternativen nicht vorliegen, finden diese Ansätze dennoch breite Anwendung. Grundlage beider Ansätze sind stets die Gesamtkosten der Banken gemäß der Kostenrechnung. Die analytische Trennung zwischen Prozeß-, Informations- und Diversifikationskosten konnte wegen mangelnder Datenverfügbarkeit bei den empirischen Untersuchungen nicht beibehalten werden.[45]

Für die USA wurde die Existenz von Skalen- und Umfangsvorteilen in einer Vielzahl von Studien untersucht.[46] Die Studien bezogen sich entweder auf kleine und kleinste Kreditinstitute (Benston et.al. 1982; Gilligan et.al. 1984; Mester 1987; Kolari/Zardkoohi 1987) oder auf große Kreditinstitute (Hunter/Timme 1986; Shaffer 1988; Hunter et.al. 1990; Mester 1992; McAllister/McManus 1993 und Hunter/Timme 1995). Die Untersuchungen von Berger et.al. (1987), Buono/Eakin (1990), Berger/Humphrey (1991) und Berger et.al. (1993) trennten explizit zwischen *unit banking* und *branch banking*. Europäische Untersuchungen stammen von Lang/Welzel (1994) für bayerische Kreditgenossenschaften, von Sheldon (1990) für Schweizer Kreditinstitute, von Greil/Schmid (1995) für österreichische Banken sowie von Altunbas/Molyneux (1996) und Molyneux et. al. (1996) für eine Stichprobe von französischen, deutschen, italienischen und spanischen Banken.

Nahezu alle Studien weisen zumindest für kleine Größenklassen zunehmende Skalenerträge aus.[47] Banken reduzieren somit den Ressourcenverlust, der mit der Kapitalbeschaffung einhergeht und erhöhen den produktiv nutzbaren Teil der volkswirtschaftlichen Ersparnis. Viele Untersuchungen deuten ferner auf einen U-förmigen Verlauf der Kurve der totalen Durchschnittskosten hin. Dies wäre gleichbedeutend mit der Existenz einer optimalen Bankgröße. Diese optimale Größe schwankt jedoch bei US-amerikanischen Kreditinstituten zwischen 25 Mio. US-$[48] und 60 Mrd. US-$[49] Bilanzvolumen.

---

[45] Im allgemeinen werden nur Prozeß- und Informationskosten berücksichtigt (vgl. Berger et.al. 1987 S. 504). McAllister/McManus (1993) berücksichtigen als einzige explizit die finanziellen Wirkungen unterschiedlicher Diversifikationsmöglichkeiten.

[46] Vgl. auch die Überblicke bei Kolari/Zardkoohi 1987, Clark 1988 und Molyneux et.al. 1996 S. 173ff.

[47] Ausnahmen sind die Ergebnisse von Mester (1987), Buono/Eakin (1990) und Altunbas/Molyneux (1996). Mester (1987) ermittelte generell keine signifikanten Skalenerträge. Buono/Eakin (1990) konnten lediglich auf Zweigstellenebene positive Skalenerträge nachweisen. Auf Firmenebene und bei *unit banks* fanden sie negative Skalenerträge. Altunbas/Molyneux (1996) konnten nur für italienische und französische Banken signifikant positive Skalenerträge feststellen.

[48] Gilligan et.al. 1984.

[49] Shaffer 1988.

Ursache für diese Schwankungsbreite ist der fast ausschließlich verwendete statistische Ansatz einer Translog- oder Hybrid-translog-Funktion. Der Vorteil dieses Ansatzes liegt in seiner völligen Flexibilität hinsichtlich der Anzahl der zu schätzenden In- und Outputs sowie der Anwendbarkeit auf inhomogene und inhomothetische Technologien.[50] Den entscheidenden Nachteil dieser Vorgehensweise schildern McAllister/McManus (1993). Bei Verwendung einer Translog-Funktion besteht die Gefahr einer Fehlspezifizierung, wenn das globale Verhalten der Funktion vom lokalen Verhalten abweicht. Trifft dies zu, dann müßten für verschiedene Teilstichproben signifikant unterschiedliche Kostenfunktionen ermittelt werden. Kolari/Zardkoohi (1987), McAllister/McManus (1993) und Lang/Welzel (1994) kamen in ihren Untersuchungen zu signifikant unterschiedlichen Funktionen. Die Verwendung einer einzigen Kostenfunktion über alle Banken ist dann eine fehlerhafte Spezifikation des Schätzansatzes. Dies bedeutet insbesondere, daß die für Stichproben mit überwiegend kleinen Banken gewonnenen Resultate nicht auf die Gesamtheit aller Banken übertragbar sind. Zusammenfassend bleibt festzuhalten, daß definitiv Skalenerträge im Bankensektor vorliegen, die eindeutige Bestimmung einer optimalen Bankgröße mit den verwendeten Meßmethoden allerdings nicht möglich ist.

Die Aussagekraft der Studien zur Existenz signifikanter Umfangsvorteile ist begrenzt. Erstens wurden lediglich die Umfangsvorteile auf seiten der Banken erfaßt, mögliche Vorteile seitens der Bankkunden durch geringere Transportkosten sowie geringere Suchkosten usw. wurden nicht berücksichtigt.[51] Zweitens beziehen sich die meisten der angeführten Studien auf das US-amerikanische Trennbankensystem und sind nicht geeignet, die Frage nach der Kombination von *commercial* - und *investment banking* zu beantworten. Schließlich liegen auch für Universalbankensysteme keine klaren Ergebnisse vor. Altunbas/Molyneux (1996) konnten für deutsche, französische und spanische Kreditinstitute generell keine Umfangsvorteile nachweisen, für italienische Banken ermittelten sie signifikante Umfangsnachteile. Die Ergebnisse von Lang/Welzel (1994) für bayerische Kreditgenossenschaften sind nicht eindeutig, und Sheldon (1990) ermittelte für eine Stichprobe Schweizer Kreditinstitute ebenfalls Umfangsnachteile. Im Unterschied hierzu kamen andere Untersuchungen für Japan, Frankreich und Italien zu signifikanten Umfangsvorteilen,[52] und Molyneux et. al. (1996 S. 202ff.) ermittelten signifikante Umfangsvorteile bei italienischen, französischen und deutschen Kreditinstituten.

Den einzigen internationalen Vergleich in dieser Richtung liefern Steinherr/Huveneers (1994). Sie untersuchten die Daten einer Stichprobe von 88 Banken

---

50 Vgl. Kolari/Zardkoohi 1987 S. 45.

51 Vgl. Borio/Filosa 1995 S. 58; Berger et.al. 1987 S. 504.

52 Vgl. Borio/Filosa 1995 S. 58.

aus insgesamt 18 Ländern für die Jahre 1985/86 bis 1990. Aufgrund niedrigerer operativer Kosten weisen *Universalbanken*[53], trotz geringerer Bruttogewinnspanne, eine höhere Nettogewinnspanne auf als andere Banken. Da die Abschreibungen auf Kredite bei *Universalbanken* niedriger ausfallen, ist auch ihre Nettozinsmarge größer. Diese Unterschiede sind zwar nicht statistisch signifkant, aber Steinherr/Huveneers (1994 S. 298) interpretieren ihre Ergebnisse als insgesamt "weakly suggestive of higher efficiency...and lower loss performance (on account of better information and better monitoring of universal banks)". Gleichzeitig ist die Variabilität der Gewinne bei Universalbanken signifikant geringer.

Die geringeren Abschreibungen auf Kredite bei den *Universalbanken* sind auf einen geringeren Anteil an *schlechten* Schuldnern zurückzuführen. Dies kann auf einer besseren Kreditwürdigkeitsprüfung dieser Kreditinstitute beruhen und setzt verläßlichere Informationen über die Kreditnehmer voraus. Mit der Rolle der Finanzintermediäre als Informationsproduzenten befaßt sich der nächste Abschnitt.

1.2.3 Asymmetrische Informationsverteilung

Nach dem ersten klassischen Wohlfahrtstheorem ist jedes Wettbewerbsgleichgewicht ein Pareto-Optimum.[54] Bei vollkommenen Märkten ist dieses Theorem immer erfüllt. Bei unvollständiger Information gilt es dagegen nur, wenn die Ungewißheit alle Individuen in gleichem Maße betrifft. Ist Information ungleichmäßig verteilt, d.h. besteht Informationsasymmetrie, verliert es seine Allgemeingültigkeit. Das Wettbewerbsgleichgewicht des Marktes ist dann nicht mehr Pareto-optimal und es kommt zu Marktversagen.[55]

1.2.3.1 Das Problem der Kreditrationierung

Der Kredit- und Kapitalmarkt ist durch Informationsasymmetrie gekennzeichnet, denn ein Kreditnehmer (Investor) besitzt Informationen über seine Investitionprojekte, seine Handlungen und Handlungsalternativen, die den Gläu-

---

[53] Die Unterscheidung der Gruppen anhand der Variablen *equity investment over total assets* zeigt, daß es im Gegensatz zur eigentlichen Definition nicht auf das gleichzeitige Angebot von Kredit- und Wertpapiergeschäft ankommt. Universalbanken weisen nach Steinherr/Huveneers vielmehr einen signifikant höheren Anteil an Beteiligungen auf als andere Banken.

[54] Vgl. Neumann 1995 S. 174.

[55] Vgl. Postlewaite 1992 S. 78f.

bigern nicht zugänglich sind. Ist z.B. bei Ungewißheit der tatsächlich realisierte Ertrag eines Investitionsprojektes geringer als der Erwartungswert, kann dies verschiedene Ursachen haben.

- Es könnten sich aufgrund nicht vorhersehbarer Umwelteinflüsse die wirtschaftlichen Rahmenbedingungen schlechter als erwartet entwickelt haben.
- Der Unternehmer könnte die Gläubiger über die Qualität und/oder das Risiko seiner Projekte getäuscht haben, indem er entscheidungsrelevante Informationen in Bezug auf die Erfolgsaussichten bzw. die Erfolgswahrscheinlichkeit zurückhielt. Hieraus resultiert das Ausleseproblem (*adverse selection*). Die Gläubiger hätten dem Unternehmer bei vollständiger Information keinen Kredit gewährt.
- Sind die Handlungen des Unternehmers durch die Gläubiger nicht beobachtbar, kann dies - als dritte Möglichkeit - dazu führen, daß nach Abschluß des Kreditvertages riskantere Investitionsprojekte als die vereinbarten durchgeführt werden. Es liegt ein Anreizproblem vor (*adverse incentive / moral hazard*).[56] Könnten die Gläubiger die Handlungen des Unternehmers beobachten, wäre sein abweichendes Verhalten bestrafbar. Für ihn bestünde dann kein Anreiz, nachträglich andere Projekte durchzuführen.

Welche dieser Möglichkeiten für den geringen Ertrag ursächlich ist, weiß der Kreditnehmer, aber nicht der Gläubiger. Die Information ist asymmetrisch verteilt.

Stiglitz und Weiss (1981) wiesen nach, daß der Kreditmarkt dann durch ein Gleichgewicht mit Nachfrageüberschuß gekennzeichnet sein kann. Normalerweise würden die potentiellen Gläubiger den Kreditzins erhöhen, wenn sie eine Überschußnachfrage nach Krediten feststellen. Der gestiegene Zins würde den Kreditmarkt räumen. Beeinflußt jedoch der Zins die Handlungen der Kreditantragsteller, kann sich das Risiko des Kreditportfolios der Bank erhöhen und ihr erwarteter Ertrag sinkt. "Da die genaue Höhe der Zinsverpflichtung überhaupt nur im Fall der Zahlungsfähigkeit des Schuldners eine Rolle spielt, sind Schuldner und Projekte mit niedrigem Mißerfolgsrisiko von einer Zinserhöhung stärker betroffen als Schuldner und Projekte mit hohem Mißerfolgsrisiko." (Hellwig 1988 S. 136) Es besteht die Gefahr, daß gerade diejenigen Schuldner ihren Kreditantrag aufrechterhalten, die riskantere Projekte - und somit eine geringere Rückzahlungswahrscheinlichkeit - aufweisen (*adverse selection*). Die Bereit-

---

[56] Die Beziehung zwischen dem Kapitalgeber und dem Kapitalverwender wird auch als Principal-Agent-Beziehung bezeichnet. Besteht für den Kapitalverwender (Agent) ein Anreiz, nicht im Interesse des Kapitalgebers (Principal) zu handeln (d.h. ein Anreizproblem), spricht man dementsprechend von einem Principal-Agent-Konflikt.

schaft, auch hohe Zinsen zu akzeptieren, ist dann ein Indiz für ein hohes Kreditrisiko. Ferner kann eine Erhöhung der Kreditzinsen die Risikobereitschaft der Kunden erhöhen. Bei steigendem Kreditzins sinkt c.p. die erwartete Eigenkapitalrendite des Investors. Hat er in dieser Situation die Wahl zwischen mehreren Investitionsprojekten mit gleichem Erwartungswert, aber unterschiedlichem Ertragsrisiko, steigt der Anreiz, das riskantere Projekt zu wählen. Dadurch steigt c.p. die erwartete Eigenkapitalrendite, da die Rückzahlungswahrscheinlichkeit des Kredites sinkt (*adverse incentive*). Beide Möglichkeiten bestehen, wenn die Haftung des Kreditnehmers beschränkt ist.

Im Grundmodell ist die Kredithöhe exogen gegeben und bei allen Kreditantragstellern gleich. Banken und Kreditnehmer sind risikoneutral. Jeder potentielle Kreditnehmer verfügt über ein Investitionprojekt, dessen Ertrag R unsicher ist. Der Gläubiger/die Bank kennt lediglich den Erwartungswert $E(R)$ des Projektes, aber nicht die dazu gehörende Dichtefunktion $f(R,\theta)$. Zur Durchführung des Projektes benötigt der Investor Fremdkapital in Höhe von B mit einem vereinbarten Kreditzins von r und gewährt Kreditsicherheiten in Höhe von C. Der Bankrottfall tritt ein, wenn die Summe aus Ertrag und Wert der Sicherheiten geringer ist als der vereinbarte Rückzahlungsbetrag, d.h. $R+C<(1+r)B$ ist. Aufgrund der beschränkten Haftung des Kreditnehmers ist dessen Reinertrag durch die Funktion $\pi(R,r) = \max[R-(1+r)B; -C]$ gegeben, der Ertrag der Bank entsprechend durch die Funktion $\rho(R,r) = \min[R+C; (1+r)B]$. Ein höheres Projektrisko bewirkt eine stärkere Streuung des Ertrages um den Erwartungswert und senkt die Rückzahlungswahrscheinlichkeit des Kredites. Der erwartete Reinertrag des Investors steigt somit mit dem Projektrisiko, während der erwartete Ertrag aus dem Kredit für die Bank sinkt.[57] Ein höherer Kreditzins würde bei dieser Konstellation zur Wahl riskanterer Investitionsprojekte führen und dadurch den erwarteten Gewinn des Kreditgebers schmälern. Der Gläubiger hält deshalb den - seinen Gewinn maximierenden - Kreditzins auch in Situationen eines Nachfrageüberschusses konstant. Da sich alle Gläubiger so verhalten, ist das Wettbewerbsgleichgewicht des Kreditmarktes durch Rationierung gekennzeichnet. Rationierung bedeutet dabei, daß

a) nicht alle identisch erscheinenden Antragsteller einen Kredit erhalten und

b) bestimmte Gruppen von Antragstellern bei exogen gegebenem Gesamtkreditvolumen keine Zuteilung erhalten, unabhängig davon, welchen Zins sie akzeptieren würden.[58]

Der Konflikt zwischen Kreditgeber und Schuldner, d.h. die Kreditrationierung, entsteht dadurch, daß der Gläubiger zur Abschätzung des Erwartungswer-

[57] Vgl. Stiglitz/Weiss 1981 S. 395ff.

[58] Vgl. Stiglitz/Weiss 1981 S. 408.

tes seines Ertrages aus dem Kredit Informationen benötigt, die über den Erwartungswert des Projektertrages hinausgehen. Dieser Konflikt ist um so ausgeprägter, je intensiver auf Seiten der Gläubiger das Bedürfnis nach zusätzlicher Information ist. Beruhen die Einschätzungen der Kreditwürdigkeit eines Antragsstellers zu einem großen Teil auf Erfahrungswerten, so sind alte und reife Firmen, die über einen langen Zeitraum ihre Kreditwürdigkeit unter Beweis gestellt haben, weniger von Kreditrationierung betroffen als junge Firmen, deren Projekte und Verhaltensmuster unbekannt sind.[59] Intangible Investitionen, wie z.B. Aufwendungen für Forschung und Entwicklung oder Werbung, sind in besonderem Maße von Informationsasymmetrie betroffen, da sie von Außenstehenden praktisch nicht beobachtet werden können und sich die Angaben der Unternehmensleitung hierzu nur schwer überprüfen lassen. Mit steigendem Anteil intangibler Investitionen am Gesamtvermögen steigt daher aus Gläubigersicht das *moral hazard*-Risiko. Der Kreditnehmer wird mit stärkerer Rationierung rechnen müssen.[60]

Prinzipiell läßt sich das Problem der Kreditrationierung durch einen Selbstselektionsmechanismus umgehen. Dies ist dann der Fall, wenn der Gläubiger gleichzeitig den Kreditzins und die Höhe der Kreditsicherheiten als Selektionsinstrument einsetzt. Die Höhe der Kreditsicherheiten ist von Bedeutung, da sie Schuldner bzw. Projekte mit hohem Ausfallrisiko stärker betrifft als Schuldner mit geringem Ausfallrisiko. Besteht für die Kreditnehmer die Wahl zwischen einem Kreditvertrag mit niedrigem Zins und hohen Sicherheitsanforderungen und einem Vertrag mit hohem Zins und geringen Sicherheitsanforderungen, werden Schuldner mit geringem Ausfallrisiko den ersten Vertrag, Schuldner mit hohem Risiko den zweiten Vertrag wählen. Gelingt auf diese Weise die vollständige Sortierung der Schuldner in entsprechende Risikoklassen, ist die Argumentation des Stilgitz/Weiss-Ansatzes nicht mehr zutreffend.[61] Ist jedoch der Kreditmarkt monopolistisch organisiert oder sind Sicherheiten nicht in ausreichendem Maße vorhanden, kann es auch unter Einbeziehung von Kreditsicherheiten zu Kreditrationierung kommen.[62] Im letzteren Fall hängen die Verschuldungsmöglichkeiten eines Unternehmens dann positiv von seiner Fähigkeit ab, Sicherheiten zu stellen.[63]

Zusammenfassend ausgedrückt sind es gerade junge Unternehmen auf neuen Märkten und Unternehmen mit einem hohen Anteil an Forschungs- und Ent-

---

[59] Vgl. Harris/Raviv 1991 S. 305.

[60] Vgl. Harris/Raviv 1990 S. 323.

[61] Vgl. Hellwig 1988 S. 137f.

[62] Vgl. Hellwig 1988. Zu verschiedenen Ansätzen der Auswirkungen von Kreditsicherheiten vgl. Bester 1987.

[63] Calomiris/Hubbard 1990 S. 92.

wicklungsaufwendungen, die am stärksten rationiert werden. Die wachstumstheoretische Analyse zeigte in diesem Zusammenhang, daß Wohlstandsniveau und Wachstumsrate einer Volkswirtschaft um so stärker von ihrem First-Best-Optimum abweichen, je ausgeprägter das Problem der Kreditrationierung ist.

1.2.3.2 Informationsproduktion durch Banken

Unter Informationasymmetrie kann der Abschluß eines Standardkreditvertrages die optimale Finanzierungsart sein. Durch die Verpflichtung zu vertraglich fixierten Zinszahlungen hängt der Ertrag der Kapitalgeber in geringerem Maße von den ausgewiesenen Erträgen des Schuldners ab, und das Ertragsrisiko der Kapitalgeber sinkt. Die Vereinbarung zustandsunabhängiger Zahlungsverpflichtungen allein stellt allerdings keine entgültige Lösung für adverse Selektion und *moral hazard*-Probleme dar. Da der Ertrag des Kreditnehmers auch unter dem vereinbarten Kreditzins liegen kann, besteht für den Schuldner eine positive Bankrottwahrscheinlichkeit. Im Bankrottfall[64] sind die tatsächliche Summe aus Zins und Tilgung geringer als der vertraglich vereinbarte Rückzahlungsbetrag und der Ertrag des Kreditgebers hängt vom Ertrag des Schuldners ab. Darüber hinaus ist der Bankrott auch für die Kapitalgeber mit Kosten verbunden. Das Bankrottrisiko des Schuldners impliziert somit ein entsprechendes Ertrags- und Rückzahlungsrisiko der Gläubiger. Dieses Risiko läßt sich durch die Beschaffung von Informationen über den Schuldner reduzieren.

Informationsasymmetrie zwischen Kapitalgeber und Investor besteht zum einen ex ante, d.h. vor Abschluß des Kreditvertrages, insbesondere über die Projektqualität. Zum anderen besteht sie ex post, d.h. nach Abschluß des Kreditvertrages, insbesondere über die Handlungen des Kreditnehmers und die Höhe des realisierten Ertrages. Die Beschaffung zusätzlicher Informationen über die Qualität und das Risiko der zu finanzierenden Investitionsprojekte vor Abschluß des Kreditvertrages, kann die ex ante Informationsasymmetrie zwischen Kreditnehmer und Gläubiger mindern und so Probleme der adversen Selektion verringern (Leland/Pyle 1977, Campbell/Kracaw 1980 und Allen 1990). Die ex post Informationsasymmetrie läßt sich durch die Überwachung des Schuldners verringern. Dadurch werden Anreizkonflikte beseitigt und so das *moral hazard*-Problem gemildert (Diamond 1984, Haubrich 1987 sowie von Thadden 1990).

---

[64] Mit Bankrott wird im folgenden allgemein Zahlungsunfähigkeit einer Unternehmung bezeichnet. Bankrottkosten sind demzufolge sämtliche Kosten, die aus der Zahlungsunfähigkeit resultieren, z.B. Verhandlungskosten, administrativen Kosten, Ertragsverluste etc., aber auch Kosten zur Abwendung der Zahlungsunfähigkeit. Im Unterschied zu diesem allgemeinen Begriff stellt der Konkurs eine spezielle Form des Bankrottes dar, bei der das zahlungsunfähige Unternehmen liquidiert wird.

Boyd/Prescott (1986) und Boyd/Smith (1992) erklären die Entstehung von Finanzintermediären durch die simultane Informationsproduktion ex ante und ex post. In allen Ansätzen kann Finanzintermediation endogen entstehen, sofern die Kreditwürdigkeitsprüfung respektive die Überwachung des Schuldners mit Unteilbarkeiten der Informationsproduktion verbunden ist. Unteilbarkeiten der Informationsproduktion sind somit eine notwendige Bedingung für das Entstehen von Intermediären.

Es stellt sich allerdings die Frage, ob diese Unteilbarkeiten auch hinreichend für das Auftreten von Intermediären sind, denn es besteht das Problem der Verläßlichkeit bzw. der Glaubwürdigkeit des Informationsproduzenten. Der Intermediär muß glaubhaft versichern können, daß er die Kreditwürdigkeitsprüfung bzw. die Überwachung des Kreditnehmers auch wirklich durchführt und diese Aufgabenerfüllung nicht nur vortäuscht. Nach Ansicht von Leland/ Pyle (1977) kann der Intermediär durch die Investition seines eigenen Vermögens in die als kreditwürdig identifizierten Unternehmen seine Glaubwürdigkeit einwandfrei nachweisen. Die Erfüllung zusätzlicher Anforderungen ist nicht notwendig.

Nach Campbell/Kracaw (1980) unterliegt diese Einschätzung allerdings einer starken Einschränkung, denn der Intermediär könnte bewußt Verluste aus seinen Investitionen in Kauf nehmen und ein falsches Bild seiner Informationen zeichnen. Dies kann eintreten, wenn der Erwartungswert der Verluste für den Intermediär geringer ist als seine Kosteneinsparungen, wenn er Information nicht produziert. Die Glaubwürdigkeit des Intermediärs ist dann nur gegeben, wenn der Intermediär über ein hinreichend hohes Vermögen verfügt, so daß der Erwartungswert der Verluste die möglichen Kosteneinsparungen übersteigt. Unteilbarkeiten der Informationsproduktion sind dann allein keine hinreichende Bedingung für das Entstehen von Intermediären. Es muß gleichzeitig ein hinreichend hohes Vermögen des potentiellen Intermediärs vorhanden sein.

In Diamonds (1984) Ansatz der delegierten Überwachung verfügt der Intermediär über kein eigenes Vermögen. Für ihn besteht dann der Anreiz, den Einlegern keine Zahlungen zu leisten und Bankrott zu gehen. Dieses Problem läßt sich dadurch lösen, daß dem Intermediär im Bankrottfall entsprechende Strafkosten auferlegt werden. Intermediation wird in dieser Situation nur entstehen, wenn der erwartete Ertrag aus der Informationsproduktion die Summe aus Informations- und Strafkosten übersteigt. Dies ist der Fall, wenn der Intermediär an mehrere Unternehmen Kredite vergibt, deren Risiken nicht vollständig positiv korreliert sind, denn dann sinkt die Wahrscheinlichkeit, daß Strafkosten anfallen, mit steigender Kreditnehmerzahl. Auch für Diamond (1984) sind damit Unteilbarkeiten der Informationsproduktion keine hinreichende Bedingung für das Auftreten von Intermediären, entscheidend ist vielmehr eine hinreichend großer Diversifikationsgrad des Intermediärs.

In Abschnitt 1.1 zeigte sich die negative Wirkung einer Informationsasymmetrie zwischen den Haushalten als Kapitalgebern und den Unternehmen als Kapitalverwendern. Je höher die Informationsasymmetrie zwischen Unternehmen und Haushalten ist, um so höher ist die Ungewißheit der Kapitalerträge der Haushalte. Dadurch steigt der von den Haushalten als Sparanreiz geforderte Kapitalertrag und sowohl die Fortschrittsrate als auch der Kapitalstock pro Kopf sind geringer als im First-Best-Optimum. Durch Informationsproduktion reduzieren Finanzintermediäre/Banken die Informationsasymmetrie zwischen Kapitalgebern und Kapitalverwendern und können so ein erhöhtes Sparen bewirken. Sie entschärfen das Problem der Kreditrationierung, erhöhen die Effizienz der gesamtwirtschaftlichen Kapitalallokation und fördern dadurch Wachstumsrate und Wohlstandsniveau einer Volkswirtschaft.

Die Annäherung an das First-Best-Optimum hängt vom Informationsstand der Banken und ihren Möglichkeiten ab, Informationen zu produzieren. Aufgrund abnehmender Grenzerträge der Informationsproduktion, d.h. bei steigenden Grenzkosten der Informationsbeschaffung, wird der Zustand der Informationssymmetrie nie erreicht und Kreditrationierung nicht vollständig vermieden.[65] Das verbleibende Rationierungsausmaß ist um so geringer, je höher der Informationsstand eines Finanzintermediärs ist. Die Determinanten dieses Informationsstandes zeigt das folgende intertemporale Modell einer repräsentativen Bank von D. Neuberger (1994 S. 65ff.).[66]

Die betrachtete repräsentative Bank k vergibt an einen Kreditnehmer ein Kreditvolumen in Höhe von q. Den Kredit stellt sie durch den Einsatz der Inputfaktoren Information I und Depositen D bereit. Die Bereitstellung läßt sich durch die Intermediationstechnologie $q = F(I,D)$ beschreiben, wobei F als linear-homogen und strikt quasikonkav angenommen wird. Die Bank kann ihren Informationsbestand I durch die Beschaffung zusätzlicher Informationen erhöhen. Die Beschaffung dieser Information hängt ab vom Suchaufwand pro Zeiteinheit S. Unterstellt werden konvexe Anpassungskosten der Informationssuche, wodurch sich nur ein Bruchteil des Suchaufwandes S in einer Erhöhung des Informationsstandes niederschlägt. Dieser Zusammenhang wird durch die Produktionsfunktion $h(S)$ beschrieben. Die Funktion weist positive, aber abnehmende Grenzerträge ($h'>0$; $h''<0$) auf.[67] Ferner wird $h'''>0$ angenommen. Ohne Suchaufwand ist keine Informationsbeschaffung möglich ($h(0)=0$). Neben dem Suchaufwand bestimmt die Verblassungsrate λ den Informationsbestand der Bank. Sie

---

65 Siehe auch Scholtens 1993 S. 130 sowie Baltensperger/Milde 1987 S. 169.

66 Andere Ansätze der optimalen Informationssuche finden sich bei Baltensperger 1980 sowie Baltensperger/Milde 1987.

67 Ohne Anpassungskosten wäre $h(S) = S$ und der optimale Informationsbestand wäre in jedem Zeitpunkt gegeben (vgl. Neuberger, D. 1994 S. 71).

gibt an, wie stark die in früheren Perioden produzierte Information veraltet. Die Veränderung des Informationsbestandes in der Zeit läßt sich dann durch die Differentialgleichung

(1) $$dI = [h(S) - \lambda I]dt$$

beschreiben. Die Inverse der individuellen Marktnachfragefunktion der Bank ist durch $r(Q,u)$ gegeben. Die Variable r steht für den Kreditzinssatz, den die Bank von einer gegebenen Risikoklasse an Kreditnehmern verlangt. Sie ist von der gesamten Marktnachfrage nach Krediten $Q=\Sigma_k q_k$ und einer Größe u abhängig. Es gilt $r_Q<0$ und $r_u>0$. Die Variable $u(t)$ beschreibt vorhersehbare sowie nicht vorhersehbare Änderungen der Marktnachfrage. Sie entwickelt sich nach der Differentialgleichung

(2) $$du = gudt + \sigma udz .$$

Der erste Ausdruck der rechten Seite beschreibt den vorhersehbaren Teil der Nachfrageänderung. Der zweite Teil stellt das allgemeine Kreditrisiko dar, das nicht auf Informationsasymmetrie zurückzuführen ist. Es ist kostenlos beobachtbar und kann durch die Informationsproduktion der Bank nicht reduziert werden.[68] Die Risikominderung durch Informationsproduktion im Sinne einer Lösung des *moral hazard*-Problems kommt vielmehr durch die positive Beziehung zwischen Informationsstand und Kreditvolumen ($F_I>0$) zum Ausdruck.

Die untersuchte Bank ist risikoneutral und maximiert den erwarteten Gegenwartswert ihres Cash-flow durch ihre Entscheidungen über die Höhe der Depositen $D(t)$ und der Informationssuche $S(t)$ bei unendlichem Zeithorizont:

(3) $$\max_{D,S} \quad E\int_{t_0}^{\infty} \{r[Q(t),u(t)]F[I(t),D(t)] - iD(t) - cS(t)\}e^{-\rho t}dt .$$

Der konstante Depositenzinssatz wird durch i und die konstanten Kosten je Einheit Suchaufwand durch c dargestellt. Der Diskontsatz ρ bezeichnet die Opportunitätskosten des eingesetzten Eigenkapitals. Es ist die Rendite, die die Bank bei einer anderweitigen Verwendung ihres Eigenkapitals sicher erzielen könnte. Beeinflußbare Zustandsvariable ist der Informationsbestand der Bank $I(t)$. Für den relevanten Bereich muß gelten $I(t)$, $D(t)$, $S(t) >0$.

Die current-value Hamiltonfunktion dieses stochastischen Maximierungsproblems lautet:

---

[68] Vgl. Neuberger, D. 1994 S. 66.

(4) $$H = r[Q,u]F[I,D] - iD - cS + y_1[h(S) - \lambda I] + y_2 gu + \frac{1}{2}\frac{\partial y_2}{\partial u}(\sigma u)^2 .$$

Als Bedingungen erster Ordnung für ein Maximum erhält man:

(4.1) $$\frac{\partial H}{\partial D} = r(1-m)F_D - i = 0 \quad ,$$

(4.2) $$\frac{\partial H}{\partial S} = -c + y_1 h' = 0 \quad ,$$

(4.3) $$\frac{1}{dt} E dy_1 = (\rho + \lambda) y_1 - r(1-m)F_I \; .$$

Das Lerner Maß für die Marktmacht eines Oligopolisten ist durch $m=s(1+\zeta)/\varepsilon$ gegeben. Es wird durch seinen Marktanteil s, die Preiselastizität der Nachfrage ε und die konjekturale Variation ζ bestimmt. Letztere kann als Parameter für den Kollusionsgrad der Anbieter interpretiert werden.[69] Die Erfüllung der Bedingungen zweiter Ordnung ist durch die getroffenen Annahmen sichergestellt.

Zur Ermittlung der steady state Bedingungen muß die Kozustandsvariable y_1 eliminiert werden. Aus Gleichung (4.2) folgt

$$dy_1 = -\frac{c d[h'(S)]}{[h'(S)]^2} .$$

Nach Itô's Lemma erhält man für $d[h'(S)]$ den Ausdruck

$$d[h'(S)] = h''(S)dS + \tfrac{1}{2}h'''(S)(dS)^2$$

und

$$dS = S_I dI + S_u du + \tfrac{1}{2}S_{II}(dI)^2 + \tfrac{1}{2}S_{uu}(du)^2 + S_{Iu} dI du .$$

Berücksichtigt man neben Itô's Lemma die Differentialgleichungen (1) und (2) erhält man

---

[69] Vgl. Neumann 1994 S. 196.

$$(dS)^2 = (S_u \sigma u)^2 dt\,.$$

Eingesetzt in die Gleichung für $d[h'(S)]$ ergibt sich für dy_I

$$dy_1 = \frac{-c}{[h'(S)]^2}\left[h'''(S)dS + \tfrac{1}{2}h'''(S)(S_u \sigma u)^2 dt\right].$$

Die erwartete Veränderung des Suchaufwandes S ergibt sich dann unter Berücksichtigung von Gleichung (4.3) mit

$$(5)\quad \frac{1}{dt}EdS = \frac{-[h'(S)]^2}{ch''(S)}\left[(\rho+\lambda)\frac{c}{h'(S)} - r(1-m)F_I + \frac{1}{2}\frac{ch'''(S)}{[h'(S)]^2}(S_u \sigma u)^2\right].$$

Für den steady state mit $\dot{I}=0$ und $\dot{S}=0$ erhält man folgende Bedingungen:[70]

$$(6)\qquad h(S) - \lambda I = 0\ ,$$

$$(7)\qquad (\rho+\lambda)\frac{c}{h'} - r(1-m)F_I + \tfrac{1}{2}\frac{ch'''}{(h')^2}(S_u \sigma u)^2 = 0.$$

Die komparativ-statische Analyse dieser Gleichgewichtsbedingungen liefert folgende Ergebnisse:[71]

- Die Informationsproduktion, der Informationsstand und wegen $F_I>0$ auch das Kreditangebot der Bank hängen negativ von den Opportunitätskosten des Eigenkapitals ρ und den Suchkosten c ab. Je höher die Eigenkapitalkosten sind, desto geringer sind die Investitionen in Informationsproduktion und damit der Informationsstand und das Kreditangebot der Bank. Eine effizientere Technik der Informationsbeschaffung bewirkt eine Verringerung der Suchkosten c und dadurch eine erhöhte Informationsproduktion.
- Der Einfluß der Verblassungsrate λ auf die Höhe der Informationssuche ist zwar ungewiß, der Einfluß auf das Informationsniveau - und damit auch das Kreditangebot - jedoch eindeutig negativ. Bei neuen Kunden insbesondere aus jungen Branchen sowie Kunden mit einem hohen Anteil an intangiblen Investitionen wird die Veralterung der Information sehr hoch sein. Das Modell Neubergers impliziert, daß diese Kunden nur ein geringes Kreditange-

---

70 Vgl. Neuberger, D. 1994 S. 69f.

71 Vgl. Neuberger, D. 1994 S. 70ff.

bot erhalten, d.h. stärker rationiert werden als andere Kunden. Dieses Ergebnis entspricht den bereits erwähnten Resultaten der Theorie der Kreditrationierung.

- Erhöht sich die gesamtwirtschaftliche Kreditnachfrage, steigt bei gegebener Zahl der Anbieter auch die individuelle Nachfrage für jede einzelne Bank. Der gleichgewichtige Zins steigt, und Informationsproduktion und Kreditangebot der Banken erhöhen sich. Entsprechend sinken Informationsproduktion und Kreditangebot bei einem Rückgang der gesamtwirtschaftlichen Nachfrage. Dieses Ergebnis besitzt allerdings nur bei der Existenz von Markteintrittsbarrieren Gültigkeit, da sich dann bei einer Erhöhung der Kreditnachfrage die Anzahl der Anbieter nicht ausdehnt Bei freiem Marktzutritt wäre die Expansion des individuellen Kreditangebotes nur vorübergehender Natur. Durch das Auftreten neuer Anbieter sinkt der Zins wieder auf das Niveau der Durchschnittskosten und der Anreiz der einzelnen Bank zur Informationsproduktion wird gesenkt.

- Ein Anstieg des Marktanteils einer Bank, eine bessere Koordination aller Anbieter sowie eine exogene Senkung der Preiselastizität der Nachfrage erhöhen die Marktmacht der Bank. Hierdurch sinkt der Grenzerlös $r(1\text{-}m)$ und damit der Anreiz zur Informationsproduktion. Marktmacht beeinträchtigt somit Informationssuche und Kredtvergabe einer Bank.

- Eine Zunahme des Depositenzinses i führt c.p. zu einer Verringerung des Depositenvolumens D, des Suchaufwands S und des optimalen Informationsbestands I. Das Kreditangebot der Bank sinkt.

- Eine Zunahme des nicht beeinflußbaren Kreditrisikos erhöht die Risikoprämie der Informationsproduktion. Im Gleichgewicht muß der Grenzertrag der Informationssuche mit der Summe aus Grenzkosten und Risikoprämie übereinstimmen. Eine Erhöhung der Risikoprämie führt daher zu einem Rückgang der optimalen Informationsproduktion und des Kreditangebots der Bank. Eine Erweiterung des Grundmodells um unterschiedliche Kreditnehmertypen zeigt jedoch, daß dieser negative Zusammenhang von Kreditrisiko und Informationsproduktion vom Diversifikationsgrad der Bank abhängt. Der Einfluß des Risikos ist geringer, wenn Banken mehrere Kredite vergeben, deren Risiken nicht vollständig positiv korreliert sind. "Banken, die Kredite an Kunden verschiedener, von einander unabhängiger oder sich gegenläufig entwickelnder Branchen vergeben oder die in geographisch verschiedenen Märkten tätig sind, reagieren schwächer auf Kreditrisiken und sind mehr zur Informationssuche und Kreditvergabe bereit als nicht diversifizierte Banken" (D. Neuberger 1994 S. 77).

- Besteht Ungewißheit über den Depositenzinssatz und/oder das Depositenangebot, verringert sich die Informationsproduktion ebenfalls. Sind allerdings

Kredit- und Depositenzins positiv miteinander korreliert, fällt der Rückgang der Informationssuche geringer aus als bei stochastischer Unabhängigkeit von Kredit- und Depositenzins.[72]

Die Ergebnisse von Boyd/Smith (1992) und Campbell/Kracaw (1980) unterstreichen die Bedeutung einer effizienten Informationsproduktion für das verbleibende Ausmaß an Kreditrationierung und allokativen Verzerrungen. Haubrich (1987) und von Thadden (1990) betonen in diesem Zusammenhang die Bedeutung langfristiger Beziehungen, da die Dauerhaftigkeit der Intermediärs-Kunden-Beziehung eine wesentliche Rolle für die Effizienz der Produktionstechnik spielen kann. Das Modell von D. Neuberger bestätigt diese Ergebnisse. Ist die Verblassungsrate des Informationswertes kleiner und nicht gleich eins, so ist eine langfristige Beziehung zwischen Bank und Kunde vorteilhaft. Der Bestand an Information beim Kreditgeber kann vom Kreditnehmer nicht mit veräußert werden, wenn er den Financier wechseln will. Der neue Kapitalgeber müßte die Information erneut produzieren. Durch eine langfristige Beziehung zu einem Kreditgeber wird die Mehrfachproduktion vermieden. Diese Überlegungen lassen die Vermutung zu, daß die verwendete bzw. verwendbare Produktionstechnik sowie die Produktionseffizienz von der Ausgestaltung des Finanzsystems abhängt. Bank- und marktorientierte Finanzsysteme z.B. beeinflussen die Möglichkeiten und die Bereitschaft der Banken, langfristige Beziehungen mit ihren Kreditnehmern einzugehen, in unterschiedlicher Weise. Die Wahl zwischen einem bank- und einem marktorientierten System wirkt sich dann auf die gesamtwirtschaftliche Informationsproduktion aus.[73]

Gleichzeitig gibt eine Verblassungsrate von kleiner als eins den bereits am Markt agierenden Banken die Möglichkeit, strategische Eintrittsbarrieren zu schaffen. Für sie ist der Aufwand zur Informationsbeschaffung in der Folgeperiode c.p. geringer als für neu in den Markt eintretende Konkurrenten. Bei asymmetrischer Information besteht generell für alle, aber insbesondere für neu in den Markt eintretende Banken die Gefahr, daß ihre Kreditnehmer sich nur an sie wenden, weil sie von anderen Banken bereits abgelehnt wurden. Anders ausgedrückt würden die Kunden einer bestimmten Bank j Kredit nur deshalb bei dieser Bank aufnehmen, weil Bank j im Unterschied zu anderen Banken die Kreditwürdigkeit dieser Kreditnehmer überschätzt. Damit wären Verluste für die Bank vorprogrammiert. Um dieses sogenannte *winner's curse* Problem zu mindern, sind neue Banken gezwungen, möglichst rasch den gleichen Informationskapitalstock wie die etablierten Banken aufzubauen. Dies beeinträchtigt die Freiheit des Marktzutrittes, läßt Marktmacht entstehen und beeinflußt die In-

---

[72] Vgl. Neuberger, D. 1994 S. 78.

[73] Die Unterschiede zwischen bank- und marktorientierten Finanzsystemen sind ausführlicher Gegenstand des 2. Teils.

formationsproduktion der Banken. K. Fischer (1990) wies für diese Konstellation die Möglichkeit einer ausschließlichen Bankverbindung nach. Der Erstkreditgeber hat in den Folgeperioden gegenüber allen potentiellen Konkurrenten einen Informationsvorsprung und kann durch systematisches Unterbieten einen Wechsel der Bankverbindung unterbinden. Da Markteindringlinge Gefahr laufen, nur die schlechten Kreditnehmer abzuwerben, hat der Erstkreditgeber einen monopolistischen Preissetzungsspielraum. Bei vollständigen Verträgen[74] ist für das Unternehmen eine solche Hausbankbeziehung sinnvoll, wenn die Ertragsstruktur des Finanzierungsobjektes der Bank kurzfristig Risiken aufbürdet, die erst langfristig entgolten werden können. Bei unvollständigen Verträgen kann die Bank durch einen entsprechenden Reputationsaufbau über einen längeren Zeithorizont nachweisen, daß sie diesen monopolistischen Preissetzungspielraum nicht nutzt[75].

Unter dem Diversifikationsaspekt zeigte sich in Abschnitt 1.2.1 ein komparativer Nachteil der Banken gegenüber anderen Intermediären aufgrund der Unteilbarkeit der Kredite. Unter dem hier betrachteten Aspekt der Informationsproduktion ergibt sich hingegen ein komparativer Vorteil der Banken.[76] Die Informationsproduktion muß zwar nicht generell durch Banken erfolgen, aber Banken produzieren nicht nur Informationen über einen Kunden. Sie stellen gleichzeitig Liquidität bereit, wickeln Transaktionen ab und bieten andere Intermediärsdienstleistungen an. Der komparative Vorteil der Banken ergibt sich aus der Tatsache, daß zwischen diesen Dienstleistungen und der Informationsproduktion natürliche Komplementarität im Angebot besteht.[77] Hierfür ist die eingangs dieses Abschnitts erwähnte zweite Aufgabe der Banken, die Abwicklung des bargeldlosen Zahlungsverkehrs, von entscheidender Bedeutung. Die Kreditinstitute können dadurch die Finanztransaktionen ihrer Kreditnehmer im Zusammenhang mit der ex post Asymmetrie mit geringem Aufwand überwachen und haben so leichter Zugang zu Insider-Informationen, die anderen Intermediären nicht zugänglich sind.[78] Ein weiterer komparativer Vorteil der Banken kann sich unter dem Gesichtpunkt der Unternehmenskontrolle durch Finanzintermediäre ergeben. Mit diesem Aspekt befaßt sich der nächste Abschnitt.

---

74 In einem vollständigen Vertrag werden sämtliche möglichen Umweltzustände und die dann zu realisierenden Entscheidungen erfaßt, während ein unvollständiger Vertrag Punkte offen läßt und statt dessen bestimmte Entscheidungsregeln vorgibt (s. ausführlicher Abschnitt 1.2.4).

75 Vgl. Sharpe 1990.

76 Vgl. auch ausführlich Fama 1985.

77 Vgl. Campbell/Kracaw 1980 S. 880f.

78 Vgl. von Thadden 1990 S. 20.

1.2.4 Divergierende Interessen und Unternehmenskontrolle durch Banken

Die Asymmetrie der Informationsverteilung über den Projektertrag zwischen Unternehmern (Investoren) und Kapitalgebern (Anlegern) ist ein Grund, warum bei Ungewißheit Finanzintermediäre entstehen können. In den Ansätzen asymmetrischer Information sind Investor und Anleger allein an ihrem jeweiligen monetären Ertrag aus der Unternehmung interessiert. Der Konflikt zwischen den beiden Parteien beruht auf der Möglichkeit des Unternehmers, seinen Anteil am Gesamtertrag zu Lasten des Anlegers zu erhöhen (vgl. Abschnitt 1.2.3.). Bei Informationssymmetrie ist dem Investor diese Möglichkeit nicht gegeben. Doch auch ohne Informationsasymmetrie kann es zu Interessensdivergenzen über die Wahl des optimalen Investitionsprojektes zwischen Unternehmern (Investoren) und Kapitalgebern (Anlegern) kommen. Sofern vollständige Verträge zwischen Investoren und Anlegern nicht möglich sind, kann dann die Einschaltung von Finanzintermediären die Effizienz der gesamtwirtschaftlichen Kapitalallokation verbessern. Grundlage dieser Überlegungen ist die Tatsache, daß die Ineffizienz der Kapitalallokation, die aus den Interessensdivergenzen zwischen Investoren und Anlegern resultiert, nicht unumstößlich ist, sondern durch die Kapitalstruktur der Unternehmung beeinflußt wird.

1.2.4.1 Die Kapitalstruktur als Kontrollmechanismus

Bei symmetrischer Information über den Projektertrag beruht die Interessendivergenz zwischen Unternehmer und Anlegern darauf, daß der Unternehmer aus der reinen Betätigung als Unternehmer nicht-monetären Nutzen empfindet, der für die Anleger nicht beobachtbar ist. Denkbar sind Reputationsgesichtspunkte, der Aufbau eines spezifischen Humankapitals, Selbstverwirklichung, Machtausübung usw. Während für den Anleger rein monetäre Gesichtpunkte bei der Wahl der Investitionsprojekte eine Rolle spielen, wird der Unternehmer auch die Auswirkungen der Projektwahl auf seinen nicht-monetären Nutzen berücksichtigen. Interessensdivergenzen über die Projektwahl können entstehen, wenn z.B. die Projekte mit dem höchsten monetären Ertrag dem Unternehmer keinen oder nur einen geringen nicht-monetären Nutzen stiften und umgekehrt. Pareto-optimal wäre in diesem Kontext das Investitionsprojekt, das den Gesamtnutzen von Unternehmer und Anleger maximiert.

Die Interessensdivergenz zwischen Unternehmer und Anleger stellt bei vollständiger Information kein Hindernis dar, da die optimale Projektwahl vertraglich spezifiziert werden kann. Existieren keine Transaktionskosten, ist auch bei Ungewißheit ein vollständiger Vertrag möglich. Im Vertrag werden dann für jede Periode alle möglichen Umweltzustände und die entsprechenden Entscheidungen festgelegt. Ein solcher vollständiger Vertrag ist aber mit drei Arten von Transaktionskosten verbunden.[79]

- *Erstens* entstehen Kosten durch die Ermittlung aller potentiellen Umweltzustände und Entscheidungssituationen.
- *Zweitens* fallen Kosten an, da sämtliche zu treffenden Entscheidungen in Abhängigkeit von den potentiellen Umweltzuständen ausgehandelt werden müssen.
- *Drittens* entstehen Kosten durch die vertragliche Fixierung des Verhandlungsergebnisses in einer gerichtlich einklagbaren Form.

"Given these transaction costs, the parties will not write a comprehensive contract. Instead they will write a contract that is incomplete. That is, the contract will have gaps and missing provisions - future action will be specified only partly and in some cases not at all" (Hart 1995a S. 680). Damit sind jedoch auch nicht alle Interessenskonflikte zwischen Unternehmer und Anleger ex ante beseitigt. Die Lösung dieses Problems unvollständiger Verträge besteht darin, bestimmte *Spielregeln* zu entwickeln, nach denen vorzugehen ist und an die sich alle beteiligten Parteien halten müssen. Beispiele für solche *Spielregeln* sind Gesetze, allgemeine Geschäftsbedingungen und Unternehmenssatzungen.

Mit Blick auf die Finanzierung von Unternehmen müßten diese Spielregeln dem externen Kapitalgeber gewisse Kontrollrechte einräumen. Sie müßten festlegen, wer wann die Entscheidungen über die Verwendung des im Unternehmen eingesetzten Kapitals trifft. Die Satzung einer Unternehmung kann diesbezügliche Bestimmungen enthalten, aber auch die Kapitalstruktur der Unternehmung stellt eine solche Regel dar, denn sie determiniert eine ganz bestimmte Kontrollstruktur der Unternehmung. Ausgangspunkt ist die Überlegung der *Property-Rights-Theorie*, eine Unternehmung sei durch ihr Vermögen und die Verteilung der Verfügungsrechte an diesem definiert. Mit bestimmten Finanzierungstiteln sind bestimmte Verfügungsrechte verbunden. Die Kapitalstruktur legt die Allokation dieser Rechte zwischen den Financiers der Firma fest[80] und kann so im Idealfall die Pareto-optimale Projektwahl sicherstellen. Dieses Prinzip wird im folgenden in Anlehnung an Aghion/Bolton (1989, 1992) an einem einfachen Beispiel veranschaulicht. Weitere Ansätze zur Kapitalstruktur als Instrument der Unternehmenskontrolle stammen von Berglöf (1991), Dewatripont/Tirole (1993) und Hart (1995b).

Bei Familienunternehmen z.B. ist in der Regel für die Familienmitglieder bereits die Tatsache von Wert, daß die Unternehmung in Familienbesitz verbleibt.

---

[79] Vgl. Hart 1995a S. 680.

[80] Vgl. Berglöf 1991 S. 23.

Diesen Wert kann sie aber nicht mit einem externen Kapitalgeber teilen. Die Familie kann dann den Kapitalgeber nicht für Handlungen entschädigen, die den Verbleib der Unternehmung im Besitz der Familie sichern, aber mit monetären Verlusten bzw. entgangenen monetären Gewinnen verbunden sind. Damit überhaupt ein Kapitaltransfer erfolgt, muß dem Kapitalgeber die Möglichkeit gegeben sein, solche Handlungen der geschäftsführenden Familienmitglieder (Unternehmer) einzuschränken.[81] Diese Möglichkeit wird durch verschiedene Finanzierungsinstrumente unterschiedlich beeinflußt.

Die Familie kann sich zum einen durch die Emission von Nominalkapital finanzieren. Über das mit seinen Anteilen verbundene Stimmrecht erhält dann der Anleger ein ständiges Mitspracherecht bei den Investitionsentscheidungen. Ist der Kapitalbedarf des Unternehmens sehr groß, wird der Anleger bei dieser Finanzierungsform Mehrheitseigentümer und kann stets seine Interessen durchsetzen. Der nicht-monetäre Nutzen der Familie wird dann nicht berücksichtigt, und die Projektwahl ist in bestimmten Situationen nicht Pareto-optimal. Finanziert sich das Unternehmen vollständig über stimmrechtslose Vorzugsaktien, behält die Familie die Entscheidungsbefugnis zu jeder Zeit. Der Anleger hat dann keine Einflußmöglichkeiten auf die Projektwahl, und die Familie kann stets Entscheidungen treffen, die ihren nicht-monetären Nutzen maximieren. Auch bei dieser Finanzierungsform ist die Projektwahl in bestimmten Situationen nicht Pareto-optimal. Die Finanzierung mit Fremdkapital kann nun die Pareto-Effizienz der Projektwahl verbessern.

Durch den Abschluß eines Standardkreditvertrages verpflichtet sich der Unternehmer zu zustandsunabhängigen Zins- und Tilgungsleistungen am Ende einer jeden Periode. Bei Erfüllung der Zahlungsverpflichtung eerhält der Anleger durch den Zins eine angemessene Rendite auf sein eingesetztes Kapital, und der Unternehmer behält die Verfügungsmacht und kann seinen nicht-monetären Nutzen realisieren. Reichen die Projekterträge aber nicht zur Erfüllung der Verbindlichkeit aus, wird die Unternehmung zahlungsunfähig. Die Entscheidungsbefugnis geht auf den Kapitalgeber über, der dann u.U. die optimale Projektwahl trifft. Besteht z.B. die *Projektwahl* zwischen der Fortführung und der Liquidation der Unternehmung, wird der Unternehmer stets für die Fortführung sein. Der Anleger allerdings wird die Unternehmung nur fortführen, wenn der Barwert der zukünftigen Erträge den Liquidationswert übersteigt. Da im Bankrottfall die Entscheidungsbefugnis auf den Anleger übergeht, können ineffiziente Firmenfortführungen vermieden werden.

Aus der Fremdfinanzierung resultiert ein bestimmter Verschuldungsgrad der Unternehmung. Dieser Verschuldungsgrad ist nach Aghion/Bolton dann opti-

---

[81] Vgl. Aghion/Bolton 1992 S. 474.

mal, wenn die Zahlungsverpflichtungen genau dann die Unternehmenserträge übersteigen, wenn die Liquidation der Unternehmung die effiziente Projektwahl ist.[82] Die Art der Unternehmensfinanzierung stellt hier das Ergebnis sicher, das auch ein vollständiger Vertrag bewirkt hätte. "In general, this will not be the case, of course, but nevertheless control contingent on performance may make it more likely that the right person is in charge of decision-making." (Aghion/ Bolton 1989 S. 292)

Durch die Aufgabe der Annahme vollständiger Verträge können diese Ansätze Finanzierungsentscheidungen von Unternehmen ohne den Rückgriff auf asymmetrische Information oder Steuern erklären. Auch ohne Informationsasymmetrie kann es zu Interessensdivergenzen zwischen Unternehmern und Kapitalgebern (Anlegern) kommen. Diese Divergenzen werden durch die Kapitalstruktur der Unternehmung beeinflußt. Für Finanzintermediation ist in den Ansätzen zur optimalen Kapitalstruktur von Aghion/Bolton (1989, 1992) und Berglöf (1991) kein Raum. Es gibt nur einen Anleger und aus der Zahlungs(un)fähigkeit kann eindeutig auf das Pareto-optimale Projekt (Fortführung der Unternehmung bei Zahlungsfähigkeit bzw. Liquidation bei Zahlungsunfähigkeit) geschlossen werden. Hebt man diese Annahmen auf, kann Finanzintermediation volkswirtschaftlich effizient sein.

1.2.4.2 Die Bedeutung der Finanzintermediäre

Besitzt kein Anleger eine hinreichend große Kapitalausstattung zur Finanzierung der Unternehmung (des Projektes), ist der Unternehmer zur Mittelaufnahme bei vielen Anlegern gezwungen. In dieser Situation ist die Einschaltung eines Intermediärs vorteilhaft, wenn erstens der Intermediär die Kontrollfunktionen besser und kostengünstiger ausüben kann als viele einzelne Anleger. Da die Effektivität der Unternehmenskontrolle vom Informationsstand des Kontrolleurs abhängt, ist dies dann zu erwarten, wenn der Intermediär über detailliertere Informationen verfügt als der einzelne Anleger. Zweitens müssen die dadurch möglichen Kosteneinsparungen die Kosten, die durch die Einschaltung des Intermediärs entstehen, übersteigen, so daß eine Vervielfachung der Vertragskosten vermieden wird.

Ein weiterer Vorteil ergibt sich bei unterschiedlichen Interessen der einzelnen Anleger. Die Kontrollaufteilung zwischen Unternehmer und Kapitalgeber in

[82] Vgl. Aghion/Bolton 1989 S. 291f. sowie zu einer ausführlichen formalen Herleitung dieser Ergebnisse Aghion/Bolton 1992. Dies Ergebnis gilt jedoch nur bei beschränkter Haftung des UnternehmerS. Bei unbeschränkter Haftung würde die Finanzierung über Vorzugsaktien das Pareto-optimale Ergebnis liefern. Der Unternehmer müßte dann dem Anleger immer den vereinbarten Gewinn bezahlen (vgl. Berglöf 1991 S. 53).

Abhängigkeit vom Umweltzustand läßt im Bankrottfall die Kontrolle nicht auf einen, sondern auf alle Kapitalgeber zusammen übergehen. Sind die Konditionen der Kreditverträge nicht für alle Kapitalgeber einheitlich oder weisen die verschiedenen Anleger keine identischen Nutzenfunktionen auf, müssen die unterschiedlichen Interessen koordiniert werden. Ferner besteht die Möglichkeit eines Verteilungskampfes zwischen den Kapitalgebern aufgrund unterschiedlicher Fristigkeiten und Prioritäten ihrer Forderungen. Die Kreditvergabe durch einen Intermediär kann die Kosten des Verteilungskampfes und der Koordination reduzieren und ist somit wohlstandsfördernd.[83] Die bereits mehrfach angesprochene Bedeutung der Diversifikation des Intermediärs kommt auch hier zum Tragen. Denn nur bei ausreichender Diversifikation geht das Bankrottrisiko des Intermediärs gegen Null. Die Delegationskosten gehen dann ebenfalls gegen null und in der Beziehung zwischen Intermediär und Kapitalgebern sind die Probleme der Koordination und des Verteilungskampfes gelöst bzw. entstehen nicht.

Informationsproduktion und Interessenskoordination sind insbesondere dann von Bedeutung, wenn aus der Zahlungs(un)fähigkeit nicht eindeutig auf das Pareto-optimale Projekt (Fortführung oder Liquidation) geschlossen werden kann. Die Zahlungsunfähigkeit zeigt per se nur einen Liquiditätsengpaß auf. Dabei ist nicht ohne weiteres ersichtlich, ob es sich um einen vorübergehenden Engpaß einer an sich rentablen Unternehmung (z.B. aufgrund unvorhersehbarer Forderungsausfälle) handelt, oder ob die Zahlungsunfähigkeit Zeichen einer langfristig unzureichenden Rentabilität ist. Im ersten Fall wäre die Fortführung, im zweiten Fall die Liquidation die optimalen Projektwahl. Dies sei an folgendem Beispiel verdeutlicht.

Angenommen wird, es gebe zwei mögliche Umweltzustände, einen schlechten θ_b und einen guten θ_g. Im Umweltzustand θ_b ist die Liquidation der Unternehmung die effiziente Projektwahl, im Umweltzustand θ_g die Firmenfortführung. Die Erträge der Unternehmung (y) sind vom Umweltzustand abhängig:

- Im schlechten Umweltzustand, liegen die Erträge im Intervall $\left[\underline{y}_b ; \overline{y}_b\right]$.
- Im guten Umweltzustand, liegen sie im Intervall $\left[\underline{y}_g ; \overline{y}_g\right]$.

Der Ertrag, der mindestens erforderlich ist, um die Zahlungsverpflichtungen aus der Verschuldung zu erfüllen, ist $\hat{y}$. Ist der tatsächlich realisierte Ertrag y geringer als der Mindestertrag $\hat{y}$, ist die Liquidation nur dann eindeutig optimal, wenn $\overline{y}_b < \underline{y}_g$ gilt. Bei einer Überlappung der Ertragsintervalle ist $\underline{y}_g < y_b$.

[83] Vgl. Neuberger, D. 1994 S. 81.

Aus der Zahlungs(un)fähigkeit allein kann dann nicht mehr auf die optimale Projektwahl geschlossen werden. Abbildung 4 veranschaulicht das daraus entstehende Problem.

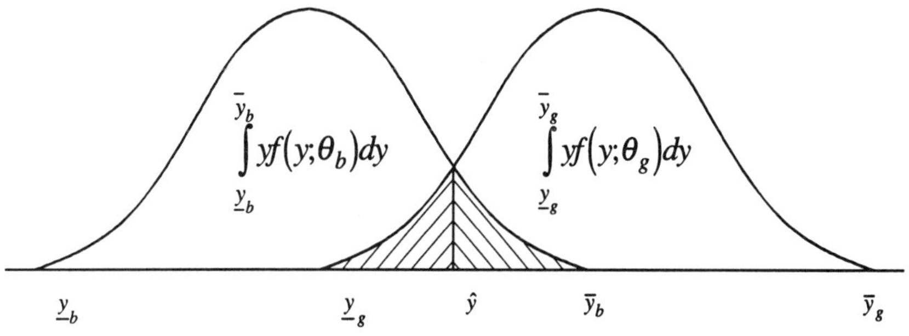

Abb. 4: Umweltzustand und Zahlungsfähigkeit bei überlappenden Ertragsmöglichkeiten

Quelle: eigene Darstellung

Liegt der tatsächliche Ertrag y im Bereich $[\underline{y}_g;\hat{y}]$, ist die Unternehmung zahlungsunfähig, auch wenn sie sich im Umweltzustand θ_g befindet und damit fortgeführt werden sollte. Die Hypothese, es handle sich um eine fortführungswürdige Unternehmung, wird abgelehnt, obwohl sie richtig ist. Dies wird im folgenden als Fehler 1. Art bezeichnet. Liegt der Ertrag im Bereich $[\hat{y};\overline{y}_b]$, ist die Unternehmung zahlungsfähig, auch wenn sie sich im Umweltzustand θ_b befindet und damit liquidationswürdig ist. Die Hypothese, es handle sich um eine fortführungswürdige Unternehmung, wird in diesem Fall angenommen, obwohl sie nicht zutrifft. Dies wird im folgenden als Fehler 2. Art bezeichnet.

Bei gegebenen Ertragsmöglichkeiten besteht zwischen Fehler 1. und 2. Art ein trade off. Der Fehler 1. Art (2. Art) kann - durch eine Variation des Verschuldungsgrades und damit von $\hat{y}$ - nur reduziert werden, indem gleichzeitig eine Erhöhung des Fehlers 2. Art (1. Art) in Kauf genommen wird. Optimal ist der Verschuldungsgrad, der die Summe aus Fehler 1. und 2. Art minimiert. Aber auch wenn dieses optimale Ergebnis im Verhandlungsprozeß zwischen Unternehmer und Kapitalgeber zustandekommt, wird es stets zu Liquidationen und Firmenfortführungen kommen, die eine fehlerhafte Projektwahl darstellen. Das Potential an fehlerhaften Entscheidungen ist umso größer, je größer der Überlappungsbereich der Ertragsmöglichkeiten ist.

Wie die folgenden Ausführungen zeigen, kann Finanzintermediation kann die Zahl solcher Fehlentscheidungen verringern. Da diese Fehlentscheidungen eine ineffiziente Projektwahl bedeuten, wird somit durch Finanzintermediation die Effizienz der Kapitalallokation erhöht.

Liegt der Fehler 2. Art vor, befindet sich die Unternehmung im Umweltzustand θ_b, und es gilt gleichzeitig $\hat{y} < y < \bar{y}_b$. Die Firma ist zahlungsfähig, und der Unternehmer führt die Firma fort. Das Ergebnis ist suboptimal, da die Liquidation die Pareto-effiziente Handlung wäre. Dieser Fehler 2. Art läßt sich verringern, wenn der Kapitalgeber Informationen über den wahren Umweltzustand beschafft. Durch entsprechende Kreditvertragsklauseln kann er sich das Recht der Kreditkündigung bzw. -fälligstellung für den Fall vorbehalten, daß seine beschafften Informationen vom *Signal* Zahlungsfähigkeit abweichen. Mit der Kreditkündigung geht die Unternehmenskontrolle auf ihn über. Er kann die Liquidation der Unternehmung bewirken und so das effiziente Projekt durchsetzen. Im Unterschied zu Abschnit 1.2.3, besteht hier für den Investor der Anreiz zur Informationsbeschaffung unabhängig von eventuellen Informationsasymmetrien zwischen ihm und dem Unternehmer. Dort bestand für den Unternehmer aufgrund seines Informationsvorsprunges gegenüber den Gläubigern der Anreiz, andere als die vertraglich vereinbarten Projekte durchzuführen. In den Ansätzen unvollständiger Verträge hingegen sind die Handlungen des Unternehmers durch den Kapitalanleger beobachtbar. Der Kapitalgeber weiß, daß der Unternehmer unabhängig von der eingetretenen Situation stets die Unternehmensfortführung bevorzugt. Der Anreiz zur Informationsproduktion durch den Kapitalgeber beruht in diesem Zusammenhang darauf, daß aus der Zahlungsfähigkeit nicht eindeutig geschlossen werden kann, ob die Firmenfortführung die effiziente Handlung ist. Durch diese Ungenauigkeit wird die Kontrollallokation und die Projektwahl ineffizient. Durch Informationsproduktion wird die Ungenauigkeit reduziert und die Effektivität der Projektwahl erhöht. Hierfür ist es unerheblich, ob der Unternehmer selbst besser über die tatsächlichen Situation unterrichtet ist als der Investor. Dies ist im Regelfall anzunehmen, und die Informationsasymmetrie wird den Anreiz zur Informationsbeschaffung verstärken. Sie ist aber nicht zwingend notwendig. Ist der Unternehmer auf die Kapitalbeschaffung bei mehreren Anlegern angewiesen, kann analog zu Abschnitt 1.2.3 die Delegation der Informationsproduktion an einen Finanzintermediär vorteilhaft sein.

Im anderen Fall befindet sich die Unternehmung im Umweltzustand θ_g, ihr Ertrag liegt aber im Bereich $\underline{y}_g < y < \hat{y}$. Die Firma ist zahlungsunfähig und wird liquidiert, obwohl die Firmenfortführung die effiziente Handlung wäre. Die Liquidation läßt sich vermeiden, wenn der Anleger auf den nicht erfüllten Teil seiner Forderungen verzichtet und dafür zu einem späteren Zeitpunkt entschädigt wird. Der Unternehmer behält die Kontrolle und die Unternehmung wird nicht liquidiert. Dieser Forderungsverzicht kann zustande kommen, wenn der

Unternehmer mit nur einem Kapitalgeber einen Kreditvertrag abgeschlossen hat. Anders verhält es sich, wenn der Unternehmer zur Finanzierung seines Projektes auf mehrere Kapitalgeber angewiesen ist. Durch eine Erweiterung des Ansatzes von Diamond (1984) auf zwei Perioden zeigt Breuer (1994), daß ein gesamtwirtschaftlich begrüßenswerter Forderungsverzicht "bei sehr vielen, nicht-kooperativ agierenden Kapitalgebern ... u.U. nicht zustande kommt" (Breuer 1994 S. 292). In einer solchen Situation ist die Einschaltung eines Intermediärs gesamtwirtschaftlich wünschenswert, denn sie erhöht die Wahrscheinlichkeit, daß der notwendige Forderungsverzicht erfolgt.

Breuer (1994) betrachtet ein Drei-Zeitpunkte-Modell ($t=0,1,2$), wobei Unternehmer in beiden Perioden ($t=0$ bis $t=1$, $t=1$ bis $t=2$) Zugang zu rentablen Investitionsprojekten haben.[84] Die betrachteten Unternehmer und Kapitalgeber sind risikoneutral und nur am Konsum am Ende der zweiten Periode ($t=2$) interessiert. Die Unternehmer k ($k=1,..., \ell$) verfügen über kein eigenes Kapital. Die ihnen zur Verfügung stehende Produktionstechnologie ist für alle Unternehmer identisch und ergibt voneinander unabhängige stochastische Erträge $\tilde{X}^k$. Der Output der Produktion nimmt mit der Wahrscheinlichkeit p bzw. $1\text{-}p$ den Wert $\underline{x}$ respektive $\bar{x}$ an. Es gilt $\underline{x} < \bar{x}$ und $p>0$. Die Produktion erfordert eine Einheit Input zu Beginn jeder Periode (t=0, t=1). Der Output realisiert sich am Ende jeder Periode (t=1, t=2). Jeder Anleger verfügt in t=0 und in t=1 über eine Anfangsausstattung von je $1/m<1$ ($m \in$ N) Einheiten des homogenen Kapital- und Konsumgutes. Neben der Investition in die Produktionstechnologie durch Kapitalüberlassung an den Unternehmer besteht für die Anleger eine alternative Anlagemöglichkeit, die jede Periode einen sicheren Ertrag je eingesetzter Kapitaleinheit von r liefert. Die erwartete Rendite der Produktion je Periode ist größer als r und kleiner als $2r$. Es gilt

(A1) $$1+r < E(\tilde{X}^k) < 1+2r\,.$$

Die Investition in die Produktionstechnologie ist daher gesamtwirtschaftlich vorteilhafter als die alternative Anlage.

Der Unternehmer nimmt in t=0 bei m Anlegern Kapital in Höhe von insgesamt einer Einheit zur Investition in die Produktionstechnologie auf. Möglich ist nur der Abschluß eines Standardkreditvertrages, der den m Kapitalgebern zusammen einen Zahlungsanspruch in Höhe von F in t=1 zusichert. Die Kreditlaufzeit beträgt eine Periode. Reicht der Ertrag zur Erfüllung der Zahlungsansprüche aus, kann der Unternehmer neue Mittel für die zweite Periode aufneh-

---

[84] In Breuers Ansatz wäre somit die Fortführung der Unternehmung stets effizient. Bezogen auf Abbildung 4 betrachtet er nur den Bereich der guten Umweltzustände θ_g.

men. Ex ante Regelungen für den möglichen Bankrottfall sind ausgeschlossen. Geht die Unternehmung bankrott, sind daher zur Fortführung neue Verhandlungen notwendig, in denen ein partieller Forderungsverzicht der Investoren erreicht werden muß.

Damit in diesem Ansatz Raum für Wiederverhandlungen besteht, muß eine positive Bankrottwahrscheinlichkeit angenommen werden. Dies setzt $0<\underline{x}<1$ voraus, wodurch $F>\underline{x}$ sichergestellt ist. Breuer untersucht den Fall, daß aufgrund starken Wettbewerbs zwischen den Kapitalgebern F in t=0 so festgelegt wird, daß die Kapitalgeber in t=1 eine erwartete Rendite von r erhalten. Für F ergibt sich dann genau der Betrag, der Gleichung

(1) $$p\underline{x}+(1-p)F=1+r$$

erfüllt. Das schlechte Ergebnis $\underline{x}$ führt zum Bankrott und so zur Liquidation der Firma, sofern kein Forderungsverzicht durch die Gläubiger erfolgt. Dieser Verzicht wäre gesamtwirtschaftlich vorteilhaft, denn nur durch die Fortführung könnten die gewinnbringenden Investitionsmöglichkeiten der zweiten Periode genutzt werden. Der Anteil jedes Investors am Forderungsverzicht beträgt $\upsilon \equiv 1-(x/F)$. Verzichtet jeder der m Gläubiger auf die Quote υ seines Anspruches, wird die Liquidation vermieden. Dies wird nur dann eintreten, wenn es für jeden Gläubiger j vorteilhaft ist, bei gegebenem Verzicht aller anderen Gläubiger ebenfalls zu verzichten.

Verzichten alle Gläubiger - inklusive Gläubiger j - auf den Anteil υ ihrer Forderungen, erhält Gläubiger j in $t=1$ den Betrag

(2) $$\frac{(1-\upsilon)F}{m}=\frac{x}{m}.$$

Das Projekt der zweiten Periode kann durchgeführt werden.

In t=0 war der Unternehmer aufgrund des Wettbewerbs zwischen den Kapitalgebern in einer günstigen Verhandlungsposition. Er besaß die Verhandlungsmacht für die Aufteilung der Produktionserträge und konnte die erwartete Rendite der Kapitalgeber auf r drücken. Im Bankrottfall ändert sich dies. Der Unternehmer ist auf die Bereitschaft der Gläubiger zum Forderungsverzicht angewiesen, und die Verhandlungsmacht über die Ertragsaufteilung geht auf die Gläubiger über. Zur Vereinfachung geht Breuer von dem Extremfall aus, daß sich die Gläubiger sämtliche Investitionserträge der zweiten Periode aneignen können. Jeder Gläubiger erhält dann in t=2 den gleichen Anteil $1/m$ des erwarteten Ertrages $E(\tilde{X}^k)$. Da Konsum annahmegemäß erst in t=2 erfolgt, können die

Gläubiger ihre Auszahlung der ersten Periode in der zweiten Periode zum Marktzins r anlegen. Somit stehen Gläubiger j in t=2

$$\frac{(1+r)\underline{x}}{m}+\frac{E(\tilde{X}^k)}{m} \tag{3}$$

Einheiten des Gutes zum Konsum zur Verfügung.[85]

Ist Gläubiger j im Gegensatz zu den restlichen Gläubigern nicht zu einem Forderungsverzicht bereit, wird die Unternehmung in t=1 liquidiert. Investitionen können dann nicht mehr durchgeführt werden. In der zweiten Periode ist nur noch Kassenhaltung möglich. Da Gläubiger j nicht zum Forderungsverzicht bereit war, erhält er in t=1 eine Auszahlung von

$$\frac{\frac{1}{m}F}{(1-\upsilon)\frac{(m-1)}{m}F+\frac{1}{m}F}\underline{x}=\frac{1}{(1-\upsilon)(m-1)+1}\underline{x}. \tag{4}$$

Legt er diese zusammen mit seiner Anfangsausstattung der zweiten Periode von $1/m$ zum Marktzins r an, beläuft sich seine Gesamtposition auf

$$\frac{1+r}{(1-\upsilon)(m-1)+1}\underline{x}+\frac{1+r}{m}. \tag{5}$$

Der Gläubiger ist dann nicht zum Forderungsverzicht bereit, wenn (5) > (3) ist. Daraus ergibt sich

$$\frac{\upsilon(m-1)}{(1-\upsilon)(m-1)+1}\underline{x}>\frac{E(\tilde{X}^k)-(1+r)}{1+r}. \tag{6}$$

Bei sehr vielen Kapitalgebern ist m sehr groß und es gilt

$$\frac{\upsilon(m-1)}{(1-\upsilon)(m-1)+1}\approx\frac{\upsilon}{1-\upsilon}. \tag{7}$$

Aus Gleichung (1) erhält man für den Gleichgewichtswert von F

[85] Vgl. Breuer 1994 S. 299.

$$F = \frac{1+r-p\underline{x}}{1-p}.$$

Hieraus und aus $\upsilon \equiv 1 - \frac{x}{F}$ erhält man für υ

$$\upsilon = \frac{1+r-\underline{x}}{1+r-p\underline{x}}.$$

Berücksichtigt man diese Bedingungen sowie die Gleichungen (6) und (7), erhält man als Anforderung an $\underline{x}$

(8) $$\underline{x} > \frac{[E(\tilde{X}^k)-(1+r)]\underline{x}(1-p)}{(1+r-\underline{x})(1+r)}.$$

Aufgrund von Annahme (A1) gilt $E(\tilde{X}^k)-(1+r)<r$. Bei $r>0$ ist Gleichung (8) erfüllt, für alle

(9) $$\underline{x} > \frac{r\underline{x}(1-p)}{1+r-\underline{x}}$$

bzw.

$$\underline{x} < 1+rp.$$ [86]

Da Breuer neben $p>0$ auch $\underline{x}<1$ annimmt, kommt im Falle vieler Gläubiger ein Forderungsverzicht nie zustande, "weil jeder einzelne Kapitalgeber vom Forderungsverzicht der übrigen im Liquidationsfall profitierte" (Breuer 1994 S. 300). Wegen $p>0$ kann dies auch für bestimmte Werte $\underline{x}>1$ zutreffen. Theoretisch denkbar ist die Lösung dieses Problems durch die Senkung des Forderungsbetrages der ersten Periode F. Die Liquidation wird vermieden, wenn (5) ≤ (3) ist. Bei großem m ergibt sich dann die maximal mögliche Ausfallquote aus

(6') $$\frac{\upsilon}{(1-\upsilon)}\underline{x} = \frac{E(\tilde{X}^k)-(1+r)}{1+r},$$

mit

[86] Vgl. Breuer 1994 S. 300 u. 306f.

(10) $$\upsilon_{krit} = \frac{E(\tilde{X}^k) - (1+r)}{E(\tilde{X}^k) - (1+r) + \underline{x}(1+r)}.$$

Aus Gleichung (10) und $\upsilon \equiv 1 - \frac{\underline{x}}{F}$ ergibt sich der maximale Betrag von F mit

(11) $$F_{krit} = \frac{1}{1+r}[(1+r)\underline{x} + E(\tilde{X}^k) - (1+r)].$$

Für Gleichung (11) ist jedoch der erwartete Ertrag der Kapitalgeber bei Finanzierung des Unternehmens immer geringer als der sichere Ertrag aus der alternativen Anlage. Dies läßt sich wie folgt zeigen.[87]

Wird die Unternehmung in t=0 finanziert und wird sie zahlungsunfähig, ergibt sich für diesen Fall der gesamte erwartete Ertrag aller Kapitalgeber analog zu Gleichung (3) mit $(1+r)\underline{x} + E(\tilde{X}^k)$. Ist die Unternehmung zahlungsfähig, erhalten die Kapitalgeber aufgrund des Wettbewerbs zwischen ihnen in der zweiten Periode eine erwartete Rendite von r. Bei Anlage der Auszahlung der ersten Periode in Höhe von F_{krit}, ist ihr insgesamt erwarteter Ertrag in t=2 in diesem Fall $F_{krit}(1+r) + (1+r)$. Die Wahrscheinlichkeit für den Bankrottfall ist durch p, die Wahrscheinlichkeit für Zahlungsfähigkeit durch 1-p gegeben. Der maximale erwartete Ertrag der Kapitalgeber in t=2 beläuft sich dann auf

(12) $$p[(1+r)\underline{x} + E(\tilde{X}^k)] + (1-p)[(1+r)F_{krit} + (1+r)].$$

Setzt man für F_{krit} den Wert aus Gleichung (11) ein, folgt

(13) $$(1+r)\underline{x} + E(\tilde{X}^k).$$

Aufgrund von $\underline{x}$<1 sowie $E(x)<1+2r$ ist dieser Ertrag immer geringer als der über die alternative Anlage erzielbare Ertrag von $(1+r) + (1+r)^2$. Die Finanzierung des Unternehmens kommt nicht zustande. Die Einschaltung eines Intermediärs kann dieses Problem umgehen.

Der Anreiz des einzelnen Gläubigers, den Verzicht abzulehnen, beruht auf seiner Möglichkeit, dadurch seinen Anteil am Liquidationserlös zu Lasten der Anteile der verzichtsbereiten Gläubiger zu erhöhen. Tritt nun ein Kapitalgeber als Finanzintermediär auf, der Einlagen hereinnimmt und das Projekt allein finanziert, kann ein Verzicht erfolgen. Da er alleiniger Financier des Projektes ist, besteht für den Intermediär kein Anreiz zur Verzichtsverweigerung.

---

[87] Vgl. Breuer 1994 S. 301.

Im Verhältnis zwischen Einleger und Intermediär entsteht dann kein Problem, wenn der Intermediär mehrere Projekte finanziert, deren Erträge unabhängig voneinander verteilt sind. Finanziert der Intermediär insgesamt ℓ Projekte und sichert er den Einlegern eine Verzinsung von i je überlassener Kapitaleinheit und Periode zu, belaufen sich seine Verpflichtungen am Ende der ersten Periode auf $(1+i)\ell$. Bezeichnet man mit F^k die tatsächliche Rückzahlung des Unternehmers k und mit $\overline{F}$ den für alle Unternehmer gleich hohen Erwartungswert der Rückzahlung, ergibt sich, unter Berücksichtigung der Tschebyscheffschen Ungleichung, für die Insolvenzwahrscheinlichkeit des Intermediärs:

$$(14) \qquad P_i \equiv P\left[\sum_{k=1}^{\ell} F^k - (1+i)\ell < 0\right] \leq \frac{\sigma^2}{\ell[\overline{F} - (1+i)]^2}.$$ [88]

"Die Wahrscheinlichkeit einer Bankinsolvenz kann unter den getroffenen Annahmen demnach beliebig gut an Null angenähert werden, sofern man nur eine hinreichend große Anzahl ℓ vom Intermediär zu finanzierender Projekte voraussetzt." (Breuer 1994 S. 303) Die rentablen Investitionsmöglichkeiten der zweiten Periode können dann verwirklicht werden, da ein Forderungsverzicht zustandekommt und die Solvenz des Intermediärs sichergestellt ist.

Im Ansatz von Aghion/Bolton (1989, 1992) diente die Kapitalstruktur als Instrument, um ineffiziente Firmenfortführungen zu vermeiden. Übersteigt allerdings trotz Zahlungsunfähigkeit der Barwert zukünftiger Erträge den Liquidationswert, stellt die Liquidation eine ineffiziente Strategie dar. Bei sehr vielen Kapitalgebern wird sie jedoch aufgrund der Interessenkonflikte zwischen den einzelnen Unternehmensgläubigern dennoch erfolgen. Diese Interessenskonflikte lassen sich durch die Verschuldung bei einem Intermediär vermeiden. Auf diese Weise kann erreicht werden, daß Firmen bei Zahlungsunfähigkeit nicht generell liquidiert werden, sondern nur, wenn der Barwert der zukünftigen Erträge geringer als der Liquidationserlös ist. Unternehmen, die zahlungsunfähig sind, obwohl sie sich im guten Umweltzustand befinden, werden fortgeführt.

Bei dem in Abbildung 4 dargestellten Beispiel besteht gleichzeitig das Risiko ineffizienter Firmenfortführungen und ineffizienter Liquidationen. In dieser Situation können sich Synergieeffekte ergeben, wenn ein Finanzintermediär, mit der Informationsproduktion und der Koordination der Gläubigerinteressen beauftragt wird. Aufgrund der komparativen Vorteile der Banken gegenüber anderen Intermediären bei der Informationsproduktion, ergeben sich Vorteile der Banken im Rahmen der Unternehmenskontrolle. Die Möglichkeit der Vereinbarung von Kreditkündigungsklauseln ist ebenfalls ein Spezifikum der Bank-

---

[88] Vgl. Breuer 1994 S. 302f.

kreditvergabe und steht anderen Intermediären, die Anteil am Eigenkapital oder festverzinsliche Wertpapiere der Unternehmung erwerben, nicht zur Verfügung. Auch dies ist ein komparativer Vorteil der Banken.

1.2.5 Fazit

Banken bzw. Finanzintermediäre üben in einer Volkswirtschaft verschiedene Funktionen aus:

1. Sie versichern andere Wirtschaftssubjekte durch ihre Diversifikation im Kreditgeschäft bzw. Einlagengeschäft gegen Ertragsrisiken respektive Liquiditätsschwankungen. Diese Versicherungswirkung der Diversifikation ist gesamtwirtschaftlich vorteilhaft, wenn die Wirtschaftssubjekte risikoavers sind und/oder mit den Ertragsrisiken und Liquiditätsschwankungen Anpassungskosten verbunden sind, die durch die Diversifikation verringert oder vermieden werden.
2. Durch ihre Kreditwürdigkeitsprüfung und die anschließende Überwachung ihrer Kreditnehmer produzieren Banken / Finanzintermediäre Informationen und reduzieren die Informationsasymmetrie zwischen Kapitalgebern und Kapitalverwendern. Gerade bei jungen Unternehmen in neuen Branchen, bei Unternehmen in Wachstumsbranchen und bei Unternehmen mit einem hohen Anteil an Aufwendungen für Forschung und Entwicklung ist die Informationsasymmetrie hoch. Durch die Produktion von Information über diese Unternehmen erhöhen Finanzintermediäre/Banken für diese die Verfügbarkeit von Kapital und fördern so Wachstum und Wohlstand einer Volkswirtschaft.
3. Unter dem Aspekt der Kontrolle von Unternehmen helfen Banken / Finanzintermediäre durch die Bereitstellung von Informationen und die Koordination der Gläubigerinteressen, ineffiziente Unternehmensliquidationen und ineffiziente Firmenfortführungen zu vermeiden.

Neben der Existenz von Unteilbarkeiten in der Bereitstellung dieser Dienstleistungen ist für Informationsproduktion und Unternehmenskontrolle durch Finanzintermediäre auch die Diversifikation des Intermediärs von entscheidender Bedeutung. Nur wenn der Intermediär an viele Kreditnehmer Kredite vergibt, deren Einzelrisiken nicht vollständig positiv korreliert sind, entfällt für den Kapitalanleger die Notwendigkeit, sich Informationen über den Intermediär zu beschaffen und diesen zu kontrollieren. Nur dann ist die Inanspruchnahme von Intermediationsleistungen und damit die Existenz von Banken / Finanzintermediären sinnvoll.

Die besondere Rolle der Banken unter den Finanzintermediären erklärt sich zum einen aus der allgemeinen Verwendung ihrer Einlagen als Zahlungsmittel, zum anderen aus ihren komparativen Vorteilen bei der Informationsproduktion und Unternehmenskontrolle gegenüber anderen Intermediärsformen. Diese Vorteile ergeben sich insbesondere aus der Abwicklung des bargeldlosen Zahlungsverkehrs durch die Banken und sind dadurch mit der Verwendung von Bankeinlagen als Zahlungsmittel eng verbunden. Gleichzeitig ergaben sich für Banken Diversifikationsnachteile gegenüber anderen Intermediären aufgrund der Unteilbarkeit der Bankkredite. Die international beobachtbare Dominanz der Bankfinanzierung bei der externen Kapitalbeschaffung über andere Finanzierungsformen und andere Intermediäre läßt in diesem Zusammenhang den Schluß zu, daß die Vorteile bei der Informationsproduktion und Unternehmenskontrolle die Nachteile bei der Diversifikation überwiegen.

Die Möglichkeiten der Banken, ihre volkswirtschaftlichen Aufgaben zu erfüllen, werden von den Regulierungen des Finanzsektors beeinflußt:

- Beschränkungen der Niederlassungsfreiheit, d.h. der Möglichkeit, Filialen und Zweigstellen zu gründen, und des erlaubte Geschäftsumfanges beeinträchtigen den Diversifikationsspielraum der Banken und die Realisierung möglicher Umfangsvorteile. Ein Verbot der Filialgründung behindert die geographische Diversifikation. Beschränkungen des Geschäftsumfanges reduzieren die Angebotspalette an Anlageprodukten und damit die kundenmäßige Diversifikation, gleichzeitig erschweren sie die Ausnutzung von Umfangsvorteilen.
- Vorschriften zur Eigenkapitalausstattung von Banken durch Bestimmungen über die maximal zulässigen Relationen von *Kreditvolumen zu Eigenkapital* und *Einzelkredit zu Eigenkapital* wirken ebenfalls auf die Diversifikation ein. Daneben beeinflußt die Relation *Einzelkredit zu Eigenkapital* c.p. auch die Gläubigerkonzentration der Schuldner und damit - unter dem Aspekt der Unternehmenskontrolle - die Koordination der Gläubigerinteressen sowie die Anreize zur Kontrollausübung.
- Vorschriften über die finanzielle Beteiligung von Banken an anderen Unternehmen und die Ausübung von Aufsichtsratsmandaten durch Kreditinstitute können ebenso Einfluß auf Informationsproduktion und Unternehmenskontrolle durch Banken nehmen, wie die Förderung bzw. Benachteiligung langfristiger Beziehungen zwischen Banken und Kunden.

Die bereits in der Einleitung erwähnten Unterschiede zwischen markt- und bankorientierten Finanzsystemen beruhen zumindest zum Teil auf einer unterschiedlichen Gestaltung der hier angesprochenen Regulierungsmöglichkeiten. Diese Unterschiede werden im zweiten Teil ausführlich dargestellt.

1.3 Theorie der Unternehmensfinanzierung

In der Realität lassen sich Zusammenhänge zwischen dem Finanzierungsverhalten und bestimmten anderen Charakteristika einer Unternehmung beobachten. Die Theorie der Finanzintermediation kann diese Zusammenhänge über das Kreditangebotsverhalten von Banken begründen. Eine vollständige Erklärung des Marktergebnisses erfordert jedoch auch die Untersuchung des Kreditnachfrageverhaltens der Unternehmen. Dieses Verhalten wird in der Theorie der Unternehmensfinanzierung untersucht.

1.3.1 Die Kreditnachfrage eigentümergeführter Unternehmen

1.3.1.1 Agency-Kosten und Pecking-Order der Finanzierung

Ausgangspunkt aller neueren Überlegungen zur Unternehmensfinanzierung ist das Theorem der Irrelevanz der Finanzierungsart von Modigliani und Miller (1958). Das Theorem besagt, daß die Bewertung eines Unternehmens auf vollkommenen Märkten unabhängig von seiner Finanzstruktur erfolgt. Die Investitionsentscheidungen der Unternehmen werden unabhängig von den Finanzierungsentscheidungen getroffen, und im Pareto-optimalen Wettbewerbsgleichgewicht des Kapitalmarktes spielt die Finanzierungsform, z.B. ob Innen- oder Außenfinanzierung, keine Rolle. Wie Abbildung 5 zeigt, finanzierten sich allerdings deutsche Unternehmen im Zeitraum 1960 bis 1992 durchschnittlich zu 62% über Innenfinanzierung und nur zu 2% über die Emission von Aktien. Generell ist in den führenden Industrieländern eine starke Dominanz der Innenfinanzierung (d.h. einbehaltene Gewinne, Abschreibungen usw.) gegenüber der Außenfinanzierung (d.h. Kreditaufnahme, Aktienemissionen usw.) zu beobachten (vgl. Abb. 6 S. 92).[89]

Die These der Irrelevanz der Finanzierungsart resultiert aus der Annahme eines vollkommenen Kapitalmarktes. Diese Annahme ist in der Realität infolge von unvollständiger Information, Transaktionskosten (z.B. Bankrottkosten) und anderen Kapitalmarktunvollkommenheiten nicht erfüllt. Für Borio (1990) ist in diesem Kontext die Berücksichtigung unvollständiger Information am ehesten geeignet, die international beobachtbaren Unterschiede in der Unternehmensfinanzierung zu erklären. Deren Einfluß läßt sich mit dem im Rahmen der Agen-

---

[89] Diese Dominanz der Innenfinanzierung besteht allerdings nur, wenn die Bruttogesamt- bzw. die Bruttosachinvestitionen betrachtet werden. Stellt man allein auf die jeweiligen Neu- bzw. Erweiterungsinvestitionen ab, liegt der Anteil der Außenfinanzierung zwischen 71% und 102% bei den Gesamtinvestitionen sowie zwischen 41% und 103% bei den Sachinvestitionen (vgl. Stehle 1991 S. 250ff.).

cy-Theorie von Jensen/Meckling (1976) entwickelten Konstrukt der Agency-Kosten begründen.

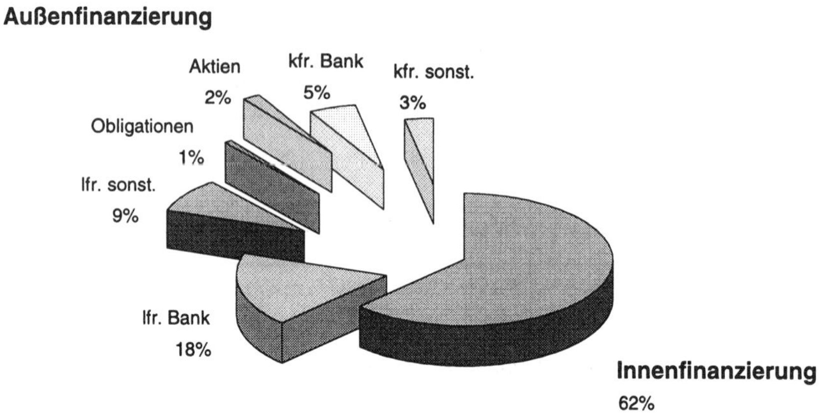

lfr. = langfristig, mit Laufzeit länger als ein Jahr; kfr. = kurzfristig, mit Laufzeit kürzer als ein Jahr; sonst. = sonstige Finanzquellen (Lieferantenkredite etc.)

Abb. 5: Das Finanzierungsverhalten deutscher Unternehmen 1960 - 1992

Quelle: Dt. Bundesbank: Ergebnisse der gesamtwirtschaftlichen Finanzierungsrechnung für Westdeutschland 1960 bis 1992; eigene Berechnungen;

Principal-Agent-Beziehungen liegen vor, wenn eine Person (Auftraggeber oder Principal) eine andere (Beauftragter oder Agent) mit der Erfüllung bestimmter Aufgaben im Interesse des Auftraggebers betraut.[90] Im Kontext der Unternehmung stellen die Kapitalgeber die Principals und die Kapitalverwender die Agenten dar. Besteht für den Kapitalverwender ein Anreiz, nicht im Interesse des Kapitalgebers zu handeln, spricht man von einem Principal-Agent-Konflikt. Bei fremdgeführten Unternehmen ergeben sich im Dreiecksverhältnis von Managern, Eigentümern und Gläubigern multiple Principal-Agent-Beziehungen. Von diesen werden die Beziehungen bzw. Konflikte zwischen Managern (als Agenten) und Aktionären (als Principals) und die zwischen Eigentümern (als Agenten) und Gläubigern (als Principals) näher betrachtet.

Die Unvollständigkeit der Information führt im Konflikt zwischen Eigentümer und Gläubigern zu einem Asymmetrieproblem, aus dem bei beschränkter

[90] Vgl. Jensen/Meckling 1976 S. 308.

Haftung des Kreditnehmers wiederum ein Ausleseproblem und ein Anreizproblem resultieren. Bei gegebenem Verschuldungsgrad und gegebenem Firmenwert steigt das Bankrottrisiko der Unternehmung mit der Varianz der Unternehmenserträge. Aufgrund der Haftungsbeschränkung der Eigenkapitalgeber nimmt dabei der Wert des Eigenkapitals einer Firma zu. Die Eigentümer haben daher ein Interesse, riskante Investitionsprojekte durchzuführen, die ihren erwarteten Nutzen auf Kosten des erwarteten Nutzens der Gläubiger erhöhen.[91]

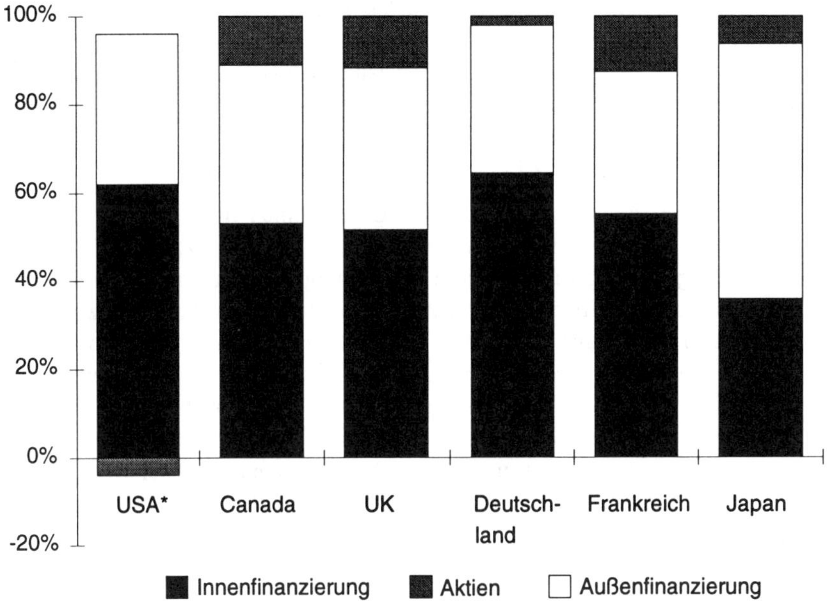

* Der negative Beitrag der Aktienemission zur Mittelaufnahme in den USA erklärt sich durch die Welle an Unternehmensübernahmen in den 80er Jahren. In dieser Zeit wurden mehr Aktien vom Markt genommen, als im restlichen Zeitraum emittiert wurden.

Abb. 6: Struktur der Unternehmensfinanzierung 1978-1990

Quelle: OECD: Financial Statements of Non-Financial Enterprises, versch. Jahrgänge; Dt. Bundesbank: Ergebnisse der gesamtwirtschaftlichen Finanzierungsrechnung für Westdeutschland 1960 bis 1992; eigene Berechnungen;

---

[91] Vgl. Jensen/Meckling 1976 S. 335f. Jensen/Meckling behandeln explizit nur das Anreizproblem. Zur Verallgemeinerung für Auslese- und Anreizproblem vgl. Abschnitt 1.2.3.

Das Ausleseproblem läßt sich durch Informationsbeschaffung vor der Mittelvergabe lösen, das Anreizproblem durch den Einsatz entsprechender Anreiz- und Kontrollsysteme nach der Mittelvergabe. Beides verursacht aber Kosten. Diese sogenannten Agency-Kosten setzen sich aus den Überwachungs- und Kontrollkosten des Principals, den Selbstbindungskosten des Agenten und dem *residual loss* zusammen.[92] Bei korrekter Antizipation der möglichen Agency-Konflikte durch die Gläubiger trägt der Schuldner die gesamten Agency-Kosten. Die Finanzierungsalternativen Fremdkapital, einbehaltene Gewinne und externes Eigenkapital unterscheiden sich hinsichtlich der mit ihnen verbundenen Agency-Kosten. Aus diesen Unterschieden resultiert eine *Pecking-Order* der Unternehmensfinanzierung. Firmen finanzieren sich zuerst über einbehaltene Gewinne und sonstige Innenfinanzierungsmaßnahmen. Nur wenn der Kapitalbedarf aus dieser Quelle nicht zu decken ist, wird auf Außenfinanzierung zurückgegriffen. Innerhalb der Außenfinanzierung werden Kredite und sonstiges Fremdkapital gegenüber der Emission von Aktien präferiert.[93]

Die stärkere Fremdfinanzierung von Unternehmen in bankorientierten Finanzsystemen wird in diesem Zusammenhang auf geringere Agency-Kosten der Verschuldung zurückgeführt.[94] Diese Überlegung befindet sich in Einklang mit den Ergebnissen der Theorie der Finanzintermediation. Die hohe Konzentration der Schulden auf wenige Gläubiger verringert das *free riding*-Problem und erhöht die Effizienz der Überwachung. Aufgrund ihrer finanziellen Beteiligungen und der langfristigen Kundenbeziehungen sind Kreditinstitute gut über ihre Kunden informiert und die Informationsasymmetrie ist gering.[95] Insgesamt sind daher in einem bankorientierten Finanzsystem die Agency-Kosten der Fremdfinanzierung geringer als in einem marktorientierten System.

Allerdings ist diese Erklärung des Kreditnachfrageverhaltens von Unternehmen unvollständig. Sie kann zwar die Kreditnachfrage eigentümergeführter Unternehmen erklären, jedoch nicht das Nachfrageverhalten fremdgeführter.

---

[92] "In most agency relationships the principal and the agent will incur positive monitoring and bonding costs (non-pecuniary as well as pecuniary), and in addition there will be some divergence between the agent's decisions and those decisions which would maximize the welfare of the principal. The dollar equivalent of the reduction in welfare experienced by the principal due to this divergence is also a cost of the agency relationship, and we refer to this latter cost as the 'residual loss'." (Jensen/Meckling 1976 S. 308, H.i.O.)

[93] Vgl. Myers 1984. Nach Myers ist asymmetrische Information die Ursache für eine Unterbewertung neuer Aktien und neu aufgenommenen Fremdkapitals am Markt. Diese Unterbewertung stellt eine Abweichung vom Idealzustand ohne Agency-Konflikte dar, und kann daher als Bestandteil der Agency-Kosten interpretiert werden.

[94] Vgl. Borio 1990 S. 26ff.

[95] Vgl. Abschnitt 2.1.4 zur Kritik an der Beteiligungsargumentation.

1.3.1.2 Das Problem der Unternehmensführung im Interesse der Eigentümer

Nahezu alle Ansätze zur optimalen Finanzstruktur der Unternehmung gehen implizit oder explizit von dem Ziel einer Maximierung der Eigenkapitalrendite des Unternehmens aus,[96] d.h. der Konflikt zwischen Eigentümern und Gläubigern steht im Mittelpunkt der Untersuchungen. Gleichzeitig besteht jedoch ein Agency-Konflikt zwischen Managern und Eigentümern. Für diesen Konflikt wird dabei angenommen, daß "[t]he form of incentive imposed on managers can be independent of the way in which firms finance their activities." (Mayer 1992 S. 466).

Jensen (1986) wies jedoch nach, daß dieser Konflikt durchaus von der Art der Unternehmensfinanzierung beeinflußt wird. Der Konflikt zwischen Managern und Eigentümern wird in der wissenschaftlichen Literatur meist durch den Anreiz zu einer konsumtiven Verwendung der überlassen Mittel durch das Management modelliert. Bestehen seitens der Aktionäre nur unvollständige Informationen über die Mittelverwendung, so wird das Management z.B. Ausgaben für Dienstreisen, Geschäftfahrzeuge usw. gegenüber Investitionsausgaben bevorzugen. Eine hohe Verschuldung von Unternehmen ist nach Jensen daher positiv zu beurteilen, denn sie reduziert aufgrund der zustandsunabhängigen Zahlungsverpflichtungen den *free cash flow* und erhöht die Bankrottgefahr. Hierdurch wird der Spielraum der Manager, ihren eigenen Nutzen zu maximieren, eingeschränkt. Eine höhere Verschuldung diszipliniert das Management in größerem Maße und zwingt es, effizient zu arbeiten.[97]

Diese Anschauung vernachlässigt einen entscheidenden Punkt. Nicht die Eigentümer, sondern die Manager der Unternehmung entscheiden de facto über den Umfang und die Art der Mittelbeschaffung. So ist z.B. in Deutschland der Vorstand zwar bei der Entscheidung über eine externe Eigenkapitalfinanzierung (d.h. die Ausgabe neuer Aktien) auf die Zustimmung der Aktionäre angewiesen. Theoretisch entscheiden die Aktionäre dann auch implizit über Aktienemission versus Innenfinanzierung oder Kreditaufnahme. In der Realität trifft jedoch der Vorstand sämtliche Finanzierungsentscheidungen in Eigenregie. Die Emission von Aktien schlägt er der Hauptversammlung vor, die dann durch ihre Zustimmung über die Emission entscheidet. Diese Zustimmung wird grundsätzlich immer erteilt, und eigenständige Anträge der Aktionäre auf Kapitalerhöhungen kommen nicht vor. In den USA, im UK sowie in Japan wiederum steht dem *board* de jure auch bei der Aufnahme von Fremdkapital ein Mitspracherecht zu.

---

96 Vgl. z.B. Long/Malitz (1985); Miller/Rock (1985); Webb (1991).

97 Vgl. u.a. Jensen (1988); Harris/Raviv (1990).

Aufgrund des relativ breit gestreuten Aktienbesitzes sind diese boards allerdings durch die Dominanz des *Chief Executive Officers* (CEO) bzw. des *president of board* und der anderen unternehmensinternen board-Mitglieder geprägt. Die Zusammensetzung des boards selbst wird effektiv durch den CEO bestimmt und Entscheidungen gegen seine Stimme kommen nicht vor,[98] so daß auch hier letztlich das Management über Art und Umfang der Unternehmensfinanzierung entscheidet.

Warum ein Manager freiwillig Kredite aufnehmen und damit seinen Spielraum zur Eigennutzenmaximierung verkleinern sollte, anstatt die Emission von Aktien vorzuschlagen, wird nicht explizit und konsistent begründet. Harris/ Raviv (1990) betrachten eine Situation, in der Schuldenaufnahme als Signal für eine gute Unternehmensperformance wirkt und somit positiv beurteilt wird. Ein Manager, der an einem hohen Kurs der Aktien seiner Unternehmung interessiert ist, hätte demnach einen Anreiz, Fremdkapital zu emittieren. Ist zur Lösung des Principal-Agent-Problems zwischen Aktionären und Managern das Managereinkommen an die Unternehmensrentabilität bzw. den Kurswert der Aktien gekoppelt, besteht für den Manager ein gewisser Anreiz zur Kurswertmaximierung. Warum jedoch dieser nutzenstiftende Effekt gegenüber dem nutzenmindernden (weniger *free cash flow*) überwiegen sollte, wird nicht dargelegt. Aufgrund einer Reduzierung des *free cash flow* könnten eigennutzenmaximierende Manager vielmehr an einem niedrigen Verschuldungsgrad interessiert sein. Eine Verstärkung dieses Effektes könnte sich durch das firmenspezifische Humankapital der Manager ergeben. Ist der Bankrottfall für das Management mit hohen persönlichen Folgekosten verbunden, wird es ein hohes Bankrottrisiko vermeiden wollen und einen niedrigen Verschuldungsgrad anstreben.[99]

1.3.2 Die Kreditnachfrage fremdgeführter Unternehmen

1.3.2.1 Der Arbeitsmarkt für Führungskräfte

Im folgenden wird ein Erklärungsansatz für die Kreditnachfrage fremdgeführter Unternehmen vorgestellt, der das Verhalten einer Unternehmensleitung durch den Wettbewerb der Manager am Arbeitsmarkt für Führungskräfte begründet. Ausgangspunkt dieser Überlegungen sind die Ergebnisse des *Turniermodell-Ansatzes*, demzufolge Manager ihren eigenen Nutzen maximieren und miteinander um Führungspositionen in Unternehmen konkurrieren. In Anbe-

---

[98] Vgl. Prowse 1994 S. 40ff. sowie für die USA Wiendieck 1992 S. 185ff. und für Japan Oda 1992 S. 286f.

[99] Vgl. Firth 1995 S. 167.

tracht der unvollständigen und zugleich asymmetrisch verteilten Information bestehen für Unternehmenseigentümer, die ihre Unternehmung nicht selbst führen wollen, zwei Probleme. Sie müssen einen geeigneten Selektionsmechanismus finden, um besonders fähige Manager zu erkennen und einzustellen, und sie müssen den Manager zur Wahrnehmung ihrer Interessen veranlassen.

Hierbei zeigte sich, daß weder die interne Kontrolle der Manager durch die Aktionäre noch der *market for corporate control*, noch die Konkurrenz der Unternehmen auf den Absatzmärkten diese Probleme zufriedenstellend lösen können.[100] Zwar ist theoretisch eine optimale Anreizsetzung für angestellte Manager über komplexe Anreizverträge möglich, aber dieser Ansatz stellt keine zufriedenstellende Gesamtlösung dar. Erstens sind komplexe Anreizverträge in der Realität nicht beobachtbar, da sie mit schwerwiegenden Problemen behaftet sind.[101] Zweitens lösen sie nicht das Selektionsproblem. Komplexe Anreizverträge könnten nur zwischen Führungskräften mit gleichen Fähigkeiten, aber unterschiedlicher Leistungsbereitschaft, separieren. Sie ermöglichen nicht die Auswahl der fähigsten Führungskräfte aus dem Gesamtangebot.

Eine zufriedenstellende Erklärung für "Motivation und Selektion von angestellten Unternehmern" (Frisch 1993 S. 163) bietet die Berücksichtigung des Wettbewerbs am Arbeitsmarkt für Führungskräfte. Die in diesem Zusammenhang entwickelten *Turniermodelle* basieren auf der Überlegung, daß der Karrierewettkampf um den Aufstieg zu höheren und besser bezahlten Positionen einem Tennisturnier ähnelt, bei dem viele Spieler um den Turniersieg kämpfen, aber aus jedem Spiel nur einer als Sieger hervorgehen kann. Die Turnierrunde, in der ein Tennisspieler ausscheidet, gibt Aufschluß über seine Spielstärke. Ähnliches gilt für die Stufe, die ein Manager auf der Karriereleiter erreicht hat. Sie signalisiert seine Fähigkeiten und seine bisherige Leistung.[102] Das Turniermodell als Erklärungsansatz für den Wettbewerb von Managern liefert Anreizmechanismen, die die Entlohnung an das Erreichen einer relativen Position auf einer Meßskala knüpfen. Beurteilt wird der Erfolg eines Managers im Vergleich zum Erfolg anderer. Die Leistungsanreize werden durch das Ziel gesetzt, einen höheren Rang auf der Karriereleiter zu erreichen.[103]

Ist die Nachfrage nach einem Manager und damit dessen Zukunftseinkommen, u.a. um so höher, je höher die von ihm in früheren Perioden erwirtschafte-

---

[100] Vgl. Frisch 1993 S. 154ff. sowie die dort angegebene Literatur.

[101] Ist die Zahl der möglichen Umweltzustände größer als zwei, ist eine first-best Lösung nicht mehr möglich; hinzukommt das Problem der unvollständigen Verträge (vgl. Hart/Holmström 1987 S. 117 u. 128ff.). Zu weiteren Problemen siehe Frisch 1993 S. 160ff.

[102] Vgl. Rosen 1986 S. 701.

[103] Vgl. Koh 1992 S. 297.

ten Gewinne sind, besteht für ihn ein starker Anreiz, die Gewinne der Eigentümer zu maximieren. Bei vergleichbaren Rahmenbedingungen erwirtschaftet der Manager mit den besseren Fähigkeiten und/oder dem größeren Arbeitseinsatz auch den höheren Gewinn. Da er nicht durch ein gutes Ergebnis an sich, sondern nur durch ein besseres Ergebnis als vergleichbare Manager seinen Marktwert erhöhen kann, besteht der Anreiz, die Fähigkeiten durch entsprechenden Arbeitseinsatz bestmöglichst zu nutzen. Tendenziell entsteht so ein Selektionsmechanismus, der nur die Fähigsten - und unter diesen nur die Fleißigsten - belohnt.[104] Die Reputation (der Marktwert) des Managers hängt dann von seiner momentanen Verantwortung und seinem momentanen Gehalt im Vergleich zu den jeweiligen Größen vergleichbarer Manager ab. Der erreichte Status - und die Geschwindigkeit mit der dieser erreicht wurde - geben Aufschluß über die bisherigen Leistungen eines Managers und damit über seine Fähigkeiten und seinen Einsatz.[105]

Die Turniermodelle können so den Zusammenhang zwischen Entlohnung und Unternehmensgröße auf der Vorstandsebene sowie zwischen Entlohnung und Verantwortungsbereich der Manager unterhalb der Vorstandsebene ebenso erklären wie den überproportionalen Anstieg der Entlohnung bei Beförderungen.[106] Weiterhin bestätigen sie die empirische Beobachtung, daß reale Entlohnungssysteme in den seltensten Fällen allein an der individuellen Leistung anknüpfen, sondern fast immer auf die relative Leistung, d.h. im Vergleich zu anderen, abstellen.[107]

Der Vergleich mit den Ergebnissen anderer, unter vergleichbaren Bedingungen agierender Manager ermöglicht den Eigentümern eine relative Leistungseinschätzung. Ist z.B. das durch den Manager eingegangene Risiko für die Eigentümer nicht beobachtbar, entscheidet allein die Zahl der Erfolge und Mißerfolge über die Reputation und den Marktwert des Managers. Eine mögliche Überführung dieser Zahlen in subjektive Wahrscheinlichkeiten über die Qualität des Managements zeigt Frisch (1993 S. 173ff.) anhand der Bayes-Regel:

Vereinfachend wird eine Situation untersucht, die nur zwei Zustände, Erfolg E und Mißerfolg M, hat. Desweiteren gibt es nur zwei Gruppen von Managern, gute (Typ G) und schlechte (Typ S). Die Wahrscheinlichkeit, daß ein guter Manager Erfolg hat, ist $P(E|G)$; für einen schlechten gilt entsprechend $P(E|S)$. Ein Manager, der neu auf den Markt kommt, ist ex ante mit Wahrscheinlichkeit $P(G)$

104 Vgl. Koh 1992 S. 307.

105 Vgl. Frisch 1993 S. 163ff.

106 Vgl. Rosen 1986 S. 713.

107 Vgl. Koh 1992 S. 298 sowie Nalebuff/Stiglitz 1983 S. 21. Einen Überblick über die empirischen Studien gibt Frisch 1993 S. 168f.

ein guter Manager. Die ex ante Wahrscheinlichkeit, daß ein Manager gut ist und gleichzeitig Erfolg hat, ist dann:

$$P(G \cap E) = P(G)\,P(E|G) = P(E)\,P(G|E)$$

mit

$$P(E) = P(G)\,P(E|G) + (1 - P(G))\,P(E|S).$$

Tritt der Erfolg ein, ergibt sich nach Bayes ex post die Wahrscheinlichkeit, daß der Manager gut ist, mit:

$$P(G|E) = \frac{P(G)\,P(E|G)}{P(E)} = \frac{P(G)\,P(E|G)}{P(G)\,P(E|G) + (1 - P(G))\,P(E|S)}.$$

Für einen Mißerfolg gilt dementsprechend:

$$P(G|M) = \frac{P(G)\,P(M|G)}{P(M)} = \frac{P(G)(1 - P(E|G))}{P(G)(1 - P(E|G)) + (1 - P(G))(1 - P(E|S))}.$$

Entscheidend ist, daß der Selektionswert eines Mißerfolges bei vorhandener, aber nicht vollständiger Diskriminierung zwischen guten und schlechten Managern höher als der eines Erfolges ist. Mißerfolge senken die ex post Wahrscheinlichkeit mehr als Erfolge sie erhöhen (vgl. Tab. 2).

Die Reputation eines Managers mit 10 Erfolgen und einem Mißerfolg ist mit 49,66% geringer als die eines Managers mit 8 Erfolgen. Ein Manager mit 12 Erfolgen und zwei Mißerfolgen hat in etwa die gleiche Reputation wie ein Manager mit 7 Erfolgen. Aufgrund dieser "asymmetrischen Effekte von Erfolg und Mißerfolg" (Frisch 1993 S. 176) verläuft die Beförderungsfunktion des Managers strikt konkav. Dies führt nach Ansicht von Frisch zu einer strikt konkaven Nutzenfunktion des Managers und so zu risikoaversem Verhalten.[108]

Ein solches *risikoscheues* Verhalten, ist auch dann zu erwarten, wenn, wie in dem hier vorgestellten Ansatz (und im Unterschied zu Frisch), von einem risikoneutralen Manager ausgegangen wird, der sich mit persönlichen Bankrottkosten konfrontiert sieht. Aufgrund der Wirkungsasymmetrie von Erfolg und Miß-

[108] Vgl. Frisch 1993 S. 180ff. Hirshleifer/Thakor (1992) zeigten, daß bei Unsicherheit Manager, die um ihren Ruf als Unternehmensleiter besorgt sind, risikoavers reagieren. Die Indifferenzkurven ihrer Nutzenfunktion sind stärker gekrümmt als die anderer Manager und sie ziehen daher sichere Projekte vor.

erfolg wird die Reputation eines Managers durch einen Mißerfolg stärker beeinflußt als durch einen Erfolg. Die Auswirkungen auf Gehalt, Position, Beförderungsaussichten usw. sind bei einem Mißerfolg stärker als bei einem Erfolg. Dies bedeutet, daß für den Manager mit dem Mißerfolg persönliche Strafkosten (Bankrottkosten) verbunden sind. Aufgrund dieser Bankrottkosten wird der Manager unabhängig von seiner individuellen Risikoaversion Umweltzustände, die zum Mißerfolg führen, stärker gewichten als Umweltzustände, die mit Erfolgen einhergehen.

Tabelle 2

Vermutete Fähigkeit eines Unternehmers

Anzahl der Erfolge:	Ex post Wahrscheinl. in % ohne Mißerfolg	... nach einem Mißerfolg	... nach zwei Mißerfolgen
0	10,00	5,26	2,70
1	12,90	6,90	3,57
2	16,49	8,99	4,71
3	20,85	11,64	6,18
4	25,99	14,94	8,07
5	31,89	18,97	10,48
6	38,43	23,79	13,50
7	45,42	29,39	17,23
8	52,60	35,69	21,72
9	59,67	42,53	27,00
10	66,36	49,66	33,03
11	72,46	56,81	39,68
12	77,82	63,69	46,72
13	82,38	70,05	53,90
14	86,18	75,71	60,92

Die Berechnungen basieren auf $P(E \mid G) = 0,8$; $P(E \mid S) = 0,6$ und $P(G \mid 0) = 0,1$.

Quelle: Frisch 1993 S. 175;

Die Annahme der Risikoneutralität ist kritisch zu betrachten, läßt sich aber für den hier vorgestellten Ansatz rechtfertigen. Zum einen ändert die Beschränkung auf den Fall der Risikoneutralität in dem hier betrachteten Modell nichts an den qualitativen Aussagen. Lediglich das *Ausmaß an Vorsicht* ist dadurch geringer als bei Risikoaversion. Zum anderen ist es das Ziel dieses Abschnittes, den Einfluß der Wirkungsasymmetrie auf Finanzierungs- und Investitionsentscheidungen unabhängig von der jeweiligen persönlichen Risikoaversion herauszuarbeiten. Die Annahme der Risikoneutralität ermöglicht dabei durch die Beschränkung der Analyse auf die Erwartungswerte und die Vernachlässigung der Varianzen eine einfachere formale Darstellung.

1.3.2.2 Das Grundmodell der Eigennutzenmaximierung

Betrachtet wird das Verhalten eines risikoneutralen Managers, der seinen Marktwert M am Arbeitsmarkt für Führungskräfte maximiert. Der Marktwert des Managers ist allein von der Unternehmensrentabilität und somit vom Ergebnis seiner Geschäftsführungstätigkeit abhängig. Aufgrund von Informationsasymmetrie finden Umweltzustände, die zu Mißerfolg führen, verstärkte Beachtung.

Der deutlichste und schwerwiegendste Mißerfolg dürfte der Eintritt der Zahlungsunfähigkeit sein. Kann die Unternehmung z.B. aufgrund fehlgeschlagener riskanter Investitionen ihre Verpflichtungen an Außenstehende nicht erfüllen, tritt Bankrott ein. Zieht der Bankrott eine Entlassung nach sich, bedeutet dies nicht nur eine vorübergehende Sucharbeitslosigkeit. Ein solcher Karriereeinschnitt zeigt über lange Zeit Gehaltsauswirkungen, da der Marktwert des Managers stark sinkt und jede weitere Karrierestufe erst später erreicht wird.[109] Selbst wenn der Manager seinen Arbeitsplatz behalten sollte, werden seine Reputation und seine Aufstiegschancen sinken.

Die Karriereaussichten und Reputation eines Managers sind auch in Gefahr, wenn der Unternehmensertrag nicht den Erwartungen der Anteilseigner entspricht. Diese können dem Management die Entlastung verweigern, der Aufsichtrat als Organ der Anteilseigner kann das Management ablösen, oder die Anteilseigner können durch Anteilsverkäufe anderen Unternehmern die Möglichkeit einer Kontrollübernahme eröffnen. In allen Fällen wird dies als Mißerfolg des Managements gewertet werden, und dessen Marktwert wird sinken. Im hier vorgestellten Grundmodell wird dabei zunächst nur von der Möglichkeit des Mißerfolges durch Bankrott ausgegangen. Auf die möglichen Auswirkungen der Ertragserwartungen der Aktionäre wird in Abschnitt 1.3.2.4 eingegangen.

---

[109] Vgl. den Überblick über die empirischen Studien in Abschnitt 2.4.

Die anhand der Bayes-Regel gezeigte stark asymmetrische Wirkung von Erfolg und Mißerfolg basiert auf der Annahme, der Unternehmenserfolg wäre das alleinige Kriterium, um die Fähigkeiten eines Managers zu ermitteln. Durch die Beschaffung zusätzlicher Informationen wird der starke Wirkungsunterschied zwischen Erfolg und Mißerfolg und damit die Höhe der persönlichen Bankrottkosten abgeschwächt. Da aufgrund der Kosten der Informationsproduktion nie eine vollständige Beseitigung der Informationsasymmetrie erfolgt, bleibt auch der Wirkungsunterschied in einem gewissen Ausmaß immer bestehen. Ein rational handelnder Manager wird dies berücksichtigen und Umweltzustände, die zur Zahlungsunfähigkeit (und damit zum Mißerfolg) führen, in seinem Entscheidungskalkül entsprechend der Wirkungsasymmetrie, d.h. der Höhe seiner Bankrottkosten, stärker gewichten als andere Umweltzustände.[110]

Der Manager verfügt über eine neoklassische Produktionstechnik mit positiven, aber abnehmenden Grenzerträgen und dem Brutto-Vermögen v der Firma als Input. Das Brutto-Vermögen setzt sich aus Eigenkapital x und Fremdkapital b zusammen. Vereinfachend wird von einem Standardkreditvertrag ausgegangen, d.h. für das aufgenommene Fremdkapital besteht eine zustandunabhängige Zinsverpflichtung. Die Eigenkapitalgeber sind Residualgläubiger. Eine Erhöhung des Vermögens ergibt sich aus $dv = db + dx_i + dx_e$. Dabei bezeichnen db neu aufgenommenes Fremdkapital, dx_i einbehaltene Gewinne (intern generiertes Eigenkapital) und dx_e neue Aktien (extern aufgenommenes Eigenkapital). Der Verschuldungsgrad der Unternehmung ist durch $\lambda = (v - x)/v$ gegeben.

Das Produktionsergebnis ist zum einen abhängig von der Höhe des eingesetzten Vermögens, zum anderen vom eingetretenen Umweltzustand w. Angenommen wird, daß ein besserer Umweltzustand den Output und das Grenzprodukt des Kapitals erhöht. Der Output sei nach unten durch Null begrenzt. Es gilt somit:

$$f = f(v,w) \geq 0; \quad f(0,w) = 0;$$

$$f_v = \frac{\partial f}{\partial v} > 0; \quad \lim_{v \to 0} f_v = \infty; \quad \lim_{v \to \infty} f_v = 0;$$

$$f_w = \frac{\partial f}{\partial w} > 0; \quad f_{vv} = \frac{\partial^2 f}{\partial v^2} < 0; \quad f_{vw} = \frac{\partial^2 f}{\partial v \partial w} \geq 0;$$

110 Ähnlich Buch 1994 S. 21.

Der *Turniermodell*-Ansatz basiert auf der Überlegung einer ordinalen Reihung der Führungskräfte. In der Grundkonzeption ähnelt er dadurch einem Sporttunier, z.B. einem Tennisturnier. Im Unterschied zu einem Tennisturnier erscheint jedoch die Annahme, es gäbe nur Sieg oder Niederlage, für den Arbeitsmarkt nicht realistisch. Während es für einen Tennisspieler letztlich gleichgültig ist, ob er nur knapp oder sehr hoch verliert, wird es für den Marktwert eines Managers nicht unbedeutend sein, ob er z.B. eine DM oder fünf Millionen DM Verlust erwirtschaftet. Vielmehr ist davon auszugehen, daß sein Marktwert um so stärker beeinträchtigt wird, je schlechter das Ergebnis seiner Unternehmensführung ist, d.h. je größer die Differenz zwischen Ertrag $f(v,w)$ und Zahlungsverpflichtungen $i\lambda v$ ist. Dabei stellt i den einheitlichen Kapitalmarktzins dar, zu dem Mittel angelegt und aufgenommen werden können. Vereinfachend wird angenommen, daß die Folgen F für seinen Marktwert proportional zum Ausmaß an Zahlungsunfähigkeit sind. Da Bankrottfolgen nur bei Zahungsunfähigkeit entstehen, ist $F=\max[q(i\lambda v-f(v,w));0]$. Der Bankrottkostensatz je Geldeinheit Verlust q wird als konstant und größer null angenommen.[111]

Im folgenden wird das Verhalten von Managern untersucht, denen mehr Investitionsprojekte zur Verfügung stehen, als über einbehaltene Gewinne finanziert werden können. Aus den Ausführungen zur *Pecking-Order*-Theorie ergibt sich in diesem Zusammenhang die Dominanz der Kreditfinanzierung über die Aktienemission. Um die Implikationen unterschiedlicher Banksysteme herauszuarbeiten, kann daher ohne Verlust an Aussagekraft für den relevanten Bereich angenommen werden, daß der Vermögenszuwachs allein aus Krediten resultiert und $dv=db$ gilt. Aufgrund $\lambda=(v-x)/v$ ist dann $\partial\lambda/\partial v=x/v^2$ immer größer Null.

Ungewißheit besteht über den tatsächlichen Umweltzustand w. Bekannt sei das Intervall aller möglichen Umweltzustände $[\underline{w};\overline{w}]$ sowie die zugehörige Dichtefunktion $\gamma(w)$. Das Maximierungsproblem lautet:

$$(1) \qquad \max_{v} M = \int_{\underline{w}}^{\overline{w}} f(v;w)\gamma(w)dw - iv - q\int_{\underline{w}}^{\hat{w}} [i\lambda v - f(v;w)]\gamma(w)dw\,.$$

Der Umweltzustand bei dem Bankrott gerade nicht eintritt, wird als Umweltzustand der kritischen Grenze $\hat{w}$ bezeichnet. Er erfüllt die Bedingung

---

[111] Spielte in Verlustsituationen nur die Tatsache des Mißerfolges, nicht aber die Höhe des Verlustes eine Rolle, käme dies der Existenz fixer Bankrottfkosten gleich. Brander/Lewis (1985 S. 11ff. / zitiert bei D. Neuberger 1989) zeigten, daß dies im Dyopol bei Fremdfinanzierung zu risikofreudigem Verhalten führt. Ein solches Verhalten von Unternehmen ist zwar nicht generell auszuschließen, es läßt sich jedoch fast nur in Krisenzeiten der Unternehmung beobachten (vgl. hierzu ausführlich Weigand 1996 S. 93ff.).

$$(2) \qquad f(v;\hat{w}) - i\lambda v = 0.$$

Die Maximumsbedingung 1. Ordnung lautet ∂M/∂v = 0. Aus ihr erhält man nach geringfügigem Umformen:

$$(3) \qquad i = \int_{\underline{w}}^{\overline{w}} f_v \gamma(w)dw - q\underbrace{\int_{\underline{w}}^{\hat{w}} [i(\lambda + v\lambda_v) - f_v]\gamma(w)dw}_{>0} - q\overbrace{[i\lambda v - f(v,\hat{w})]}^{=0}\frac{\partial \hat{w}}{\partial v}.$$

Nach Gleichung (2) ist der dritte Term von (3) Null. Wegen Gleichung (2) und $\partial f/\partial w>0$ ist zudem $i\lambda v - f(v;w) > 0$ für jedes $w < \hat{w}$. Somit gilt

$$\int_{\underline{w}}^{\hat{w}} [i\lambda v - f(v;w)]\gamma(w)dw > 0.$$

Division durch v ergibt

$$\int_{\underline{w}}^{\hat{w}} \left[i\lambda - \frac{f(v;w)}{v} \right]\gamma(w)dw > 0.$$

Aufgrund der Annahmen über die Produktionstechnologie ist $f(v)/v > \partial f/\partial v$ für alle $v>0$ immer erfüllt. Ferner ist $\lambda_v>0$, so daß der 2. Term in (3) immer negativ ist. Gleichzeitig gilt $\lambda+v\lambda_v=1$, wegen $\lambda=(v-x)/v$ sowie $dv=db$. In den Umweltzuständen, die zur Zahlungsunfähigkeit führen, ist das Grenzprodukt des Kapitals damit geringer als der Zins.

Bei symmetrischer Wirkung von Erfolg und Mißerfolg wäre im Gleichgewicht der Erwartungswert des Grenzproduktes gleich dem Zins. Aufgrund der asymmetrischen Wirkung von Erfolg und Mißerfolg erhalten schlechte Umweltzustände ein höheres Gewicht. Dadurch ist im Optimum der Erwartungswert des Grenzproduktes des eingesetzten Vermögens um den Erwartungswert der Bankrottfolgen höher als bei Gewißheit. Das Grenzprodukt ist um so höher, je stärker schlechte Umweltzustände gewichtet werden, d.h. je höher der Gewichtungsfaktor (der Bankrottkostensatz) q ausfällt. Es ist ferner um so größer, je riskanter die Investition ist, d.h. je größer der individuelle Bankrottbereich dieser Investition ist.[112] Diese stärkere Gewichtung von Umweltzuständen, die zur

[112] Das unterschiedliche Risiko verschiedener Investitionsprojekte kommt in diesem Ansatz in unterschiedlichen Werten für $\underline{w}, \overline{w}, f_w$ und damit in $\hat{w}$ zum Ausdruck.

Zahlungsunfähigkeit führen, basiert allein auf der Existenz variabler persönlicher Bankrottkosten und ist insofern unabhängig von der Risikoaversion des Managers.

Differenziert man die Bedingung 1. Ordnung total wie in Gleichung (4), wird ersichtlich, daß ein geringerer Gewichtungsfaktor (eine geringere Wirkungsasymmetrie) den gleichgewichtigen Erwartungswert des Grenzprodukts des Kapitals senkt. Dadurch steigen c.p. eingesetztes Vermögen und Verschuldungsgrad.

$$(4) \qquad \frac{dv}{dq} = \frac{\int_{\underline{w}}^{\hat{w}} [i - f_v]\gamma(w)dw}{\int_{\underline{w}}^{\bar{w}} f_{vv}\gamma(w)dw + q\left\{\int_{\underline{w}}^{\hat{w}} f_{vv}\gamma(w)dw - [i - f_v(v,\hat{w})]\partial\hat{w}/\partial v\right\}} < 0.$$

Existieren bereits andere Projekte der Unternehmung, die Erträge erwirtschaften, müßte obige Aussage modifiziert werden, da dann unter dem risikomindernden Diversifikationsaspekt zusätzlich die Kovarianzen zwischen den möglichen neuen Projekten und den bereits vorhandenen zu berücksichtigen wären.

1.3.2.3 Die optimale Aufteilung zwischen verschiedenen Investitionsrichtungen

Im Interesse der Anteilseigner wäre vielfach die Durchführung riskanter Projekte, da dadurch der Wert des Fremdkapitals sinkt und der des Eigenkapitals steigt (vgl. Abschnitt 1.2.3). In der Realität läßt sich ein solches Managerverhalten jedoch nicht als Regelfall beobachten. Oft wird den Managern von Unternehmen gerade das Gegenteil vorgeworfen, nämlich eine zu geringe Risikobereitschaft.[113] Dieses Verhalten läßt sich mit dem hier vorgestellten Ansatz theoretisch begründen. Aufgrund der Wirkungsasymmetrie von Erfolg und Mißerfolg können selbst Projekte mit niedrigerem Erwartungswert des Grenzproduktes des Kapitals bevorzugt werden, wenn das mit ihnen verbundene Bankrottrisiko geringer ist als bei anderen Projekten. Riskante Projekte mit einem hohen Erwartungswert des Grenzproduktes werden dann nicht realisiert. Gerade wachstumsfördernde Investitionen in intangible Projekte wie Forschung und Entwicklung weisen häufig einen höheren Erwartungswert des Ertrags auf als Investitionen in tangible Projekte. Gleichzeitig sind sie mit einem größeren

---

[113] Vgl. z.B. Steinherr/Huveneers 1990, Frisch 1993.

Ertragsrisiko behaftet. Ein hoher Gewichtungsfaktor q - aufgrund einer starken Wirkungsasymmetrie von Erfolg und Mißerfolg - hat negative Auswirkungen auf die Durchführung dieser Investitionen.

Betrachtet wird ein Investor mit zwei Investitionsrichtungen $f=f(k)$ und $a=a(r)$, in die er sein zur Verfügung stehendes Kapital investiert, d.h. $k+r=v$. Dabei wird vollständige Teilbarkeit beider Investitionsrichtungen vorausgesetzt. Der Manager kann beide Alternativen gleichzeitig verwirklichen und optimiert die Höhe des Gesamtvermögens und die Aufteilung auf die Produktionsrichtungen. Der Ertrag der jeweiligen Produktionsrichtung sei abhängig vom eingesetzten Kapital, ferner sei $a(r)$ die produktivere Verwendungsrichtung. Das höhere Risiko dieser Investitionsrichtung kommt dadurch zum Ausdruck, daß Richtung $a(r)$ erst ab relativ besseren Umweltzuständen nicht zum Bankrott führt.

Es gelten folgende Annahmen:

$$w \in [\underline{w};\overline{w}];$$

$$f = f(k,w); \quad a = a(r,w);$$

$$\frac{\partial f}{\partial k},\frac{\partial f}{\partial w},\frac{\partial a}{\partial r},\frac{\partial a}{\partial w} > 0; \quad \frac{\partial^2 f}{\partial k \partial w},\frac{\partial^2 a}{\partial r \partial w} > 0; \quad \frac{\partial^2 f}{\partial k^2},\frac{\partial^2 a}{\partial r^2} < 0;$$

$$E\left(\frac{\partial f}{\partial k}\right) < E\left(\frac{\partial a}{\partial r}\right) \quad \forall\, k = r;$$

Für die kritischen Umweltzustände gelten folgende Bedingungen:

(A1) $$f(k,\hat{w}_f) - i\lambda k = 0;$$

(A2) $$a(r,\hat{w}_a) - i\lambda r = 0;$$

(A3) $$\hat{w}_f < \hat{w}_a \quad \forall \quad k = r \quad \text{und} \quad \lambda_f = \lambda_a;$$

(A4) $$f(k,\hat{w}_v) + a(r,\hat{w}_v) - i\lambda v = 0.$$

Der Gewinn einer Periode ergibt sich aus der Summe der Erträge in den verschiedenen Produktionsrichtungen abzüglich der Opportunitätskosten des Kapitals. Z.B. könnte ohne weiteres die F&E-Abteilung als Profitcenter geführt werden, die ihre Erkenntnisse an das Restunternehmen oder auch an Dritte veräußert und so quantifizierbare Ergebnisse liefert. Entscheidungsparameter des Managers sind die Höhe des eingesetzten Vermögens v und die Aufteilung auf die beiden Investitionsrichtungen f und a. Hierfür ergeben sich zwei alternative Darstellungsformen. Erstens könnte man $k = v - r$ setzen und über die Wahl von v und r maximieren. Die Alternative wäre $k = \alpha v$ und $r = (1-\alpha)v$ zu setzen und über die Wahl von v und α zu maximieren. Beide Varianten liefern die gleichen Ergebnisse. Im folgenden wird die ersteVariante gewählt, da sie anschaulicher und leichter interpretierbar ist.

Das Maximierungsproblem lautet dann:

$$(1) \qquad \max_{v,r} M = \int_{\underline{w}}^{\bar{w}} [f(k,w) + a(r,w)]\gamma(w)dw - iv - q\int_{\underline{w}}^{\hat{w}} [i\lambda v - f(k,w) + a(r,w)]\gamma(w)dw$$

Die Maximumsbedingungen 1. Ordnung lauten $\partial M/\partial v=0$ und $\partial M/\partial r=0$. Nach geringfügigen Umformungen und Zusammenfassungen ergibt sich daraus:[114]

$$(2) \qquad i = \int_{\underline{w}}^{\bar{w}} f_k\gamma(w)dw - q\int_{\underline{w}}^{\hat{w}} \underbrace{[i - f_k]}_{>0}\gamma(w)dw = \int_{\underline{w}}^{\bar{w}} a_r\gamma(w)dw - q\int_{\underline{w}}^{\hat{w}} \underbrace{[i - a_r]}_{>0}\gamma(w)dw$$

sowie

$$(3) \qquad \int_{\underline{w}}^{\bar{w}} a_r\gamma(w)dw = \int_{\underline{w}}^{\bar{w}} f_k\gamma(w)dw + q\int_{\underline{w}}^{\hat{w}} \underbrace{[f_k - a_r]}_{>0}\gamma(w)dw.$$

Die Bedingungen 2.Ordnung sind erfüllt.

Bei Unsicherheit ist im Gleichgewicht der Erwartungwert des Grenzproduktes des Kapitals in beiden Verwendungsrichtungen um einen formal gleichlautenden Risikozuschlag höher als bei Sicherheit und damit das eingesetzte Gesamtkapital geringer. Gleichung (3) zeigt die unterschiedliche Aufteilung auf die beiden Produktionsrichtungen, denn der zweite Term von (3) ist größer null.[115] Dieser zweite Term stellt die Differenz im Risikozuschlag zwischen den

---

[114] Wie bereits auf Seite 104 gezeigt, ist $\lambda + v\lambda_v = 1$ und muß daher nicht berücksichtigt werden.

[115] Der kritische Umweltzustand bei Nutzung beider Produktionsrichtungen ist durch (A4) gegeben. Für r=0 ergibt sich (A1) und damit $\hat{w}_f = \hat{w}_v$, für k=0 gilt (A2) und

beiden Investitionsrichtungen dar. Er ist um so größer je riskanter die Investitionsrichtung a im Verhältnis zur Richtung f ist. Ist die Risikodifferenz zwischen den Produktionsrichtungen entsprechend groß, wird trotz höherem Erwartungswert des Grenzproduktes des Kapitals ein geringerer Anteil in die produktive Investitionsrichtung investiert.

Berücksichtigt man für Gleichung (2), daß $k=\alpha v$ und $r=(1-\alpha)v$ ist, und differenziert total, ergeben sich die komparativ-statischen Ergebnisse einer Änderung von q auf v und α aus

(4) $$\frac{dv}{dq} = \frac{-\int_{\underline{w}}^{\hat{w}} (f_k - a_r)\gamma(w)dw}{\alpha[x] - (1-\alpha)[y] + qz\frac{\partial \hat{w}}{\partial v}} \gtrless 0$$

und

(5) $$\frac{d\alpha}{dq} = \frac{-\int_{\underline{w}}^{\hat{w}} (f_k - a_r)\gamma(w)dw}{v(x+y) + qz\frac{\partial \hat{w}}{\partial \alpha}} > 0$$

mit

$$x = \int_{\underline{w}}^{\bar{w}} f_{kk}\gamma(w)dw + q\int_{\underline{w}}^{\hat{w}} f_{kk}\gamma(w)dw \quad < 0;$$

$$y = \int_{\underline{w}}^{\bar{w}} a_{rr}\gamma(w)dw + q\int_{\underline{w}}^{\hat{w}} a_{rr}\gamma(w)dw \quad < 0;$$

$$z = [f_k(\hat{w}) - a_r(\hat{w})] \quad > 0 \ .$$

---

damit $\hat{w}_a = \hat{w}_v$. Aufgrund von (A3) hängt der kritische Umweltzustand somit nicht nur von der Höhe des Gesamtvermögens ab, sondern auch von der Aufteilung des Vermögens auf die beiden Produktionsrichtungen. Es gilt $\hat{w}_v = \hat{w}_v(r)$ mit $\partial\hat{w}_v/\partial r > 0$. Bildet man das totale Differential von (A4) erhält man $d\hat{w}_v/dr = (f_k - a_r)/(f_w + a_w)$. Da f_w, $a_w > 0$ gilt, ist beim kritischen Umweltzustand $f_k(k,\hat{w}_v) > a_r(r,\hat{w}_v)$. Da die Funktionen f und a als streng monoton angenommen wurden, gilt dies für alle $w < \hat{w}$. Im Gleichgewicht ist damit das Grenzprodukt in Richtung $a(r)$ höher als in Richtung $f(k)$.

Eine Senkung des Gewichtungsfaktors q führt eindeutig zu einem Rückgang des Anteils der sicheren Investition und zu einer Erhöhung des Anteils der riskanteren Investition. Ein Manager mit vergleichsweise niedrigen persönlichen Bankrottkosten wird einen höheren Anteil des Firmenvermögens in F&E investieren als ein Kollege bei gleichem Kapital, aber hohen Bankrottkosten. Der Effekt auf das eingesetzte Gesamtvermögen ist nicht eindeutig. Im Optimum hat der Manager seinen gleichgewichtigen Risikozuschlag auf das Gesamtkapital realisiert. Eine Senkung des Gewichtungsfaktors würde nun diesen Risikozuschlag c.p. senken. Der Manager hätte dann einen Anreiz, mehr Kapital einzusetzen und den Verschuldungsgrad zu erhöhen. Gleichzeitig steigt aber der Anteil der riskanteren Investition am Gesamtvermögen, wodurch die Wahrscheinlichkeit der Zahlungsunfähigkeit steigt. C.p. würde der Manager dann das eingesetzte Gesamtkapital und den Verschuldungsgrad verringern, um so wieder den gleichgewichtigen Risikozuschlag zu realisieren. Dem Effekt der Risikominderung durch eine Senkung von q steht der Effekt einer Risikoerhöhung durch Erhöhung von α gegenüber.

Welcher Effekt überwiegt, und ob das Gesamtvermögen erhöht oder gesenkt wird, läßt sich ohne zusätzliche Annahmen hinsichtlich der zweiten Ableitungen nicht eindeutig bestimmen. Es läßt sich allerdings mit Sicherheit sagen, daß es ein hinreichend kleines Intervall $[0,q']$ gibt, für das $dv/dq < 0$ ist und eine Senkung des Gewichtungsfaktors zu einer Erhöhung des eingesetzten Gesamtkapitals führt. Betrachtet sei hierzu die Gleichung (2). Für $q = 0$ ist der Erwartungswert des Grenzproduktes des Kapitals in jeder Verwendungsrichtung gleich dem Zins. Für jedes $q > 0$ ist jedoch das durchschnittliche Grenzprodukt höher als der Zins und damit das eingesetzte Gesamtkapital niedriger als für $q = 0$.

1.3.2.4 Die Bedeutung der Ertragserwartungen der Aktionäre

Neben der Möglichkeit des Bankrotts können auch die Ertragserwartungen der Aktionäre eine zentrale Rolle für Erfolg und Mißerfolg eines Managers spielen. Während im Grundmodell Mißerfolg allein aus der Zahlungsunfähigkeit resultiert, wird hier eine Nicht-Erfüllung der Aktionärserwartungen hinsichtlich der Unternehmensrendite der Zahlungsunfähigkeit gleichgestellt. Vereinfachend wird angenommen, die Aktionäre erwarteten eine Mindestrendite in Höhe des Kapitalmarktzinses i. Auf einem vollkommenen Kapitalmarkt ergibt sich dann das Optimierungskalkül des Managers aus

$$\max_{v} M = \int_{\underline{w}}^{\overline{w}} f(v;w)\gamma(w)dw - iv - q\int_{\underline{w}}^{\hat{w}_i}[iv - f(v;w)]\gamma(w)dw \quad (6)$$

Analog zum Grundmodell ist $\hat{w}_i$ der Umweltzustand, bei dem das Unternehmensergebnis gerade noch nicht als Mißerfolg gewertet wird. Es gilt

$$f(v;\hat{w}_i) - iv = 0.$$

Als Optimumsbedingung 1. Ordnung ergibt sich

$$(7) \qquad \frac{\partial M}{\partial v} = \int_{\underline{w}}^{\bar{w}} f_v \gamma(w)dw - i - \underbrace{q \int_{\underline{w}}^{\hat{w}_i} [i - f_v]\gamma(w)dw}_{>0} + \overbrace{q[iv - f(v,\hat{w})]\frac{\partial \hat{w}_i}{\partial v}}^{=0} = 0.$$

Da λ immer kleiner eins ist, ist das Intervall der schlechten Umweltzustände $[\underline{w};\hat{w}_i]$ stets größer als im Grundmodell, in dem nur die Zahlungsunfähigkeit als Mißerfolg gewertet wird. Der zweite Term der Bedingung 1. Ordnung ist dann betragsmäßig stets höher als im Grundmodell, Kapitalakkumulation und Verschuldungsgrad sind geringer. Dies entspricht der ökonomischen Intuition. Kann für den Manager nicht nur der Bankrott, sondern auch das Verfehlen der Aktionärserwartungen als Mißerfolg interpretiert werden, steigt für ihn c.p. das Risiko eines Mißerfolgs. Er wird den Kapitaleinsatz reduzieren, um über die dadurch erreichte höhere Kapitalproduktivität dieses höhere Risiko auszugleichen.

Aus dem totalen Differential der Gleichung (7) ergibt sich ferner

$$(8) \qquad \frac{dv}{di} = \frac{1 + q\int_{\underline{w}}^{\hat{w}_i} \gamma(w)dw + q[i - f_v]\frac{\partial \hat{w}_i}{\partial i}}{\int_{\underline{w}}^{\bar{w}} f_{vv}\gamma(w)dw + q\left\{\int_{\underline{w}}^{\hat{w}_i} f_{vv}\gamma(w)dw - [i - f_v(v,\hat{w})]\frac{\partial \hat{w}_i}{\partial v}\right\}} < 0.$$

Steigen in einer Volkswirtschaft die Ertragserwartungen der Anleger an (z.B. aufgrund einer Erhöhung ihrer Zeitpräferenzrate), so erhöht sich der Kapitalmarktzins, und die Opportunitätskosten der Mittelverwendung im Unternehmen steigen. C.p. wird der Nettogegenwartswert einiger Investitionsprojekte negativ, und der Kapitaleinsatz der Unternehmung wird entsprechend reduziert. Die Unternehmen werden dann durch einen geringeren Verschuldungsgrad (wegen $dv = db$) und eine höhere Grenzproduktivität des Kapitals gekennzeichnet sein. Dieser Effekt ist um so ausgeprägter, je höher der Bankrottkostensatz q ist.

Im erweiterten Modell mit zwei Investitionsrichtungen erhält man als Maximumsbedingungen 1. Ordnung: a) $\partial M/\partial v = 0$ und b) $\partial M/\partial \alpha = 0$. Der Einfluß einer Änderung der Ertragserwartungen ergibt sich aus dem totalen Differential von a) mit $dv/di < 0$ und $d\alpha/di \gtrless 0$. Der Effekt auf die Vermögenshöhe ist eindeutig, die Auswirkung auf den Anteil der sicheren Investition α ist indeterminiert, da zwei entgegengesetzt wirkende Einflußrichtungen bestehen. Einerseits wird, c.p., ein Anstieg des Zinses die Gefahr eines Mißerfolges erhöhen und dadurch zu einem Anstieg des Anteils der sicheren Investition führen. Andererseits steigt durch den Rückgang des insgesamt eingesetzten Kapitals gleichzeitig die durchschnittliche Kapitalproduktivität, und die Gefahr eines Mißerfolges sinkt. Dies würde für sich allein betrachtet eine Senkung des Anteils der sicheren Investition bewirken. Welcher Effekt überwiegt, läßt sich ohne weitere Annahmen hinsichtlich der zweiten Ableitungen der Produktionsfunktionen nicht feststellen.

1.3.2.5 Mögliche Einflußgrößen der Wirkungsasymmetrie

Der vorhergehende Abschnitt zeigte die Wirkung der Ertragserwartungen der Aktionäre. Diese Wirkung ist gering, wenn die Ertragserwartungen gering sind und/oder wenn die Verletzung der Aktionärserwartungen den Marktwert des Managers nur geringfügig beeinflußt. Dabei bestehen deutliche Unterschiede zwischen Klein- und Großaktionären.[116]

Für Kleinaktionäre ist ein Anreiz zur Beschaffung von Informationen über das Unternehmen und zur Überwachung des Managements kaum gegeben. Die Informationsasymmetrie zwischen ihnen und der Geschäftsführung ist entsprechend hoch. Kleinaktionäre sind daher häufig nur an einer hohen Dividendenausschüttung interessiert. Bei breit gestreutem Aktienbesitz können so ihre Dividendenerwartungen eine entscheidende Rolle spielen. Ferner spielt der Einfluß der Aktionäre auf die Besetzung der Vorstandspositionen eine Rolle. Der *board* selbst (in den USA und Japan) bzw. der Aufsichtsrat (in Deutschland) schlägt die Entlastung und Neubesetzung der Geschäftsführung vor. Die Hauptversammlung entscheidet über diese Anträge mit absoluter Mehrheit der vertretenen Stimmen. Der einzelne Kleinaktionär hat aus seiner Sicht keinen Einfluß auf das Ergebnis der Hauptversammlung und daher auch nur einen geringen Anreiz, sein Stimmrecht auszuüben.[117] Für ihn besteht hauptsächlich die Möglichkeit, durch den Verkauf seiner Anteile an einen potentiellen Übernehmer der Firma eine Absetzung der Unternehmensführung anzustreben. Bei breitgestreutem Aktienbesitz entscheidet so letztlich der Kapitalmarkt über Erfolg und Mißerfolg einer Unternehmensleitung.

---

[116] Vgl. Stiglitz 1985 S. 144; Oda 1992 S. 278f.

[117] Vgl. hierzu ausführlich Roe, M.J. 1994 sowie Prowse 1994.

Dies bleibt nicht ohne Konsequenzen für die Entscheidungen der Geschäftsführung. Miller/Rock (1985), Stein (1989), Webb (1991) sowie von Thadden (1992) zeigten, daß bei Informationsasymmetrie der *Cash Flow* (die Dividende) eine entscheidende Rolle bei der Unternehmensbewertung durch den Kapitalmarkt spielt. Es kommt zu myopischen Gleichgewichten, die durch kurzfristige Orientierung der Entscheidungsträger bzw. Unterinvestition gekennzeichnet sind. Empirisch wurde diese Kurzsichtigkeit des Kapitalmarktes von Miles (1993) nachgewiesen.

Im Gegensatz zu Kleinaktionären sind Großaktionäre stärker an der langfristigen Entwicklung des Unternehmens interessiert. Aufgrund ihres größeren Engagements besteht für sie auch ein Anreiz, die Geschäftsführung aktiv zu überwachen. Die Überwachung verringert tendenziell die Informationsasymmetrie zwischen Management und Aktionären. Sie schwächt so die Wirkungsasymmetrie von Erfolg und Mißerfolg ab und induziert ein weniger risikoaverses Verhalten des Managements. Desweiteren reduziert sich durch die Konzentration des Eigentums auf eine geringere Anzahl an Aktionären die Rolle der Dividenden für die Bewertung der Managementqualität und ermöglicht die Verfolgung langfristiger Strategien, die vorübergehend mit Verlusten bzw. nur geringen Gewinnausschüttungen verbunden sind. Gleichzeitig steigt der tatsächliche Einfluß der Aktionäre auf die Unternehmensleitung. Ihr Anreiz, an Hauptversammlungen teilzunehmen, ist größer, und es fällt ihnen leichter, ihre Interessen zu koordinieren und die erforderlichen Mehrheiten zu erreichen. Dies schränkt den Spielraum des Managements zu einer konsumtiven Verwendung der überlassenen Mittel ein und erhöht die Bedeutung, die einer Nicht-Beachtung der Aktionärsinteressen beizumessen ist.

Summa summarum besteht somit unter dem Gesichtpunkt der Eigennutzenmaximierung der Manager ein *trade off* zwischen hoher und geringer Eigentümerkonzentration. Welcher dieser Effekte überwiegt, ist letztlich eine empirische Frage. Für Short (1994 S. 239f.) ist dieser Zusammenhang noch nicht endgültig geklärt. Die Ergebnisse von Kim/Sorensen (1986), Firth (1995) sowie die im zweiten Teil vorgestellten Resultate zeigen allerdings einen signifikant positiven Zusammenhang zwischen Eigentümerkonzentration und Verschuldungsgrad der Unternehmung. In Anbetracht der hier vorgestellten theoretischen Ergebnisse kann dies als Indiz für das Überwiegen des risikomindernden Effektes gedeutet werden.

Unter dem Aspekt der Unternehmenskontrolle durch Finanzintermediäre ergaben sich Vorteile einer hohen Gläubigerkonzentration. Offen blieb, warum eine Unternehmensleitung durch die Finanzierung bei wenigen Gläubigern sich freiwillig dieser effektiveren Überwachung aussetzt, denn mit der Gläubigerkonzentration steigt deren Einfluß auf die Geschäftsführung der Firma. Der Handlungsspielraum des Managements wird eingeengt. Aufgrund der effektiveren Überwachung sinkt aber auch die Wirkungsasymmetrie zwischen Erfolg und Mißerfolg. Darüber hinaus erhöht die Finanzierung bei einer oder wenigen Banken die Wahrscheinlichkeit einer internen Konfliktlösung und senkt so die Gefahr eines Konkurses aufgrund vorübergehender Liquiditätsengpässe. Für die Unternehmensleitung ist dann die Gefahr, daß ein lediglich temporärer Mißerfolg seinen Marktwert nachhaltig beeinflußt (durch Liquidation der Unternehmung), weniger stark ausgeprägt.

Für die Unternehmensleitung sind ferner in einer Finanzkrise weniger die Folgen für die Unternehmung von Bedeutung als vielmehr die Auswirkungen der Krise auf ihren Marktwert. Z.B. bedeutet eine höhere Wahrscheinlichkeit einer internen Konfliktlösung zwischen Aktionären und Gläubigern - ohne formelles Konkursverfahren - nicht automatisch auch geringere Folgen für die Führungspersonen einer Firma. Die Unterschiede, die in diesem Zusammenhang zwischen markt- und bankorientierten Finanzsystemen bestehen, werden ausführlich in Abschnitt 2.3 behandelt. Dabei wird sich zeigen, daß in marktorientierten Finanzsystemen unfreiwillige Ablösungen der Unternehmensleitung häufiger sind als in bankorientierten. Ob allerdings Zahlungsunfähigkeit und/ oder eine geringe Rentabilität der Unternehmung in unterschiedlichen Systemen zu verschiedenen Auswirkungen auf den Marktwert der Führungskräfte (und damit zu unterschiedlichen Gewichtungsfaktoren q) führen, bleibt empirisch offen.

1.3.3 Fazit

Gegenstand dieses Abschnitts war der Versuch, das Kreditnachfrageverhalten von Unternehmen zu erklären. Ausgehend von der Theorie der Unternehmensfinanzierung wurde das Konzept der Agency-Kosten und die daraus resultierende *Pecking-Order* der Finanzierung vorgestellt. Die ableitbaren Ergebnisse zur Finanzstruktur bzw. zum Verschuldungsgrad von Unternehmen decken sich mit den Resultaten der Theorie der Finanzintermediation: Junge Unternehmen, Unternehmen in Wachstumsbranchen sowie Unternehmen mit einem hohen Anteil an intangliblen Investitionen sehen sich mit hohen Agency-Kosten der Verschuldung konfrontiert und weisen einen geringeren Verschuldungsgrad auf als andere Unternehmen. Eine hohe Eigentümer- und Gläubigerkonzentration reduziert das free rider Problem zwischen den verschiedenen Kapitalgebern und erhöht die Effizienz der Unternehmenskontrolle. Dadurch sinken die Agency-Kosten der Kapitalaufnahme und der Verschuldungsgrad steigt c.p.

Bei fremdgeführten Unternehmen darf dabei der Aspekt der Eigennutzenmaximierung durch die Unternehmensleitung nicht vernachlässigt werden. Ein hoher Verschuldungsgrad reduziert den *free cash flow* der Unternehmensleitung und reduziert ihren Spielraum zur Maximierung des eigenen Nutzens. Warum Manager trotzdem an einem hohen Verschuldungsgrad interessiert sein können, zeigten die Ausführungen des Abschnittes 1.3.2. Manager maximieren ihren Marktwert am Arbeitsmarkt für Führungskräfte durch die Verwirklichung rentabler Investitionsprojekte. Die Unternehmensleitung setzt dabei das Kapital der Firma ein, um alle Projekte, bei denen das Grenzprodukt des Kapitals größer als der Kapitalmarktzins ist, zu verwirklichen. Die Informationsasymmetrie zwischen Management auf der einen und den Gläubigern und Aktionären auf der anderen Seite beeinflußt hier in entscheidendem Maße die Wirkungsasymmetrie von Erfolg und Mißerfolg für den Marktwert eines Managers. Diese Wirkungsasymmetrie hat persönliche Bankrottkosten der Unternehmensleitung zur Folge und bewirkt eine Verringerung des Kapitaleinsatzes und des Verschuldungsgrades der Unternehmung.

Eine hohe Eigentümer- und Gläubigerkonzentration erhöht deren Anreize zur Informationsbeschaffung und Kontrolle des Unternehmens. Dies senkt die Informationsasymmetrie zwischen Manager und Eigentümer/Gläubiger, und Erfolg und Mißerfolg wirken weniger asymmetrisch. Die Gefahr, daß lediglich vorübergehende bzw. nicht selbstverschuldete Mißerfolge oder Finanzengpässe zu einer verfrühten Liquidation des Unternehmens und damit zu negativen Folgen für das Management führen, wird verringert. Die Unternehmensleitung ist dann eher bereit, zur Durchführung produktiver Investitionen extern Kapital aufzunehmen, und ein positiver Zusammenhang zwischen der Konzentration der Kapitalgeber und dem Verschuldungsgrad ist möglich.

Unterschiede in den Finanzsystemen können unterschiedliche Bankrottkosten für die Unternehmensleitung zur Folge haben und so auch deren Investitionsentscheidungen beeinflussen. In marktorientierten Finanzsystemen wird die positive Seite einer hohen Liquidationsgefahr hervorgehoben. Durch die Auswirkungen auf den Marktwert des Managers zwingt die Gefahr der Ablösung die Unternehmensleitung zu höherem Arbeitseinsatz und einer Verfolgung der Interessen der Kapitalgeber. Die negative Seite wurde in diesem Kapitel betont. Eine hohe Liquidationsgefahr kann die Risikoaversion der Unternehmensleitungen erhöhen und so Investitionen, in produktive aber riskante Technologien behindern.

Die Unterschiede zwischen markt- und bankorientierten Finanzsystemen sind ausführlicher Gegenstand des nächsten Teils.

2. Unterschiede zwischen markt- und bankorientierten Finanzsystemen

Die relativ hohen Wachstumsraten Japans in den achtziger Jahren lösten eine Diskussion über Divergenzen verschiedener Finanzsysteme und ihren Einfluß auf das Wirtschaftswachstum aus. Im Mittelpunkt der Überlegungen stehen die Finanzsysteme Deutschlands, Japans, der USA und des UK. Diese Diskussion dauert immer noch an und ist nach wie vor durch zahlreiche Mißverständnisse und Unklarheiten über die Unterschiede zwischen den genannten Systemen geprägt. Gleichzeitig bilden die bisherigen Ergebnisse dieser Diskussion den Ausgangspunkt für die Debatte zur Transformation der Finanzsektoren in den Ländern des ehemaligen Ostblocks. Die in diesem Teil vorgenommene Analyse der Finanzsysteme dieser Länder erfährt so eine zweifache Rechtfertigung. Zum einen kann die Untersuchung Klarheit über die Unterschiede zwischen den Systemen verschaffen und bestehende Mißverständnisse beseitigen helfen. Zum anderen müssen zuerst die entscheidenden Unterschiede zwischen den verschiedenen Finanzsystemen herausgearbeitet werden, bevor anhand dieses Systemvergleichs im dritten Teil mögliche Reformempfehlungen für die osteuropäischen Transformationsländer erörtert werden können.

2.1 Eine Klassifikation der Finanzsysteme

Die Finanzsysteme der USA und des UK werden entweder als *marktorientierte Systeme* oder *Outsider Systeme* bezeichnet, die Deutschlands und Japans als *bankorientierte Systeme* respektive *Insider Systeme*.[1] Die Einstufung eines

---

[1] Vgl. Borio 1990; Berglöf 1991; Corbett/Mayer 1991 und Franks/Mayer 1995. Nach Ansicht von de Cecco (1989) und De Long (1991) wies das Finanzsystem der USA um die Jahrhundertwende ebenfalls stark bankorientierte Züge auf; De Long spricht sogar von einem Universalbankensystem. Das Finanzsystem war hoch konzentriert, und einige wenige Banken dominierten die Finanzierungstransaktionen der amerikanischen Unternehmen. Der Einfluß der Banken auf Industrieunternehmen war stark ausgeprägt, wechselseitige Verflechtungen von Banken und Industrieunternehmen waren die Regel. Die Repräsentanz von Investmentbanken wie z.B. J.P. Morgan in den boards der Unternehmen diente Kapitalanlegern als Signal einer hohen Rentabilität (vgl. ausführlich De Long 1991). Auch aus Sicht der Unternehmen wurde diese Repräsentanz

Finanzsystems als *bank-* bzw. *marktorientiert* bezieht sich auf die relative Bedeutung der Banken bei der Finanzierung von Nicht-Finanzunternehmen. Während in bankorientierten Finanzsystemen die volkswirtschaftlichen Ersparnisse typischerweise in Form kurz- und langfristiger Bankkredite in den Wirtschaftskreislauf fließen, tätigen in marktorientierten Finanzsystemen Banken fast nur kurzfristige Finanzierungen. Der Hauptteil der Unternehmensfinanzierung findet in diesen Systemen über den Kapitalmarkt statt.[2] Diese Abgrenzung ist nicht unumstritten, "da sie die Ähnlichkeiten zwischen den verschiedenen Finanzmärkten verwischt und Unterscheidungslinien suggeriert, die nicht immer richtig trennen" (von Thadden 1995 S. 11). Wird der Systemvergleich auf den Aspekt der Unternehmenskontrolle durch Banken beschränkt, läßt sich dieses Problem vermeiden, da dann zwischen *Outsider* - und *Insider Systemen* unterschieden werden kann.[3] "Insider systems are ones in which the corporate sector has controlling interests in itself, and outsider investors, while able to participate in equity returns through the stock market, are not able to exert much control" (Franks/Mayer 1995 S. 184), während in Outsider Systemen "there are few large, controlling shareholdings and these are rarely associated with the corporate sector itself" (ebenda S. 184). Der entscheidende Nachteil dieser Klassifikation besteht jedoch darin, daß sie durch die alleinige Betonung der Unternehmenskontrolle real bestehende Unterschiede der Finanzierung von Unternehmen zwischen den verschiedenen Gruppen von Finanzsystemen vernachlässigt. In den folgenden Abschnitten wird daher - trotz nicht immer eindeutiger Trennbarkeit - die Unterteilung in bank- und marktorientierte Finanzsysteme gewählt.[4]

Von der Klassifikation eines Finanzsystems als bank- bzw. marktorientiert ist die Abgrenzung zwischen *Universal-* und *Trennbankensystemen* klar zu trennen. In einem *Universalbankensystem* ist es den Kreditinstituten erlaubt, Kredit- und Wertpapiergeschäft gleichzeitig anzubieten. Im Unterschied hierzu ist im *Trennbankensystem* das Kredit- und das Wertpapiergeschäft strikt voneinander getrennt und muß durch unterschiedliche Institute (das traditionelle Kreditgeschäft durch die *commercial banks*, das Wertpapiergeschäft durch die *invest-*

---

als vorteilhaft angesehen, denn "[t]he presence of Morgan's men meant that when a firm got into trouble ... action would be taken to restore profitability" (De Long 1991 S. 71).

2 Vgl. u.a. Berglöf 1991 S. 116f.

3 Vgl. z.B. Corbett/Mayer 1991; von Thadden 1995 sowie Franks/Mayer 1995.

4 Daneben ließe sich zwischen *relationship banking* und *transaction-based banking* unterscheiden. Beim *relationship banking* gehen die Kunden eine relativ enge Beziehung zu einem oder mehreren Instituten ein und wickeln über diese praktisch alle Bankgeschäfte ab. Beim *transaction-based banking* hingegen wählen die Kunden bei jedem Geschäft ein Kreditinstitut aus, ohne Bindungen einzugehen. Im Ergebnis kommt dieser Ansatz zu den gleichen Gruppierungen realer Finanzsysteme wie die Unterscheidungen markt- vs. bankorientiert respektive Outsider vs. Insider System.

ment banks) betrieben werden. Deutschland und Japan werden als typische Vertreter bankorientierter Finanzsysteme gesehen. Unabhängig davon besteht in Deutschland ein Universalbankensystem, während japanischen Banken bis vor kurzem das Wertpapiergeschäft untersagt war. Die Systeme der USA und des UK werden als marktorientiert bezeichnet. In den USA besteht bzw. bestand gleichzeitig ein Trennbankensystem.[5] Das Bankensystem des UK hingegen ist eher als Universalbankensystem ausgerichtet. Der Unterschied zu Deutschland besteht darin, daß britische Banken das Wertpapiergeschäft über Tochtergesellschaften betreiben.[6]

Als grundlegende Unterschiede des bankorientierten Systems im Vergleich zum marktorientierten System können

- ein höherer Verschuldungsgrad der Unternehmen,
- ein höherer Anteil der Bankkredite, insbesondere langfristiger, an der Unternehmensfinanzierung,
- langfristige Beziehungen zwischen Unternehmen und Banken,
- eine höhere Konzentration von Eigentümern und Kapitalgebern,
- Beteiligungen von Banken am Eigenkapital ihrer Kreditnehmer,
- häufigere wechselseitige Firmenbeteiligungen und
- seltenere Wechsel der Aktionäre

festgehalten werden.[7]

Tabelle 3 zeigt in diesem Zusammenhang die unterschiedliche Bedeutung der Finanzierung über Banken in verschiedenen Ländern, Abbildung 7 verweist auf die unterschiedliche Struktur der Unternehmensfinanzierung.[8]

---

[5] Mittlerweile hat die amerikanische Bankenaufsichtsbehörde die Restriktionen des Glass-Steagall-Acts gelockert. Seit 1. Januar 1997 dürfen amerikanische Kreditinstitute u.a. auch das Wertpapieremissionsgeschäft über separate Tochtergesellschaften betreiben. Auch in den USA läßt sich somit der weltweite Trend zu Universalbanken beobachten.

[6] Vgl. Frankel/Montgomery 1991 S. 273; Hall 1993 S. 175ff. sowie Saunders/ Walter 1994 S. 113ff.

[7] Vgl. u.a. Borio 1990; Berglöf 1991; Wiendieck 1992; Prowse 1994; Saunders/ Walter 1994; Allen/Gale 1995.

[8] Nach deutschen Bilanzierungsvorschriften sind Rückstellungen zum Fremdkapital einer Unternehmung zu rechnen. Um die Angaben der verschiedenen Länder vergleichbar zu machen, wurden nach international üblichem Vorgehen Rückstellungen auch für Deutschland zum Eigenkapital gerechnet. Eine Ausnahme bilden die Pensionsrückstellungen. Im Unterschied zu Deutschland verbleiben in anderen Ländern Gelder für Pensionsverpflichtungen nicht als Rückstellungen im Unternehmen, sondern werden

Tabelle 3

Die Bedeutung der Banken für die Unternehmensfinanzierung 1978 - 1990 (Angaben in %)

	USA	Kanada	UK	Deutschland	Japan
Durchschnittliche Finanzstrukuren					
EK-Quote	61,4	52,0	48,1	28,7	18,0
FK-Quote	38,6	48,0	51,9	71,3	82,0
Bedeutung der Bankkredite für die Finanzstruktur					
Anteil Bilanz	7,5	17,9	12,6 a)	19,8 b)	39,0
Anteil FK	19,5	41,3	24,3 a)	28,1 b)	47,7
Anteil kfr. FK	21,2	52,5	21,8 a)	20,6 b)	38,6
Anteil lfr. FK	18,4	26,3	30,3 a)	41,2 b)	68,7
Bedeutung der Bankkredite für den Brutto-Finanzierungstrom					
Anteil Bank ges.	9,6	6,9	9,6	21,8	27,4
Anteil Bank AF	29,3	14,6	19,7	61,4	43,0
Anteil Bank kfr. AF	10,8	-	14,9	59,5	35,6
Anteil Bank lfr. AF	43,9	-	30,5	62,0	51,9

EK = Eigenkapital; FK = Fremdkapital; AF = Außenfinanzierung; kfr. = kurzfristig (mit einer Laufzeit von unter einem Jahr); lfr. = langfristig (mit einer Laufzeit von über einem Jahr)

a) 1982 - 1990.

b) Der im Vergleich zu anderen bankorientierten Ländern geringe Anteil der Bankkredite an den Verbindlichkeiten in Deutschland ist mißverständlich, da auch Pensionsverpflichtungen zum langfristigen Fremdkapital zu rechnen sind. Ihr Anteil am lfr. Fremdkapital beträgt 0,307. Betrachtet man allein das extern aufgenommene Fremdkapital, ergibt sich ein Bankanteil von 32% an den gesamten und von 62% an den langfristigen Verbindlichkeiten.

Quelle: OECD: Financial Statements of Non-Financial Enterprises, versch. Jahrgänge; Dt. Bundesbank: Jahresabschlüsse westdeutscher Unternehmen 1971 bis 1991; Dt. Bundesbank: Ergebnisse der gesamtwirtschaftlichen Finanzierungsrechnung für Westdeutschland 1960 bis 1992; eigene Berechnungen.

---

an Pensionsfonds abgeführt. Die Unternehmen müssen dann in dieser Höhe mehr Fremdkapital extern aufnehmen als deutsche Unternehmen. Zur Vergleichbarkeit wurden daher die Pensionsrückstellungen deutscher Unternehmen als intern generiertes Fremdkapital betrachtet und zum Fremdkapital gezählt.

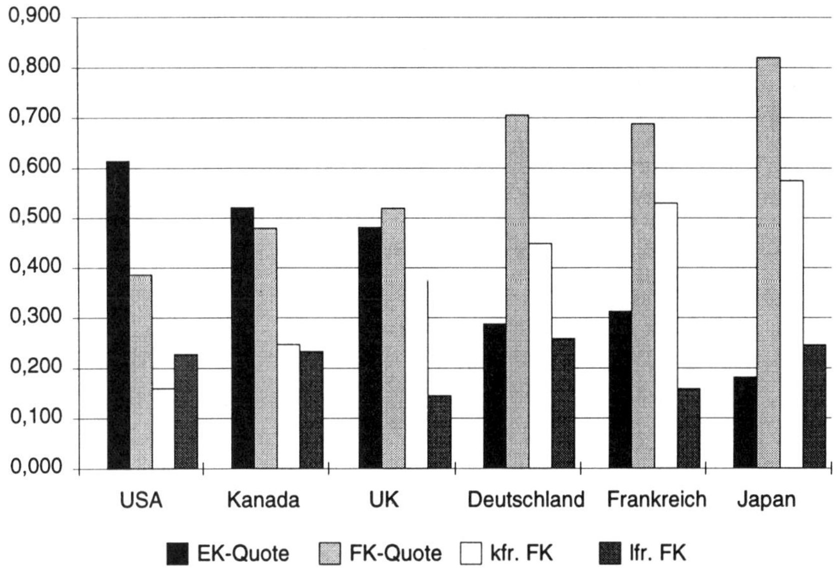

Zur Notation vgl. Tabelle 3.

Abb. 7: Die durchschnittliche Finanzstruktur von Unternehmen 1978 - 1990
(Anteile an der Bilanzsumme)

Quelle: OECD: Financial Statements of Non-Financial Enterprises, versch. Jahrgänge; Dt. Bundesbank: Jahresabschlüsse westdeutscher Unternehmen 1971 bis 1991; eigene Berechnungen.

Die Unterschiede zwischen den verschiedenen Systemen bestehen nicht nur im Verschuldungsgrad. Sie werden vielmehr insbesondere im Anteil der Bankkredite am Brutto-Finanzierungsstrom und der Fristigkeitsstruktur der Bankverbindlichkeiten deutlich. Während in Japan und Deutschland der überwiegende Teil des langfristigen Fremdkapitals der Unternehmen aus Bankkrediten besteht, liegt deren Anteil am langfristigen Fremdkapital in den marktorientierten Systemen zwischen einem Fünftel (USA) und einem Drittel (UK).

In der Diskussion um markt- und bankorientierte Finanzsysteme fand die These der Evolution der Finanzmärkte von Rybczynski (1988) breite Beachtung. Nach dieser These wurde und wird in reifen Volkswirtschaften der Trend von der Produktions- zur Dienstleistungswirtschaft von einer ähnlichen Entwicklung des Finanzsystems begleitet. Rybczynski unterscheidet dabei drei Entwicklungsstufen des Finanzsektors. Die erste Stufe ist die bankorientierte Phase. Hier werden die volkswirtschaftlichen Ersparnisse in Form von Einlagen bei den Banken gehalten, und der Großteil der Unternehmensfinanzierung erfolgt über Bankkredite. Das Eigentum an Produktionsfaktoren ist hoch konzentriert. Die Kontrolle über die Produktionsfaktoren wird von den Eigentümern ausgeübt. Auf der zweiten Stufe, der marktorientierten Phase, finanzieren sich Unternehmen hauptsächlich über den Kapitalmarkt, die Ersparnisse werden direkt für den Erwerb von Wertpapieren verwendet, und Nicht-Bank-Finanzintermediäre gewinnen an Bedeutung. Eine Trennung von Eigentum und Kontrolle setzt ein, und das Eigentum an Produktionsfaktoren ist weniger konzentriert. Die Finanzintermediäre nehmen ihre finanziellen Mittel (Kapital und Einlagen) direkt beim privaten Sektor auf. Auf der dritten Stufe, der *securitized phase*, werden Unternehmen über den Geld- und den Kapitalmarkt finanziert. Die Wertpapiere werden direkt von den Sparern und Nicht-Bank-Kapitalsammelstellen (z.B. Pensionsfonds) erworben. Mit der zunehmenden Bedeutung von Nicht-Bank-Kapitalsammelstellen geht die Rolle der Banken bei der Kapitalakkummulation zurück und sie finanzieren sich zunehmend über den Geldmarkt. Die Gewährung von Konsumentenkrediten und Beraterfunktionen rücken in den Vordergrund der Bankenaktivitäten. Die Produktionsfaktoren befinden sich überwiegend im Eigentum von institutionellen Anlegern. Die Evolution der Finanzsysteme von einem bankorientierten zu einem *wertpapierbezogenen* System ist nun nach Ansicht von Rybczynski unweigerlich mit der generellen Entwicklung einer Volkswirtschaft von einer Agrar- zu einer Dienstleistungsgesellschaft verbunden. "Indeed, this is a natural development which cannot be resisted" (Rybczynski 1988 S. 3).

Das Finanzsystem der USA weist den höchsten Grad an *securitization* aus und wäre somit das am weitesten entwickelte Finanzsystem. Im Unterschied zu dieser Ansicht beruht nach den Ergebnissen von M.J. Roe (1993a, 1993b, 1994) sowie Benston (1990, 1994) und Prowse (1994) die stärkere Marktorientierung der USA nicht auf einer natürlichen Evolution und einem höheren Entwicklungstand. Sie ist vielmehr das Ergebnis eines ausgeprägten Mißtrauens gegenüber Banken und ihrer potentiellen Macht. Dieses Mißtrauen führte zu einer umfassenden Regulierung des Finanzsystems und starken Einschränkungen der möglichen Bankaktivitäten. Die zunehmende Bedeutung der Kapitalmärkte in den bankorientierten Systemen Europas und Japans wird vielfach als Versuch der Unternehmen interpretiert, eine zu starke Bankabhängigkeit abzubauen und daher ebenfalls als Beleg für die Evolutionsthese gesehen. Diese Einschätzung übersieht, daß in marktorientierten Systemen in jüngster Zeit verstärkt die Zulassung von Bankbeteiligungen und die Förderung langfristiger Beziehungen, gefordert wird.[9] Beides sind eindeutige Kennzeichen bankorientierter Systeme.

---

[9] Vgl. für die USA u.a. Saunders/Walter 1994; zum Aufbau langfristiger Beziehungen im UK Bank of England 1990.

Gleichzeitig beobachten u.a. Blommestein (1995) und Borio/Filosa (1995) eine stetige Konvergenz der unterschiedlichen Finanzsysteme, deren Ursache sie in den Deregulierungsmaßnahmen seit Ende der achtziger Jahre sehen.

Insgesamt dürften somit erhebliche Zweifel an der These einer natürlichen Evolution der Finanzsysteme angebracht sein. Vielmehr hängt die Bank- bzw. Marktorientierung eines Finanzsystems entscheidend von den regulativen Rahmenbedingungen ab. Unter wirtschaftspolitischen Gesichtspunkten ergibt sich daraus die Möglichkeit, durch das Ausmaß an Regulierungen Einfluß auf die Orientierung eines Finanzsystems zu nehmen. Daß diese Orientierung des Finanzsystems Wachstum und Entwicklung einer Volkswirtschaft beeinflussen kann, zeigen die Ergebnisse von Steinherr/Huveneers (1994). Für eine Gruppe von 16 OECD-Ländern ermittelten sie im Zeitraum 1980 bis 1990 einen signifikant positiven Einfluß der Bankorientierung eines Finanzsystems auf die Wachstumsrate des BSP.[10] Dieser positive Einfluß läßt sich theoretisch dann begründen, wenn zwischen den Finanzsystemen Unterschiede bestehen, die Informationsproduktion und Unternehmenskontrolle durch Banken und/oder das Verhalten von Managern beeinflussen.

In den folgenden Abschnitten werden daher bank- und marktorientierte Finanzsysteme auf Unterschiede bei Informationsproduktion (Abschnitt 2.2) und Unternehmenskontrolle (Abschnitt 2.3) durch Banken untersucht. Mögliche Einflüsse auf das Verhalten der Unternehmensleitungen werden in Abschnitt 2.4 berücksichtigt. In Abschnitt 2.5 wird abschließend die vorliegende empirische Evidenz zu Unterschieden bei der Unternehmensfinanzierung dargelegt.

---

[10] Vgl. Steinherr/Huveneers 1994 S. 287ff. Steinherr/Huveneers unterschieden zwischen *Universalbanken-Ländern* und *Trennbanken-Ländern*. Nach ihren Ergebnissen wiesen *Universalbanken-Länder* ein um durchschnittlich etwa einen halben Prozentpunkt höheres Wachstum auf als andere Länder. Vergleicht man allerdings die Klassifizierung mit dem Ausmaß der erlaubten Geschäftstätigkeit der Banken in den einzelnen Ländern, wird klar, daß man eher von einer Einteilung in bank- und marktorientierte Finanzsysteme sprechen müßte. Die Unterscheidung der Gruppen anhand der Variablen *equity investment over total assets* zeigt, daß es im Gegensatz zur eigentlichen Definition nicht auf das gleichzeitige Angebot von Kredit- und Wertpapiergeschäft ankommt. *Universalbanken* sind für Steinherr/Huveneers vielmehr durch einen signifikant höheren Anteil an Beteiligungen als andere Banken gekennzeichnet. Die Ergebnisse zeigen jedoch auch, daß Bankbeteiligungen nicht der alleinige Unterschied zwischen den betrachteten Finanzsystemen sein können. Erstens verschwand die Relevanz des Finanzsektors für die Wachstumsrate, als die Stichprobe um acht Entwicklungsländer erweitert wurde. Zweitens sind in einigen *Universalbanken-Ländern* nicht alle Banken, sondern nur eine Teilgruppe *Universalbanken*, während in einigen *Trennbanken-Ländern* ebenfalls *Universalbanken* anzutreffen sind.

2.2 Unterschiede in der Informationsproduktion

Nach den theoretischen Ergebnissen hängt der Informationsstand einer Bank u.a. vom Diversifikationsgrad, dem Diskontfaktor der Gewinnfunktion, d.h. den Opportunitätskosten des Eigenkapitals, und der Produktionstechnik ab. Unterschiede in diesen Größen in verschiedenen Finanzsystemen bewirken systematische Unterschiede im Informationsstand der Banken zwischen den Systemen. Dies hat unmittelbar Auswirkungen auf den Grad der Informationsasymmetrie und die Effizienz der Unternehmenskontrolle in einem Finanzsystem.

2.2.1 Der Diversifikationsgrad

In Abschnitt 1.2.3 wurde ein negativer Zusammenhang zwischen Informationssuche und Kreditvergabe einerseits und der Höhe des Kreditrisikos andererseits festgestellt. Das gesamte Kreditrisiko einer Bank wird, neben der Höhe der Einzelrisiken, durch die Korrelation zwischen den verschiedenen Kreditrisiken bestimmt. Banken, die ihr Kreditportfolio diversifizieren und an Kunden verschiedener, voneinander unabhängiger oder sich gegenläufig entwickelnder Branchen Kredite vergeben, reduzieren ihr Gesamtrisiko. Auch eine Betätigung in verschiedenen geographischen Märkten, sowie ein geringeres Depositenrisiko, verringert das Portfoliorisiko der Kreditinstitute und steigert so Informationssuche und Kreditvergabe.

Eine empirische Bestätigung einer Risikoreduktion durch Diversifikation im Kreditgeschäft wurde noch nicht erbracht. Vielmehr stellten Liang/Rhoades (1991) sowie J. Neuberger (1992) keinen Zusammenhang zwischen kommerziellen Krediten sowie Industrie- und Konsumentenkrediten auf der einen und dem Risiko der Bank auf der anderen Seite fest. Da eine Unterscheidung der Kreditnehmer nach Industriebranchen unterblieb, sollten diese Resultate jedoch nicht überbewertet werden. Der hohe Beitrag der geographischen Diversifikation einer Bank zur Risikominderung wurde durch Liang/Rhoades (1991) für die USA nachgewiesen. Der konsolidierende Effekt räumlich getrennter Niederlassungen beruht nach ihren Ergebnissen nicht nur auf der stärkeren Streuung des Kreditportfolios zwischen verschiedenen Märkten. Bereits die Errichtung mehrerer Zweigstellen in einem geographischen Markt stabilisiert die Depositenbasis und senkt so das Risiko der Bank. Generell hatten Banken in Staaten mit *state-wide branching* oder *limit branching* ein geringeres Risiko bei höheren Erträgen als Institute in *unit banking states*. Dieses Ergebnis wird durch die neueren Resultate von Hughes et.al. (1996) bestätigt.

Ein Diversifikationsvorteil von Universalbanken ergibt sich im Passivgeschäft. Da sie neben dem Einlagen- auch das Wertpapiergeschäft betreiben dürfen, erhöht sich durch die Emission eigener Wertpapiere die Anzahl der Anlagealternativen. Aufgrund der größeren Vielfalt an Anlagemöglichkeiten wird eine Universalbank mehr Depositen anziehen als eine *commercial bank* und so über einen größeren Kreditschöpfungsspielraum verfügen. Gleichzeitig reduzieren sich die Schwankungen des Einlagenbestandes. Ein Hauptgrund für die Gefahr von Depositenabflüssen ist die hohe Substituierbarkeit verschiedener Anlageformen. Für jeden Intermediär besteht damit das Risiko, daß Kunden ihre Gelder abziehen, um andere Anlageprodukte eines Konkurrenten zu erwerben. Dieses Risiko sinkt mit zunehmender Angebotspalette des Intermediärs, denn dadurch steigt die Wahrscheinlichkeit, daß lediglich eine Umschichtung aber kein Abzug der Anlagemittel erfolgt. Universalbanken, die dem Kunden das gesamte Spektrum an Anlageformen anbieten können, haben demzufolge ein geringeres Depositenrisiko als Spezialbanken, deren Angebot eingeschränkt ist. Da die Liquiditätsreserven der Banken als Versicherung gegen das Depositenrisiko interpretiert werden können (vgl. Abschnitt 1.2.1), kommen c.p. Universalbanken mit geringeren Liquiditätsreserven aus als Spezialbanken, und der Kreditgewährungsspielraum der Banken erhöht.

Generell ist die Ansicht weit verbreitet, durch den Erwerb von Beteiligungen auf eigene Rechnung würden mögliche Konkurse der Kreditnehmer die Gefahr von Finanzkrisen seitens der Banken erhöhen. Insbesondere die sich 1929 ausbreitende Bankenkrise wird als Beleg für diese These gesehen.[11] Trotz ausgeprägterer Diversifikationsmöglichkeiten im Aktivgeschäft sind nach dieser Ansicht Banken mit Beteiligungsbesitz nicht durch ein geringeres, sondern durch ein höheres Verlustrisiko als andere Kreditinstitute gekennzeichnet. Die Untersuchungen von Benston (1990, 1994) sowie E. White (1983) und Mishkin (1992) widerlegen diese These für die USA. Die Bankenkrise in den Vereinigten Staaten ab 1929 lag vielmehr im National Banking Act von 1864 (McFadden-Act) begründet, der ausgeprägte Restriktionen der geographischen Diversifikation der Banken beinhaltete und insgesamt zu einer starken Fragmentierung des amerikanischen Bankwesens führte.[12]

Eine empirische Untermauerung der These der größeren Krisenanfälligkeit von Finanzsystemen durch Beteiligungsbesitz von Banken konnte bis heute nicht erbracht werden.

---

[11] Vgl. z.B. Pohl/Jachmich 1993 S. 25f.; John/John/Saunders 1994 S. 308 sowie die Überblicke bei Benston 1990 und Benston 1994.

[12] Von den in der großen Depression in Konkurs gegangenen 9000 Kreditinstituten waren 8990 *unit banks*, während Probleme von Universalbanken praktisch unbekannt sind (vgl. Benston 1994 S. 124).

2.2.2 Die Höhe der Eigenkapitalkosten

Der Diskontfaktor der Gewinnfunktion (die Opportunitätskosten des Eigenkapitals) beeinflußt ebenfalls die Höhe der Informationsproduktion. Unter Verwendung des "pretax real return that a firm must earn, gross of depreciation, to satisfy the demand of its shareholders"(Poterba 1991 S.21) als Maß für die Eigenkapitalkosten eines Unternehmens belegen mehrere empirische Studien die geringeren Eigenkapitalkosten deutscher und japanischer Unternehmen im Vergleich zu ihren Konkurrenten in den USA und im UK.[13]

Poterba (1991 S. 27ff.) sowie Zimmer/McCauley (1991 S. 49f.) sehen die wesentlich höhere Sparquote der privaten Haushalte als eine der Hauptursachen dieser niedrigeren Eigenkapitalkosten. Poterba betont zusätzlich die Unvollkommenheit der internationalen Kapitalmärkte. Diese - in der Tendenz richtigen - Überlegungen greifen in Bezug auf die wahren Ursachen zu kurz. Die Sparquote ist das Ergebnis der intertemporalen Wahl der Individuen zwischen gegenwärtigem und zukünftigem Konsum gemäß ihrer Zeitpräferenzrate. In einer geschlossenen Volkswirtschaft würden bei einheitlichem Kapitalmarktzins diejenigen Haushalte einen höheren Anteil ihres Einkommens sparen, deren Zeitpräferenzrate niedriger ist. In offenen Volkswirtschaften würde bei vollkommenem internationalen Kapitalmarkt ein einheitliches Weltzinsniveau bestehen. Unterschiede in der Zeitpräferenzrate hätten lediglich unterschiedlich hohe Sparquoten zur Folge. Die Kapitalbeschaffungskosten wären für alle Schuldner nahezu identisch und könnten nur aufgrund unterschiedlicher Besteuerungsverfahren von einander abweichen. Sind die internationalen Kapitalmärkte allerdings durch höhere Transaktionskosten und/oder regionale Informationsasymmetrie usw. gekennzeichnet, werden heimische Anlageformen auch bei geringerer Verzinsung bevorzugt, und internationale Unterschiede in den Eigenkapitalkosten von Unternehmen treten auf. Die Gleichzeitigkeit von höherer Sparqote und niedrigeren Eigenkapitalkosten im internationalen Vergleich beruht dann nicht auf einer Ursache-Wirkung-Beziehung. Sie hat ihre gemeinsame Wurzel in einer geringeren Zeitpräferenzrate dieser Länder bei unvollkommenem internationalen Kapitalmarkt.

Die Zeitpräferenzrate als Determinante des Diskontfaktors dürfte nicht von der Wahl des Finanzsystems abhängen. Dennoch kann sie wirtschaftspolitisch

[13] Vgl. den Überblick bei Poterba (1991) sowie explizit für Banken die Ergebnisse von Zimmer/McCauley (1991) und Behm (1994). Nach Behms (1994 S. 125ff.) Untersuchung hängt die Höhe der EK-Kosten allerding stark von der verwendeten Berechnungsmethode ab. So haben nach dem Gordon-Growth-Modell 1991-1993 japanische und deutsche, nach dem Capital Asset Pricing Modell (CAPM) jedoch US-amerikanische Banken die niedrigsten Eigenkapitalkosten.

beeinflußbar sein. "Von einer positiven Zeitpräferenzrate spricht man dann, wenn eine systematische Minderschätzung zukünftigen Konsums gegenüber dem Gegenwartskonsum vorliegt." (Neumann 1990 S. 38). Diese Minderschätzung zukünftigen Konsums resultiert u.a. aus der Ungewißheit über die Zukunft, d.h. zukünftiges Einkommen und zukünftige Konsummöglichkeiten. Je größer diese Ungewißheit ist, desto höher ist - bei gegebener Risikoaversion der Individuen - der Abschlag mit dem zukünftiger Konsum bewertet wird.[14] Die von den Individuen wahrgenommene Ungewißheit wird durch die Wirtschaftspolitik eines Landes beeinflußt. Eine glaubhafte und konsistente Ordnungspolitik, die auf makroökonomische Stabilität ausgerichtet ist und das Vertrauen der Bevölkerung in diese Stabilität fördert, kann die Ungewißheit der Individuen über die zukünftige Entwicklung und damit die Zeitpräferenzrate senken. Gerade für die in Teil drei betrachteten Transformationsländer Osteuropas ist unter diesem Aspekt die Konsistenz und Glaubwürdigkeit ihrer Wirtschaftspolitik von entscheidender Bedeutung.

Neben der Zeitpräferenzrate ist auch das Ertragsrisiko einer Bank Bestandteil der Opportunitätskosten des Eigenkapitals. Dieses Ertragsrisiko hängt auch von der Ausrichtung des Finanzsystems ab. Verfügt eine Bank im Rahmen eines bankorientierten Finanzsystems über umfangreichere Informationen über ihre Kreditnehmer, so ist ihr Kreditrisiko c.p. geringer als das einer Bank in einem marktorientierten System. Dieses geringere Kreditrisiko kommt in niedrigeren Abschreibungen auf Kredite zum Ausdruck.[15] Dadurch reduziert sich das Ertragsrisiko der Bank, und der Erwartungswert ihrer Eigenkapitalrendite wird von potentiellen Aktionären mit einem geringeren Risikozuschlag versehen.[16] Denkbar ist darüber hinaus ein geringerer Risikozuschlag für Universalbanken, da aufgrund ihrer höheren Diversifikation im Passivgeschäft ihre Zinsspanne - und damit ihr Ertrag - geringeren Schwankungen unterliegt.

2.2.3 Determinanten der Produktionstechnik

Als Ursache für Unterschiede in der Technik der Informationsproduktion zwischen bank- und marktorientierten Finanzsystemen kommen zwei Besonderheiten der bankorientierten Systeme in Betracht:

1. langfristige Beziehungen zwischen Banken und Kreditnehmern und
2. Beteiligungen der Banken am Eigenkapital ihrer Kreditnehmer.

---

[14] Vgl. Neumann 1990 S. 43ff.

[15] Vgl. Steinherr/Huveneers 1994.

[16] Vgl. Poterba 1991 S. 27ff.; Zimmer/McCauley 1991 S. 49f.

2.2.3.1 *Die Bedeutung langfristiger Beziehungen*

Langfristige Beziehungen reduzieren die Informationsasymmetrie zwischen Gläubigern und Schuldnern. Aufgrund langfristiger Kundenbeziehungen können Banken die Geschäfte ihrer Kreditnehmer und die Fähigkeiten des Personals genauer beurteilen. Sie können Erfahrungswerte im Umgang mit dem Kunden sammeln und bekommen Einblick in sein Finanzgebaren. Dies erhöht die Effizienz der Kreditwürdigkeitsprüfung und verbessert die ex ante Informationsstellung der Banken. Zugleich ermöglichen die wiederholten Kreditverhandlungen und Gespräche den Aufbau persönlicher Kontakte zwischen Bank- und Firmenmanagement. Insbesondere auf diesen persönlichen Beziehungen kann ein Informationsvorsprung der Banken begründet sein. Kontendaten des Unternehmens, die Auskunft über Zahlungsverhalten, Umschlagshäufigkeit und Kreditverwendung geben, der Scheck- und Wechselverkehr sowie Auskunftsanfragen Dritter erhöhen ebenfalls den Informationsstand der Bank. Sie ermöglichen die Überprüfung der Schuldnerangaben auf ihre Richtigkeit.

Der Vorteil langfristiger Beziehungen bei der Informationsgewinnung wird durch die Umfrageergebnisse von Edwards und Fischer (1994) bestätigt. Alle befragten Banken gaben an, daß sich der Informationsstand mit der Dauer der Kreditbeziehung verbessert. Zum einen erhöht sich die Fähigkeit der Bankmitarbeiter, die Qualität der Unternehmensleitung und die Verläßlichkeit der Gewinnprognosen des Managements zu beurteilen. Zum anderen werden die Bilanzdaten aussagefähiger, da im Laufe der Zeit mehr Informationen über die Bewertungsansätze der einzelnen Bilanzpositionen durch den Kreditnehmer verfügbar sind. Schließlich liefert die Erfahrung über die Zahlungsgewohnheiten der Firma sowie Zahl und Häufigkeit von Überziehungen zusätzliche Informationen. Diese Ergebnisse sind ein Indiz für Umfangsvorteile zwischen Informationsproduktion und Abwicklung des Zahlungsverkehrs.[17]

Die höhere Konzentration der Schulden in bankorientierten Finanzsystemen erleichtert die Bildung langfristiger Beziehungen zwischen Gläubigerbanken und Schuldnern. Desweiteren ist der Überblick der einzelnen Bank über den tatsächlichen Verschuldungsgrad und damit die Insolvenzwahrscheinlichkeit ihrer Kunden um so klarer, je geringer die Gesamtzahl aller Gläubiger ist. Dadurch ist für die Banken ihr Informationsrückstand gegenüber dem Management geringer. Sie sind eher in der Lage, den Einsatz und die Fähigkeiten der Unternehmensleitung unabhängig von der Realisation eines Erfolges oder Mißerfolges zu beurteilen und können bei Zahlungsunfähigkeit die Erfolgschancen einer Sanierung besser einschätzen.

---

[17] Vgl. Edwards/Fischer 1994 S. 144.

Bei unvollständigen Verträgen ist dies nicht der einzige Vorteil einer langfristigen Beziehung. Effizienzgewinne lassen sich auch dadurch realisieren, daß Banken langfristige Investitionen, die vorübergehend mit Verlusten verbunden sind (wie z.B. Sanierungen), finanzieren. Damit die Finanzierung solcher Projekte zustandekommt, muß die Bank in zukünftigen Perioden für die Verluste aus der Sanierung (z.B. aus einem Forderungsverzicht) entschädigt werden. Wenn vollständige Verträge nicht möglich sind, entsteht für die Firma ein Bindungsproblem, d.h. sie muß sich an das Versprechen binden, die Kapitalgeber ausreichend an den Gewinnen einer Sanierung zu beteiligen.[18] Da i.d.R. bereits vor dem Sanierungsfall eine Kreditbeziehung zwischen Bank und Kunde existiert, besteht bei unvollständigen Verträgen auch für die Bank ein Bindungsproblem. Die Bank muß glaubhaft versichern, daß sie bei vorübergehenden Verlusten ihre Kredite nicht fälligstellt, sondern auch in der Krise ihre Finanzierung aufrechterhält. Die in bankorientierten Finanzsystemen üblichen langfristigen Beziehungen zwischen Kreditnehmern und Banken sind ein solcher Bindungsmechanismus.[19]

Die Firma kann sich glaubhaft binden, wenn sie mit einer einzigen Bank eine Kreditverbindung eingeht (Ausschließlichkeit der Bankverbindung) und nur dieser Bank einen Informationsvorsprung verschafft. Bereits bei zwei Kreditinstituten wäre die Bindung nicht glaubhaft, da Bertrandwettbewerb zu einer Gewinnerosion bei den Banken führen würde, und die Finanzierung käme nicht zustande. Gleichzeitig würde jedoch die Marktmacht dieser einzigen Bank eine Ausbeutung der Firma bedeuten und hätte so negative Anreize für die Investitionsentscheidungen der Firma zur Folge.[20] "Die Frage, ob Ausschließlichkeit der Beziehung zwischen Bank und Kreditnehmer vorteilhaft ist, bleibt damit offen" (D. Neuberger 1994 S. 88).

Seitens der Bank ergeben sich mehrere Alternativen der Bindung:

- langfristige Kreditverträge,
- Reputationsaufbau im Rahmen impliziter Verträge und
- finanzielle Beteiligungen am Kreditnehmer.

Die Finanzierung über langfristige Kredite anstelle der möglichen Prolongation kurzfristiger Kredite kann ein Bindungsversprechen der Bank sein.[21] Dies

---

[18] Vgl. Neuberger, D. 1994 S. 85.

[19] Vgl. u.a. Mayer 1988; Hoshi et.al. 1990 und 1991; Frankel/Montgomery 1991.

[20] Vgl. Neuberger, D. 1994 S. 85ff.

[21] Der höhere Anteil langfristigen Fremdkapitals, insbesondere der Bankkredite, in bankorientierten Systemen kann insofern als Hinweis auf das Bestehen langfristiger Beziehungen gewertet werden (vgl. auch Mayer 1988 S. 1179).

ist allerdings nur dann glaubhaft, wenn die Langfristigkeit nicht durch weitgefaßte Kreditkündigungsmöglichkeiten usw. unterminiert wird.

Sharpe (1990) weist in einem Zwei-Perioden-Modell nach, daß Banken das Bindungsproblem auch durch Reputation lösen können. Eine Bank, die an einen Kunden Kredit vergibt, erhält einen Informationsvorsprung gegenüber anderen Kreditinstituten. Diese Informationsasymmetrie zwischen den Banken führt zu Marktmacht der kreditgewährenden Bank. Wegen des Informationsvorsprunges kann die Bank nicht am Abschöpfen der Monopolrente gehindert werden. Aufgrund vollständigen Preiswettbewerbes erodiert diese Monopolrente in Sharpes Ansatz jedoch über generell niedrigere Zinsen für alle Firmen in der ersten Periode. Die Kapitalallokation ist ineffizient, denn schlechte Firmen erhalten mehr Kredit als sie bei gleichem Informationsstand aller Banken erhielten. Diese Ineffizienz können die Banken durch den Aufbau von Reputation verringern. Sofern Banken das - vertraglich nicht einklagbare - Versprechen abgeben, ihre Marktmacht nicht auszunutzen, und die Information, ob die Banken dieses Versprechen halten, öffentlich ist, können implizite Verträge zwischen Bank und Kunde entstehen. "While they do not mimic optimal binding contracts, these commitments will be characterized by prices which more closely approximate the optimal prices and, thus, lead to a more efficient allocation of capital." (Sharpe 1990 S.1070) Implizite Verträge charakterisieren allerdings nur dann das Wettbewerbsgleichgewicht des Kreditmarktes, wenn die Banken zukünftige Gewinne nicht zu stark diskontieren, d.h. ihre Zeitpräferenzrate hinreichend gering ist, denn eine Bank, die ihr Versprechen bricht, findet zukünftig keine guten Kreditnehmer mehr. Ob sie ihr Versprechen bricht, hängt dann davon ab, ob der kurzfristige Mehrgewinn durch Versprechensbruch und Abschöpfung der Monopolrente den zukünftigen Mindergewinn durch weniger Kreditgeschäft überwiegt. Ist die Zeitpräferenzrate der Bank niedrig, erhalten zukünftige Gewinne ein stärkeres Gewicht als bei hoher Zeitpräferenzrate. Der Versprechensbruch wird dann unwahrscheinlicher, und das Marktgleichgewicht ist durch implizite Verträge gekennzeichnet.[22]

Bankbeteiligungen könnten ein Instrument der beiderseitigen Bindung sein. Seitens der Firma löst sich das Problem der glaubhaften Bindung bei entsprechend hoher Bankbeteiligung. Kann sich die Firma nach der erfolgreichen Sanierung kostengünstiger bei anderen Intermediären verschulden, entsteht der Bank im Kreditgeschäft ein Verlust aus der Sanierung. Gleichzeitig erhöht sich jedoch durch die billigere Finanzierung die Eigenkapitalrendite, an der die Bank über die Beteiligung teilhat. Die Bindung ist dann glaubhaft, wenn die Beteiligung so hoch ist, daß die Bank durch die zukünftigen Gewinne als Aktionär für die Verluste entschädigt wird. Die Beteiligung könnte auch den An-

---

[22] Vgl. Sharpe 1990 S. 1082ff.

reiz der Bank zur Ausnutzung von Marktmacht senken, da sie im Rahmen ihrer Beteiligung von günstigen Kreditkonditionen profitiert. Gleichzeitig kann eine Beteiligung der Firma die Bereitschaft der Bank zu einer langfristigen Beziehung und zur aktiven Hilfe in Krisenzeiten signalisieren.[23]

Aus Sicht der Unternehmung sind bisher nur Ausschließlichkeit der Bankverbindung und Beteiligung als mögliche Bindungsinstrumente formal untersucht worden. Zu untersuchen bliebe, ob auch auf Seiten der Firma Reputation ein Bindungsinstrument sein kann. Dies spielt dann keine Rolle, wenn die Unternehmung - nach erfolgreicher Sanierung - mögliche zukünftige Finanzkrisen mit Sicherheit ausschließen kann. Dann sind Ausschließlichkeit und Beteiligung die einzigen glaubwürdigen Bindungsmechansimen für die Unternehmen. Diese Überlegung ist jedoch nicht realistisch, vielmehr müssen insbesondere sanierte Unternehmen für einen längeren Zeitraum weitere Schwierigkeiten einkalkulieren.[24] Auch auf Seiten der Firma kann dann Reputation einen Bindungsmechansimus darstellen. Analog zum Ansatz von Sharpe könnte man annehmen, daß für Firmen, die Banken für Verluste aus der Sanierung nicht entschädigen und die Bankverbindung wechseln, zukünftige Sanierungsmöglichkeiten ausscheiden. Für die Firma kann daher ein Anreiz bestehen, durch die Aufrechterhaltung der Bankverbindung Reputation aufzubauen, um sich gegen zukünftige Krisen abzusichern.

Zu untersuchen bliebe ferner, inwieweit eine glaubwürdige Bindung durch die Unternehmung ökonomisch notwendig ist. Im Sanierungsfall geht die Verhandlungsmacht über die Finanzierungskonditionen auf die Gläubiger über. Es ist wahrscheinlich, daß sich die Gläubiger - durch eine entsprechende Vertragsgestaltung - bereits im Rahmen der Sanierungsverhandlungen eine angemessene Entschädigung für Verluste aus der Sanierung sichern können.

2.2.3.2 Die Bedeutung von Bankbeteiligungen

Beteiligungen von Banken können gesamtwirtschaftlich mehrere Vorteile haben.[25]

- Erstens können Bankbeteiligungen zu Vorteilen in der Informationsproduktion führen. Nach verbreiteter Ansicht haben Banken mit Beteiligungen

[23] Vgl. Neuberger, D. 1994 S. 90ff.

[24] Z.B. ermittelte Schwalb Hotchkiss (1995), daß 32% einer Stichprobe von 197 US-Unternehmen, die im Rahmen des Chapter 11 des US-Konkursrechtes reorganisiert wurden, innerhalb von drei Jahren erneut in Zahlungsschwierigkeiten gerieten.

[25] Zu möglichen Nachteilen vgl. Böhm (1992), Haas (1994) und Neuberger, D. (1997).

durch ihren gleichzeitigen Eigentümerstatus Zugang zu Informationen, die ihnen als reine Kreditgeber verwehrt bleiben. Sie sind daher in geringerem Ausmaße von Informationsasymmetrie betroffen als Banken ohne Beteiligungen[26]. Weiterhin kann eine bestehende Bankbeteiligung ein eindeutiges Indiz für das Bestehen einer engen Bank-Kunde-Beziehung sein und so anderen Gläubigern als Signal einer hohen Kreditwürdigkeit dienen. Insgesamt erhöhen sich so Fremdfinanzierungspotential und Investitionsmöglichkeiten der Unternehmen.[27]

- Zweitens sind für die Informationsbeschaffung langfristige Beziehungen zwischen Bank und Kunde von nachhaltiger Bedeutung. Bei Wettbewerb im Finanzsektor könnten Bankbeteiligungen das einzig glaubwürdige Bindungsinstrument zwischen Bank und Kunde sein und dadurch langfristige Beziehungen überhaupt erst ermöglichen.[28]
- Drittens erweitern Beteiligungen unter dem Aspekt der Unternehmenskontrolle das Sanktionenpotential. Banken können bei Beteiligungsbesitz auch dann Einfluß auf die Unternehmensleitung ausüben, wenn die Unternehmung zahlungsfähig ist. Gesamtwirtschaftliche Ineffizienzen aufgrund eines gläubigerschädigenden Verhaltens der Unternehmensleitung könnten vermieden werden.[29]
- Besteht zwischen einer Bank und ihrem Kreditnehmer lediglich ein Kreditvertrag, ist die Bank im Rahmen ihrer Kontrolle der Unternehmung nur am Bankrottproblem und dem Firmenwert in schlechten Umweltzuständen interessiert. Die Bank wird versuchen, besonders risikoarme Projekte der Unternehmung durchzusetzen, selbst wenn der Ertrag dieser Projekte sehr gering ist. Eine gleichzeitige Beteiligung der Bank würde dann, viertens, zu einer verringerten Betrachtung des Projektrisikos und einer stärkeren Gewichtung des Erwartungswertes des Ertrages führen und so die Effizienz der Bankkontrolle erhöhen.[30]

---

[26] Dieser Punkt wird auch von den Kritikern des Beteiligungsbesitzes von Banken hervorgehoben (vgl. den Überblick bei Haas 1994).

[27] Vgl. Borio 1990 S. 30; Prowse 1990 S. 51f.; Hoshi et. al. 1990 S. 73f.; Benston 1994 S. 129.

[28] Vgl. Neuberger, D. 1994 S. 92.

[29] Welche Rolle Bankbeteiligungen im Rahmen der Unternehmenskontrolle tatsächlich spielen, ist umstritten. Während u.a. Stiglitz (1985), Prowse (1990) und D. Neuberger (1994, 1997) ihnen eine große Bedeutung einräumen, kann nach Ansicht von Corbett (1987) und Mayer (1988) sowie Edwards/Fischer (1994) das Verhalten japanischer respektive deutscher Banken nicht durch ihren Beteiligungsbesitz erklärt werden.

[30] Vgl. Stiglitz 1985 S. 143ff.

Ein Informationsvorsprung aus einer Beteiligung ist bei deutschen Banken indes nicht zu erwarten. Deutsche Universalbanken z.B. ziehen bei der Kreditprüfung keine anderen Informationsquellen zu Rate als US-amerikanische und britische Institute, d.h. Geschäftsberichte, Bilanzen, Gewinn- und Verlustrechnungen sowie entsprechende Kennzahlen, Branchenaussichten usw. Die Überlegung, Banken hätten aufgrund ihrer Beteiligungen Zugang zu zusätzlichen Informationen, übersieht die eingeschränkten Informationsmöglichkeiten der Aktionäre. Deren Informationsrecht nach §131 Abs. 1 AktG bedeutet für den Informationsstand einer Bank keine Verbesserung. Zum einen steht dem Vorstand nach §131 Abs. 2 und 3 AktG ein Auskunftsverweigerungsrecht zu, über dessen Ausübung er in der Hauptversammlung selbst entscheidet und das lediglich ex post gerichtlich angefochten werden kann. Zum anderen ist die Überprüfbarkeit der Vorstandsangaben auf ihren Wahrheitsgehalt, die zu einer effektiven Überwachung der Geschäftsführung notwendig ist, für einen Aktionär nicht gegeben. Desweiteren findet eine ordentliche Hauptversammlung nur einmal pro Geschäftsjahr statt und bedeutet eine erhebliche zeitliche Verzögerung des Informationsflusses. Eine Beteiligung ist für den Erwerb von Insiderinformationen daher nicht höher einzuschätzen als die Rechte eines Großkreditgebers nach § 18 KWG.[31]

Anders kann es sich bei Berufung eines Bankmitarbeiters in den Aufsichtsrat der Unternehmung verhalten. Die ausführlichen Informationspflichten des Vorstandes nach § 90 AktG können dem Aufsichtsrat, in Verbindung mit seinen Prüfungsrechten gemäß § 111 AktG, nicht nur gegenüber den Aktionären, sondern auch gegenüber den Gläubigern einen Informationsvorsprung eröffnen.[32] Für ein Aufsichtsratsmandat ist die Beteiligung der Bank am Grundkapital des Schuldners jedoch nicht notwendig. Erstens können die Kreditinstitute - über die Ausübung des ihnen übertragenen Depotstimmrechts (§135 AktG) - auch ohne eigene Beteiligung die Zusammensetzung des Aufsichtsrates beeinflussen. Zweitens wird die Vertretung der Hauptgläubiger im Aufsichtsrat von der Unternehmensleitung in aller Regel gewünscht, so daß unabhängig von eventuellen Beteiligungen und Depotstimmrechten stets Bank(en)vertreter im Wahlvorschlag des Vorstandes enthalten sind. Böhm (1992 S. 37 u. 194) untersuchte in diesem Zusammenhang den Einfluß der Banken auf die hundert umsatzstärksten Industrieunternehmen Deutschlands. Von den betrachteten Unternehmen hatten 92 Gesellschaften einen Aufsichtsrat. In 72 Fällen (81,7%) waren Banken darin vertreten. Gleichzeitig wurden nur für 22% dieser Unternehmen das Bestehen einer oder mehrerer Bankbeteiligungen festgestellt. Die Gruppe der Firmen mit Bankrepräsentanten im Aufsichtsrat ist somit wesentlich größer als die Gruppe

---

31 Ähnlich Immenga 1978 S. 96.

32 Vgl. Wiendieck 1992 S. 164ff.

der Firmen mit Bankbeteiligung. Hieraus ergibt sich eine nur geringe Bedeutung der Beteiligung für den Informationsstand deutscher Banken.[33]

Nach einer Untersuchung Corbetts (1987) greifen japanische Banken bei der Kreditwürdigkeitsprüfung hauptsächlich auf veröffentlichte Informationen wie Quartalsberichte, Geschäftsberichte, die Ergebnisse von Rating-Agenturen, Branchenaussichten usw. zurück. Die Prüfungsprozeduren der großen Geschäftsbanken (*city banks*) z.B. beziehen sich für kleinere Unternehmen auf Informationen zur Unternehmensbranche, mögliche Sicherheiten und Garantien sowie Verbindlichkeiten und Beziehungen zu anderen Kreditinstituten. Angaben zum Management und Details der Unternehmenstätigkeit ergänzen diese Informationen. Für Großkunden sind die grundlegenden Informationsquellen Geschäftsberichte der letzten drei bis vier Jahre und Interviews der Unternehmensleitung. Firmenbesichtigungen, die Aufschluß über Vermögensstruktur, Unternehmenspläne sowie ausstehende Forderungen und Verbindlichkeiten geben, vervollständigen diese Angaben. Zusätzlich werden die Gewinnaussichten, die Verschuldungskapazität u.a. ermittelt. Diese Informationen unterscheiden sich nur geringfügig von den in anderen Ländern herangezogenen Quellen. Als einzig relevanten Unterschied zu anderen Ländern stellt Corbett die stärkere Gewichtung der Verschwiegenheitspflicht und die längerfristige Orientierung bei der Betrachtung der Firmen- und Branchenaussichten fest. Sie kommt abschließend zu dem Ergebnis, daß "[t]he main features which distinguish Japanese banks in making credit assessments from what is done in other countries is the use of industry projections, the emphasis on ongoing asset valuation and the importance of ownership patterns. The fact that there is little other difference is hardly surprising given the fairly mechanical nature of a credit assessment: if a superior system for predicting corporate distress were available then it could be expected to be widely applied."(Corbett 1987 S. 38)

Darüberhinaus sind fast 90% aller japanischen Aktiengesellschaften kleine bis mittlere Unternehmen, die nicht börsennotiert sind und in der Regel unter der Leitung eines einzelnen oder einer Familie stehen. Der Erwerb von Beteiligungen an diesen Unternehmen unterliegt starken Einschränkungen und ist von der Zustimmung des Leitungsorgans (*board of directors*) abhängig.[34] Die Beteiligung eines Kreditinstitutes an diesen Firmen dürfte eher die Ausnahme als

---

[33] Daneben sind in der Realität Informationsvorteile aus einem Aufsichtsratsmandat zweifelhaft. Die Mehrzahl aller deutschen Aufsichtsräte tagt nicht mehr als vier bis fünf Mal pro Jahr. Außerdem sind die Angaben des Vorstandes meist die einzige Informationsquelle des Aufsichtsrates, so daß eine Überprüfung dieser Angaben schwer fällt (vgl. hierzu ausführlich Neuberger, D. 1994 S. 167 ff. sowie Edwards/Fischer 1991 und 1994 S. 124 ff.).

[34] Vgl. Oda 1992 S. 264f. u. S. 275.

die Regel sein. Japanische Aktionäre erhalten Firmeninformationen im Rahmen der Aktionärsversammlungen (*general meetings*). Da diese nur einmal pro Geschäftsjahr einberufen werden, ergibt sich für die Banken kein Informationsvorteil aus ihrer Beteiligung. Ferner werden die meetings durch die jeweiligen Unternehmensleitungen beherrscht. Die Unternehmensleitung (der *board*) entscheidet über Ort, Zeit und Tagesordnung der Hauptversammlung. Der Vorsitzende der Hauptversammlung schlägt für den board eine komplette Liste vor und die Aktionäre stimmen über diese ab. Eine Hauptversammlung ohne Zustimmung des board ist nicht legitim. Kleinaktionäre haben kaum Einfluß auf die Tagesordnung, Depotstimmrechte kann der *Chief Executive Officer* (CEO) des Unternehmens selbst ausüben.[35] "In practice, the annual general meeting of shareholders often turns out to be a mere formality. According to survey of the practice of listed companies, the average length of such a meeting is thirty minutes, and in most cases, shareholders attending the meeting do not ask questions or express their view."(Oda 1992 S. 282) Ein Informationsvorteil kann sich aus der Berufung eines Bankmitarbeiters in den board der Unternehmung ergeben. Dieses von den Aktionären gewählte Organ der Unternehmensleitung entscheidet als ganzes über größere Aufnahmen von Fremdkapital, den Erwerb und die Veräußerung bedeutender Aktiva, die Einstellung und Entlassung von führenden Angestellten sowie die Gründung und Schließung von Niederlassungen und Fabriken.[36] Die Entsendung von Bankmitarbeitern in den board ist aber nur in Finanzkrisen der Unternehmung üblich, und die gleichzeitige Beteiligung ist hierfür keine notwendige Bedingung.

Um ein gläubigerschädigendes Verhalten der Unternehmung zu verhindern, kommt es wiederum allein auf die Möglichkeit der Gläubiger an, die Firmenpolitik in ihrem Sinne zu beeinflussen. Gerade in bankorientierten Systemen ist die Machtstellung der Gläubiger aufgrund ihrer hohen Konzentration stark genug, um auch in guten Umweltzuständen Einfluß auf die Geschäftsführung zu nehmen. Aufgrund von Nebenabreden, Kreditkündigungsklauseln, der Notwendigkeit von Prolongationen usw. ist dieser Einfluß der Großkreditgeber unabhängig von einer Beteiligung vorhanden. 1984 z.B. hielt in Japan der größte Schuldner eines Unternehmens innerhalb einer Keiretsu durchschnittlich 6,2% des Grundkapitals und 22,3% des Fremdkapitals.[37] Dies entspricht einem Verhältnis von Fremdkapitalanteil zu Eigenkapitalanteil von *3,5*. Der wesentlich größere Einfluß der *main bank* des Unternehmens auf die Unternehmung im Vergleich zu einzelnen Aktionären beruht daher mindestens ebenso sehr auf ihrer Stellung als Hauptgläubiger wie auf einer relativ geringen Beteiligung.

---

[35] Vgl. Oda 1992 S. 278ff.

[36] Vgl. Oda 1992 S. 285ff.

[37] Vgl. Prowse 1990 S. 47.

Prowse (1992 S. 1128f.) kommt in seinem Vergleich japanischer Keiretsu- und Nicht-Keiretsu-Unternehmen zu dem Ergebnis, daß "the tight, long-term commerical and financial relationships that exist between keiretsu members mean that there may exist a number of methods of monitoring and influencing a firm's management aside from simply exerting influence as a large shareholder. A main bank or major corporation may be able to obtain information about a firm's prospects and policies and influence management just as easily through its role as a large lender or long-term commercial partner of the firm as it can in its role as a large shareholder."

Für Deutschland fehlen Angaben über den Anteil einzelner Banken an den Gesamtverbindlichkeiten eines Unternehmens. Verfügbar sind Angaben aus der Bankenstatistik der Deutschen Bundesbank. Für 1994 ergab sich für alle deutschen Banken zusammen eine Relation *Kredite an Unternehmen zu Beteiligungen* von *24*. Die Relation *Kredite an Unternehmen zu Beteiligungen und Anteilen an verbundenen Unternehmen* betrug im gleichen Jahr für alle Banken *13*, für die drei Großbanken *5*. Über die Einflußmöglichkeiten auf einzelne Unternehmen geben diese Zahlen keinen Aufschluß. Gesamtwirtschaftlich betrachtet sind sie allerdings - ähnlich den Angaben für Japan - ein Indiz dafür, daß der Einfluß der Banken eher auf ihre Position als Großgläubiger zurückzuführen ist als auf ihre Beteiligungen. Diese Einschätzung wird durch die von Haas (1994) ermittelte geringe Bedeutung von Bankbeteiligungen bestätigt. 1990 war eine Stichprobe von 30 großen deutschen Banken an weniger als 3,62% aller AGs und 0,06% aller GmbHs beteiligt. Der Anteil der Kreditwirtschaft am Aktienkapital deutscher Unternehmen belief sich 1989 auf 4,69% des Nominalwertes, für GmbHs ergab sich ein Anteil von 7,8%.[38] Die Beteiligungen deutscher Banken scheinen demnach nicht primär der Beeinflussung der Unternehmen zu dienen, da sonst an einer wesentlich größeren Zahl von Gesellschaften Anteile gehalten würden. Ferner müßten die Beteiligungen über 25% liegen. Die Mehrzahl der Beteiligungen liegt jedoch im Bereich 5 - 25%, wobei gleichzeitig eine Reduzierung höherer Beteiligungen auf unter 25% zu beobachten ist.[39]

Gleichzeitig ist fraglich, ob Beteiligungen in dieser Höhe für die Banken ein glaubwürdiges Bindungsinstrument darstellen. Eine Beteiligung kann nur ein glaubwürdiges Signal zu einer Sanierungsbereitschaft durch die Bank sein, wenn die Bank über den Forderungsverzicht bei einer Sanierung weniger verliert als über die Beteiligung, wenn sie der Sanierung nicht zustimmt und ihre Kreditsicherheiten einfordert, bzw. wenn die mit der Erfolgwahrscheinlichkeit der Sanierung gewichtete Wertsteigerung der Beteiligung den Sanierungsverlust überkompensiert. Inwieweit Beteiligungen von fünf bis zehn Prozent hierfür

---

[38] Vgl. Haas 1994 S. 30ff.

[39] Vgl. Böhm 1992.

ausreichen, hängt im Einzelfall von der Höhe der ausstehenden Kredite und deren Besicherungsgrad ab und kann nicht pauschal beantwortet werden. Die geringe Anzahl an Beteiligungen - sowie ihre geringe Höhe in Vergleich zum Kreditvolumen - lassen somit zusammenfassend für Deutschland Zweifel an der These aufkommen, Beteiligungen seien ein notwendiges Instrument für langfristige Beziehungen. Langfristige Beziehungen würden dann nur für eine Minderheit an Unternehmen bestehen und könnten kein Charakteristikum der deutschen Bankorientierung sein.

Unter dem Aspekt der Unternehmenskontrolle wäre ein risikoneutrales Verhalten der Banken volkswirtschaftlich effizient. In Abschnitt 1.2.3 wurde dargelegt, daß der Erwartungswert der Eigenkapitalrendite eine zunehmende Funktion des Projektrisiko ist, während der Erwartungswert der Fremdkapitalrendite eine abnehmende Funktion des Projektrisikos darstellt. Letzteres induziert eine relativ hohe Risikoaversion der Gläubiger. Risikoneutrales Verhalten einer Bank ist daher nur dann zu erwarten, wenn die Beteiligung der Bank an ihrem Kreditnehmer so hoch ist, daß der Erwartungswert der Rendite aus dem Gesamtengagement (Kredite + Beteiligung) keine abnehmende Funktion des Projektrisikos ist. Angesichts der hohen Relation *Kredite zu Beteiligungen* sowohl in Japan als auch in Deutschland, kann dies nicht a priori angenommen werden.[40] Davon abgesehen besteht ein generelles Kompetenzproblem der unternehmensexternen Kontrolleure bei der Bewertung von Firmenprojekten (vgl. Abschnitt 2.3.1).

Insgesamt scheinen die beobachtbaren Unterschiede in der Informationsproduktion und Unternehmenskontrolle zwischen markt- und bankorientierten Finanzsystemen in wesentlich geringerem Ausmaß von der Möglichkeit der Bankbeteiligungen abzuhängen, als häufig vermutet wird. Damit soll nicht behauptet werden, daß Bankbeteiligungen nicht dem Zweck langfristiger Bindungen dienen können. Diese können auch ein Grund für eine Beteiligung sein. Neben langfristigen Beziehungen existieren jedoch vielfältige andere Gründe für Bankbeteiligungen wie die Schaffung von Wettbewerbsvorteilen bei der Vergabe von Bankgeschäften[41], rentable Portfolioinvestitionen[42] oder, unter dem Gesichtspunkt der Eigennutzenmaximierung, die gegenseitige Absicherung von Managern gegen feindliche Übernahmen.[43,44] Festhalten läßt sich, daß Bankbe-

---

40 Steinherr/Huveneers (1994) z.B. argumentieren, daß trotz eventueller Beteiligungen der mögliche Verlust einer Bank im Konkursfall sehr hoch ist. Banken würden daher trotz Beteiligung als Risikominimierer handeln und dieses Verhalten auf ihre Kreditnehmer übertragen.

41 Vgl. Böhm 1992 S. 49.

42 Vgl. Elston/Albach 1995.

43 Ähnlich Adams 1994.

teiligungen in Deutschland keine notwendige Bedingung für langfristige Beziehungen darstellen. Diese Einschätzung wird durch die empirischen Ergebnisse in Abschnitt 2.5 bestätigt. Die ebenfalls in Abschnitt 2.5 dargelegten Resultate von Hoshi et.al. (1990) sowie Flath (1993 und 1994) lassen für Japan analoge Schlußfolgerungen zu.

2.2.4 Fazit

Summa sumarum dürften in den bankorientierten Finanzsystemen Japans und Deutschlands Banken detaillierter über ihre Kreditnehmer informiert sein als britische und US-amerikanische Institute. Die aufgrund geringerer Ertragserwartungen der Bankaktionäre niedrigeren Eigenkapitalkosten deutscher und japanischer Banken erhöhen die gleichgewichtige Informationsbeschaffung und führen zu einem verbesserten Informationsstand der Banken. Die Unterschiede in den Ertragserwartungen sind zum größten Teil die Folge unterschiedlicher Zeitpräferenzraten der jeweiligen Bevölkerungen und insofern unabhängig vom jeweiligen Finanzsystem. Im Finanzsystem begründete Unterschiede können geringere Risikozuschläge in Deutschland und Japan sein. Sofern japanische und deutsche Banken besser über ihre Kunden informiert sind, ist ihr Kreditausfallrisiko geringer. Dies bewirkt einen geringeren Risikoaufschlag auf die Eigenkapitalkosten. Zumindest im Vergleich zu den USA wird dieser Effekt durch die besseren geographischen Diversifikationsmöglichkeiten in Japan und Deutschland unterstützt.[45]

Wie der Ansatz von Sharpe (1990) zeigte, kann die geringere Zeitpräferenzrate in Japan und Deutschland auch die Bildung langfristiger Beziehungen stärker fördern, als dies in den USA und im UK der Fall ist. Die höhere Gläubigerkonzentration in den beiden erstgenannten Ländern verstärkt dieses Ergebnis. Dies führt zu einer überlegenen Informationsbeschaffungstechnik. Durch die Beziehungen können die Banken Erfahrungswerte im Umgang mit einem bestimmten Kunden sammeln, und persönliche Kontakte werden aufgebaut. Prinzipiell ist hier ein Universalbankensystem im Vorteil, da ein Unternehmen alle Finanzdienstleistungen, von der Diskontierung von Handelswechseln bis zur

---

[44] Diese Gründe für Bankbeteiligungen werden vielfach als Quelle möglicher gesamtwirtschaftlicher Wohlfahrtsverluste aufgrund von Bankbeteiligungen gesehen (vgl. im Überblick Steinherr/Huveneers 1990 sowie Saunders 1994). Ein empirischer Nachweis dieser Überlegungen konnte jedoch bis zum momentanen Zeitpunkt nicht erbracht werden. Auf ihre ausführliche Darstellung wird daher verzichtet.

[45] Die Nachteile einer fehlenden geographischen Diversifikation haben in den USA durch den Riegle-Neal-Act von 1994 mittlerweile zu einer Lockerung der *branching restrictions* mit Wirkung vom 1. Januar 1997 geführt.

Plazierung neuer Aktien an der Börse, von einem Intermediär beziehen kann. Das Beispiel Japans belegt zwar auf anschauliche Weise, daß auch ein Trennbankensystem mit strikter Trennung von Wertpapier- und Kreditgeschäft als bankorientiertes Finanzsystem funktionieren kann, allerdings läßt sich aufgrund der großen Bedeutung, die den Keiretsus in diesem Zusammenhang zukommt, der Erfolg der japanischen Bankorientierung nicht von den Wirkungen der internen Organisation der Keiretsus trennen. Inwieweit ein Trennbankensystem auch ohne den Hintergrund dieser Keiretsus *bankorientiert* funktionieren würde, ist eine Frage, die sich nicht beantworten läßt.

Der Informationsvorsprung beruht weniger auf den oft erwähnten Unternehmensbeteiligungen deutscher und japanischer Kreditinstitute. Die Beteiligungen mögen das nach außen sichtbare Zeichen des Bestehens einer langfristigen Beziehung sein, doch "the more substantial aspects of the close relationships are not readily measured by aggregate figures: procedures for evaluating prospective borrowers, monitoring the performance of borowers and, most crucially of all, reacting to instances of financial distress" (Mayer 1988 S. 1180f.).

2.3 Unterschiede in der Unternehmenskontrolle

Die Unterschiede im Informationsstand der Banken sind ein Hauptargument in der Debatte um die Vorteile eines bankorientierten Finanzsystems im Vergleich zu einem marktorientierten. Ebensoviel Aufmerksamkeit fanden die Unterschiede in der Unternehmenskontrolle bzw. die unterschiedlichen Kontrollstrukturen, die eine effiziente Unternehmensführung sicherstellen sollen.[46] Diese Unterschiede bestehen in der unternehmensinternen Kontrolle (Abschnitt 2.3.1), der Kontrolle durch den Kapitalmarkt (Abschnitt 2.3.2) und der Gläubigerkontrolle (Abschnitt 2.3.3). Für die Kontrolle durch die Gläubiger ist dabei auch bzw. insbesondere die unterschiedliche Behandlung der Gläubigeransprüche im Konkursfall von Bedeutung (Abschnitt 2.3.4).

Nach den Ergebnissen aus Abschnitt 1.2.4 ist für eigentümergeführte Unternehmen die Wahrnehmung der Unternehmenskontrolle durch die Eigentümer in guten und die Gläubiger in schlechten Umweltzuständen optimal. In guten Umweltzuständen üben die Eigentümer die Kontrolle aus und können so ihren nicht-monetären Nutzen aus der Kontrollausübung realisieren. In schlechten Umweltzuständen geht die Kontrolle über die Unternehmung auf die Fremdkapitalgeber über, die dann die effiziente Projektwahl treffen. Der gesamtwirtschaftliche Nutzen wird maximiert. Etwas anders verhält es sich bei fremdge-

---

[46] Vgl. u.a. Corbett 1990; Roe; M.J. 1994; Prowse 1994.

führten Unternehmen. In diesen empfinden in erster Linie die Unternehmensmanager und nicht - oder nur teilweise - die Eigentümer nicht-monetären Nutzen aus der Kontrollausübung bzw. der Fortführung der Unternehmung. Kleinere Aktionäre und/oder institutionelle Investoren sind i.d.R. rein am monetären Ertrag aus der Unternehmung, d.h. einer Maximierung des Kurswertes der Anteilsscheine, interessiert. Im Sinne einer Minimierung der Agency-Kosten wäre es dann effizient, die Kontrolle in guten Umweltzuständen allein den Managern zu überlassen. Sofern diese den Gesamtkapitalwert der Firma maximieren, ist diese Kontrollzuteilung effizient, da die Aktionäre den Eigenkapitalwert maximieren würden und so - gesamtwirtschaftlich gesehen - zu risikofreudig agierten. Die Fremdkapitalgeber wiederum würden versuchen, den Fremdkapitalwert zu maximieren und so gesamtwirtschaftlich zu risikoavers handeln. Im Bankrottfall ginge nach wie vor die Kontrolle auf die Fremdkapitalgeber über, und ineffiziente Sanierungsmaßnahmen würden vermieden.[47]

Da die Unternehmensleitung primär an der Maximierung ihres eigenen Nutzens interessiert ist, setzt diese Überlegung voraus, daß eine Maximierung des Gesamtkapitalwertes dem Zweck der Eigennutzenmaximierung dient. Es kann aber einer Nutzenmaximierung des Managements entsprechen, das überlassene Kapital nur zum Teil gewinnbringend zu investieren und den Restbetrag zum eigenen Konsum - sogenannten *perquisites* (z.B. Dienstwagen, Geschäftsflugzeuge, Dienstreisen usw.) - zu verwenden. Trifft dies zu, ist die Überwachung und Kontrolle der Unternehmensleitung durch Eigentümer und Gläubiger auch in Zeiten der Zahlungsfähigkeit notwendig, um eine Verfolgung der Interessen der Kapitalgeber sicherzustellen. Aktionäre und Fremdkapitalgeber werden versuchen, die Unternehmensleitung zu beeinflussen bzw. zu kontrollieren, um ihre Interessen durchzusetzen. Bei solchen multiplen Principal-Agent-Beziehungen stellt sich die Frage, wer den meisten Einfluß auf die Unternehmensleitung ausübt, und ob diese Kontrolle gesamtwirtschaftlich effizient ist.

Abbildung 8 zeigt, daß in den meisten Finanzsystemen - unabhängig von ihrer Ausrichtung als markt- oder bankorientiert - ähnliche potentielle Instrumente zur Überwachung und Kontrolle der Unternehmensleitung durch die Anteilseigner bestehen. Differenzen zwischen den Finanzsystemen entstehen dann zum einen durch die unterschiedliche Bedeutung, die diesen Instrumenten im jeweiligen System zukommt. Vor- bzw. Nachteile eines Finanzsystems können dann entstehen, wenn diese Instrumente nicht gleich geeignet sind, eine effiziente Unternehmenskontrolle zu gewährleisten. Zum anderen werden sie durch die unterschiedlichen Einflußmöglichkeiten der Gläubiger, unabhängig von Beteiligungen, und die Wechselwirkungen zwischen Aktionärs- und Gläubigerkontrolle determiniert.

---

[47] Vgl. Neuberger, D. 1997 sowie Dewatripont/Tirole 1993.

Mechanismus	USA	UK	Japan	Deutschland[a]
board Unabhängigkeit / Einfluß auf Management	gering	gering	de jure: gering; de facto: größer über Präsidenten-Clubs	am größten
Bedeutung der Rentabilität für die Managemententlohnung	gering	unbekannt, wahrscheinlich gering	noch geringer	Für eigentümergeführte Unternehmen bedeutend
Überwachung durch beteiligte Finanzunternehmen	gering	gering	sehr bedeutend	bedeutend
Überwachung durch beteiligte Nicht-Finanzunternehmen	gering	gering	bedeutend	sehr bedeutend
Überwachung durch individuelle Aktionäre	gering	gering	gering	Für eigentümergeführte Unternehmen bedeutend
Häufigkeit feindlicher Unternehmensübernahmen	häufig	häufig	praktisch nicht-existent	praktisch nicht-existent

a: Westdeutschland

Abb. 8: Die Bedeutung unterschiedlicher Kontrollmechanismen

Quelle: Prowse 1994 S. 52.

2.3.1 Die unternehmensinterne Kontrolle

Da bei fremdgeführten Unternehmen Eigentümer und Unternehmensleitung nicht zwangsläufig gleichgerichtete Interessen haben, sind aus Sicht der Eigentümer entsprechende Anreizmechanismen notwendig, die die Interessensdivergenz zwischen ihnen und den Managern mindern bzw. ein Handeln der Manager in ihrem Interesse sicherstellen. Verbreitete Anreizmechanismen sind insbesondere die Beteiligung der Manager am Eigenkapital der Unternehmung und erfolgsabhängige Entlohnungssysteme. Dabei hat sich allerdings gezeigt, daß diese Anreizmechanismen unter Umständen zur Lösung des Principal-Agent-Konfliktes zwischen Eigentümern und Managern nicht ausreichen, und eine zusätzliche Kontrolle der Unternehmensleitung durch die Anteilseigner erforderlich ist.

Die Kontrolle erfolgt durch das in der Unternehmensverfassung vorgesehene Organ. Es lassen sich hierbei einstufige und zweistufige Unternehmensverfassungen unterscheiden. In einstufigen Unternehmensverfassungen erfolgt die Geschäftsführung und deren Überwachung durch ein und dasselbe Organ, den *board* der Unternehmung. In diesem sind neben den geschäftsführenden Managern - den *inside directors* - Personen vertreten, die nicht der Unternehmung angehören - die *external directors*. Im Gegensatz zu einstufigen Unternehmensverfassungen sind in zweistufigen Geschäftsführung und Überwachung organisatorisch und personell strikt getrennt. Die Geschäftsführung erfolgt durch den Vorstand (*board of managing directors*), die Überwachung und Kontrolle durch den Aufsichtsrat (*supervisory board*). Mitglieder des Vorstandes dürfen nicht gleichzeitig Mitglieder des Aufsichtsrates der Unternehmung sein.[48] Einstufige Unternehmensverfassungen finden sich u.a. in Kanada, Japan, den USA, im UK und in der Schweiz. Zweistufig sind z.B. die Verfassungen Deutschlands, Finnlands, Dänemarks und der Niederlande.[49]

Das einstufige System ist hierbei in jüngerer Zeit verstärkt kritisiert worden.[50] Durch die Vertretung der Geschäftsführung in den boards sind intrapersonelle Interessenkonflikte vorprogrammiert. Eine objektive Eigenüberwachung der Geschäftsführung kann nicht erwartet werden. Auch eine effektive Kontrolle durch die externen Direktoren erfolgt de facto aus mehreren Gründen nicht. Die Kosten der Überwachung und Kontrolle hat der jeweilige *external director* allein zu tragen, während alle Aktionäre von dieser Tätigkeit profitieren. Solange er nicht alleiniger Aktionär der Unternehmung ist, entsteht ein *free riding*-

---

48 Vgl. hierzu ausführlich Bleicher/Paul 1986.

49 Vgl. Li 1994 S. 361ff.

50 Vgl. hierzu u.a. Shleifer/Vishny 1988, Prowse 1994 sowie Hart 1995a.

Problem, und der finanzielle Anreiz zur Überwachung ist gering. Da die externen board-Mitglieder diese Tätigkeit neben ihrem eigentlichen Beruf ausüben, fehlen ihnen i.d.R. die Zeit und die Möglichkeiten zur Informationsbeschaffung und Kontrolle. Eine effektive Kontrolle würde ferner voraussetzen, daß die *external directors* genügend fachliche Kompetenz aufweisen, um die Handlungen der Geschäftsführung beurteilen zu können.[51] Schließlich werden in der Realität die boards durch die Geschäftsführung bzw. den *Chief Executive Officer* (CEO) dominiert. Letzterer schlägt die externen Mitglieder zur Wahl in den board vor, und die Wahl von Direktoren gegen seine Stimme kommt de facto nicht vor. Da die *external directors* ihre Position als board-Mitglieder dem Management verdanken, fühlen sie sich diesem u.U. verpflichtet. Aufgrund dieser Verpflichtung und dem Ziel, ihre Wiederwahl zu sichern, haben sie keinen Anreiz zu einer objektiven Kontrolle.

Im zweistufigen System ist der Aufsichtsrat für die Kontrolle der Geschäftsführung zuständig. Je nach rechtlicher Ausgestaltung steht ein bestimmter Anteil an den Aufsichtsratsmandaten Vertretern der Arbeitnehmer der Unternehmung zu (in Deutschland je nach Anzahl der Mitarbeiter bis zu 50%). Die restlichen Mandate werden durch Vertreter der Aktionäre besetzt, die diese im Rahmen der Hauptversammlung wählen. Der Aufsichtsrat ernennt und entläßt den Vorstand und ist für dessen Überwachung zuständig. Der Vorstand ist ihm zur Auskunft verpflichtet, und der Aufsichtsrat besitzt eigene Prüfungsrechte. Der Vorstand leitet die Geschäfte der Unternehmung in eigener Verantwortung. Der Aufsichtsrat hat keine Geschäftsführungsbefugnis. Möglich ist allerdings eine satzungsmäßige Bindung bestimmter einzelner Geschäfte an die Zustimmung des Aufsichtsrates. Die strikte personelle Trennung von Vorstand und Aufsichtsrat hat das Ziel, eine objektive Kontrolle der Geschäftsführung sicherzustellen. Die intrapersonellen Konflikte des einstufigen Systems werden vermieden.

Für die Möglichkeiten und Fähigkeiten der Aufsichtsratsmitglieder zu einer effektiven Kontrolle ergeben sich theoretisch kaum Unterschiede zu den *external directors* im einstufigen System. Auch für die Aufsichtsratsmitglieder besteht das *free riding*- und das Kompetenzproblem; auch sie üben diese Funktion nur nebenberuflich aus. Die Wahl der Aktionärsvertreter durch die Hauptversammlung gewährleistet zwar die Vertretung der Interessen von Großaktionären

---

[51] Minkler (1993) unterscheidet in diesem Kontext asymmetrische Information von *dispersed knowledge*. Bei asymmetrischer Information hat der Principal (hier der Überwacher) das gleiche Wissen wie der Agent über die optimale Handlung. Die Handlung des Agenten ist 'lediglich' nicht öffentlich beobachtbar. In dieser Situation entsteht das Überwachungsproblem. Bei *dispersed knowledge* hingegen kennt der Principal gar nicht alle Handlungsalternativen des Agenten und könnte somit nicht an dessen Stelle entscheiden. Es entsteht das Kompetenzproblem.

durch den Aufsichtsrat, dies ist aber auch im einstufigen System möglich. Ferner legen zumindest in Deutschland Vorstand und Aufsichtsrat i.d.R. einen vollständigen Wahlvorschlag zur Besetzung der Aktionärsmandate vor, über den die Hauptversammlung als ganzes zu befinden hat. Die Möglichkeiten von Kleinaktionären, die Zusammensetzung des Aufsichtsrates zu beinflussen, sind daher - ähnlich wie im einstufigen System - vernachlässigbar.

Daß in der Realität zum Teil erhebliche Unterschiede in der tatsächlichen Effizienz der unternehmensinternen Kontrolle zwischen markt- und bankorientierten Finanzsystemen bestehen können, wird nicht bestritten. U.a. zeigte Wiendieck (1992) in einem ausführlichen Vergleich Japans, Deutschlands und der USA die höhere Effizienz der unternehmensinternen Kontrolle in den beiden erst genannten Staaten. Gerade der Vergleich Japans mit den USA zeigt jedoch, daß diese Unterschiede nicht in unterschiedlichen theoretischen Kontrollmöglichkeiten begründet sind. In beiden Ländern bestehen einstufige Unternehmensverfassungen mit sehr ähnlicher juristischer Ausgestaltung der Informationsrechte und -pflichten. Abbildung 9 verdeutlicht diesen Sachverhalt. Die Ein- bzw. Zweistufigkeit einer Unternehmensverfassung zeigt sich in den Kriterien *Ernennung von board-Mitgliedern*, *Ernennung des board-Vorsitzenden* und *Identität von CEO und Vorsitzendem*. Die von Wiendieck festgestellten Unterschiede in der Unternehmenskontrolle zeigten sich dagegen in erster Linie in den Kriterien *Informationsquelle*, *Präsenz großer Aktionäre* und *Präsenz von Banken*.

Stiglitz (1985 S. 142ff.) wies darauf hin, daß neben dem de jure bestehenden Einflußpotential, die faktischen Möglichkeiten sowie die Incentives für den Kontrolleur, die Kontrolle auch auszuüben, entscheidend sind. Hierfür ist die Konzentration des Eigen- und des Fremdkapitals auf wenige Anteilseigner bzw. Gläubiger von grundlegender Bedeutung. Der Anreiz zur Kontrollausübung hängt vom Ausmaß des finanziellen Engagements des potentiellen Kontrolleurs ab. Bei hoher Konzentration ist der Anteil jedes einzelnen Eigentümers und Gläubigers c.p. wesentlich höher als bei breit gestreutem Aktienbesitz und vielen kleinen Gläubigern. Demzufolge ist dann die 'Nicht-Kontrolle' der Unternehmensleitung für jeden einzelnen mit der Gefahr großer Verluste verbunden, und die Kontrolle wird eher erfolgen. Eine hohe Konzentration der Eigentümer bzw. Gläubiger erhöht nicht nur den Anreiz, Kontrollfunktionen auszuüben, sondern sie stärkt auch den tatsächlichen Einfluß der Kapitalgeber auf die Unternehmensleitung. Großaktionäre haben entscheidenden Einfluß auf die Besetzung der Führungspositionen, und Großgläubiger können durch eine eventuelle Kreditkündigung oder die Verweigerung einer Prolongation der Unternehmung beträchtliche finanzielle Schwierigkeiten verursachen. Manager einer Unternehmung, die ihre Position behalten wollen, sind daher gezwungen, die Interessen von Großaktionären und Großgläubigern zu beachten.

Kriterium	USA	UK	Japan	Deutschland [a]
1. effektive Methode der Ernennung von board-Mitgliedern	auf Vorschlag des CEO	auf Vorschlag des CEO	auf Vorschlag des CEO	50% Wahl durch die Aktionäre; 50% Wahl durch die AN
2. Ernennung des board-Vorsitzenden	Wahl durch den board	Wahl durch den board	Wahl durch den board	Wahl durch den Aufsichtsrat i.d.R. ein Aktionärsvertreter
3. Identität von CEO und Vorsitzendem	häufig	häufig	häufig	nie
4. Informationsquelle	Geschäftsführung	Geschäftsführung	Geschäftsführung Präsidenten-Clubs	Geschäftsführung
5. Anteil der geschäftsführenden Direktoren	hoch	hoch	hoch	Null
6. Präsenz großer Aktionäre	selten	selten	manchmal	immer
7. Präsenz von Banken	selten	selten	häufig	sehr häufig[b]

CEO: Chief Executive Officer; AN: Arbeitnehmer

a: für Aktiengesellschaften mit mehr als 2000 Mitarbeitern;

b: in Abwandlung von Prowse, da in Deutschland Banken nicht 'always' im Aufsichtsrat vertreten sind.

Abb. 9: Unterschiede in den internen Aufsichtsgremien

Quelle: Prowse 1994 S. 41.

Tabelle 4 vergleicht in diesem Zusammenhang die Eigentümerstrukturen der marktorientierten Länder USA und UK mit denen der bankorientierten Länder Deutschland und Japan für die erste Hälfte der 90er Jahre.

Tabelle 4

Anteile am Eigentum von Stammaktien 1990 und 1995 (in %)

	USA		UK		Japan		Deutschland	
Eigentümer	1990	1995	1990	1995	1990	1995	1990	1995
Alle Unternehmen	44,5	59,5	62,9	56,5	72,9	67,0	64,0	72,4
Nicht-Finanzunternehmen	14,1	15,0	10,1	4,1	24,9	31,2	42,0	42,1
Finanzinstitutionen	30,4	44,5	52,8	52,4	48,0	35,8	22,0	30,3
Banken	*0,0*	*0,2*	*4,3*	*2,3*	*18,9*	*13,3*	*10,0*	*10,3*
Versicherungen und Pensionfunds	*24,7*	*31,3*	*48,5*	*39,7*	*29,1*	*10,8*	*12,0*	*12,4*
Investmentfonds und sonstige	*5,7*	*13,0*		*10,4*		*11,7*		*7,6*
Privatpersonen/ Haushalte	50,2	36,4	28,0	29,6	22,4	22,2	17,0	14,6
ausländischer Besitz	5,4	4,2	6,5	13,7	4,0	10,3	14,0	8,7
Staat	0,0	0,0	2,5	0,2	0,7	0,5	5,0	4,3

Quelle: Prowse 1994 S. 21; Dt. Bundesbank 1997 S. 29; eigene Berechnungen.

Sowohl im marktorientierten System der USA als auch im bankorientierten Deutschland hat der Anteil der Finanzinstitutionen am gesamten Aktienbesitz zu- und der Anteil der privaten Haushalte stark abgenommen. Im UK stieg der Anteil ausländischer Aktionäre, während der Anteil der inländischen Finanzunternehmen abnahm. In Japan wiederum ergaben sich Verschiebungen von den Finanzinstitutionen zu den Nicht-Finanzunternehmen und ausländischen Aktionären. Der Anteil der privaten Haushalte blieb in den beiden zuletzt genannten Ländern nahezu konstant. Gleichzeitig widerlegen die Zahlen die verbreitete Ansicht einer dominanten Eigentümerstellung deutscher und japanischer Banken. Unabhängig von diesen Verschiebungen weist Tabelle 4 die relativ geringe Rolle des privaten Besitzes und die hohe Bedeutung des wechselseitigen Aktienbesitzes von Unternehmen in bankorientierten Ländern nach. Aufgrund ihres höheren Durchschnittsvermögens im Vergleich zu privaten Haushalten können

Unternehmen, bei gleichem Diversifikationsgrad, größere Aktienpakete je Firma halten als erstere. Tendenziell ist daher in bankorienterten Ländern eine höhere Eigentümerkonzentration zu erwarten als in marktorientierten.[52]

Nach Berechnungen von Prowse (1994 S. 35) beträgt der durchschnittliche kumulierte Anteil der fünf größten Aktionäre von Nicht-Finanzunternehmen in den USA 25,4%, im UK 20,9% in Japan und Deutschland hingegen 33,1% respektive 41,5%. Franks/Mayer (1995 S. 174) untersuchten die Eigentümerstrukturen der 170 größen Unternehmen in Frankreich, Deutschland und dem UK. Während im UK lediglich bei 16% der betrachteten Unternehmen ein einzelner Aktionär eine Beteiligung von über 25% aufwies, waren es in Deutschland (Frankreich) 85% (80%). Die in Tabelle 5 zusammengefaßten Untersuchungen bestätigen diese Resultate.[53]

Tabelle 5

Der Anteil des größten Aktionärs am Eigenkapital einzelner Firmen (in Prozent aller Beobachtungen)

<table>
<tr><th>Anteil des größten Aktionärs</th><th>> 50%</th><th>30-50%</th><th>25-30%</th><th>20-25%</th><th>15-20%</th><th>10-15%</th><th>5-10%</th><th>> 5%</th></tr>
<tr><td>USA 1</td><td colspan="4">5</td><td>1</td><td>6</td><td>15</td><td>73</td></tr>
<tr><td>USA 2</td><td>9</td><td colspan="4">29</td><td>10</td><td>29</td><td>23</td></tr>
<tr><td>UK</td><td>5</td><td colspan="3">29</td><td colspan="2">27</td><td>30</td><td>9</td></tr>
<tr><td>Japan 1</td><td>17</td><td>11</td><td colspan="4">31</td><td>16</td><td>25</td></tr>
<tr><td>Japan 2</td><td>5</td><td colspan="6">70</td><td>25</td></tr>
<tr><td>BRD 1</td><td>66</td><td colspan="3">23</td><td colspan="4">12</td></tr>
<tr><td>BRD 2</td><td>59</td><td colspan="7">41</td></tr>
</table>

Quelle: Berglöf 1991 S. 126; zum Stichprobenumfang der verschiedenen Studien siehe ebenda S. 126.

52 Zu vergleichbaren Resultaten kommt Charkham (1994 S. 105).

53 Die Aussagekraft der Tabelle ist allerdings vorsichtig zu interpretieren, da die Stichprobenumfänge erheblich variieren und die Erfassungszeiträume stark differieren.

Insbesondere in Deutschland - aber auch in Japan - ist somit die Konzentration des Eigenkapitals deutlich höher als in den marktorientierten Staaten USA und UK. Die daraus resultierenden faktischen Einflußmöglichkeiten und Incentives sind es, die die beobachtbaren Unterschiede in der unternehmensinternen Kontrolle zwischen den marktorientierten Finanzsystemen der USA und UK und den bankorientierten Systemen Japans und Deutschlands erklären können. Aufgrund der höheren Konzentration ist die Machtstellung der Aktionäre gegenüber der Unternehmenleitung in Japan und Deutschland wesentlich höher als in USA oder UK, und die Dominanz des Managements ist weniger ausgeprägt. Gleichzeitig reduziert die höhere Konzentration das *free riding*-Problem zwischen den einzelnen Aktionären, und der Anreiz für jeden Aktionär, die vorhandenen Kontrollmöglichkeiten auch zu nutzen, ist entsprechend höher.

Die Vermutung einer höheren Effizienz der unternehmensinternen Kontrolle in Japan und Deutschland scheint insgesamt gerechtfertigt. Dieses Resultat beruht jedoch nur zu einem geringen Teil auf einer unterschiedlichen juristischen Ausgestaltung der Unternehmensverfassung und weit mehr auf der höheren Eigentümer- und Gläubigerkonzentration in diesen Ländern.

2.3.2 Der market for corporate control

Eine Möglichkeit, die Schwächen der internen Kontrollmechanismen zu überwinden, sind Unternehmensübernahmen - *takeovers* - durch den Erwerb der Aktien dieser Unternehmung am Kapitalmarkt. Dieser *market for corporate control* stellt in marktorientierten Systemen das bedeutendste Instrument der Unternehmenskontrolle dar.[54] Das folgende einfache Beispiel verdeutlicht die Wirkungsweise des Marktes für Unternehmenskontrolle.

Auf einem vollkommenen Kapitalmarkt ergibt sich der Wert eines Unternehmens als der Barwert der erwarteten zukünftigen Erträge. Angenommen eine Firma habe unter der momentanen Unternehmensleitung den Wert v, unter einem optimalen Management sei aber der Wert $v+g$ realisierbar. Es besteht dann für Unternehmensexterne der Anreiz, und auf einem gut funktionierenden Kapitalmarkt auch die Möglichkeit, sämtliche Aktien der Unternehmung zum Gesamtpreis von v zu erwerben. Eine anschließende Reorganisierung der Firma und ein Managementwechsel würden den Unternehmenswert auf $v+g$ steigen lassen. Der Übernehmer könnte dann durch Veräußerung der Aktien den Gewinn g realisieren.[55]

---

[54] Vgl. zur quantitativen Bedeutung u.a. Jensen 1988; Jarrell/Brickley/Netter 1988; Franks/Mayer 1990.

[55] Vgl. Hart 1995a S. 684.

Solche sogenannten unfreundlichen Übernahmen (*unfriendly takeovers*)[56] sind nach Ansicht der Befürworter marktorientierter Finanzsysteme für die Aktionäre der effizienteste Weg, sich eines Managements zu entledigen, das entweder unfähig ist oder seine eigenen Ziele zu Lasten der Aktionäre verfolgt. Durch Übernahmen wird Produktivität und Kapitalrentabilität der jeweiligen Unternehmung erhöht und das Wohl der Aktionäre gefördert. Indirekt verbessert sich die gesamtwirtschaftliche Kapitalallokation. Allein durch die potentielle Gefahr einer möglichen Übernahme kann der *market for corporate control* Unternehmensleitungen einen Anreiz zu verstärktem Arbeitseinsatz und zu einer verstärkten Orientierung an der Rentabilität der Unternehmung geben. Davon profitieren die Aktionäre, die Volkswirtschaft und die Unternehmung an sich. Lediglich für die Unternehmensleitung wird das Leben 'unbequemer'.[57] Als Beleg für diese Einschätzung wird der starke Anstieg der Aktienkurse von Übernahmekandidaten bei Bekanntgabe des Übernahmeangebotes gesehen, der nicht durch Kursrückgänge der Aktien der übernehmenden Firma kompensiert wurde.[58]

Diese positive Wirkung von Unternehmensübernahmen wird mittlerweile vielfach in Frage gestellt. Vermuten die Kleinaktionäre, daß sie keinen Einfluß auf den Erfolg des Übernahmeversuches haben, besteht für sie der Anreiz, ihre Aktien nicht zu veräußern, um so am Gewinn des Übernehmers zu partizipieren. Der potentielle Übernehmer verliert dann die Möglichkeit, die Anteile zu einem höheren Preis als seinem Einstiegspreis zu veräußern, und er kann die mit der Übernahme verbundenen Kosten nicht decken. Ferner dient ein Übernahmeangebot dem Kapitalmarkt als Signal für nicht realisierte Gewinne. Weitere Markteilnehmer werden Übernahmeangebote abgeben, und der Übernahmepreis wird letztlich auf den tatsächlichen Firmenwert steigen. Die Informationsasymmetrie zwischen den In- und Outsidern der Unternehmung kann zudem bewirken, daß Übernahmeangebote nur erfolgreich sind, wenn der Übernahmepreis über dem wahrem Wert der Unternehmung liegt.[59]

Da für die Unternehmensleitung die Übernahme mit dem Verlust des Arbeitsplatzes verbunden ist, wird sie Abwehrmaßnahmen ergreifen. Diese erhöhen den realen Übernahmepreis bzw. führen zu einer zusätzlichen Kapitalverschwendung. Übernahmen werden vielfach nicht durchgeführt, um die Aktionäre der übernehmenden Firma besser zu stellen. Die Übernahmen dienen häufig dem Management der übernehmenden Firma dazu, die eigene Firmengröße aus-

---

[56] Als unfreundlich werden Unternehmensübernahmen bezeichnet, die gegen den Willen des Managements des übernommenen Unternehmens stattfinden.

[57] Vgl. Jensen 1988.

[58] Vgl. Jarrell/Brickley/Netter 1988.

[59] Vgl. Stiglitz 1985; Hart 1995a.

zudehnen und damit seinen eigenen Machtradius zu erweitern. Diese Ausdehnung der Tätigkeitsfelder der Firma in andere Geschäftsbereiche erfolgt dann unabhängig von Rentabilitätsüberlegungen und erhöht die Gefahr des überhöhten Angebotspreises.[60]

Da sich Übernahmeversuche am Aktienkurs der Unternehmen orientieren, führt die Gefahr von Übernahmen zu einer verstärkten Berücksichtigung des Aktienkurses durch die Unternehmensleitung. Dies kann zu einem myopischen Kapitalmarktgleichgewicht führen, in dem langfristig erfolgreichere Strategien, die vorübergehend einen geringeren Ertrag abwerfen, kurzfristigen Gewinnmöglichkeiten geopfert werden. Diese kurzfristige Orientierung ist um so ausgeprägter je bedeutender der Aktienkurs für das Management ist, d.h. je ausgeprägter die Gefahr einer Übernahme ist.[61]

In längerfristigen empirischen Untersuchungen ergaben sich in den USA keine Effizienzsteigerungen. Insgesamt wird durch Übernahmen die Produktivität bzw. Rentabilität der Firma weder verbessert noch verschlechtert.[62]

Bühner (1990 S. 41ff.; 1991) kommt in seinen Untersuchungen deutscher Fusionen ebenfalls zu einer negativen Beurteilung von Unternehmensübernahmen. Unternehmensübernahmen sind für die Aktionäre der übernehmenden Firma durchschnittlich mit Kursverlusten von 9,38% verbunden. Gleichzeitig ermittelte er einen signifikanten Rückgang der Gesamtkapitalrentabilität der übernehmenden Firma nach der Übernahme. Insgesamt kommt Bühner (1991) zu dem Ergebnis, daß "[n]on-value-maximizing management motives seem to be the relevant ones for carrying out takeovers." (Bühner 1991 S. 530) Die Ergebnisse von Bühner (1990) stehen allerdings in Widerspruch zu dieser Einschätzung. Er trennte die Gesamtgruppe aller Fusionen nach der Kontrolle über das übernehmende Unternehmen in eigentümerkontrollierte (ein einzelner Gesellschafter hält mehr als 50 Prozent des Nominalkapitals), bedingt eigentümerkontollierte (ein einzelner Gesellschafter hält zwischen 25 und 50 Prozent des Kapitals) und managerkontrollierte (alle anderen Unternehmen) Teilsample. Die Ergebnisse sind in Tabelle 6 zusammengefaßt. "Insgesamt widerspricht das Ergebnis der theoretischen Annahme, daß Manager Zusammenschlüsse aus Eigeninteresse durchführen, ohne gleichzeitig positive Auswirkungen für die Eigentümer der Unternehmen zu verfolgen." (Bühner 1990 S. 156) Vielmehr scheinen gerade die von managerkontrollierten Unternehmen durchgeführten Fusionen erfolgreich zu sein.

---

60 Vgl. Shleifer/Vishny 1988 S. 12ff. So konnten z.B. Franks/Mayer (1996) keinen Zusammenhang zwischen *hostile takeovers* und Rentabilität der Übernahmekandidaten feststellen.

61 Vgl. Stein 1989; Franks/Mayer 1990.

62 Vgl. Scherer 1988.

Tabelle 6

Vergleichende Übersicht über den Erfolg von Unternehmensfusionen

Analysegegenstand	Eigentümer-kontrolle	Bedingte Eigen-tümerkontrolle	Managerkontrolle
Kapitalmarktreaktionen[a)]	-	o	+
Gesamtkapitalrentabilität[b)]	-	-	(-)
Eigenkapitalrentabilität[b)]	-	-	+

a) Ergebnis relativ zur Gesamtanalyse (+ = besser, o = in etwa gleich gut, - = schlechter);
b) + = Verbesserung, - = Verschlechterung; der in Klammern gesetzte Unterschied ist nicht signifikant.

Quelle: Bühner 1990 S. 155.

Inwieweit Unternehmensübernahmen die Rentabilität einer Unternehmung tatsächlich verbessern, bleibt umstritten. Selbst wenn die Nachteile geringer sein sollten als die Vorteile von Übernahmen und ein positiver gesamtwirtschaftlicher Effekt resultieren würde, stellt sich die Frage, ob nicht einfachere und direktere Wege der Kontrolle existieren.[63] In einem vielbeachteten Beitrag äußerte Stiglitz hierzu die Ansicht, die Argumentation vieler Ökonomen, es gäbe Mechanismen, die ein Handeln der Unternehmensleitung im Interesse der Aktionäre sicherstellten, sei "a triumph of theory over facts ... in fact, it appears to be more a triumph of ideology over theory and fact." (Stiglitz 1985 S. 134) Die Realität hingegen sehe so aus, "that, to the extent that control is exercised, it is by banks, by lenders, and not by the owners of equity" (Stiglitz 1985 S. 140). Der Einfluß, den die Banken und andere Gläubiger auf die Unternehmung ausüben können, ist Gegenstand des nächsten Abschnittes.

2.3.3 Unternehmenskontrolle durch Gläubiger

In bankorientierten Finanzsystemen ist die Zahl und die Bedeutung von Unternehmensübernahmen gering. Feindliche Übernahmen im Sinne einer Kontrolle der Unternehmensleitungen existieren praktisch nicht.[64] Im Unterschied zu marktorientierten Systemen ist die aktive Kontrolle der Unternehmung durch die Gläubigerbanken von ausgeprägter Relevanz. Durch die Existenz zustands-

---

63 Scherer 1988 S. 81.

64 Vgl. zur quantitativen Bedeutung Franks/Mayer 1990; Prowse 1994 sowie Oda 1992 S. 295.

unabhängiger Zins- und Tilgungsverpflichtungen geht die Unternehmenskontrolle bei Zahlungsunfähigkeit auf die Gläubiger über. Dies trifft auch in marktorientierten Systemen zu. Per se ergibt sich somit kein Unterschied zwischen den verschiedenen Finanzsystemen. Wie bereits erläutert wurde, sollte allerdings eine Kontrolle der Unternehmensleitung nur dann als effizient bezeichnet werden, wenn sie sowohl ineffiziente Firmenfortführungen als auch ineffiziente Liquidationen vermeidet. Dies setzt die Möglichkeit voraus, das Schuldnerverhalten zu überprüfen. Ebenso entscheidend ist es, bei nicht normgerechtem Verhalten wirksame Sanktionen verhängen zu können. Anders ausgedrückt stellt Kontrolle die Macht dar, die Unternehmensführung zu beeinflussen bzw. die grundsätzliche Unternehmenspolitik zu bestimmen.[65]

Die Überprüfung des Schuldnerverhaltens erfordert die Beschaffung von Informationen über den Kreditnehmer. Aufgrund ihres durchschnittlich besseren Informationsstandes können Banken eher als andere Kapitalgeber beurteilen, ob Zahlungsunfähigkeit auf schlechtes Management oder auf eine nicht zu erwartende Entwicklung der Rahmenbedingungen zurückzuführen ist und inwieweit eine Fortführung der Unternehmung sinnvoll erscheint. Die Existenz von Rating-Agenturen, die die Unternehmen bewerten, steht dieser Überlegung nicht grundsätzlich entgegen. Auch Banken können die Ratingergebnisse erwerben. Im Unterschied zu den sonstigen Kapitalgebern stehen ihnen zusätzliche Informationen aus dem Kundengeschäft zur Verfügung.

Bei der Sanktion eines Fehlverhaltens der Unternehmensleitung, das nicht zur Zahlungsunfähigkeit führt, ergeben sich c.p. ebenso Vorteile der Banken gegenüber (Klein-)Aktionären. Letztere können lediglich ihren Anteil an der Unternehmung veräußern und/oder in der jährlichen Hauptversammlung die Entlastung der Unternehmensleitung verweigern. Die Banken haben hingegen bei Ablauf des Kreditvertrages einen einklagbaren Anspruch auf Rückzahlung.[66] Durchgängig können die Gläubiger durch ihre (fehlende) Bereitschaft zur Kreditvergabe, mögliche Kreditprolongationen bzw. Kreditkündigungen, Nebenabreden usw. Einfluß auf die Geschäftsführung nehmen. So erfolgt z.B. in Deutschland vielfach eine Kündigung des Kreditvertrages durch die Bank, wenn eine Unternehmung in Krisenzeiten nicht den Vorstellungen der Bank folgt.[67]

Der tatsächliche Einfluß des einzelnen Gläubigers hängt dabei ab von der relativen Bedeutung seiner Forderungen (z.B. in Relation zur Bilanzsumme) und der Existenz sonstiger Finanzierungsspielräume der Unternehmung, d.h.

---

65 Vgl. Wiendieck 1992 S. 146f.

66 Vgl. Stiglitz 1985 S. 141f.

67 Vgl. Edwards/Fischer 1994 S. 156ff.

inwieweit diese bei einer Kreditkündigung auf andere Gläubiger ausweichen kann. Der Einfluß aller Gläubiger zusammen wiederum wird durch die Höhe des Verschuldungsgrades (sei es statisch in Relation zur Bilanzsumme oder dynamisch in Relation zum cash flow) und die Konzentration der Gläubiger bestimmt. Durch den höheren Verschuldungsgrad der Unternehmen in bankorientierten Ländern ist dort der Einfluß der Gläubiger ausgeprägter als in marktorientierten Finanzsystemen. Die Unternehmenskontrolle geht in einer größeren Anzahl von Umweltzuständen auf die Gläubiger über, und auch in guten Umweltzuständen ist der faktische Einfluß der Gläubiger nicht zu vernachlässigen. Tabelle 3 zeigte die unterschiedliche Bedeutung von Bankkrediten für die Unternehmensfinanzierung in verschiedenen bank- bzw. marktorientierten Ländern. Die Bedeutung von Bankkrediten ist in den bankorientierten Ländern deutlich größer als in den marktorientierten. C.p. sind damit der Einfluß der Banken und ihre Incentives, diese Kontrollmöglichkeiten auch auszuüben, wesentlich höher. Aufgrund des Informationsvorsprunges der Banken gegenüber anderen Gläubigern kann dies einen Vorteil des bankorientierten Systems darstellen.

Ferner kann der höhere Bankanteil - aufgrund der beschränkten Teilbarkeit von Krediten - als Zeichen einer stärkeren Gläubigerkonzentration gewertet werden. Diese Tendenz zu einer höheren Konzentration wird durch die unterschiedlichen Restriktionen zur maximalen Gesamthöhe aller Kredite an einen Kunden verstärkt. Während in den USA die Summe aller Kredite an einen bestimmten Kunden 15% des Eigenkapitals der Bank nicht überschreiten darf, liegt diese Grenze in Japan bei 30% des Eigenkapitals der Bank. Im UK besteht zwar keine generelle Obergrenze, aber Kredithöhen von über 10% des Eigenkapitals sind Gegenstand verstärkter Kontrolle durch die Aufsichtsbehörden.[68] In Deutschland lag diese Grenze bis vor kurzem bei 40%, im Rahmen der EU-Harmonisierung wurde sie auf 25% gesenkt (§§ 13 u. 64d KWG).

Die höhere Konzentration der Schulden erhöht die Einflußmöglichkeiten der Gläubiger und setzt entsprechende Kontrollanreize. Sie reduziert insbesondere das *free riding*-Problem zwischen den Unternehmensgläubigern in Krisenzeiten. Dies erhöht die Effizienz der Unternehmenskontrolle und die Wahrscheinlichkeit, daß die Liquidation überlebensfähiger und -würdiger Unternehmen vermieden wird. Da die Durchführung der Unternehmenskontrolle auf die Ergebnisse der Informationsproduktion über eine Firma angewiesen ist, bestehen zwischen der Durchführung dieser Aufgaben Umfangsvorteile. Die Möglichkeit zur Verwendung kundenspezifischer Informationen für verschiedene Zwecke stellt dann c.p. einen Vorteil des Universalbankensystems gegenüber dem Trennbankensystem dar.

---

68 Vgl. Prowse 1994 S. 39; Hall 1993 S. 29-174.

In Unternehmen mit hoher Eigentümerkonzentration ist der Einfluß der Eigentümer auf die Unternehmensleitung hoch. Dies kann zu einer gesamtwirtschaftlich ineffizienten Maximierung des Eigenkapitalwertes führen. Die Einbeziehung der Gläubiger in die Kontrolle der Unternehmung, z.B. durch die Repräsentanz im Aufsichtsrat bzw. im board der Unternehmung, kann ein gläubigerschädigendes Verhalten verhindern. Dieser Einfluß darf jedoch nicht dominant werden, da sonst die Gläubiger eine Maximierung des Fremdkapitalwertes der Unternehmung durchsetzen könnten.[69] Der Simultaneität von hoher Eigentümer- und Gläubigerkonzentration in den bankorientierten Ländern Deutschland und Japan kommt somit eine Schlüsselfunktion zu. Wäre nur die Eigentümer- oder die Gläubigerkonzentration hoch, könnte dies zu einem dominanten Einfluß dieser Kapitalgeber führen. Sind indessen beide Konzentrationen ausgeprägt, hilft dies, einen ausgewogenen Einfluß von Aktionären und Gläubigern auf die Unternehmensleitung sicherzustellen und kann so die Maximierung des Gesamtkapitalwertes sichern.

2.3.4 Die Rolle des Konkursrechtes

Die Verschuldung einer Unternehmung stellt dann ein effizientes und wirksames Instrument zur Disziplinierung des Managements und zur Kontrolle der Unternehmung dar, wenn aufgrund der Ausgestaltung und Anwendung des Konkursrechtes die Insolvenz der Unternehmung tatsächlich zu einem Wechsel in der Unternehmenskontrolle führt. Ein Konkursverfahren kann dabei als *gut* bezeichnet werden, wenn es

1. den Gesamtwert der Erlöse aller Kapitalgeber maximiert,
2. die absolute Rangigkeit der Ansprüche der verschiedenen Kapitalgeber aufrechterhält und
3. seine Anwendung schnell und billig und der Entscheidungsspielraum des Konkursverwalters gering ist.[70]

Das amerikanische Konkursrecht scheint diese Voraussetzungen nicht zu erfüllen. Die Regelung nach Chapter 7 des *U.S. Bankruptcy Code* birgt die Gefahr einer überhasteten Liquidation. Dies kann zur Auflösung überlebensfähiger Firmen und zur Veräußerung von Firmenteilen weit unter deren Marktwert führen.[71] Chapter 11 wiederum schützt das Management und hält die Gläubiger für lange Zeit auf Distanz. Der Anreiz für die Manager zur Konkursvermeidung

---

[69] Vgl. Neuberger, D. 1997.

[70] Vgl. Aghion et. al.1993 S. 2.

[71] Vgl. Aghion et. al. 1992 S. 526ff.

kann dadurch entscheidend beeinträchtigt werden.[72] Ähnliche Kritik wurde am britischen *Insolvency Act* vorgebracht.[73]

Auch das Insolvenzrecht des bankorientierten Finanzsystems Deutschlands erwies sich als reformbedürftig. Die sogenannten Insolvenztatbestände legen juristisch fest, wann die Verfügungsgewalt über das Vermögen des Unternehmens auf die Gläubiger übergeht. Die Insolvenztatbestände bestehen nach deutschem Recht in der Zahlungsunfähigkeit und der Überschuldung des Gläubigers. Sie sind dann ökonomisch legitimiert, wenn bei ihrem Eintritt die Erfüllung der Gläubigerforderungen tatsächlich gefährdet ist. Diese Legitimation liegt momentan nicht bei jedem Kontrollwechsel vor, denn in der bisherigen Form begünstigt insbesondere die Überschuldungsprüfung die Auflösung von *reorganisationswürdigen* Unternehmen. Die Funktionsfähigkeit des deutschen Insolvenzrechts soll daher durch die zum 1. Januar 1999 in Kraft tretende neue Insolvenzordnung wiederhergestellt werden.[74]

Trotz dieser Kritik ergibt sich im Vergleich zu den USA ein Vorteil des deutschen Konkursrechtes. In den USA wird zwar mit *insolvency in the bankruptcy sense* eine Situation bezeichnet, in der der Wert der Verbindlichkeiten den Wert der Aktiva der Unternehmung übersteigt, eine separate Überprüfung erfolgt allerdings nicht. Als *insolvency test* dient allein der Zustand der Zahlungsunfähigkeit.[75] In Deutschland hingegen besteht mit der Überschuldung ein zusätzlicher, von der Zahlungsunfähigkeit unabhängiger Insolvenztatbestand. Eine Unternehmung ist demnach insolvent, wenn der Liquidationswert (unter der Prämisse der Firmenauflösung) bzw. der Barwert zukünftiger Erträge (unter der Prämisse der Firmenfortführung) zur Schuldendeckung nicht ausreicht.[76] Betrachtet man die in Abbildung 4 (Abschnitt 1.2.4, S. 80) dargestellten, möglichen Fehler einer alleinigen Orientierung an der Zahlungsunfähigkeit, zeigt sich der Vorteil dieser Regelung. Der Tatbestand der Überschuldung reduziert die Wahrscheinlichkeit, daß zwar zahlungsfähige aber langfristig nicht überlebensfähige Unternehmen fortgeführt werden. Er erhöht dadurch die Leistungsfähigkeit der Kapitalstruktur als Instrument der Unternehmenskontrolle.

Aufgrund des höheren Verschuldungsgrades der Unternehmen in bankorientierten Finanzsystemen sind die zustandsunabhängigen Zahlungsverpflichtungen dieser Firmen höher als in marktorientierten Systemen. Dadurch steigt die Wahrscheinlichkeit der Zahlungsunfähigkeit, und die Kontrolle geht in einer

---

72 Vgl. Hart 1995a S. 685.

73 Vgl. Aghion et. al. 1993.

74 Vgl. Burger/Schellberg 1995.

75 Vgl. Jackson 1986 S. 197ff.

76 Vgl. ausführlich Burger/Schellberg 1995.

größeren Anzahl von Umweltzuständen auf die Gläubiger über. C.p. müßte eine relativ größere Anzahl an Konkursen in bankorientierten Finanzsystemen die Folge sein. Darüber hinaus wäre für Deutschland, wegen des zusätzlichen Insolvenztatbestandes der Überschuldung, ein höheres Konkursniveau zu erwarten als für die USA. Das ist jedoch nicht der Fall. Nach Berechnungen von Frankel und Montgomery (1991) war das relative Konkursniveau in Deutschland im Zeitraum 1975 bis 1989 durchgängig niedriger als das der USA oder des UK, für Japan ergab sich von 1981/1982 bis 1989 das gleiche Bild.

In internationalen Vergleichen verschiedener Finanzsysteme wird in diesem Zusammenhang stets das Verhalten japanischer Banken in Krisenzeiten ihrer Kreditnehmer betont. Im Gegensatz zu US-amerikanischen Banken beteiligen sich japanische Kreditinstitute aktiv an der Bewältigung von Finanzkrisen ihrer Kreditnehmer. Sie intervenieren in Unternehmensentscheidungen, entsenden Direktoren, sorgen für die Ablösung von Managern, schlagen finanzielle Umstrukturierungen vor und koordinieren das Gläubigerverhalten. Durch diese Maßnahmen reduziert sich die Anzahl an externen Konfliktlösungen durch Konkurs- oder Vergleichsverfahren.[77] Eine gute Beziehung zu einer *main bank* sorgt für den Beistand der Bank in Krisenzeiten der Unternehmung und wirkt wie eine Versicherung gegen eventuelle Bankrottfälle.[78] Nach Suzuki/Wright (1985) hat die geringere Anzahl an Konkursen in Japan mehrere Gründe. Zum einen wird eine japanische Unternehmung nicht als unabhängige finanzielle Einheit verstanden. Aufgrund der wechselseitigen Beteiligungen besteht ein Beziehungsgeflecht zwischen den Unternehmen, und die Firmen können sich auf Hilfe in Krisenzeiten verlassen. Zum anderen ist - wiederum aufgrund der allgemein anerkannten Verantwortung der jeweiligen main bank für ihre Kreditnehmer - die Unterscheidung zwischen Eigen- und Fremdkapital in Japan wesentlich unklarer als in den USA. Das Bankrottrisiko japanischer Firmen ist dadurch eher von der sozialen Bedeutung der Firma und dem Ausmaß des *main bank* Engagements abhängig als vom Verschuldungsgrad. "[T]he extraordinary rescue operations performed by Japanese banks may be a significant intervening factor between financial adversity and bankruptcy in Japanese firms. US-style bankruptcy models tend to assume a neutral role of banks: sufficient deterioration in the financial condition of a company may lead directly to bankruptcy. But in Japan there is a tradition of commercial banks intervening to rescue major corporate borrowers ... to protect their loans and on behalf of the other members of their group and society in general." (Suzuki/ Wright 1985 S. 109)

Auch in Deutschland ist die Anzahl außergerichtlicher Vergleiche und Einigungsversuche zwischen Unternehmung und Gläubigern hoch. Oft wird in die-

---

[77] Vgl. Corbett 1987.

[78] Vgl. Sheard 1989 S. 407.

sem Zusammenhang daher auf ein ähnliches Verhalten deutscher Banken geschlossen. So ist z.B. ähnlich der japanischen main bank die *Hausbank*, d.h. die Bank mit dem größten Anteil der Verbindlichkeiten bzw. der längsten Kundenbeziehung, für die Koordination der Gläubiger zuständig. Ohne diese kommt eine Reorganisation nicht zustande. Ähnlich dem japanischen Finanzsystem erleichtert auch in Deutschland die hohe Konzentration der Gläubiger eine außergerichtliche Einigung, denn dadurch reduziert sich für die einzelne Bank die Möglichkeit, sich der Mitwirkung an der Reorganisation zu verweigern. Die Gefahr eines Imageverlustes und Reputationsgesichtspunkte erhöhen darüber hinaus die Wahrscheinlichkeit, daß die Banken eine Rettung der Unternehmung versuchen anstatt die Kredite fälligzustellen.[79]

Dennoch bestehen erhebliche Unterschiede im Verhalten deutscher und japanischer Banken. Deutsche Banken sind nur dann zur Rettung einer Unternehmung bereit, wenn es der Unternehmensleitung gelingt, die Banken von ihren Fähigkeiten und ihrem Sanierungskonzept zu überzeugen. Im Unterschied zu japanischen Kreditinstituten greifen deutsche Banken dabei nicht selbst in das Management der Unternehmung ein. Die Ausarbeitung eines entsprechenden Sanierungskonzeptes erfolgt durch die Unternehmensleitung oder beauftragte Beraterfirmen. Die Banken sind lediglich für die finanzielle Seite der Sanierung und die Kontaktaufnahme mit potentiellen anderen Managern zuständig.[80] Diese Arbeitsteilung erscheint sinnvoll. Zwar wird das aktive Eingreifen der japanischen Banken in die operative Führung der Unternehmung stets als Vorteil des japanischen Systems betrachtet, gleichzeitig wird aber als Schwachpunkt eines offiziellen Konkursverfahrens die fehlende Erfahrung der Konkursverwalter in der Leitung von Unternehmen beklagt und auf den Mangel an Fähigkeiten und finanziellen Anreizen zur Fortführung der Unternehmung verwiesen.[81] Eine Begründung, warum diese Überlegungen für Bankangestellte nicht zutreffen sollten, fehlt. Wenn man von der finanziellen Seite absieht, ist a priori nicht ersichtlich, warum gerade entsandte Bankdirektoren mehr von der Sanierung und Leitung eines Unternehmens verstehen sollten als z.B. die Unternehmensleitung, Beraterfirmen mit Branchenkenntnissen, Konkursverwalter oder andere Manager. Das Verhalten deutscher Banken zeigt, daß die Entsendung von Mitarbeitern in die Unternehmensleitung keine notwendige Bedingung für ein aktives Engagement zur Abwendung von Finanzkrisen darstellt.

Gemeinsam ist deutschen und japanischen Banken, daß sie in Krisenzeiten kein gerichtliches Konkurs- oder Vergleichsverfahren anstreben, sondern um eine außergerichtliche Lösung der finanziellen Probleme ihrer Kreditnehmer

---

[79] Vgl. Edwards/Fischer 1994 S. 156ff. sowie Fischer, K. 1990 S. 137f.

[80] Vgl. Edwards/Fischer 1994 S. 156ff. sowie Fischer, K. 1990 S. 137f.

[81] Vgl. z.B. Aghion et. al. 1992 S. 530; Edwards/Fischer 1994 S. 162.

bemüht sind. Das deutlich niedrigere Konkursniveau in diesen Ländern beruht zumindest zum Teil auf diesem - zwar unterschiedlichen, aber in beiden Fällen aktiven - Krisenmanagement der Banken. Zu klären bleibt, warum sich deutsche und japanische Banken in Finanzkrisen ihrer Kreditnehmer anders verhalten als amerikanische oder britische Kreditinstitute. Der bessere Informationsstand der Banken und die hieraus resultierende geringere Informationsasymmetrie zwischen Kreditnehmer und Gläubigern sind ein Erklärungsbestandteil. Durch die geringere Informationsasymmetrie sinkt die Ungewißheit seitens der Bank über die Erfolgschancen einer Firmenfortführung, und der Anreiz, eine Sanierung durchzuführen, steigt. Die höhere Gläubigerkonzentration und der höhere Anteil der Bankkredite erleichtern die Gläubigerkoordination, stärken den Einfluß der Banken im Vergleich zu anderen Gläubigern und erhöhen so die Wahrscheinlichkeit einer außergerichtlichen Einigung bei Zahlungsunfähigkeit. Dies gilt allerdings auch für marktorientierte Finanzsysteme. So wiesen Gilson et.al. (1990) für eine Stichprobe von 169 US-amerikanischen Unternehmen einen positiven Zusammenhang zwischen der Wahrscheinlichkeit für eine außergerichtliche Einigung auf der einen und der Gläubigerkonzentration und dem Anteil der Bankkredite an den Gesamtverbindlichkeiten auf der anderen Seite nach. Da aber insgesamt in marktorientierten Finanzsystemen die Gläubigerkonzentration und die Bedeutung von Bankkrediten wesentlich geringer sind, ist die Koordination der Gläubiger schwieriger, und außergerichtliche Einigungen sind insgesamt seltener der Fall.

Doch auch bei Informationssymmetrie besteht immer noch große Ungewißheit über den Erfolg einer Sanierung. Mitentscheidend für den Anreiz der Banken, sich an Sanierungsmaßnahmen aktiv zu beteiligen, sind die rechtlichen Regelungen, wie die Forderungen der Banken im Falle eines Fehlschlages der Sanierung behandelt werden. In den USA werden die Gläubiger einer Unternehmung durch starke rechtliche Beschränkungen von einer aktiven Kontrolle abgehalten. Aufgrund des Prinzips der *equitable subordination* laufen Gläubiger, die einen signifikanten Einfluß auf die Entscheidungsfindung des Kreditnehmers ausüben, Gefahr, im Bankrottfall ihren rechtlichen Status als Gläubiger zu verlieren. Ihre Forderungen werden dann wie eigenkapitalersetzende Darlehen behandelt und erst nach denjenigen aller anderen Gläubiger befriedigt.[82] Ähnliches gilt für das UK. Finanzunternehmen, die versuchen, Kreditnehmer zu beeinflussen, werden als *shadow directors* betrachtet und für Maßnahmen, die einer Minimierung des Gesamtverlustes aller Gläubiger schaden, haftbar gemacht.[83] Hierbei hat sich das Prinzip der *London Rules* durchgesetzt, die die Bank of England wie folgt zusammenfaßt: "bankers who voluntarily take on a

---

[82] Vgl. Bisignano 1991 S. 110; Roe, M.J. 1994 S. 91, 98 u. 194.

[83] Vgl. Frankel/Montgomery 1991 S. 288f.

banking relationship in good times share some responsibility with the rest of the banking community to contribute to an orderly management of crisis." (Bank of England 1990 S. 512) Anders ausgedrückt wird beim Bestehen einer Beziehung zwischen Bank und Kunde die Bank grundsätzlich als *shadow director* betrachtet. Ferner fördert das britische Konkursrecht die frühzeitige Eröffnung eines offiziellen Konkursverfahren, denn Gläubiger unbesicherter Forderungen können durch den Antrag auf Einschaltung eines Konkursverwalters ihren Forderungen Vorrang vor anderen unbesicherten Forderungen verschaffen.[84]

In Deutschland hat nur der Konkursverwalter für Fehlentscheidungen in der Unternehmensführung nach Eröffnung des offiziellen Verfahrens einzustehen.[85] Banken hingegen behalten ihren normalen Gläubigerstatus Nur wenn sie ein offizielles Verfahren bewußt hinauszögern, um zwischenzeitlich ihre Position durch zusätzliche Sicherheiten zu Lasten unbesicherter Gläubiger zu verbessern, machen sie sich der Konkursverschleppung schuldig und haften für dadurch entstandene Schäden. Einen generellen Rangrücktritt aufgrund eines aktiven Engagements gibt es nicht. Deutsche Banken werden vielmehr ermutigt, bei Sanierungsprogrammen die Federführung zu übernehmen. Entstehen anderen Gläubigern Schäden aus einer fehlgeschlagenen Sanierung, haften Banken nicht generell, sondern nur bei Vorsatz oder grober Fahrlässigkeit.

In Japan werden sogar außergerichtliche Einigungen, die andere Gläubiger benachteiligen, begünstigt. Der japanische Rechtsrahmen fördert informelle Einigungen und erschwert formale Verfahren. Es besteht z.B. bei einer offiziellen Reorganisation die Möglichkeit der persönlichen Haftung der Direktoren und Manager. Dies ist ein starker Anreiz, nach einer informellen Lösung der Finanzkrise zu suchen.[86] Zudem sind nach M.J. Roe (1994 S. 194) die Kredite der *main banks* aufgrund informeller Übereinkünfte generell nachrangig, d.h. unabhängig vom ausgeübten Einfluß. Durch ihr aktives Krisenmanagement können die Banken daher die Rückzahlungswahrscheinlichkeit ihrer Kredite nur erhöhen, aber nie verschlechtern.

Ziel der amerikanischen und britischen Regelungen mag es gewesen sein, kleinere unbesicherte Gläubiger vor einer Ausbeutung durch mögliche Koalitionen von Unternehmensleitung und Banken zu schützen. Ein eindeutig negativer Nebeneffekt ist die mangelnde Bereitschaft der Banken, sich aktiv an Unternehmenssanierungen zu beteiligen. In den USA zeigt sich dies u.a. am fehlenden Beteiligungsbesitz von *Bank Holding Companys*. Prinzipiell wäre diesen der Erwerb von Beteiligungen bis zu 5% des Eigenkapitals einer Nicht-Bank-

---

[84] Vgl. Short 1994 S. 231.

[85] Vgl. Edwards/Fischer 1994 S. 162.

[86] Vgl. Frankel/Montgomery 1991 S. 288f.

Unternehmung gestattet. Tatsächlich sind solche Beteiligungen jedoch aufgrund der *equitable subordination* nicht zu beobachten.[87]

Die Bank of England (1990 S. 512) beklagt die Kurzfristigkeit der Bank-Kunde-Beziehungen im UK. Die rein transaktionsbezogenen Geschäftsbeziehungen würden einen ausreichenden Informationsstand der Banken verhindern, und der Anreiz, Unternehmen in Krisen beizustehen, wäre gering. Die Banken müßten eine gründlichere Überwachung ihres Klientels betreiben. Banken werden jedoch nur dann langfristige Beziehungen eingehen, ihre Kunden besser überwachen und sich an der Sanierung von Unternehmen beteiligen, wenn sie dadurch ihre Position verbessern können. Die Gefahr einer Einordnung als *shadow director* und die daraus resultierende Haftung untergraben diesen Anreiz.

2.3.5 Fazit

Gegenstand dieses Abschnittes waren die Unterschiede in der Unternehmenskontrolle zwischen markt- und bankorientierten Finanzsystemen. Die Analyse dieser Unterschiede deutete auf eine effektivere Unternehmenskontrolle durch Anteilseigner und Gläubiger in bankorientierten Systemen hin. Die Vorteile einer Bankorientierung beruhen jedoch weniger auf unterschiedlichen theoretischen Kontrollmöglichkeiten als auf Unterschieden in den faktischen Einflußmöglichkeiten und unterschiedlichen Anreizen, diese Möglichkeiten wahrzunehmen. Als ausschlaggebende Kriterien wurden dabei die höhere Eigentümer- und Gläubigerkonzentration in bankorientierten Systemen sowie die unterschiedliche Behandlung der Gläubigeransprüche im Konkursfall ermittelt. Die höhere Eigentümer- und Gläubigerkonzentration erhöht sowohl den tatsächlichen Einfluß der Anteilseigner respektive Kreditgeber als auch deren Anreize, diesen Einfluß zur Kontrolle der Unternehmensleitung zu nutzen. Für eine aktives Engagement der Gläubiger einer Unternehmung bei der Lösung von Finanzkrisen konnte darüberhinaus die Sicherung ihres Gläubigerstatus' als entscheidendes Kriterium festgehalten werden.

2.4 Unterschiede aus Sicht des Firmenmanagements

Das aktive Krisenengagement der Kreditinstitute in bankorientierten Systemen kann entscheidend dazu beitragen, sowohl ineffiziente Unternehmensfortführungen als auch ineffiziente Unternehmensliquidationen zu vermeiden. Die

[87] Vgl. Prowse 1990 S.45f.; Roe, M.J. 1994 S. 98.

Manager eines Unternehmens werden die Lösung von Finanzkrisen allerdings aus einem anderen Blickwinkel betrachten. Für sie bilden die Auswirkungen einer Finanzkrise auf ihre Karriere, ihr Einkommen usw. - kurz gesagt auf ihren Marktwert - den Mittelpunkt ihrer Überlegungen.

Nach Untersuchungen Gilsons (1989, 1990) wurden in den USA in über 50% der Fälle, in denen das Unternehmen in eine Finanzkrise geriet, die Direktoren abgelöst. Die Ablösung erfolgte nicht nur in Firmen, die in Zahlungsrückstand gerieten oder in Konkurs/Vergleich gingen, sondern auch in Unternehmen, die ihre Finanzkrise durch private Umschuldungsvereinbarungen mit den Gläubigern lösen konnten. Die Ablösung war mit hohen Gehaltseinbußen verbunden, da ein Teil der ausgewechselten Manager auf mindestens drei Jahre keine vergleichbare Position innehatte, während die anderen "hold significantly fewer seats on other boards following their departure." (Gilson 1990 S. 355) Neuere Untersuchungen bestätigen diese Ergebnisse. Schwalb Hotchkiss (1995) ermittelte in 70% aller Krisenfälle einen Managementwechsel. Gilson/Vetsuypens (1993) stellten fest, daß ein Drittel aller CEOs von Krisenunternehmen entlassen wurden. Diejenigen, die in der Unternehmung verblieben, hatten starke Gehaltskürzungen hinzunehmen. Auch eine Nichterfüllung der Ertragserwartungen der Aktionäre ist für den Marktwert US-amerikanischer Manager verhängnisvoll. Martin/McConnell (1991) zeigten, daß eine Unternehmensrentabilität, die unter dem jeweiligen Industriedurchschnitt liegt, eine signifikante Ursache für eine disziplinierende (mit einem Managementwechsel verbundene) Unternehmensübernahme darstellt. Die 141 festgestellten disziplinierenden Übernahmen (von 253 insgesamt) waren mit 154 personellen Änderungen im Top-Management innerhalb der nächsten zwei Jahre verbunden. Davon waren lediglich 15 Fälle auf anstehende Pensionierungen oder Beförderungen in entsprechende Positionen der übernehmenden Firma zurückzuführen. Offen ist, ob eine zu geringe Rentabilität den Marktwert der entlassenen Führungskräfte genauso einschneidend belastet, wie der Eintritt von Zahlungsunfähigkeit.

Franks/Mayer (1990) untersuchten die Auswirkungen von Unternehmensübernahmen auf die Unternehmensleitung in Großbritannien. Bei feindlichen Übernahmen verließen 71% der Direktoren die Unternehmung, und in 64% aller Fälle wurde der CEO abgelöst.[88] Auswirkungen der Gefahr solcher Übernahmen auf das Verhalten der Unternehmensleitungen sind somit zu erwarten. Wie ausgeprägt diese Wirkungen sind, läßt sich allerdings durch den Vergleich freundlicher und feindlicher Übernahmen nicht beantworten. Zur Klärung dieser Frage untersuchten die Autoren 55 unfreiwillige Ablösungen des CEO auf ihre Ursachen (vgl. Tab. 7).

---

[88] Nach Ergebnissen von Franks/Mayer 1996 werden bei feindlichen Übernahmen sogar 90% der Direktoren abgelöst.

Tabelle 7

Ursachen für die unfreiwillige Ablösung des CEO (1. Halbjahr 1988)

Insgesamt	Unstimmigkeiten im board	Übernahmen	Streit mit Aktionären	finanzielle Engpässe	Fehlbesetzung	sonstige
55	18	14	9	5	4	5

Quelle: Franks/Mayer 1990 S. 203.

Rund 25% aller unfreiwilligen Ablösungen waren Folge einer Unternehmensübernahme. Feindliche Übernahmen waren somit zwar nicht die hauptsächliche Ursache für eine Ablösung der Unternehmensleitung, aber der *market for corporate control* bildete neben dem *board* der Unternehmung das wichtigste Kontrollorgan. Die geringe Bedeutung von finanziellen Engpässen und Fehlbesetzungen dürfte hier irreführend sein, da nicht geklärt werden konnte, wieviele 'Unstimmigkeiten', Übernahmen und 'Streitigkeiten' auf diesen Ursachen beruhen.[89]

Kang/Shivdasani (1995) ermittelten einen signifikant negativen Zusammenhang zwischen Ablösung des *president of board* und der Unternehmensrentabilität für japanische Unternehmen. Im Gegensatz zu US-amerikanischen Unternehmen verließ aber lediglich in 42 von 174 Fällen der *president* die Unternehmung, in allen anderen verblieb er im board.

Ausführlich untersuchte Kaplan den Zusammenhang zwischen Ablösung der Unternehmensleitung und Unternehmensrentabilität für 146 US-amerikanische und 119 japanische Unternehmen[90] sowie für 42 deutsche Unternehmen[91]. Abhängige Variablen waren für Japan die Ablösung des *president of board* sowie die Ablösung eines *representative directors*; für die USA die Ablösung des *CEO* sowie eines *executive directors* und für Deutschland die Ablösung des Vorstandsvorsitzenden, eines Vorstandsmitgliedes, des Aufsichtsratsvorsitzenden sowie eines Mitglieds des Aufsichtsrates.[92] Als unabhängige Variablen wurden der Ertrag je Aktie, das Umsatzwachstum, die Gewinn/Vermögens-Relation sowie eine Dummy-Variable betrachtet, die den Wert Eins annahm, sofern das Unternehmen in einer der beiden Vorperioden einen Verlust auswies.

89 Vgl. Franks/Mayer 1990 S. 199ff.

90 Vgl. Kaplan 1994a.

91 Vgl. Kaplan 1994b.

92 Zur Abgrenzung zwischen president und CEO sowie zwischen representative und executive directors vgl. ausführlich Kaplan 1994a S. 513ff. Generell werden unter representative bzw. executive directors unternehmensinterne board-Mitglieder verstanden.

Für Japan und die USA ermittelte Kaplan nicht nur die Häufigkeit einer Ablösung der Spitzenführungskraft, sondern auch deren Ursachen. Der Verbleib des *president* bzw. des *CEO* im board als *Chairman* stellte für ihn eine planmäßige Ablösung dar,[93] den Verbleib allein im board sowie das Ausscheiden aus demselben interpretierte er als außerplanmäßige Ablösung. Kaplan (1994a S. 522) klassifizierte in Japan 68,5% aller Ablösungen als planmäßig, in den USA jedoch nur 15,9%.

Bei der Untersuchung des Einflusses der einzelnen Variablen ergab sich für die Gesamtheit aller Ablösungen in Japan kein signifikanter Zusammenhang mit der Rentabilität. Für das Teilsample *außerplanmäßige Ablösungen* in Japan sowie das Gesamtsample *Ablösungen* in den USA wurde ein signifikanter Einfluß der Unternehmensrentabilität ermittelt. Erklärenden Charakter hatten in Japan die Variablen Ertrag je Aktie, Verschlechterung der Gewinn/Vermögens-Relation und Verlust in einem der beiden Jahre vor der Ablösung. In den USA kam die Variable Umsatzwachstum hinzu (vgl. Tab. 8). Um mögliche wechselseitige Abhängigkeiten der erklärenden Variablen zu berücksichtigen, wurde ferner der gleichzeitige Einfluß aller Variablen auf die beiden Stichproben erfaßt. Wiederum ergab sich für die Gesamtheit aller Ablösungen in Japan kein signifikanter Zusammenhang mit der Ertragslage des Unternehmens. Für die Teilgruppe *außerplanmäßige Ablösungen* hatte nur noch die Variable Verlust erklärenden Charakter. Die Ablösung des *CEO* in den USA war abhängig vom Ertrag je Aktie, der Veränderung des Gewinns und der Variable Verlust. Für die Ablösung eines unternehmensinternen board-Mitgliedes waren in der Einzelschätzung in Japan alle Variablen signifikant, in den USA hatte die Verschlechterung der Gewinn/Vermögens-Relation keine Erklärungkraft. Bei der simultanen Schätzung erhöhte in beiden Staaten eine Verschlechterung des Ertrags je Aktie die Ablösungsrate. In Japan war ferner die Variable Verlust signifikant.[94] Die Anzahl früherer Bankangestellter im board japanischer Unternehmen steigt signifikant, wenn sich deren Ertragslage verschlechtert. Dies deutet auf eine aktive Rolle der japanischen Banken in Finanzkrisen ihrer Kreditnehmer hin.[95]

Für deutsche Unternehmen ergab sich folgendes Bild: Der Ertrag je Aktie sowie Verluste waren signifikant ursächlich für die Ablösung mindestens eines Mitgliedes des Vorstandes bzw. der Geschäftsführung. Für den Vorsitzenden

---

[93] Übertragen auf das Prinzip der zweistufigen Unternehmensverfassung in Deutschland entspräche dies einem Wechsel des Vorstandsvorsitzenden in den Aufsichtsratsvorsitz. Für die betrachteten deutschen Unternehmen nahm Kaplan die Unterteilung in planmäßige und außerplanmäßige Ablösungen allerdings nicht vor.

[94] Kaplan 1994a S. 523ff. Eine Unterteilung in plan- und außerplanmäßige Ablösungen für die USA unterblieb.

[95] Vgl. Kaplan 1994a S. 541ff.

des Vorstandes / der Geschäftsführung war lediglich die Variable Verlust auf dem 10%-Niveau signifikant (vgl. Tab. 8). Die Größe der Effekte unterschied sich nicht signifikant von den Ergebnissen für Japan und die USA. Die Variablen Umsatzwachstum und Gewinnentwicklung hatten keine Erklärungskraft.[96] Da im Unterschied zur Untersuchung Japans und der USA eine Simultanschätzung aller Variablen nicht erfolgte, bleibt offen, ob die Variable Ertrag je Aktie tatsächlich Erklärungscharakter hat - wie im Fall der USA - , oder ob - wie im Fall Japan - nur die Variable Verlust signifikant ist. Die Untersuchung für den Aufsichtsrat ergab weder für den Vorsitzenden des Aufsichtsrates noch für eines seiner Mitglieder ein Zusammenhang zwischen Ablösung und Ertragslage. Lediglich die Ernennung neuer Mitglieder war signifikant vom Ertrag je Aktie abhängig.[97]

Tabelle 8

Die Ablösung von Mitgliedern der Unternehmensführung in Abhängigkeit von der Unternehmensrentabilität

Variable	Deutschland		USA		Japan	
	VV	VM	CEO	ED	Pr	RD
Ertrag je Aktie	insign.	sign.	sign.	sign.	Gs: insign. Ts: sign.	sign.
Umsatzwachstum	insign.	insign.	sign.	sign.	insign.	sign.
Änderung der Gewinn/ Vermögens-Relation	insign.	insign.	sign.	insign.	Gs: insign. Ts: sign.	sign.
Verlust	sign.	sign.	sign.	sign.	Gs: insign. Ts: sign.	sign

VV: Vorstandsvorsitzender; VM: Vorstandsmitglied; CEO: Chief Executive Officer; ED: Executive Director; Pr: President of the board; RD: Representative Director; Gs: Gesamtsample; Ts: Teilsample der außerplanmäßigen Ablösungen.

Quelle: Kaplan 1994a; Kaplan 1994b; eigene Darstellung.

Verschiedene Eigentümer- und Kontrollstrukturen zwischen den Ländern bewirkten keine Unterschiede, so daß " the net effect...is a relatively constant monitoring pressure on management" (Kaplan 1994b S. 155). Die mangelnde

---

96 Vgl. Kaplan 1994b S. 148ff.

97 Vgl. Kaplan 1994b S. 151ff.

Signifikanz in den Unterschieden der meisten Koeffizienten bei den verschiedenen Stichproben sind für Kaplan ein Indiz, daß "[t]o roughly the same extent and significance, poor stock returns and income losses increase the likelihood of top management turnover in Germany, Japan, and the U.S." (Kaplan 1994b S. 158).

Fest steht somit, daß auch in bankorientierten Finanzsystemen die Rentabilität der Unternehmung ein Maßstab zur Beurteilung der Unternehmensführung ist. Auch japanische Manager müssen der Unternehmensrentabilität Bedeutung beimessen, und deutsche Vorstände sind durch ihre Bankbeziehungen nicht von den Folgen einer schlechten Gewinnsituation der Unternehmung abgeschottet. Dennoch kann aus den bisherigen empirischen Ergebnissen nicht abgeleitet werden, die Ablösewahrscheinlichkeit bei Mißerfolg wäre in den drei untersuchten Staaten gleich. So ist allein nach den Daten Kaplans die Anzahl außerplanmäßiger Ablösungen der obersten Führungskraft eines Unternehmens in den USA 3,7-mal höher als in Japan. Während sich für die Gesamtheit aller Ablösungen in den USA ein signifikanter Zusammenhang mit der Ertragslage der Firma ergab, konnte für diese Gesamtheit in Japan keinerlei Zusammenhang mit der Rentabilität festgestellt werden. Für die Vorstandsvorsitzenden deutscher Aktiengesellschaften war allein die Variable Verlust auf dem 10%-Niveau signifikant. Angaben darüber, wieviele abgelöste Manager in den Aufsichtsrat wechselten, fehlen. Insbesondere ist weder für Japan noch für Deutschland geklärt, in wievielen Fällen der Gesamtheit 'Verlust machende Unternehmen' es zu einer Ablösung des Managements kam. Die Frage, ob der geringe Anteil außerplanmäßiger Ablösungen in Japan darauf beruht, daß nur sehr wenige japanische Unternehmen Verluste machen oder darauf, daß nicht in allen entsprechenden Unternehmen eine Ablösung des Managements erfolgte, bleibt offen.

Festhalten läßt sich, daß in marktorientierten Finanzsystemen unfreiwillige Ablösungen der Unternehmensleitung häufiger sind als in bankorientierten. Ob allerdings Zahlungsunfähigkeit und/oder eine geringe Rentabilität der Unternehmung in unterschiedlichen Systemen zu verschiedenen Auswirkungen auf den Marktwert der Führungskräfte führen, bleibt empirisch offen. Denn auch die Auswirkungen einer Zahlungsunfähigkeit auf die Karriere von Führungskräften, wurden bisher nur für die USA untersucht. Gerade für bankorientierte Finanzsysteme fehlen entsprechende empirische Studien.

2.5 Unternehmensfinanzierung in verschiedenen Finanzsystemen

Die bisher dargelegten Forschungsergebnisse sprechen für gewisse Vorteile eines bankorientierten Finanzsystems. Ob diese Vorteile in der Realität bestehen, läßt sich nur durch empirische Untersuchungen überprüfen.

Theoretisch könnte eine solche Überprüfung durch einen Vergleich der Differenz zwischen Kredit- und Einlagenzins, dem Spread, erfolgen. Im Idealfall kämen in der Höhe des Spreads alle Kosten, die aus der Unvollkommenheit des Kapitalmarktes resultieren, zum Ausdruck. Bei sonst gleichen Bedingungen wäre das optimale Finanzsystem dann durch den niedrigsten Spread gekennzeichnet. In der Realität kann der Spread jedoch aus mehreren Gründen nicht als hinreichend genaue Approximation der Kosten des Finanzsystems betrachtet werden.

1. Der Spread stellt nur einen Teil der Kosten dar, denn eine Vielzahl an Intermediärsprodukten wird über Gebühren und Provisionen abgegolten. Die alleinige Betrachtung des Spreads würde daher zu einer systematischen Unterschätzung der gesamten Intermediationskosten führen.

2. Es gibt weder einen landesweit einheitlichen Spread noch eine einheitliche Gebühren- und Provisionsstruktur. Vielmehr legt jede Bank ihre eigenen Konditionen fest. Für einen Ländervergleich stünde man vor dem kaum lösbaren Problem, einen vergleichbaren Durchschnittswert bilden zu müssen.

3. Die Konditionenangaben einzelner Institute sind nicht über Ländergrenzen hinweg vergleichbar. In den USA z.B. werden die *prime rates* ausgewiesen, d.h. die bestmöglichen Konditionen, von denen die meisten Kunden Abstriche hinnehmen müssen. In Deutschland erfolgt die Bekanntgabe der Mindestkonditionen, bei denen viele Kunden Verbesserungen aushandeln können. Ein Vergleich dieser ausgewiesenen Konditionen ist verzerrt, denn der durchschnittliche Spread erscheint in den USA niedriger und in Deutschland höher als er tatsächlich ist.

Unabhängig von diesen Problemen der korrekten Datenerfassung verursachen nicht nur unterschiedliche gesamtwirtschaftliche Kosten der Intermediation Unterschiede im Spread. Der Spread ist als Marktergebnis nicht unabhängig von der Marktstruktur, insbesondere der Konzentration der Anbieter. Ein hoher Spread kann daher auch auf einer generell höheren Anbieterkonzentration und daraus resultierender größerer Marktmacht beruhen, wie die Studien zum *Structure-Conduct-Performance*-Ansatz belegen.[98]

Insgesamt erscheint ein Vergleich der Spreads unterschiedlicher Finanzsysteme nicht geeignet, die Frage nach der empirischen Relevanz der theoretischen Vorteile einer Bankorientierung zu beantworten. Im folgenden werden daher insbesondere verschiedene Studien zu Unterschieden in der Unternehmensfinanzierung zwischen den Finanzsystemen erörtert.

---

[98] Vgl. die Überblicke bei Gilbert 1984 und Molyneux et.al. 1996.

2.5.1 Internationale Vergleiche

In Rahmen internationaler Vergleiche wurden vielfach anhand von OECD-Daten und länderspezifischen Quellen die Unterschiede im Verschuldungsgrad und in den Finanzierungsströmen privater Unternehmen zwischen markt- und bankorientierten Ländern untersucht (vgl. Tab. 3 sowie Abb. 7). Diese Unterschiede lassen sich durch Divergenzen in den Steuersystemen der betrachteten Länder nicht vollständig erklären, sondern sind auch auf die Verschiedenartigkeit der Finanzsysteme zurückführen. Nach verbreiteter Ansicht verfügen Kreditinstitute in bankorientierten Finanzsystemen aufgrund langfristiger Beziehungen und gleichzeitigen Beteiligungen[99] über genauere Informationen über ihre Kreditnehmer als Banken in marktorientierten Systemen, und die Informationsasymmetrie ist geringer. In Verbindung mit der stärkeren Gläubigerkonzentration und der unterschiedlichen Behandlung der Kreditgeber im Konkursfall können die Banken somit ihre Kunden effektiver kontrollieren als es in den untersuchten marktorientierten Finanzsystemen der Fall ist. Die möglichen Agency-Konflikte sind geringer.[100] Der höhere Verschuldungsgrad der Unternehmen in bankorientierten Systemen resultiert somit aus c.p. geringeren Agency-Kosten der Fremdfinanzierung. Allein aus dem höheren Verschuldungsgrad der Unternehmen eines Landes sollte allerdings aus mehreren Gründen nicht generell auf eine effiziente Lösung der Asymmetrieprobleme und Agency-Konflikte geschlossen werden.

Erstens ist die internationale Vergleichbarkeit länderspezifischer Daten stark eingeschränkt. Die Bedeutung einzelner Finanzierungsarten - insbesondere der Bankkredite - hängt erheblich davon ab, welcher Beobachtungszeitraum herangezogen wird und welche Kennzahlen und Quellen verwendet werden. So konnte Kester (1986) keine signifikanten länderspezifischen Unterschiede im bereinigten Verschuldungsgrad zwischen japanischen und US-amerikanischen Unternehmen feststellen.[101] Rajan/ Zingales (1995) kamen für eine Stichprobe von Unternehmen aus den G7-Staaten zu dem Ergebnis, daß der von ihnen 'bereinigte' Verschuldungsgrad deutscher Unternehmen mit 18% niedriger war als in allen anderen Ländern. Im Unterschied zu diesen Ergebnissen ermittelten Mayer (1988), Borio (1990), Prowse (1990) sowie McClure/Atkinson (1994) insbesondere für die USA einen deutlich geringeren Verschuldungsgrad als für Japan sowie Deutschland. Mayer (1990) und Corbett/Jenkinson (1994) wieder-

---

[99] Zur Kritik an der Beteiligungsargumentation vgl. Abschnitt 2.1.4.

[100] Vgl. u.a. Mayer 1988; Borio 1990 sowie Prowse 1994.

[101] Den bereinigten Verschuldungsgrad berechnete er als Bruttoverbindlichkeiten abzüglich Kassen-bestände, Wertpapiere und ausstehende Forderungen in Relation zum Marktwert des Eigenkapitals (vgl. Kester 1986 S. 13).

um kritisieren generell die Verwendung von Bilanzdaten aufgrund unterschiedlicher Rechnungslegungsvorschriften. Sie betrachteten gewichtete Durchschnitte der Brutto- und Netto-Finanzierungsströme zu konstanten Preisen.[102] Auch bei dieser Vorgehensweise werden die Ergebnisse erheblich durch die verwendeten Quellen und die Aggregationsweise beeinflußt.

Tabelle 9 vergleicht die Resultate von Corbett/Jenkinson (1994) mit den Ergebnissen eigener Berechnungen. Insbesondere für die Bedeutung der Finanzierung über Banken ergeben sich beträchtliche Unterschiede.[103]

Zweitens wies Stehle (1991) nach, daß die Bedeutung der einzelnen Finanzierungsarten in Deutschland stark davon abhängt, ob die Bruttogesamtinvestitionen, die Nettogesamtinvestitionen, die Bruttosachinvestitionen oder die Nettosachinvestitionen betrachtet werden.[104] Bei den jeweiligen Nettoinvestitionen war die Bedeutung der Innenfinanzierung erheblich geringer als bei den Bruttoinvestitionen.

---

[102] Mayer (1990) und Corbett/Jenkinson (1994) erachten dabei die Netto-Finanzierungsströme als die eigentlich relevante Vergleichsgröße. Diese Überlegung wäre dann zutreffend, wenn man Unternehmen als reine Produktionseinheiten ansehen könnte. Richtigerweise wird man jedoch ein Unternehmen als ein Portfolio von Vermögensgegenständen betrachten müssen. Die gleichzeitige Kreditaufnahme und Geldanlage bei Banken sind dann als bewußte Portfolioentscheidungen zu sehen und dürfen nicht gegeneinander aufgerechnet werden. Aus diesem Grund werden in der hier vorliegenden Arbeit allein die Brutto-Finanzierungsströme betrachtet.

[103] Diese Divergenzen erklären sich zumindest zum Teil dadurch, daß Corbett/Jenkinson (1994 Tab. A3) für die USA, Japan und das UK nicht nur Bankkredite als Finanzierung über Banken betrachten. Für die USA und Japan weisen sie auch Kredite von Nicht-Bank-Finanzinstitutionen und staatliche Kredite (USA) bzw. Kredite von staatlichen Finanzinstitutionen (Japan) als *Bank finance* auS. Für das UK wiederum subsumieren sie unter Bankfinanzierung "Borrowing from banks including commercial bills, other loans and mortgages ... loans by non-bank financial institutions, net commercial paper, shares of retail coops" (Corbett/Jenkinson 1994 Table A3.2). Lediglich für Deutschland betrachten sie nur Bankkredite. Betrachtet man jedoch analog der Vorgehensweise für die anderen Staaten auch für Deutschland nicht nur direkte Bankkredite, erhält man einen Anteil der Bankfinanzierung von 0,432 (alle Kredite) respektive 0,262 (Banken, Versicherungen und Bausparkassen). Die These von Corbett/Jenkinson u.a. (z.B. Mayer 1988, Mayer 1990), Bankkredite würden in Deutschland keinen bedeutenderen Beitrag zur Unternehmensfinanzierung leisten als in den USA und im UK, ist daher nicht haltbar.

[104] Dabei entsprechen nach der Definition Stehles die Bruttogesamtinvestitionen den Brutto-Finanzierungsströmen und die Bruttosachinvesitionen den Netto-Finanzierungsströmen in der Untersuchung von Corbett/Jenkinson (1994). Die Nettoinvestitionen sind Erweiterungsinvestitionen, d.h. Investitionen, die über den zur Aufrechterhaltung des Kapitalstockes notwendigen Bedarf hinausgehen.

Tabelle 9

Anteile ausgewählter Finanzierungsarten am Brutto-Finanzierungsstrom 1970 - 1989

	UK		USA		Japan		Deutschland	
Finanzierungsart	e.B.[a)]	C/J	e.B.	C/J	e.B.[b)]	C/J	e.B.	C/J
Inncnfin.	0,478	0,604	0,646	0,627	0,352	0,400	0,629	0,624
Bankkr.	0,101	0,233	0,086	0,147	0,277[c)]	0,345	0,224	0,180
Wertpap.	0,051	0,023	0,136	0,128	0,041	0,039	0,007	0,009
Aktien	0,108	0,070	-0,024	-0,049	0,063	0,039	0,017	0,023
Handelskr.	-	0,019	0,082	0,088	0,123	0,156	0,012	0,018

a) 1977-1989;
b) 1975-1989;
c) alle Finanzinstitutionen; e.B.: eigene Berechnungen; C/J: Berechnungen von Corbett/Jenkinson.

Quelle: OECD: Financial Statements of Non-Financial Enterprises, versch. Jahrgänge; Dt. Bundesbank: Ergebnisse der gesamtwirtschaftlichen Finanzierungsrechnung für Westdeutschland 1960 bis 1992; Corbett/Jenkinson 1994 S. 9.

Drittens könnten der Verschuldungsgrad sowie der höhere Anteil an Bankkrediten an der Unternehmensfinanzierung in bankorientierten Finanzsystemen auch von den höheren Sparquoten der privaten Haushalte in diesen Ländern beeinflußt sein. Unter den Befürwortern marktorientierter Finanzsysteme ist die Ansicht verbreitet, der höhere Verschuldungsgrad in den erwähnten bankorientierten Systemen beruhe auf dem niedrigeren Entwicklungsstand dieser Finanzsysteme. Die Unternehmen in diesen Ländern seien gezwungen, sich stärker zu verschulden, da sie nicht genügend Gewinne erwirtschafteten, um sämtliche notwendigen Investitionen durch Innenfinanzierung zu decken und aufgrund der 'Unterentwicklung' die Möglichkeiten, externes Eigenkapital aufzunehmen, begrenzt seien.[105] Doch auch in den marktorientierten Ländern USA und UK spielt die Finanzierung über externes Eigenkapital nur eine geringe Rolle. Betrachtet man ferner Abbildung 10 kommt auch eine entgegengesetzte Schlußfolgerung in Betracht. So könnten z.B. Unternehmen in bankorientierten Ländern aufgrund der größeren Ersparnis der privaten Haushalte in diesen Ländern einen höheren Verschuldungsgrad aufweisen, denn durch diese höhere Ersparnis sind

[105] Vgl. Borio 1990 S. 24.

die Unternehmen in geringerem Ausmaß durch ihre Innenfinanzierung in ihren Investitionsentscheidungen eingeschränkt.

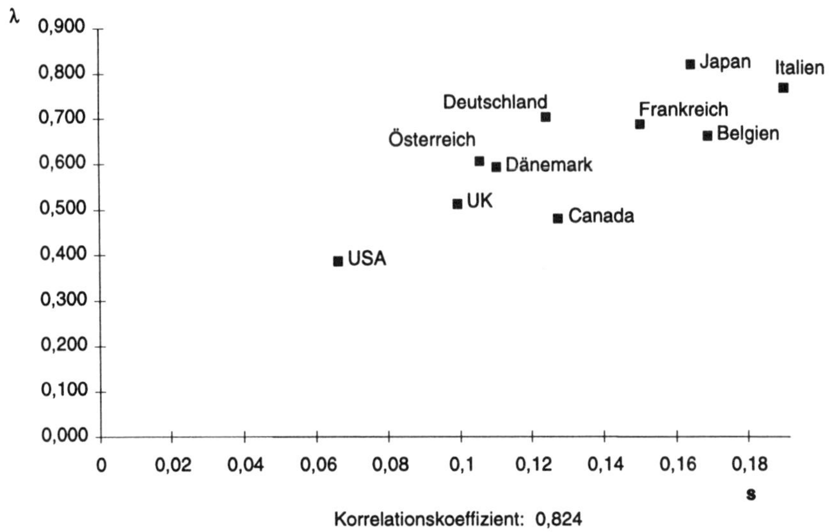

λ: durchschnittlicher Verschuldungsgrad der privaten Nicht-Finanzunternehmen;
s: durchschnittliche Nettosparquote der privaten Haushalte als Anteil der Ersparnis am verfügbaren Einkommen.

Abb. 10: Verschuldungsgrad der Unternehmen und Sparen der privaten Haushalte 1978-1990

Quelle: OECD: Economic Outlook, versch. Jahrgänge; OECD: Financial Statements of Non-Financial Enterprises, versch. Jahrgänge; Dt. Bundesbank: Ergebnisse der gesamtwirtschaftlichen Finanzierungsrechnung für Westdeutschland 1960 bis 1992; eigene Berechnungen.

Ist die optimale Portfolioaufteilung der privaten Haushalte unabhängig von der Höhe des akkumulierten Vermögens, wird bei einer höheren Sparquote tendenziell auch mehr Kapital in Anlageprodukte von Banken investiert. Dieser Effekt wird durch die stärkere Risikoaversion der Individuen in den bankorientierten Ländern Deutschland und Japan verstärkt. Die Anlage von Sparkapital bei Banken hat daher eine größere Bedeutung als in den marktorientierten Ländern USA und UK.[106]

---

[106] Generell steigt für die Stichprobe der in Abb. 10 erfaßten Länder (aufgrund mangelnder Verfügbarkeit der Daten ohne Österreich und Italien) mit der Sparquote der pri-

Tabelle 10

Die relative Bedeutung von Anlagen bei Banken
(Durchschnitt der Jahre 1979 - 1990)

Land	USA[a)]	UK[b)]	Japan[b)]	Deutschland[c)]
Bank/BIP*	0,846	0,783	1,335	1,338

a) Commercial Banks, Savings & Loans, Mutual Savings Banks;
b) Commercial Banks;
c) alle Banken.

* Einlagen bei Banken und Verbindlichkeiten aus eigenen Wertpapieren in Relation zum Bruttoinlandsprodukt;

Quelle: OECD: Bank Profitability Financial Statements of Banks; United Nations: National Accounts; eigene Berechnungen.

Boyd und Smith (1992) wiesen in diesem Zusammenhang nach, daß verschiedene Investitionsstandorte durch ein unterschiedliches Maß an Kreditrationierung gekennzeichnet sind, wenn sie verschieden mit Kapital ausgestattet sind und regionale Informationsasymmetrien bestehen. Aufgrund der Unvollkommenheit der internationalen Kapitalmärkte werden daher die Ersparnisse der privaten Haushalte eines Landes primär im Inland angelegt und hauptsächlich inländischen Unternehmen zur Verfügung gestellt. Deren Kreditfinanzierungspotential ist dann größer als das von Unternehmen in Ländern mit niedrigem Sparen[107] und sie sind in ihren Investitionsentscheidungen in geringerem Maße auf ihre eigene Ersparnis beschränkt. Bei entsprechend großer Anzahl an rentablen Invesititionsprojekten ist dann ihr Verschuldungsgrad entsprechend höher.

Insgesamt ist daher die alleinige Betrachtung der Verschuldungsgrade für einen Vergleich von Finanzsystemen nicht ausreichend. Aussagekräftigere Vergleiche sind möglich, wenn neben der Höhe des Verschuldungsgrades von Unternehmen seine Determinanten analysiert werden. Sofern Unterschiede bei der Informationsproduktion und Unternehmenskontrolle zwischen markt- und bankorientierten Finanzsystemen bestehen, sollten sich Unterschiede in den De-

vaten Haushalte auch die relative Bedeutung von Geldanlagen bei Banken. Zwischen der Sparquote der privaten Haushalte und der Relation 'Bank/BIP' bestand ein Korrelationskoeffizient von 0,701. Dabei ist zu bedenken, daß für das UK, Kanada und Japan aufgrund mangelnder Verfügbarkeit der Daten nur Commercial Banks berücksichtigt werden konnten. Bei einer Beachtung aller Banken wäre die Bedeutung von Bankeinlagen in diesen Ländern höher und die Korrelation ausgeprägter.

[107] Ebenso Cargill/Royama 1988 S. 31ff.

terminanten des Verschuldungsgrades zwischen den Systemen beobachten lassen. Dies gilt ebenso, wenn sie die Risikoaversionen der Manager von Unternehmen in unterschiedlicher Weise beeinflussen. Außer der Branchenzugehöhrigkeit der Unternehmen wurden Unterschiede in diesen Determinanten in den meisten der erwähnten Studien nicht für mehrere Länder gleichzeitig untersucht. Eine Ausnahme bilden die erwähnte Studie von Rajan/Zingales (1995) sowie eine Studie von Prowse (1990) mit einem Vergleich USA versus Japan und die Forschungen von Francfort/Rudolph (1992) mit einem Vergleich USA versus Deutschland. Auf eine Darstellung der Ergebnisse von Rajan/Zingales wird hier allerdings verzichtet, da die Ermittlung eines Verschuldungsgrades deutscher Unternehmen von 18% in Widerspruch zu allen anderen Studien steht. Die Resultate von Prowse und Francfort/Rudolph werden zusammen mit anderen, länderspezifischen Studien im nächsten Abschnitt vorgestellt.

2.5.2 Länderspezifische Studien

Die im ersten Teil dargelegten theoretischen Überlegungen zur Kreditrationierung und zur Unternehmensfinanzierung zeigten, daß mit steigender Informationsasymmetrie zwischen Unternehmen und Kapitalgebern das Ausmaß an Rationierung bzw. die Höhe der mit der Außenfinanzierung verbundenen Agency-Kosten zunimmt. Für den Verschuldungsgrad von Unternehmen ergeben sich daraus folgende empirisch überprüfbare Hypothesen.[108]

1. Der Verschuldungsgrad einer Unternehmung steigt mit der Gläubiger- und der Eigentümerkonzentration.

2. Es besteht ein negativer Zusammenhang zwischen F&E- sowie Werbeaufwendungen und Verschuldungsgrad. Zwischen dem Anteil des intangiblen Vermögens am Gesamtvermögen und dem Verschuldungsgrad besteht ebenfalls ein negativer Zusammenhang.

3. Nach der Pecking-Order-Theorie besteht eine Bevorzugung der Innenfinanzierung gegenüber der Außenfinanzierung. Bei gegebenem Investitionsvolumen sollten daher Firmen, die über ein größeres Innenfinanzierungspotential verfügen, einen geringeren Verschuldungsgrad aufweisen. Mißt man das relative Innenfinanzierungspotential einer Firma durch ihre Rentabilität, ist ein negativer Zusammenhang zwischen der Höhe der Rendite und dem Verschuldungsgrad zu erwarten.

4. Ein Zusammenhang zwischen der Größe einer Unternehmung und dem Verschuldungsgrad kann auf zwei gegenläufigen Effekten beruhen. Aufgrund

---

[108] vgl. ausführlich Schwiete/Weigand 1997a.

einer höheren Reputation älterer und größerer Unternehmen ist ein positiver Zusammenhang zu erwarten. Unabhängig von diesem Reputationsaspekt wird vielfach eine solche Beziehung vermutet, da große Unternehmen meist stärker diversifiziert sind und ihr Bankrottrisiko entsprechend geringer ist.[109] Gleichzeitig ist jedoch bei älteren und größeren Unternehmen im allgemeinen der Anteil intangiblen Vermögens am Gesamtvermögen höher als bei jungen Unternehmen. Die Agency-Kosten der Fremdfinanzierung können aus diesen Gründen mit zunehmender Unternehmensgröße steigen.[110] Ferner steigt das absolute Innenfinanzierungspotential bei gegebener Rentabilität mit der Unternehmensgröße. Ein gegebenes Investitionsvolumen kann dann zu einem größeren Teil intern finanziert werden. Aus dieser Sicht ist zwischen Verschuldungsgrad und Unternehmensgröße ein inverser Zusammenhang zu erwarten. Welcher der konkurrierenden Effekte überwiegt, kann nur durch empirische Überprüfung geklärt werden.[111]

5. Zwischen dem Unternehmenswachstum und dem Verschuldungsgrad kann ein negativer Zusammenhang bestehen, da das Unternehmenswachstum den Agency-Konflikt zwischen Eigentümern und Gläubigern verstärken kann und damit die Agency-Kosten der Verschuldung ansteigen.[112]

6. Zwischen dem Ertragsrisiko einer Unternehmung und ihrem Verschuldungsgrad besteht ein negativer Zusammenhang.

7. Wenn die Vorteile des bankorientierten Finanzsystems hauptsächlich auf Bankbeteiligungen beruhen, ergeben sich zwei Schlußfolgerungen: *a)* Innerhalb eines bankorientierten Finanzsystems bestehen Unterschiede im Verschuldungsgrad und seinen Determinanten zwischen Firmen mit und ohne Bankbeteiligung. Insbesondere ist ein positiver Zusammenhang zwischen

---

[109] Vgl. Francfort/Rudolph 1992 S. 1070.

[110] Vgl. Neuberger, D. 1994 S. 81f.

[111] Winker (1993) ermittelte einen signifikant negativen Zusammenhang zwischen Firmenalter (gemessen durch die Unternehmensgröße) und Ausmaß der Kreditrationierung. Petersen/Rajan (1994) konnten für US-Unternehmen einen positiven Zusammenhang zwischen Unternehmensgröße und Verschuldungsgrad feststellen. Andere Studien zeigten, daß sich Großunternehmen stärker intern finanzieren, während kleinere Unternehmen häufig langfristige Bankkredite in Anspruch nehmen (Neuberger, D. 1994 S. 139ff.).

[112] Vgl. u.a. Titmann/Wessels 1988 sowie Flath (1993 und 1994). Francfort/Rudolph (1992) betonen im Unterschied hierzu die Möglichkeit eines positiven Zusammenhanges, da "Unternehmen mit einer höheren Wachstumsrate einen zusätzlichen Finanzierungsbedarf aufweisen. Dieser könnte insbesondere durch eine zusätzliche Verschuldung gedeckt werden, weil zwischenzeitlich nicht immer die erforderlichen internen oder externen Eigenmittel bereitgestellt werden können." (Francfort/ Rudolph 1992 S. 1070).

dem Verschuldungsgrad einer Firma und einer bestehenden Bankbeteiligung zu erwarten. *b)* Zwischen Unternehmen ohne Bankbeteiligung in einem bankorientierten Finanzsystem und Unternehmen in einem marktorientierten Finanzsystem bestehen dann kaum Unterschiede.

2.5.2.1 Die Determinanten des Verschuldungsgrades in marktorientierten Ländern

Long/Malitz (1985) betrachteten die Bestimmungsgrößen des Verschuldungsgrades für 545 US-amerikanische Unternehmen des produzierenden Gewerbes im Zeitraum 1978-1980. Als Maß für die Verschuldung verwendeten sie u.a. den Buchwert aller ausstehenden langfristigen Verbindlichkeiten in Relation zur Bilanzsumme. Aufgrund von Informationsasymmetrie und Agency-Konflikten zwischen Unternehmen und Gläubigern vermuteten sie einen negativen Einfluß der Aufwendungen für Forschung und Entwicklung bzw. für Werbung auf den Verschuldungsgrad sowie einen positiven Einfluß der Investitionen in tangibles Kapital, d.h. einen negativen Einfluß der intangiblen Investitionen. Ferner erwarteten sie einen negativen Zusammenhang zwischen dem Verschuldungsgrad einerseits und Rentabilität sowie Geschäftsrisiko andererseits. Die empirische Überprüfung bestätigte diese Vermutungen. Alle Variablen hatten auf den Verschuldungsgrad den erwarteten positiven (bzw. negativen) Einfluß und waren hoch signifikant.[113] Titman/Wessels (1988) ermittelten ebenfalls einen negativen Zusammenhang von Rentabilität und Verschuldungsgrad. Firth (1995) ermittelte für die USA einen positiven Einfluß der Eigentümerkonzentration auf den Verschuldungsgrad. Diese Ergebnisse belegen die Existenz von Informationsasymmetrieproblemen und Princial-Agent-Konflikten für US-amerikanische Unternehmen, sie wurden durch zahlreiche andere Studien bestätigt.[114]

Petersen/Rajan (1994) untersuchten die Vorteile enger Bankbeziehungen in den USA für kleine Firmen. *Close lenders* waren für sie Banken, die neben Krediten dem Schuldner noch mindestens eine Finanzdienstleistung - z.B. Girokonto, Kreditkartenabrechnungen usw. - anboten. Enge Beziehungen zu einer Bank sollten die Verfügbarkeit von Fremdkapital erhöhen. Firmen ohne Bankbeziehungen hatten nur eine eingeschränkte Verfügbarkeit von Krediten und waren auf andere, teurere Finanzierungsquellen (z.B. Lieferantenkredite) angewiesen. Firmen mit Bankbeziehungen nutzten systematisch Skontierungsmöglichkeiten aus und zahlten Lieferantenkredite früher zurück. Ferner hing der

---

[113] Vgl. Long/Malitz 1985 S. 335ff.

[114] Vgl. den Überblick bei Harris/Raviv 1991.

Verschuldungsgrad negativ vom Alter der Firma und der Gesamtkapitalrentabilität und positiv von der Unternehmensgröße ab.[115] Da die Gesamtkapitalrentabilität als Maß für das Innenfinanzierungspotential einer Firma betrachtet werden kann, entspricht der negative Zusammenhang von Rentabilität und Verschuldungsgrad den theoretischen Überlegungen. Zwischen Alter und Verschuldungsgrad hingegen war aufgrund der Überlegungen zur Informationsasymmetrie ebenso ein positiver Zusammenhang erwartet worden wie für die Beziehung Unternehmensgröße/Verschuldungsgrad. Der beobachtete signifikant negative Zusammenhang wird von Petersen/Rajan auf einen geringeren Kreditbedarf älterer Unternehmen zurückgeführt[116]. In den Jahren nach der Firmengründung ist der relative Bedarf an Fremdkapital geringer als in der Anfangszeit. Dementsprechend sinkt der Verschuldungsgrad im Zeitablauf. Ein Indiz für diese Überlegung ist der von den Autoren ermittelte signifikant positive Zusammenhang von Firmenalter und Ausnutzung von Skontierungsmöglichkeiten sowie der signifikant negative Zusammenhang von Firmenalter und Zahlungsrückständen.[117]

2.5.2.2 Die Determinanten des Verschuldungsgrades in bankorientierten Ländern

Prowse (1992) sowie Hoshi et. al. (1990, 1991) ermittelten innerhalb Japans für Keiretsu-Unternehmen einen positiven Zusammenhang von Eigentümer- bzw. Gläubigerkonzentration und Verschuldungsgrad. Bei Keiretsu-Mitgliedern hielt der größte Gläubiger durchschnittlich etwa 22% des Fremd- und 6% des Eigenkapitals. Die fünf größten Gläubiger hielten zusammen etwa 50% des Fremd- und 18% des Eigenkapitals. Der durchschnittliche Verschuldungsgrad von Keiretsu-Firmen entsprach ungefähr dem 1,5-fachen des Verschuldungsgrades der *freien* Unternehmen.[118] Die Resultate von Hoshi et. al. (1990) bestätigen ferner, daß Bankbeteiligungen keine notwendige Bedingung enger Kundenbeziehungen darstellen. Die Autoren ermittelten einen signifikant negativen Effekt der Interaktion von Bankbeteiligung und Höhe der Kreditvergabe. Dem-

---

[115] Vgl. Petersen/Rajan 1994 S. 18ff.

[116] Vgl. Petersen/Rajan 1994 S. 18.

[117] Vgl. Petersen/Rajan 1994 S. 26ff.

[118] Vgl. Prowse 1992 S. 1123 f.; Hoshi et. al. 1990 S. 79; Hoshi et. al. 1991 S. 38 f. Hoshi et. al. (1990, 1991) wiesen ferner das größere Fremdfinanzierungspotential japanischer Keiretsu-Unternehmen nach. Die Investitionen von Mitgliedern einer Keiretsu waren signifikant weniger vom eigenen Innenfinanzierungsspielraum abhängig als die anderer Unternehmen. Ihre Ergebnisse zeigen ferner, daß auch Firmen, die nicht Mitglieder einer Keiretsu waren, den Agency-Konflikt lösen konnten, wenn sie enge Bankbeziehungen aufbauten.

nach haben Banken mit einem hohen Anteil am Fremdkapital eines Unternehmens auch ohne große Beteiligungen hinreichende Anreize zu einem aktiven Krisenmanagement.[119]

Prowse (1990) untersuchte für 741 US-amerikanische sowie 133 japanische Aktiengesellschaften der verarbeitenden Industrie die Bestimmungsgrößen des Verschuldungsgrades im Zeitraum 1980 - 1984. Die betrachteten japanischen Unternehmen waren alle Mitglieder einer Keiretsu und hatten daher traditionell enge Bindungen an eine oder mehrere Banken. Als erklärende Variablen zog er u.a. die Forschungsintensität der einzelnen Firmen, die Umsatzrendite (als Maß für das Innenfinanzierungspotential), eine Variable für das Geschäftsrisiko der Firma sowie ein Maß für die unterschiedliche steuerliche Behandlung von Eigen- und Fremdkapital heran. Das Geschäftsrisiko stellte für Prowse ein Maß für die Höhe der Bankrottkosten dar. Zur Berücksichtigung industriespezifischer Besonderheiten verwendete er Dummy-Variablen auf dem Zwei-Steller-Niveau.[120] Tabelle 11 gibt die Koeffizienten der Forschungsintensität, der Umsatzrendite und des Geschäftsrisikos für beide Stichproben wieder.

Tabelle 11

Bestimmungsgrößen des Verschuldungsgrades japanischer und US-amerikanischer Unternehmen (t-Werte in Klammern)

Variable	USA	Japan
F&E-Intensität	-0.60 (3.6)	1.5 (2.1)
Umsatzrendite	-1.06 (9.0)	-0.55 (0.4)
Geschäftsrisiko	-0.01 (8.6)	-0.07 (1.9)

Quelle: Prowse 1990 S. 61.

Für die USA wiesen alle drei Koeffizienten den erwarteten signifikant negativen Wert auf. Für die japanischen Unternehmen war kein Zusammenhang zwischen Umsatzrendite und Verschuldungsgrad festzustellen. Der Einfluß des Geschäftsrisikos war 'marginal' signifikant negativ. Der Koeffizient der Forschungsintensität war signifikant positiv. Für die betrachteten japanischen Unternehmen konnte daher die Existenz gravierender Agency-Probleme verneint werden. Weder waren besonders forschungsintensive Unternehmen in ihren Finanzierungsmöglichkeiten gegenüber anderen Unternehmen benachteiligt, noch

---

[119] Vgl. Hoshi et.al. 1990 S. 83.

[120] Vgl. Prowse 1990 S. 57ff.

waren die Unternehmen in ihren Investitionsmöglichkeiten durch ihren Innenfinanzierungsspielraum begrenzt. Diese Ergebnisse stehen in Gegensatz zu den Resultaten für die USA, für die die Existenz von Agency-Problemen mehrfach nachgewiesen wurde. Das signifikant positive Vorzeichen der Forschungsintensität bei japanischen Unternehmen läßt sich anhand der theoretischen Überlegungen in Abschnitt 1.3 erläutern. Das japanische Bankensystem scheint die Risikoaversion der Unternehmensleitungen zu senken und erklärt so den positiven Zusammenhang zwischen Forschungsintensität und Verschuldungsgrad. Da Prowse in der Stichprobe Japan nur Firmen betrachtete, die Mitglieder einer Keiretsu waren, bleibt in seiner Untersuchung ungeklärt, ob die Vorzüge des japanischen Finanzsystems auch anderen Unternehmen offen stehen.

Aufschluß hierüber geben die Ergebnisse von Flath (1993 und 1994). Flath untersuchte 1993 für das Fiskaljahr 1980 die Determinanten des Verschuldungsgrades von 142 Keiretsu- und 981 Nicht-Keiretsu-Fimen[121] bzw. 1994 von 143 Keiretsu- und 996 Nicht-Keiretsu-Fimen.[122] Der Verschuldungsgrad der Keiretsu-Unternehmen war deutlich höher, und innerhalb der Gruppe der Keiretsu-Firmen bestand in der 93er Untersuchung ein signifikant positiver Zusammenhang zwischen Kredithöhe und der Höhe der Beteiligung der Hauptgläubiger. Für die Nicht-Keiretsu-Unternehmen war dieser Zusammenhang insignifikant. Flath wertet diese Ergebnis als Beleg für die Vorzüge einer Keiretsu-Zugehörigkeit.[123] In der 94er Untersuchung war allerdings auch für die Gruppe der Keiretsu-Unternehmen kein Zusammenhang zwischen Ausmaß der Beteiligung und Verschuldungsgrad nachweisbar.[124] In der 93er und der 94er Untersuchung waren die Variablen *Forschungsintensität* und *Anteil intangibles Vermögen am Gesamtvermögen* für Keiretsu- und Nicht-Keiretsu-Unternehmen gleichermaßen klar insignifikant. Die Variable *Umsatzrentabilität* hatte in beiden Untersuchungen für alle Unternehmen einen signifikant negativen Einfluß auf den Verschuldungsgrad. Ihr Koeffizient war dabei für die Gruppe der Keiretsu-Unternehmen ca. doppelt so hoch wie für die anderen Unternehmen. Signifikante Vorteile von Keiretsu-Unternehmen bestanden demnach für die betrachteten Stichproben nicht. Dies bestätigt die bereits erwähnten Resultate von Hoshi et. al. (1990). Die Zugehörigkeit zu einer Keiretsu scheint keine notwendige sondern bestenfalls eine hinreichende Bedingung für eine effiziente Lösung der Agency-Konflikte zu sein. Die Frage, inwieweit eine Bankbeteiligung eine notwendige oder nur eine hinreichende Bedingung für eine enge Bindung

---

[121] Vgl. Flath 1993.

[122] Vgl. Flath 1994.

[123] Vgl. Flath 1993 S. 256.

[124] Vgl. Flath 1994 Tab. 6. In beiden Stichproben war der Zusammenhang insignifikant.

zwischen Kreditinstitut und Firma ist, kann anhand der Ergebnisse von Flath allerdings nicht beantwortet werden, da auch in der Gruppe der Nicht-Keiretsu-Unternehmen Bankbeteiligungen bestanden.

Francfort/Rudolph (1992) überprüften eine Stichprobe von 158 deutschen und 181 US-amerikanischen Unternehmen für das Jahr 1988 auf Unterschiede in der Kapitalstruktur. Untersucht wurde der Einfluß der Rentabilität, des Ertragsrisikos, der Unternehmensgröße, des Unternehmenswachstums und der Branchenzugehörigkeit auf vier verschiedene Kennzahlen der Kapitalstruktur. Tabelle 12 faßt ihre nach Länderzugehörigkeit getrennten Ergebnisse zusammen.

Tabelle 12

Einflußgrößen der Kapitalstruktur für deutsche und US-amerikanische Unternehmen 1988

abhängige Variable / unabhängige Variable	BV / BW	NV / BW	BV / MW	NV / MW
US Gewinnrate	signif. neg.	signif. neg.	signif. neg.	signif. neg.
D Gewinnrate	insignif.	insignif.	signif. neg.	signif. neg.
US Ertragsrisiko	signif. neg.	signif. neg.	insignif.	insignif.
D Ertragsrisiko	signif. pos.	signif. pos.	signif. neg.	signif. neg.
US Wachstumsrate	insignif.	insignif.	insignif.	insignif.
D Wachstumsrate	insignif.	insignif.	insignif.	insignif.
US Größe	signif. pos.	singif. pos.	insignif.	insignif.
D Größe	insignif.	insignif.	signif. pos.	insignif.

US = US-amerikanische Unternehmen; D = Deutsche Unternehmen;
BV / BW: Bruttoverschuldung / Buchwert des Eigenkapitals; NV / BW: Nettoverschuldung / Buchwert des Eigenkapitals; BV / MW: Bruttoverschuldung / Marktwert des Eigenkapitals; NV / MW: Nettoverschuldung / Marktwert des Eigenkapitals.

Quelle: Francfort/Rudolph 1992 S. 1073f.

Die Wachstumsrate einer Unternehmung hatte demnach durchgehend keinen Einfluß auf den Verschuldungsgrad einer Unternehmung. Dies könnte ein Indiz dafür sein, daß sich die erwähnten positiven und negativen Effekte gegenseitig kompensieren. Unterschiede zwischen deutschen und US-amerikanischen Unternehmen ergaben sich allerdings bei allen anderen Variablen. Die Rentabilität wies für US-Unternehmen generell einen signifikant negativen Einfluß auf den Verschuldungsgrad auf, für deutsche Unternehmen hingegen nur bei den Berechnungen auf Marktwertbasis. Für US-Unternehmen wiederum ergab sich nur auf Buchwertbasis ein signifikant negativer Zusammenhang zwischen Größe und Verschuldungsgrad, für deutsche Unternehmen nur auf Marktwertbasis für die Bruttoverschuldung. Das Ertragsrisiko war für US-Unternehmen nur auf Buchwertbasis und für deutsche Unternehmen nur auf Marktwertbasis signifikant negativ. Auf Buchwertbasis wurde für deutsche Unternehmen ein signifikant positiver Einfluß des Risikos festgestellt, der von den Autoren nicht weitergehend hinterfragt wird.[125]

In einem hierarchischen Test zwischen Untermengen der Regressionskoeffizienten stellten Francfort/Rudolph abschließend fest, daß über Unterschiede in den erwähnten Variablen hinaus "der 'Standort der Gesellschaften' einen 'wesentlichen Einflußfaktor für den Verschuldungsgrad' der Gesellschaften darstellt." (Francfort/Rudolph 1992 S. 1075, H.i.O.) Die Autoren sehen dies als Beleg für im Finanzsystem bedingte Unterschiede zwischen den betrachteten Ländern. Ein systematischer und empirisch beobachtbarer Unterschied zwischen den Finanzsystemen Deutschlands und der USA sind die möglichen Beteiligungen deutscher Banken am Eigenkapital ihrer Kunden. Zu klären bleibt, ob und wieweit die von Francfort/Rudolph ermittelten Unterschiede tatsächlich auf Bankbeteiligungen beruhen oder ob sie andere Ursachen haben.

Elston/Albach (1995) untersuchten für eine Stichprobe von 121 deutschen Aktiengesellschaften im Zeitraum 1967-1992 den Zusammenhang zwischen Bankbeteiligung und Kreditrationierung. Bankbeteiligte Unternehmen unterlagen bei Investitionsentscheidungen zu keinem Zeitpunkt Liquiditätsrestriktionen. Signifikante Liquiditätsrestriktionen zeigten sich für Unternehmen ohne Bankbeteiligungen im Teilzeitraum 1983-1992, nicht jedoch in anderen Abgrenzungen des Beobachtungszeitraumes. Die Autoren werten dieses Ergebnis als Indiz für die Bedeutung von Bankbeteiligungen. Sie räumen jedoch ein, daß ihre Resultate auch darauf beruhen können, daß Banken gezielt Beteiligungen an besonders rentablen Unternehmen erwerben. Die Determinanten des Verschuldungsgrades der Unternehmen wurden nicht überprüft.

---

[125] Eine Ursache dieses nicht erklärbaren positiven Zusammenhangs könnte ein Fehlspezifikation des statistischen Schätzansatzes sein. Francfort/Rudolph verwenden einen einstufigen Schätzansatz. Dies setzt die Exogenität aller erklärenden Variablen vorauS. Ist dies nicht der Fall, führt ein einstufiger Schätzansatz zu verzerrten Schätzergebnissen. Insbesondere bei der Rentabilität erscheint die Annahme der Exogenität zweifelhaft (vgl. Schwiete/Weigand 1997), so daß die Resultate von Francfort/Rudolph zumindest kritisch hinterfragt werden müssen. Unterschiede bestanden auch bei der Branchenzugehörigkeit. Diese werden hier jedoch nicht näher betrachtet.

Ausführlich prüften Schwiete und Weigand (1997a) den Einfluß von Bankbeteiligungen auf das Verschuldungsverhalten von 230 deutschen Aktiengesellschaften für den Zeitraum 1965 bis 1986. Geschätzt wurde die Abhängigkeit des Verschuldungsgrades von einer Bankbeteiligung, der Eigentümerkonzentration, der Eigenkapitalrentabilität, der Forschungsintensität der Branche, dem Ertragsrisiko, dem Unternehmenswachstum sowie der Unternehmensgröße. Die Bankbeteiligung wurde über eine Dummy-Variable erfaßt, die den Wert eins annahm, wenn eine Bankbeteiligung bestand. Erste Schätzungen des Verschuldungsgrades nach der OLS-Methode sowie nach dem *Random Effects*-Ansatz lieferten für die Bank-Dummy mit 0,001 (0,08) respektive 0,003 (0,27) einen statistisch völlig insignifikanten Erklärungsbeitrag (t-Werte in Klammern).

Diese Einschätzung wurde durch eine Aufteilung der Stichprobe in bankbeteiligte Unternehmen und Unternehmen ohne Bankbeteiligung bestätigt. Von den 230 Unternehmen der Stichprobe wiesen 34 Unternehmen eine Bankbeteiligung, 196 Aktiengesellschaften dagegen keine Beteiligung eines Kreditinstitutes auf. Der durchschnittliche Verschuldungsgrad der Gesamtstichprobe war 53,3%. Die Gruppe der bankbeteiligten Unternehmen besaß mit 52,5% einen niedrigeren mittleren Verschuldungsgrad als die Gruppe der Unternehmen ohne Beteiligung mit 54,0%.[126] Sofern Unternehmensbeteiligungen Banken den Zugang zu entscheidungsrelevanten Insider-Informationen eröffnen, wäre für Firmen mit Bankbeteiligung ein höherer Verschuldungsgrad zu erwarten gewesen als für Firmen ohne Bankbeteiligung. Dies gilt auch, wenn eine Bankbeteiligung ein eindeutiges Zeichen für das Bestehen einer langfristigen Kundenbeziehung ist. Die ermittelten Ergebnisse sind dagegen ein Indiz für eine geringe Bedeutung von Bankbeteiligungen zur Lösung von Agency-Problemen in der betrachteten Stichprobe.[127]

Um den Einfluß einer Bankbeteiligung auf die anderen potentiellen Determinanten zu überprüfen, schätzten die Autoren diese sowohl für alle Unternehmen als auch getrennt nach bankbeteiligten Unternehmen und Unternehmen ohne Bankbeteiligung auf der Basis eines zweistufigen *Fixed Effects*-Ansatzes. Tabelle 13 gibt die Resultate dieser Schätzung wieder. Zeile vier zeigt dabei die Signifikanz der Bankbeteiligung für die Unterschiede zwischen Unternehmen mit und ohne Bankbeteiligung.

Der Einfluß der Eigenkapitalrentabilität war signifikant positiv und nicht allein auf den arithmetischen *leverage*-Effekt zurückzuführen. Es scheint daher

---

[126] Der Unterschied im Verschuldungsgrad zwischen den Firmengruppen war allerdings nicht signifikant.

[127] Neuere Untersuchungen der Autoren ermittelten ebenfalls einen absolut insignifikanten Einfluß der Bankbeteiligung auf den Verschuldungsgrad (vgl. Schwiete/Weigand 1997b).

unabhängig von eventuellen Bankbeteiligungen keine Dominanz der Innenfinanzierung bei den betrachteten Unternehmen vorzuliegen.[128]

Tabelle 13

Determinanten des Verschuldungsgrades deutscher Unternehmen bei endogener Eigenkapitalrendite (2SLS-Fixed Effects)

REN	F+E	RISIKO	WUE	G	E
alle Unternehmen					
0,880*** (5,76)	0,219* (1,95)	-0,181*** (4,53)	-0,277*** (3,22)	-0,091*** (3,22)	0,060*** (3,87)
Unternehmen mit Bankbeteiligung					
0,989*** (3,64)	-0,864* (1,85)	-0,185* (1,81)	-0,334** (1,97)	-0,171*** (3,34)	0,091 (1,50)
Unternehmen ohne Bankbeteiligung					
0,834*** (4,54)	0,282** (2,45)	-0,169*** (3,57)	-0,257** (2,48)	-0,069** (2,05)	0,055*** (3,41)
Bedeutung der Bankbeteiligung					
0,155 (0,47)	-1,146** (2,38)	-0,016 (0,14)	-0,077 (0,39)	-0,102* (1,66)	0,036 (0,57)

***, **, * = 99%, 95%, 90%-Signifikanzniveau (zweiseitiger Test);
REN: Eigenkapitalrendite; F+E: Forschungsintensität der Branche; Risiko: Ertragsrisiko; WUE: Unternehmenswachstum; G: Unternehmensgröße; E: Eigentümerkonzentration.

Quelle: Schwiete/Weigand 1997a, S. 25.

Für den positiven Zusammenhang bieten sich drei Erklärungen an: "1. Die Rentabilität einer Unternehmung kann entscheidend von Art und Umfang potentieller Investitionsprojekte abhängen. Bei einer effizienten Lösung von Agency-Konflikten besteht die Möglichkeit, besonders rentable Projekte, die

[128] Schwiete/Weigand (1997b) ermittelten für eine Stichprobe von 222 Unternehmen einen ebenfalls signifikant positiven Einfluß der Gesamtkapitalrentabilität auf den Verschuldungsgrad. Dieses Resultat ist zum einen ein Indiz dafür, daß der festgestellte positive Einfluß der Eigenkapitalrentabilität auf den Verschuldungsgrad tatsächlich unabhängig vom arithmetischen *leverage*-Effekt ist. Zum anderen ist es ein weiteres Indiz für eine Minderung des Agency-Konfliktes zwischen Unternehmen und Gläubigern im deutschen Finanzsystem.

nicht allein durch Innenfinanzierung zu decken sind, durchzuführen. 2. Sofern für die betrachteten Unternehmen das Anreizproblem über entsprechende Überwachungs- und Kontrollmöglichkeiten hinreichend effizient gelöst wurde, wird im Verhältnis zu den Unternehmensgläubigern das Ausleseproblem dominant. Die Rentabilität eines Unternehmens kann in diesem Fall auch als Kreditwürdigkeitssignal interpretiert werden. 3. Möglicherweise stellt die Rentabilität keine geeignete Variable zur Erfassung des Innenfinanzierungspotentials dar" (Schwiete/Weigand 1997a S. 24f.).

Auch die Koeffizienten der Eigentümerkonzentration weisen das erwartete positive Vorzeichen auf und sind bis auf die Unternehmen mit Bankbeteiligungen hochsignifikant. Ein negativer Einfluß der F&E-Intensität war nur für die bankbeteiligten Unternehmen feststellbar. Für das Gesamtsample und die Unternehmen ohne Bankbeteiligung liegt ein signifikant *positiver* Zusammenhang vor. Dieser positive Einfluß spricht für die Richtigkeit der in Abschnitt 1.3 abgeleiteten Überlegungen zur Nutzenmaximierung von Unternehmensleitungen. Investitionen in F&E bzw. intangibles Vermögen können produktiver sein als tangible Investitionen, sie sind aber in der Regel auch riskanter und daher häufiger mit finanziellen Engpässen verbunden. Mit sinkender Informationsasymmetrie zwischen Firmenmanagement und Gläubigern können Banken eher beurteilen, ob Zahlungsschwierigkeiten auf Unfähigkeit der Firmenleitung oder ungünstige Rahmenbedingungen zurückzuführen sind. Dies kann den Anreiz des Managements, in F&E zu investieren, erhöhen und zu einer positiven Korrelation von Verschuldungsgrad und Forschungsintensität führen. Gleichzeitig kann der positive Zusammenhang auf größere Investitionsvolumina forschungsintensiver Branchen zurückzuführen sein, da dadurch der Bedarf an Fremdkapital steigt.

Ertragsrisiko und Unternehmenswachstum übten den erwarteten negativen Einfluß auf den Verschuldungsgrad aus. Ein höheres Ertragsrisiko bedeutet c.p. ein höheres Bankrottrisiko. Dieses höhere Bankrottrisiko wird durch die Gläubiger durch eine geringere Bereitschaft zur Kreditvergabe kompensiert.

Der negative Einfluß des Unternehmenswachstums beruht nicht mit Sicherheit auf höheren Agency-Kosten, da gleichzeitig ein positiver Einfluß des Wachstums auf die Eigenkapitalrendite festgestellt wurde. Dies bedeutet, daß schneller wachsende Unternehmen ein größeres Innenfinanzierungspotential aufweisen und bei gegebenem Investitionsvolumen weniger auf Fremdfinanzierung angewiesen sind. Analoge Überlegungen können zur Erklärung des negativen Koeffizienten der Unternehmensgröße angeführt werden.[129]

---

[129] Die Ergebnisse von Audretsch/Elston (1994) deuten ebenfalls in diese Richtung. Die Autoren fanden einen negativen Zusammenhang von Liquiditätsrestriktionen und Unternehmensgröße. Würde der negative Zusammenhang von Größe und Verschul-

Zur Bedeutung von Bankbeteiligungen kommen die Autoren zu keinem einheitlichen Ergebnis. Systematische Unterschiede zwischen den Firmengruppen ergaben sich nur für die Variablen Forschungsintensität der Branche und Unternehmensgröße. "Diese Unterschiede sind jedoch ein Indiz für die Irrelevanz von Bankbeteiligungen bei der Lösung von Agency-Konflikten. Wären Bankbeteiligungen ausschlaggebend, hätte für bankbeteiligte Firmen kein Zusammenhang zwischen Verschuldungsgrad und F+E-Intensität sowie Größe bestehen dürfen. Die Ergebnisse widersprechen dieser Einschätzung. Die F+E-Intensität übt bei Firmen ohne Beteiligungen einen signifikant positiven, bei bankbeteiligten Firmen einen signifikant negativen Einfluß auf den Verschuldungsgrad aus" (Schwiete/Weigand 1997a S. 27). Die Lösung von Agency-Konflikten scheint somit für die betrachteten Unternehmen unabhängig von Bankbeteiligungen zu sein.

Auch der signifikant größere Einfluß der Unternehmensgröße bei den bankbeteiligten Unternehmen widerspricht den Überlegungen zu möglichen Informations- und Kontrollvorteilen aufgrund von Bankbeteiligungen. Er bleibt ferner unerklärt, da zwischen den Firmengruppen der bank- und nicht-bankbeteiligten Unternehmen keine signifikanten Größenunterschiede bestehen.

2.5.3 Fazit

Die eingangs geschilderten internationalen Vergleiche waren ein erstes, wenn auch grobes, empirisches Indiz für komparative Vorteile eines bankorientierten Finanzsystems bei der Finanzierung von Unternehmen. Die länderspezifischen Untersuchungen zu den Determinanten des Verschuldungsgrades bestätigen diese Einschätzung.

Für US-amerikanische Unternehmen konnte durchgehend ein signifikant negativer Zusammenhang zwischen Verschuldungsgrad und Forschungsintensität sowie Rentabilität festgehalten werden. Für japanische und deutsche Unternehmen ließ sich ein negativer Einfluß der Forschungsintensität auf den Verschuldungsgrad nicht nachweisen. Die Evidenz über den Zusammenhang zwischen Rentabilität und Verschuldungsgrad ist in bankorientierten Systemen nicht eindeutig. Prowse (1990) ermittelte für Japan einen signifikant positiven Einfluß der Rentabilität, Flath (1993, 1994) hingegen einen signifikant negativen. Francfort/Rudolph (1992) kamen für deutsche Unternehmen unter Verwendung der Gesamtkapitalrentabilität bei Berechnung des Verschuldungsgrades mit dem Eigenkapitals auf Marktwertbasis zu einem signifikant negativen Einfluß auf

---

dungsgrad durch mit der Größe zunehmende Agency-Kosten der Fremdfinanzierung dominiert, hätte ein positiver Zusammenhang beobachtet werden müssen.

den Verschuldungsgrad, bei Berechnung des auf Buchwertbasis zu einem insignifikant positiven Erklärungsbeitrag. Schwiete/Weigand (1997a) ermittelten einen signifikant positiven Einfluß der Eigenkapitalrendite, Schwiete/Weigand (1997b) einen signifikant positven Beitrag der Gesamtkapitalrentabilität. Festzuhalten bleibt, daß sich für deutsche Unternehmen unabhängig vom verwendeten Renditemaß ein negativer Einfluß bei Berücksichtigung des Eigenkapitals zu Buchwerten nicht nachweisen ließ.

Die Ergebnisse zeigen somit Ähnlichkeiten des deutschen und des japanischen Finanzsystems bei der Lösung von Principal-Agent-Problemen. Trotz des stark unterschiedlichen Regulierungsausmaßes zwischen den Finanzsystemen Japans und Deutschlands erfolgt ihre Gleichsetzung in Bezug auf die Unternehmensfinanzierung zu Recht. Für die betrachteten Unternehmen lösen die jeweiligen Finanzsysteme Principal-Agent-Konflikte effizient und senken die Risikoaversion der Führungskräfte von Unternehmen in den jeweiligen Volkswirtschaften. Diese Ergebnisse stehen in Kontrast zu den Ergebnissen für die USA. Die These, das marktorientierte Finanzsystem der USA sei fortschrittlicher und befinde sich auf einer höheren Entwicklungsstufe als die bankorientierten Finanzsysteme in Europa und Japan, darf daher aus Sicht der Unternehmensfinanzierung bezweifelt werden. Die vorliegenden Resultate deuten zudem auf die Unabhängigkeit der Vorzüge eines bankorientierten Finanzsystems von Bankbeteiligungen hin. Ausschlaggebender sind die höhere Eigentümer- und Gläubigerkonzentration und langfristige Beziehungen zwischen Gläubigern Unternehmen. Wie in Abschnitt 2.3.4 detailliert dargelegt, werden diese Beziehungen stark durch die unterschiedliche Behandlung der Gläubigeransprüche im Konkursfall beeinflußt.

Ausgehend von diesen Resultaten und den theoretischen Erkenntnissen des ersten Teils werden nun im nächsten Teil wirtschaftspolitische Implikationen für die Transformation der Finanzsysteme in Osteuropa ermittelt und ihre Umsetzung untersucht.

3. Die Transformation der Finanzsektoren im Rahmen der Wirtschaftsreformen des ehemaligen Ostblocks

"Alle unsere radikalen Reformen sind dem Mißerfolg verschrieben, wenn wir keinen Erfolg bei der Finanzpolitik haben werden." (Lenin, zitiert bei Sieburger 1991 S. 1)

Als am 11. März 1985 Michail Sergeyevich Gorbatschov zum Generalsekretär der KPdSU in der UdSSR gewählt wurde, ahnte niemand, welche umwälzenden Reformen im gesamten damaligen Ostblock kurz bevorstanden. Gorbatschov strebte durch seine Politik der *Glasnost* und *Perestroika* eine Erneuerung der Sowjetunion an. Die dadurch eingeleiteten politischen und wirtschaftlichen Reformen entwickelten jedoch bald eine Eigendynamik, die ihren Initiator überrollte und mit dem Zerfall des Warschauer Paktes und der Sowjetunion sowie der deutschen Wiedervereinigung ein Ausmaß annahm, das noch vor zehn Jahren niemand für möglich gehalten hätte.

Der mittlerweile in allen Ländern angestrebte Wechsel zur Marktwirtschaft - die Transformation der Wirtschaftsordnungen - stellt auch für die Wirtschaftswissenschaften eine große Herausforderung dar. Auf den ersten Blick schien die Situation in Osteuropa vielen recht vertraut. In folge der Schuldenkrise der lateinamerikanischen Staaten hatte sich die Profession der Ökonomen intensiv mit den Ursachen und Folgen makroökonomischer Fehlentwicklungen und ihrer Bekämpfung befaßt. Für viele Wissenschaftler lag es daher nahe, die dabei erworbenen Erfahrungen auf Osteuropa zu übertragen.[1] Diese Übertragbarkeit unterliegt allerdings starken Einschränkungen. In den lateinamerikanischen Staaten ist überall ein marktwirtschaftlich orientiertes System vorhanden. Die Reformen in diesen Ländern dienen der Beseitigung makroökonomischer Ver-

---

1 Vgl. Edwards, S. 1991; MacKinnon 1991; Corbo 1992; Funke 1993; Dornbusch 1993; Jungfer 1994. Auch die alten Streitpunkte wurden im Zusammenhang mit den Reformen Osteuropas erneut diskutiert. Strittig war (und ist) insbesondere, ob die Transformation der Wirtschaftsordnung gradualistisch oder als Schocktherapie erfolgen sollte. Während bei einer Schocktherapie alle notwendigen Reformmaßnahmen nahezu gleichzeitig und schlagartig durchgeführt werden, sieht der gradualistische Ansatz eine stufenweise Transformation der Wirtschaftssektoren und eine bestimmte Reihenfolge der einzelnen Sektoren vor (vgl. Schmieding 1993 S. 14ff.). Einen Überblick zu dieser Diskussion geben Bohnet/Ohly 1992.

zerrungen. Davon ist die Situation in den Transformationsländern (TL)[2] verschieden, da hier erst marktwirtschaftliche Institutionen aufgebaut werden müssen. Clapham (1992 S. 112) unterscheidet daher explizit zwischen Reformen als Änderung von Ordnungsformen im Rahmen des bestehenden Systems und einer Transformation als Wechsel des konstituierenden Prinzips der Handlungs-, Verfügungs- und Planungsrechte sowie der Wirtschaftsrechnung.[3]

Die *European Bank for Reconstruction and Development* (EBRD, 1996b S. 10, H.i.O.) wiederum betont den Unterschied zwischen Transformation, Stabilisierungsmaßnahmen und Entwicklung. "The *transition* from a command to a market economy is the movement towards a new system for the generation and allocation of resources. It involves the change and creation of institutions, including enterprises and legal structures. *Stabilisation* policy, on the other hand, aims to achieve a low and predictable rate of inflation and to prevent unnecessary fluctuations in output and employment through the use of fiscal and monetary policy instruments. These concepts differ from the concept of economic *development*, which refers to the enhancement of the standard of living of individuals."

Für den Finanzsektor bedeutet die Transformation nach überwiegender Meinung in erster Linie den Übergang zu einem zweistufigen Bankensystem, mit einem Notenmonopol der - nach Möglichkeit unabhängigen - Zentralbank auf der ersten Stufe und freien Wettbewerb zwischen den Geschäftsbanken auf der zweiten Stufe.[4] Im Unterschied hierzu befürworten Caprio/Vittas (1995) für die Transformationsstaaten den *free banking*-Ansatz, betonen aber gleichzeitig, daß "one could still have a central bank in charge of note issuance and yet have higher liability limits and easy entry for bank owners to reap the incentive benefits" (Caprio/Vittas 1995 S. 6). Corbett/Mayer (1991) sowie Tanzi (1992) sprechen sich für ein dreistufiges Finanzsystem aus. Für Tanzi (1992 S. 21) ist die dritte Stufe generell durch das Auftreten neuer, privater Banken, für Corbett/Mayer (1991 S. 59) durch freien Marktzutritt für ausländische Banken gekennzeichnet. Szegö (1993 S. 779ff.) wiederum favorisiert ein vierstufiges System mit *money banks*, die rein für den Zahlungsverkehr zuständig sind, auf der ersten, Kreditbanken auf der zweiten, Investmentbanken auf der dritten und einer Zentralbank auf der vierten Stufe. Genauer betrachtet handelt es sich auch bei diesen Emp-

---

2 Die häufig anzutreffenden ländermäßigen Abgrenzungen *Osteuropa, Mittel- und Osteuropa* oder *Osteuropa und die frühere UdSSR* sind je nach Autor verschieden. Um Mißverständnisse zu vermeiden, wird hier der allgemeine Begriff 'Transformationsländer' - abgekürzt TL - gewählt.

3 Ähnlich Buch 1996b.

4 Dieser Reformschritt kann als abgeschlossen betrachtet werden, da mittlerweile in allen TL der Übergang zu einem zweistufigen Bankensystem erfolgte.

fehlungen um zweistufige Systemansätze. Die Unterschiede ergeben sich durch unterschiedliche Schwerpunkte in der Ausgestaltung des Geschäftsbankensektors der zweiten Stufe.

Bei den Reformempfehlungen für diese Ausgestaltung ergeben sich grundlegende Unterschiede zwischen den Befürwortern marktorientierter und bankorientierter Finanzsysteme. Die Befürworter marktorientierter Systeme drängen auf einen möglichst schnellen Übergang zu marktorientierten Strukturen, insbesondere die Trennung von *commercial banking* und *investment banking*, die Regulierung des Beteiligungerwerbes durch Banken sowie die gezielte Stärkung und Förderung des Kapitalmarktes durch regulative Eingriffe.[5] Andere kritisieren diese Ansicht und sprechen sich bei der Transformation der Finanzsektoren generell für eine starke Anlehnung an das japanische und deutsche Finanzsystem aus.[6] Wieder andere haben darauf hingewiesen, daß die Debatte *Markt- versus Bankorientierung* aufgrund der Unterentwicklung der Finanzsektoren zu Beginn der Transformation überflüssig sei. Zunächst ginge es darum, ein grundlegendes, effizientes Bankensystem zu schaffen, das Spareinlagen mobilisiert, diese den Unternehmen als Kredite zur Verfügung stellt und gleichzeitig über eine ausreichende Kapitalausstattung verfügt, um die Risiken des Bankgeschäftes abzufedern. Die Wahl zwischen Markt- und Bankorientierung bestehe erst zu einem späteren Zeitpunkt.[7]

Allerdings werden bereits zum jetzigen Zeitpunkt durch Art, Umfang und Reihenfolge bestimmter Reformmaßnahmen die Weichen für eine spätere Bank- oder Marktorientierung gestellt. In diesem Kapitel wird daher der Versuch unternommen, die Ergebnisse des zweiten und dritten Kapitels auf die Neuordnung der Bankensysteme in den TL zu übertragen. Dabei wird zunächst ein kurzer Überblick über die wirtschaftliche Situation einiger TL gegeben (Abschnitt 3.1). In Abschnitt 3.2 wird dann ein typisiertes sozialistisches Finanzsystem beschrieben und seine Schwächen bei der Erfülllung der Aufgaben Informationsproduktion und Unternehmenskontrolle aufgezeigt. Anschließend erfolgt in den Abschnitten 3.3 bis 3.6 die Auswertung der vorhergehenden Kapitel auf mögli-

---

5 Vgl. z.B. Grosfeld 1994. Nuti (1991, 1993) spricht sich für eine Bankorientierung zu Beginn der Transformation und dem späteren Übergang zur Marktorientierung auS. Blommestein/Spencer (1994) hingegen befürworten ein Trennbankensystem zu Beginn der Reformen. Der Übergang zu einem Universalbankensystem sollte - wenn überhaupt - erst zu einem späteren Zeitpunkt erfolgen. Nach Ansicht von McKinnon (1991 S. 138ff.) sollte Banken generell erst in einem fortgeschrittenen Reformstadium die Betätigung als Intermediär ermöglicht werden. Zu Reformbeginn sollten Unternehmen bei ihrer Mittelbeschaffung auf Innenfinanzierung und den Nicht-Banken-Kapitalmarkt beschränkt werden.

6 Vgl. z.B. Corbett/Mayer 1991 und Buch/Monti 1991.

7 Vgl. Steinherr 1993 S. 1048f.; Walter/Smith 1992 S. 19ff.

che Reformempfehlungen sowie eine kritische Bewertung der bereits erfolgten Reformmaßnahmen und der momentanen Situation in einigen Ländern. Abschnitt 3.7 faßt die Resultate zusammen.

3.1 Die makroökonomische Situation einiger Transformationsländer

Aufgrund der unter sozialistischen Bedingungen akkumulierten makro- und mikroökonomischen Verzerrungen war die Einleitung der Transformation in allen TL mit Anpassungskosten verbunden, die sich u.a. in negativen Wachstumsraten des BIP, einem Einbruch der industriellen Produktion sowie steigenden Inflationsraten und Arbeitslosenquoten zeigten. Die Tabellen 14 bis 17 geben in diesem Zusammenhang ausgewählte makroökonomische Indikatoren einiger Transformationsländer wieder.

Die Interpretation dieser Indikatoren unterliegt allerdings starken Einschränkungen. Die Erfassung wirtschaftlicher Aktivitäten in den TL wird durch den ausgeprägten Mangel an verläßlichen statistischen Informationen beeinträchtigt.[8] So lag 1994 das BIP Rußlands bei etwa 50% des Niveaus von 1989, der mengenmäßige Energieverbrauch jedoch, trotz gestiegener Energiepreise, bei 80%. Während im ersten Halbjahr 1994 die Produktion von Fleisch, Wurst und Brot in Rußland um 53% respektive 28% und 32% unter dem Niveau von 1991 lag, war der Konsum von Fleisch und Wurst lediglich um 9% geringer, der Brotkonsum sogar um 12% höher. Der Produktionseinbruch infolge der Transformationsmaßnahmen scheint somit durch die offiziellen Statistiken überzeichnet zu werden.[9] Insgesamt haben die Daten in den folgenden Tabellen nicht den Informationsgehalt entsprechender Angaben für entwickelte Industrieländer und sollten daher eher als Orientierungshilfe für das Ausmaß an Transformationsproblemen und die erreichten Erfolge interpretiert werden.

Das Ausmaß der aus den Tabellen ersichtlichen Transformationsprobleme ist beträchtlich. Außer Polen verzeichneten alle betrachteten TL für mindestens vier Jahre stark negative Wachstumsraten des BIP auf zum Teil zweistelligem Niveau. Erst 1994 konnte die Mehrzahl der betrachteten Länder wieder nichtnegative Wachstumsraten erzielen. Das Ende 1995 erreichte Niveau des BIP lag - von Polen abgesehen - in allen Ländern noch deutlich unter dem Niveau von 1989. Auch 1996 war durch geringe Wachstumsraten in vielen osteuropäischen TL und einen weiteren Rückgang des BIP in den meisten GUS-Staaten

[8] Vgl. u.a. BMWi 'Wirtschaftslage' 1996 S. 6.

[9] Vgl. hierzu OECD 'Russia' 1995 S. 8ff.

gekennzeichnet. Lediglich Polen sowie die tschechische und die slowakische Republik waren durch ein länger andauerndes hohes Wirtschaftswachstum gekennzeichnet.[10]

Tabelle 14

Die Wachstumsrate des realen Bruttoinlandsprodukts (in %)

Land	1989	1990	1991	1992	1993	1994	1995	1996
Bulgarien	-1,9	-9,1	-11,7	-6,0	-4,2	0,0	2,6	-9,0
Estland	3,3	-7,1	-22,1	-21,6	-6,6	6,0	3,2	3,1
Lettland	6,6	-1,2	-8,1	-35,0	-14,9	0,0	-1,6	2,5
Litauen	1,5	-3,3	-13,1	-39,3	-16,2	2,0	3,1	3,5
Polen	0,3	-11,6	-7,0	2,6	3,8	5,5	7,0	5,5
Rumänien	-5,9	-5,6	-12,9	-13,8	1,3	2,4	6,9	4,1
Rußland	1,9	-3,6	-5,0	-14,5	-8,7	-12,6	-4,0	-2,8
Tschech. Rep.	1,4*	-1,2	-14,2	-6,4	-0,5	2,6	4,8	4,2
Slowak. Rep.	1,4*	-2,5	-14,6	-6,2	-4,1	4,8	7,4	7,0
Ukraine	4,1	-3,8	-12,0	-12,5	-7,2	-24,3	-11,8	-10,0
Ungarn	-0,2	-2,5	-7,7	-4,3	-2,3	2,5	1,5	1,0
Weißrußland	-	-2,8	-1,5	-10,1	-9,0	-21,5	-10,2	2,0

* Angaben für die CSFR

Quelle: World Bank 1996; EBRD 1996b; IMF 'Outlook' 1997; BIZ 1992; Statistisches Bundesamt 'Länderberichte' versch. Hefte; eigene Berechnungen.

Aufgrund der zu sozialistischen Zeiten aufgebauten Geldüberhänge ließen sich in allen Ländern starke Inflationsschübe bei der Freigabe der Preise beobachten. Trotz genereller Erfolge bei der Inflationsbekämpfung lag selbst in den fortgeschritteneren Transformationsökonomien Polen und Ungarn 1995 die Jahresinflation noch deutlich über 20%. Lediglich die tschechische und die slowakische Republik konnten 1995 ihre jährlichen Preissteigerungsraten unter 10% drücken. Wie aus Tabelle 15 ersichtlich ist, bereitete eine Reduktion der Inflati-

[10] Die Angaben für Rumänien sollten aufgrund des generell schleppenden Transformationsprozesses zurückhaltend interpretiert werden.

onsraten auf ein den westlichen Industrieländern vergleichbares Niveau nahezu allen Reformländern auch 1996 noch große Probleme. Von Lettland sowie der tschechischen und slowakischen Republik abgesehen, wiesen selbst 1996 alle TL Inflationsraten von über 20% auf. Die anhaltend hohen Inflationsraten beruhen dabei, neben einer unzureichenden Kontrolle der Geldmenge, insbesondere auf Lohnindexierungen, einer zu geringen Haushaltsdisziplin sowie nach unten inflexiblen nominellen Preisen. Letzteres bewirkt bei sich ändernden relativen Preisen eine automatische Erhöhung des allgemeinen Preisniveaus.[11]

Tabelle 15

Die durchschnittliche jährliche Inflationsrate (prozentuale Änderung des CPI)

Land	1989	1990	1991	1992	1993	1994	1995	1996
Bulgarien	6,4	22,0	333,5	82,0	72,8	89,0	62,0	123,0
Estland	-	23,1	210,6	1069,0	89,0	48,0	29,0	23,0
Lettland	2,1	10,5	124,4	951,2	109,0	36,0	25,0	19,0
Litauen	-	8,4	224,7	1020,3	390,2	72,0	39,5	25,0
Polen	251,1	586,0	70,3	43,0	35,3	32,2	27,8	20,0
Rumänien	0,6	5,1	174,5	210,9	256,0	131,0	32,2	39,0
Rußland	2,0	5,6	92,7	1353,0	896,0	303,0	190,0	48,0
Tschech. Rep.	1,5*	10,8*	56,7	11,1	20,8	10,2	9,1	9,0
Slowak. Rep.	1,5*	10,8*	61,2	10,1	23,0	14,0	9,9	6,0
Ukraine	3,8	4,0	91,2	1210,0	4735,0	842,0	375,0	80,0
Ungarn	17,0	29,0	34,2	22,9	22,5	19,0	28,2	24,0
Weißrußland	-	4,5	83,5	969,0	1188,0	2200,0	709,0	52,0

* Angaben für die CSFR

Quelle: World Bank 1996; EBRD 1996b; BIZ 1992; IMF 'Outlook' 1997; Statistisches Bundesamt 'Länderberichte' versch. Hefte; eigene Berechnungen.

Zu Beginn der Wirtschaftsreformen führten u.a. die Auflösung des Rates für gegenseitige Wirtschaftshilfe sowie die Öffnung der Märkte in allen TL zu einem starken Rückgang der industriellen Produktion. Aufgrund der starken In-

---

[11] Vgl. Coorey et.al. (1997)

dustrielastigkeit aller sozialistischen Länder war dieser Einbruch deutlich stärker ausgeprägt als der Rückgang des BIP. Wie Tabelle 16 verdeutlicht, scheinen die Vorreiter der Reformen Polen, Ungarn sowie die frühere CSFR die Talsohle durchschritten zu haben, während den meisten anderen Ländern noch keine klare Trendwende bescheinigt werden kann.

Tabelle 16

Die reale Industrieproduktion (Index, 1989 = 100)

Land	1990	1991	1992	1993	1994	1995	1996
Bulgarien	83,3	64,8	54,5	48,9	53,00	55,9	53,7
Estland	94,9	85,9	52,7	38,4	35,01	35,5	-
Lettland[a)]	100,0	99,8	54,4	38,2	35,10	33,1	38,9[b)]
Litauen	103,0	97,9	47,1	25,4	18,23	18,3	23,4
Polen	75,8	69,7	71,7	76,3	85,50	93,5	100,1
Rumänien	81,0	62,5	48,8	49,5	51,10	55,9	59,3
Rußland	99,9	91,9	75,3	64,7	51,20	49,7	47,2
Tschech. Rep.	96,7	73,1	67,3	63,8	65,10	71,1	76,0
Slowak. Rep.	96,0	77,4	70,4	67,7	71,10	76,9	78,8
Ukraine	99,2	94,4	86,2	78,9	50,79	44,9	42,7
Ungarn	89,8	74,9	67,6	70,3	77,70	80,8	82,4
Weißrußland	94,3	93,3	84,5	76,1	63,05	55,8	57,6

a) Index, 1990 = 100;
b) Jan.-Okt. 1996;

Quelle: Bank Austria 1996; BMWi 'Wirtschaftslage' 1996; EBRD 1996b u. 1997; HWWA-Report Nr. 166; BIZ 1992; Statistisches Bundesamt 'Länderberichte' versch. Hefte; eigene Berechnungen.

Im sozialistischen System gab es offiziell keine Arbeitslosigkeit. Dementsprechend waren noch 1989 in den amtlichen Statistiken der Reformstaaten Arbeitslosenquoten von null Prozent die Regel. Der starke Anstieg der Arbeitslosenzahlen zu Beginn der Transformation erklärt sich daher zum einen durch die Umwandlung verdeckter in offene Arbeitslosigkeit. Zum anderen ist er Folge des starken Einbruchs der industriellen Produktion. Die in Tabelle 17 ausgewiesenen nationalen Berechnungen zur Arbeitsmarktsituation sind jedoch nur sehr begrenzt aussagefähig und können lediglich als grober Indikator für das Ausmaß an Unterbeschäftigung betrachtet werden, wie die folgenden Beispielen verdeutlichten.

Tabelle 17

Arbeitslosigkeit im Transformationsprozeß (Arbeitslosenquote in %)

Land	1990	1991	1992	1993	1994	1995	1996*
Bulgarien	1,7	11,1	15,2	16,4	12,8	11,1	12,5
Estland	-	0,1	1,9	2,1	1,8	1,7	2,2
Lettland	-	-	2,3	5,8	6,5	6,5	7,2
Litauen	-	0,3	1,3	4,4	3,8	7,3	7,1
Polen	6,3	11,8	13,6	16,4	16,0	14,9	-
Rumänien	0,4	3,0	8,4	10,4	10,9	8,9	6,1
Rußland[a)]	0,0 (-)	0,1 (-)	0,8 (4,8)	1,1 (5,5)	2,1 (7,1)	3,2 (8,2)	3,4 (9,3)
Tschech. Rep.	0,8	4,1	2,6	3,5	3,2	2,9	3,5
Slowak. Rep.	1,6	11,8	10,4	14,4	14,8	13,1	12,8
Ukraine	-	0,0	0,3	0,3	0,4	0,6	1,2
Ungarn	1,9	7,8	13,2	13,3	10,9	10,9	10,5
Weißrußland	-	0,1	0,5	1,4	2,1	2,7	4,2

* geschätzte Angaben;
a) Offiziell registrierte Arbeitslosigkeit; Offene Arbeitslosigkeit nach der ILO-Definition in Klammern.

Quelle: Bank Austria 1996; BMWi 'Wirtschaftslage' 1996; EBRD 1996b u. 1997; HWWA-Report Nr. 166; BIZ 1992; Statistisches Bundesamt 'Länderberichte' versch. Hefte; eigene Berechnungen.

- Für Rußland ist der Unterschied zwischen nationalen Berechnungen und den Schätzungen der Internationalen Arbeitsorganisation (ILO) direkt aus Tabelle 17 ersichtlich.
- Für Estland wiederum ergibt sich die ausgewiesene estländische Arbeitslosenquote allein aus dem Anteil der Arbeitslosengeldempfänger an der Bevölkerung im arbeitsfähigen Alter. Durch Hinzunahme der als arbeitssuchend eingetragenen Arbeitslosen erhöht sich die Arbeitslosenquote 1994

(1996) auf 4,5% (5%). Nicht gemeldete Arbeitslose, Kurzarbeiter und Dauerarbeitslose werden generell nicht erfaßt. Insgesamt dürfte die tatsächliche Arbeitslosigkeit deutlich über 6% liegen.

- In Weißrußland errechnete das Ministerium für Arbeit nach der Methode der ILO für 1995 eine Quote von 9% im Vergleich zur offiziellen Quote von 2,7%.[12]
- Die offiziell ausgewiesene ukrainische Arbeitslosigkeit liegt unter einem Prozent, während nach Angaben des ukrainischen Vizepremierministers die verdeckte Arbeitslosigkeit 25% beträgt.[13]
- In Rumänien wurde 1991 eine Arbeitslosenquote von 3% ausgewiesen, während im gleichen Jahr die Erwerbslosenquote [1-(Erwerbstätige/ Erwerbsfähige)] 20,3% betrug.[14]

Das Wohlstandsniveau der TL kann anhand Tabelle 18 mit dem Deutschlands, anhand Tabelle 19 mit dem der USA verglichen werden.

Tabelle 18

Das Bruttosozialprodukt pro Kopf in Osteuropa und Deutschland 1994 (in US-$)

Land	BSP pro Kopf	Land	BSP pro Kopf	Land	BSP pro Kopf
Bulgarien	1.250	Rumänien	1.270	Slowak. Rep.	2.250
Estland	2.820	Moldavien	870	Tschech. Rep.	3.200
Ungarn	3.840	Rußland	2.650	Weißrußland	2.160
Polen	2.410	Ukraine	1.910	Deutschland	25.580

Quelle: World Bank 1996.

Auch diese Vergleiche unterliegen erheblichen Einschränkungen, da zum einen amtliche Wechselkurse für internationale Vergleiche nationaler Kennzahlen nur eingeschränkt brauchbar sind, und sich zum anderen internationale Kaufkraftparitäten nur mit Hilfe von zum Teil subjektiven oder willkürlichen An-

---

12 BMWi 'Wirtschaftslage' 1996 S. 88, 91, 103.

13 BMWi 'Transform' 1996 S. 45.

14 Eigene Berechnungen basierend auf Statistisches Bundesamt 'Länderbericht' Rumänien 1993.

nahmen berechnen lassen.[15] Dennoch ermöglichen die angegebenen Daten eine, wenn auch grobe, Einschätzung der Wohlstandsabstände.

Tabelle 19

Das relative BSP pro Kopf 1994 (Kaufkraftparitäten in % der USA)*

Land	relatives BSP pro Kopf	Land	relatives BSP pro Kopf
Bulgarien	16,9	Estland	21,0
Lettland	12,4	Litauen	12,7
Slowak. Rep.	25,8	Tschech. Rep.	34,4
Polen	21,2	Weißrußland	16,7
Rumänien	15,8	Rußland	17,8
Ungarn	23,5	Ukraine	10,1
Bevölkerungsgewichteter Durchschnitt von 28 Reformstaaten			15,8

* Zum Vergleich: In US-$ beträgt das relative BSP pro Kopf Rußlands 10,2%. Das relative BSP pro Kopf Deutschlands beträgt in US-$ 98,8%, in Kaufkraftparitäten 75,3% (World Bank 1996 S. 189; eigene Berechnungen). Zur Berechnung der Kaufkraftparitäten vgl. World Bank 1996 S. 225.

Quelle: World Bank 1996 S. 188f.; Murrell 1996 S. 27.

Die von der EBRD (s. S. 184) betonte Unterscheidung zwischen Transformation, Stabilisierung und Entwicklung kann hier in die Beziehung *'Motiv ⇒ Mittel ⇒ Ziel'* eingeordnet werden. Der beobachtbare Wohlstandsabstand kann als das ausschlaggebende Motiv der angestrebten Transformation sozialistischer in marktwirtschaftlich orientierte Wirtschaftsordnungen betrachtet werden. Die Transformation dient als Mittel zur Förderung der Entwicklung, d.h. der Verringerung dieses Wohlfahrtsabstandes, wobei die Anhebung des Lebenstandards auf ein den Industrieländern vergleichbares Niveau als das eigentliche Ziel angesehen werden kann. Um längerfristig erfolgreich zu sein, muß diese Transformation von makroökonomischer Stabilisierung begleitet werden[16].

Während sich durch eine konsequente Transformationspolitik innerhalb einiger Jahre deutliche Erfolge bei der Umorientierung der Wirtschaftsordnung erzielen lassen, ist der Zeitbedarf für eine Angleichung der Lebensverhältnisse nicht zu unterschätzen. Dies sei an drei Beispielen verdeutlicht:

---

[15] Vgl. BMWi 'Wirtschaftslage' 1996 S. 85.

[16] Vgl. EBRD 1996b S. 10.

1. Das kriegszerstörte Deutschland benötigte Jahrzehnte, um sein Wohlstandsniveau an das der USA anzugleichen. Dabei ist der durchschnittliche Wohlfahrtsabstand der in Tabelle 18 erfaßten TL zu Deutschland beinahe dreimal so hoch wie die 1950 zwischen der Bundesrepublik Deutschland und den USA beobachtbare Differenz (470 US-$ zu 1.890 US-$[17]).

2. Geht man vereinfachend davon aus, daß der Lebensstandard in den TL ein Drittel des westeuropäischen beträgt, muß die Wachstumsrate in den TL für 25 Jahre drei Prozentpunkte über der Westeuropas liegen, um den Lebensstandard auf zwei Drittel des westeuropäischen Niveaus anzugleichen.[18]

3. Auf Basis simulierter Wachstumsraten ermittelt der IMF (1996 S. 92) für die Angleich der TL an das momentane Niveau des BSP pro Kopf der westlichen Industrieländer einen durchschnittlichen Zeitbedarf von 25 bis 38 Jahren (je nach Basisannahmen der Simulationsrechnung).

Entscheidend für eine rasche Angleichung sind hohe Wachstumsraten, die u.a. durch die Mobilisierung heimischer Ersparnis und eine effiziente Kapitalallokation beeinflußt werden. Beides wird durch die in den nächsten Abschnitten erörterte Transformation des Finanzsektors geprägt.

3.2 Der Finanzsektor im sozialistischen System

Alle sozialistischen Finanzsysteme waren zumindest zu Beginn durch einstufige Bankensysteme gekennzeichnet, in deren Mittelpunkt die Monobank des Staates stand, die gleichzeitig als Notenbank und als Geschäftsbank fungierte. Vielfach erfolgte dabei eine Verteilung verschiedener Aufgaben auf bestimmte einzelne Spezialinstitute. "Von der Spielart des jeweiligen Systems hing es ab, ob einige Spezialbanken, z.B. eine Außenhandels-, eine Investitionsbank und die Sparkasse, als eigenständige Institutionen oder lediglich als Abteilungen der Monobank geführt wurden" (Müller 1993 S. 13). Aufgrund der uneingeschränkten Weisungsbefugnis der Monobank gegenüber den Spezialinstituten ergaben sich aus diesen möglichen Gestaltungsunterschieden keine faktischen Unterschiede in der Funktion der Finanzsysteme. Die staatlichen Betriebe wurden direkt einzelnen Instituten zugeordnet, und alle Finanztransaktionen eines Betriebes waren über dieses Institut abzuwickeln. Direkte Kreditbeziehungen zwischen den Unternehmen waren untersagt.[19]

---

17 Vgl. Wyplosz 1993 S. 122.

18 Vgl. EBRD 1995 S. 5.

19 Vgl. Hartwig 1990 S. 4f.; Nuti 1989; Catte/Mastropasqua 1993 S. 788.

Zentrale Aufgabe des Geldes an sich und Hauptziel jeglicher Kreditgewährung war die Unterstützung des realen Sektors der Wirtschaft bei der Erfüllung der zentralen Planvorgaben. Da über die Investitionen zentral beschlossen wurde, waren auch die Kreditvergabeentscheidungen der Monobank voll in den zentral bestimmten Kreditplan der Wirtschaft integriert, und die zur Realisierung der Investitionen notwendigen Finanzmittel wurden den Unternehmen durch den Staat automatisch bereitgestellt.[20] Geld war hauptsächlich Rechenmittel und sollte "die Vergleichbarkeit, Bewertung und Aggregation naturaler Planpositionen sowie die Kontrolle ihrer Umsetzung ermöglichen" (Hartwig 1990 S. 2).

Die Dichotomie zwischen den Sektoren *private Haushalte* und *Unternehmen* war stark ausgeprägt. Es existierten zwei voneinander weitgehend unabhängige Geldkreisläufe, der Bargeldkreislauf bei den privaten Haushalten und der Buchgeldkreislauf auf Seiten der Unternehmen. Diese Kreisläufe waren lediglich durch den Kauf von Endprodukten durch die Haushalte und die Auszahlung von Löhnen miteinander verbunden.[21] Da der Sektor der privaten Haushalte nur unvollständig in die Planung eingebunden war, diente zumindest das Bargeld auch als Tausch- und Wertaufbewahrungsmittel. Im Unterschied zu westlichen Marktwirtschaften waren die Haushalte jedoch in ihren Entscheidungen über Zeitpunkt und Art der Mittelverausgabung stark eingeschränkt. Aufgrund fehlender Konsummöglichkeiten entstand ein hoher Geldüberhang, der durch die Trennung der beiden Geldkreisläufe nicht direkt zur Unternehmens- bzw. Investitionsfinanzierung beitrug.[22]

Neben der Durchführung von Verrechnungs- und Finanzierungsaufgaben und der Mitwirkung bei der Planausarbeitung diente das Finanzsystem (die Banken) in erster Linie der Überwachung der Unternehmen im Rahmen der Planverwirklichung. Durch die Kontrolle des bargeldlosen Zahlungsverkehrs sollten die Transaktionen der Betriebe untereinander und mit dem Staat überprüft werden. Die Überwachung der ordnungsgemäßen Kreditverwendung sollte anhand der Kreditaufnahmen und -rückzahlungen erfolgen. Im Bargeldkreislauf schließlich erfolgte die Kontrolle der Auszahlungen und Einnahmen der privaten Haushalte.[23] In diesem Zusammenhang standen den Banken als kreditpolitische Instrumente und als Sanktionsmittel die Vorgabe bestimmter Kennziffern, Kreditkontingente und differenzierte Kreditzinsen zur mikroökonomischen Sicherung der betrieblichen Mindesteffizienz zur Verfügung.[24]

---

[20] Vgl. Nuti 1989; Saunders/Walter 1992 S. 102.

[21] Vgl. Catte/Mastropasqua 1993 S. 789; Buch 1996b S. 8.

[22] Vgl. Wagner 1993 S. 1001f.; Hartwig 1990.

[23] Vgl. Müller 1993 S. 15f.

[24] Vgl. Hartwig 1990 S. 10.

Catte/Mastropasqua (1993 S. 789) nennen fünf offizielle Kriterien der Kreditwürdigkeit im sozialistischen System:

1. ein klar bestimmbarer Kreditzweck,
2. die Übereinstimmung des Kreditzwecks mit dem zentralen Wirtschaftsplan,
3. ausreichende Sicherheiten,
4. die Fähigkeit zur Rückzahlung und
5. eine feste Laufzeit.

Theoretisch konnten die Banken daher auch im sozialistischen System Aufgaben der Informationsproduktion und Unternehmenskontrolle wahrnehmen, wenn auch mit anderem ideologischen Hintergrund, da sie als Repräsentanten des Staates und nicht als Agenten der Einleger handelten.

Die Wirklichkeit im real existierenden Sozialismus sah allerdings anders aus. Weder wurden Aufgaben der Informationsproduktion und der Unternehmenskontrolle durchgeführt noch waren die Banken faktisch überhaupt in der Lage, diese Aufgaben zu erfüllen. Die Kreditwirtschaft hatte in der Zentralverwaltungswirtschaft nur eine unbedeutende Funktion und war auch im Vergleich zu anderen sozialistischen Wirtschaftsbereichen unterentwickelt. Der Finanzsektor wurde vom Staat als unproduktiv angesehen. Die zu seinem Betrieb notwendigen Aufwendungen mußten von produktiven Wirtschaftsbereichen erbracht werden und standen somit in diesen nicht mehr für Investitionen zur Verfügung. Investitionen in Sachanlagen und Humankapital des Finanzsektors wurden daher gering gehalten bzw. unterblieben fast vollständig.[25]

Eine Folge waren fehlende technische und infrastrukturelle Anforderungen zur effizienten Durchführung eines bargeldlosen Zahlungsverkehres. Aufgrund der Monobankstruktur, des fehlenden Wettbewerbs und des nicht vorhandenen Zwanges zur pünktlichen Bezahlung eigener Verpflichtungen für die Unternehmen war der bargeldlose Zahlungsverkehr unterentwickelt. Die Aufspaltung der Monobank in verschiedene Institute im Rahmen erster Reformschritte verschärfte dieses Problem. Frühere Intrabank-Transaktionen wurden zu Interbank-Transaktionen, ohne daß die notwendigen Anforderungen an das System des Zahlungsverkehrs erfüllt wurden. Die Mängel in der Telekommunikationsinfrastruktur verhinderten elektronische und/oder telefonische Überweisungen. So wurden z.B. in Polen Anfang der 90er Jahre alle Zahlungsaufträge unter 10.000 US-$ mit der normalen Post verschickt, und Verzögerungen bei der Scheckverrechnung von drei Wochen und länger waren durchaus üblich. Entsprechende Verrechnungsmodalitäten zwischen den Banken fehlten ebenfalls, so daß die

[25] Vgl. Müller 1993 S. 14f.

Banken extreme Liquiditätsreserven halten mußten, die gleichzeitig starken Schwankungen unterlagen.[26] Unternehmen in grenznahen Gebieten fielen sogar in Tausch-Geschäfte zurück, da durch die Einführung eigener, nicht konvertibler Währungen in vielen Nachfolgestaaten der UdSSR keine einheitliche Währung mehr vorhanden war.[27] Die Möglichkeit, die Abwicklung des bargeldlosen Zahlungsverkehrs zur Informationsproduktion und Unternehmenskontrolle zu verwenden, entfiel unter diesen Rahmenbedingungen.

Generell war den Banken die Beschaffung von Informationen über ihre Kunden und die Umsetzung dieser Informationen in eine effektive Kreditwürdigkeitsprüfung unter den gegebenen Verhältnissen nicht möglich. Aufgrund mangelnder Investitionen verfügten die Banken weder über die notwendigen technischen noch die personellen Anforderungen. Insbesondere mit dem Produktionsfaktor Arbeit waren die Banken ungenügend ausgestattet, da ihr Personal nicht nur zu knapp bemessen, sondern auch unzureichend ausgebildet war. Daneben fehlten zuverlässige Informationsquellen, durch deren Auswertung die Informationsproduktion erfolgen konnte. Buchführung sowie Rechnungswesen waren unterentwickelt, und die angesetzten Geldwerte für Vermögenspositionen in den Bilanzen entsprachen nicht den realen Gegenwerten. Da dem Zins keine reale Bedeutung zuerkannt wurde, spielten Rentabilitätsüberlegungen für Investitionsentscheidungen in der Planaufstellung keine Rolle. Neben korrekten Informationen über ihre Kunden fehlten den Banken auch die notwendigen Einflußmöglichkeiten zur Durchführung einer effizienten Unternehmenskontrolle, da die Staatsbetriebe die besseren Beziehungen zu den zuständigen Ministerien hatten, Kreditverträge nicht einklagbar waren und wirkliche Sanktionspotentiale sowie die Möglichkeit der Kontrollübernahme durch die Banken nicht existierten.[28]

Von den fehlenden Möglichkeiten zu einer effizienten Informationsproduktion und Unternehmenskontrolle abgesehen, bestand unter den gegebenen institutionellen Rahmenbedingungen für die Banken auch kein Anreiz, diese Aufgaben wahrzunehmen. Aufgrund der Trennung der Geldkreisläufe waren die Spareinlagen nicht direkt im Prozeß der Kreditvergabe involviert und somit existierte auf der Einlagenseite auch keine garantierte, zustandunabhängige Zahlungsverpflichtung, die zum Handeln zwang. Der Hauptanreiz in westlichen Finanzsystemen besteht in der Gefahr, eigene eingesetzte Mittel zu verlieren. Da in Osteuropa kein Privateigentum bestand, war die Möglichkeit des Mittelverlustes bei Fehlentscheidungen nicht gegeben. In marktwirtschaftlichen Finanzsystemen dient die Kreditwürdigkeitsprüfung der Ermittlung des Kreditri-

---

26 Vgl. Folkerts-Landau et. al. 1994.

27 Vgl. Summers 1994 S. 123.

28 Vgl. Hartwig 1990.

sikos und der Fundierung der Kreditentscheidung. Im Sozialismus bestand kein Kreditrisiko, da das Überleben des Schuldners durch Staatsinterventionen garantiert wurde und die Rückzahlung des Kredites de facto keine Rolle spielte.

Kornai (1986) prägte in diesem Zusammenhang den Begriff der *weichen Budgetrestriktionen.* Budgetrestriktionen sind nach dieser Definition weich, wenn die strikte Beziehung zwischen Ausgaben und Einnahmen gelockert wird, weil ein Überschuß der Ausgaben über die Einnahmen durch Dritte, üblicherweise den Staat, finanziert wird. Z.B. sind Kreditverträge weich, wenn sie nicht durchsetzbar sind, "unreliable debt service is tolerated, and postponement and rescheduling are in order." (Kornai 1986 S. 5) Bei weichen Krediten kann der Kreditnehmer nicht zur Rückführung des Kredites gezwungen werden. Ob Kredite *weich* oder *hart* sind, hängt nicht von der Höhe des Zinssatzes, sondern allein von der Durchsetzbarkeit des Vertrages ab. Diese war im sozialistischen Wirtschaftssystem nicht gegeben, da einklagbare Eigentumstitel sowie das Konstrukt des Bankrottes bzw. des Konkurses nicht existierten. Unternehmen, die in Zahlungsengpässe gerieten, konnten ohne weitere Folgen Zins und Tilgung verweigern.

Ergebnis dieser Politik war eine automatische Kreditvergabe der Banken, bei der jeder Antrag automatisch bewilligt wurde, ohne daß die Kreditvergabeentscheidung durch das mögliche Kreditrisiko der Schuldnerunternehmen beeinflußt wurde. Vielfach wurden Kredite selbst bei erkennbar vertrags- bzw. planwidrigem Schuldnerverhalten gewährt, um Konsequenzen für die Planerfüllung zu vermeiden. Das Ziel der einzelnen Minister bzw. Ministerien, ihren Machtradius zu erweitern, verschärfte diese Problem zusätzlich.[29]

Zusammenfassend läßt sich das repräsentative Finanzsystem sozialistischer Prägung durch folgende Charakteristika beschreiben:

- keine aktive Geldpolitik,
- Trennung von Kreditvergabepolitik und Kreditwürdigkeit,
- Unabhängigkeit der Kreditallokation vom Kreditzins,
- Dichotomie zwischen der Ersparnis der privaten Haushalte und den Krediten der Unternehmen,
- unterentwickelter Zahlungsverkehr,
- fehlender Devisenmarkt und fehlender Wechselkurs zur Allokation knapper Devisen,
- ein starker Geldüberhang durch die Ersparnis der privaten Haushalte,

---

[29] Vgl. Hartwig 1990 und Müller 1993 S. 16.

- eine stark begrenzte Palette an Finanzintermediärsprodukten im Einlagen- und im Kreditgeschäft,
- cin Mangel an zuverlässigen Buchführungs- und Rechnungslegungsvorschriften.[30]

Alle früheren Versuche, die Bankensysteme in den sozialistischen Wirtschaftsordnungen zu reformieren, schlugen fehl. Zum einen wurden häufig einfach neue Banken gegründet, denen bestehende Kredite übertragen wurden. Diese *neuen Banken* waren dann im Endeffekt nur *fiscal agents* des Finanzministeriums, die die Inflationssteuer eintrieben und Subventionen (durch verbilligte Kredite) in die Unternehmen schleusten. Zum anderen unterblieb der notwendige institutionelle Wandel. Es wurde zwar versucht, die Wirtschaft zu dezentralisieren, aber weder wurde das Prinzip des alleinigen Staatseigentums abgeschafft noch wurden willkürliche Staatseingriffe in mikroökonomische Entscheidungen unterlassen. Die notwendigen Investitionen in Sachanlagen und Humankapital unterblieben und auch eine *harte* Kreditvergabepolitik war weiterhin nicht möglich. Da so die Banken weder die Fähigkeiten noch die nötigen Anreize zur Informationsproduktion und Unternehmenskontrolle erhielten, waren die Reformversuche zum Scheitern verurteilt, auch wenn sie wie im Falle Polens und Ungarns den Übergang zu einem zweistufigen Bankensystem beinhalteten. Im Endeffekt wurde die Praxis der unfreiwilligen Kreditvergabe fortgesetzt, da Firmen, die in finanzielle Engpässe gerieten, weiterhin einfach die Zahlung verweigerten und die Banken sich zur Vergabe weiterer Mittel gezwungen sahen.[31]

Ähnliche Fehler wurden auch in jüngerer Zeit begangen. Z.B. bestanden die anfänglichen Liberalisierungsbemühungen in Ungarn, Polen, Bulgarien, Rumänien, der früheren CSFR und Rußland allein in der Freigabe des Marktzutrittes zum Finanzsektor, ohne andere strukturelle und institutionelle Hemmnisse zu beseitigen. Dadurch stieg zwar die Anzahl der Kreditinstitute stark an, die Möglichkeit der Bankneugründungen nutzten jedoch hauptsächlich Staatsunternehmen und andere halböffentliche Einrichtungen. Die gegründeten Kreditinstitute waren de facto lediglich ausgegliederte Finanz- und Buchführunsabteilungen, die für die Beschaffung des benötigten Kapitals zuständig waren. Der Hauptschuldner war gleichzeitig der Mehrheitsaktionär der Bank, und eine unabhängige Kreditvergabe war nicht möglich.[32]

---

30 Vgl. Saunders/Walter 1992 S. 104.

31 Vgl. Catte/Mastropasqua 1993 S. 787; Winiecki 1991 S. 8; Brainard 1991. Zu einer ausführlichen Darstellung dieser Reformen siehe auch Nuti 1989.

32 Ähnlich Miurin/Sommariva 1993; Thorne 1993.

Diese Ausführungen zeigen, daß die Freigabe des Marktzutrittes allein nicht ausreicht, um ein effizientes Finanzsystem sicherzustellen, vielmehr ist die Möglichkeit von Bankneugründungen mit anderen Reformschritten abzustimmen. Hierzu zählen u.a.

- eine Änderung der institutionellen Anreize für Banken und Unternehmen, insbesondere eine Reform des Eigentums und Konkursrechtes,
- die Lösung der Altschuldenproblematik,
- der Aufbau einer funktionierenden Bankenaufsicht und eines entsprechenden Regulierungssystems,
- die Lösung des Personal- und Know-how-Problems,
- die Verbesserung der technischen Ausrüstung,
- die Privatisierung der Banken und Unternehmen und
- die Dekonzentrierung des Bankenmarktes.

In den folgenden Abschnitten werden explizit die Reformmaßnahmen diskutiert, für die sich aus den theoretischen Überlegungen und dem Überblick über die westlichen Finanzsysteme in den Kapiteln zwei und drei Implikationen ergeben. Analog zum Aufbau des zweiten Kapitels werden zunächst die Reformerfordernisse zu den Diversifikationsmöglichkeiten der osteuropäischen Kreditinstitute betrachtet (Abschnitt 3.3). Anschließend erfolgt die Erörterung der Reformimplikationen zur Informationsproduktion und Kreditrationierung durch Banken (Abschnitt 3.4) sowie den Möglichkeiten einer effizienten Unternehmenskontrolle in den Reformstaaten (Abschnitt 3.5). Die Diskussion über Vor- und Nachteile des Wettbewerbs im Bankensektor in Abschnitt 3.6 beschließt als eigenständiger Punkt diese Überlegungen.

3.3 Wirtschaftspolitische Implikationen zur Diversifikation

3.3.1 Reformempfehlungen

Je größer die Diversifikationsmöglichkeiten der Banken sind, desto geringer ist für die Einleger und Aktionäre der Bank das Ertrags- und Rückzahlungsrisiko. Je geringer die Anfälligkeit der Kreditinstitute gegenüber Risiken ihrer Kunden ist, desto mehr werden sie zu Informationsproduktion und Kreditvergabe bereit sein (vgl. Abschnitt 1.2).

Im Monobanksystem spielten solche Überlegungen zur Diversifikation keine Rolle, denn alle Teilbilanzen einzelner Institute gingen in die Bilanz der Monobank ein. Da so letztlich alle Kredit- und Einlagengeschäfte von einer Bank getätigt wurden, war der größtmögliche Diversifikationsgrad erreicht. Die einleitenden Reformschritte im Finanzsektor änderten die Lage der Banken dagegen drastisch. Die Aufspaltung der Monobank in mehrere Kreditinstitute erfolgte durch die rechtliche Verselbständigung einzelner Teilbereiche bzw. die Gründung von Banken, die auf bestimmte Branchen oder Regionen spezialisiert waren. Folge dieser Reformen war generell eine unzureichende sachliche und/oder geographische Diversifikation sowie die Akkumulation von Krediten und Einlagen mit sehr hoher positiver Korrelation der Einzelrisiken.

Als erster Reformschritt wäre hier die Abschaffung der staatlich herbeigeführten Spezialisierung zu empfehlen. Insbesondere sollten geographische Restriktionen zur Filialgründung und Niederlassungsfreiheit abgebaut bzw. vermieden werden. Ferner sollte den Kreditinstituten eine landesweite Betätigung sowie die uneingeschränkte Möglichkeit zur Gründung von Filialen möglich sein. Aufgrund der zum Teil sehr geringen Besiedlungsdichte in einigen TL, insbesondere in den Staaten der GUS, sind zwar die zu erwartenden Kosten eines Zweigstellennetzes je Kunde sehr hoch,[33] so daß bei einer Abwägung von Grenzkosten und Grenzerträgen einer Zweigstellengründung die resultierenden Filialnetze dünner sein werden als in den westeuropäischen Ländern. Angesichts der unzureichenden Diversifikation der Banken ist aber zu erwarten, daß die Vorteile einer Erweiterung der Filialnetze diese Kosten in der aktuellen Situation überkompensieren und es zu einer Ausdehnung der geographischen Diversifikation kommt.

Bereits in Abschnitt 2.1.1 wurde der Diversifikationsvorteil von Universalbanken gegenüber spezialisierten Instituten im Passivgeschäft durch geringere Depositenschwankungen aufgrund einer größeren Palette an Anlagealternativen dargelegt. Dieser Vorteil wird für osteuropäische Banken durch die aktuelle Situation im Finanzsektor verstärkt. In allen Transformationsökonomien besteht immer noch eine starke Trennung des Kredit- und Einlagengeschäftes zwischen den einzelnen Banken. Insbesondere im Bereich des Einlagengeschäftes ist die marktbeherrschende Stellung der staatlichen Sparbank bzw. Sparkasse de facto ungebrochen. Andere Banken sind daher bei der Kreditvergabe weiterhin auf die Mittelaufnahme bei der Sparbank angewiesen, und diese kann ihren monopolistischen Preissetzungsspielraum nutzen. Die Banken können dieses Monopol nur brechen, wenn es ihnen gelingt, durch attraktivere Anlagemöglichkeiten Kunden der Sparbank abzuwerben. Dies wird Universalbanken leichter fallen, da sie neben verschiedenen Einlageformen auch Wertpapieranlagen anbieten können.

Auch die Beschränkung auf bestimmte Kreditnehmertypen oder Branchen sollte abgeschafft und eine stärkere Streuung der Kreditportfolios gefördert

---

[33] Vgl. Borish et. al. 1995 S. 37.

werden. Dies gilt um so mehr als in den im Übergang befindlichen Transformationsökonomien den Banken aufgrund fehlender Besicherungsmöglichkeiten nur die Diversifikation zur Risikoreduzierung zur Verfügung steht. Die theoretischen Überlegungen in Abschnitt 1.2.1 zeigten, daß Kreditsicherheiten das Ausfallrisiko des Schuldners reduzieren und so eine ähnliche Wirkung wie Diversifikation entfalten. Gerade in Osteuropa ist das Ausfallrisiko des Kreditgeschäftes sehr hoch, wodurch c.p. die Sicherheitsanforderungen der Kreditinstitute steigen würden. In der aktuellen Situation existieren allerdings kaum besicherungswürdige und -fähige Vermögensgegenstände der Schuldner. Kreditsicherheiten müssen vom Schuldner gestellt und von den Banken im Insolvenzfall verwertet werden können (Besicherungsfähigkeit), wobei der erzielte Erlös zur Kreditrückführung zumindest annähernd ausreichen sollte (Besicherungswürdigkeit).

Die Besicherungswürdigkeit ist aufgrund der mangelnden Werthaltigkeit des vorhandenen Kapitalstocks kaum gegeben, der gemessen am Weltmarktmaßstab zu seinem überwiegenden Anteil unbrauchbar, überholt und nicht wettbewerbsfähig ist. Sofern doch besicherungswürdige Vermögensbestandteile vorhanden sind, ist die Ermittlung eines realistischen Wertansatzes mit hohen Transaktionskosten verbunden. Die Besicherungsfähigkeit wiederum scheitert zum einen an den zum Teil noch ungelösten Eigentumsfragen, die die Fähigkeit der Schuldner, Sicherheiten zu stellen, beeinträchtigen. Zum anderen scheitert sie an den mangelnden Möglichkeiten der Gläubiger, Sicherheiten zu verwerten. Die Gläubiger verfügen kaum über Möglichkeiten, Verträge gegen säumige Schuldner durchzusetzen, weil entweder klare und eindeutige Gesetze fehlen und/oder die Gerichte nicht in der Lage oder nicht bereit sind, diese Fälle zu verfolgen[34]. Das Fehlen von Sicherheiten kann die Kreditvergabe behindern und zu Kreditrationierung führen. Dieser Tendenz zu einer verringerten Kreditvergabe kann durch eine verstärkte Diversifikation entgegengewirkt werden. Je ausgeprägter die Diversifikation einer Bank ist, desto eher kann sie auf die Stellung von Sicherheiten verzichten, ohne sich einer allzugroßen Bankrottgefahr auszusetzen.

Ein Wertungsproblem entsteht in diesem Zusammenhang durch den möglichen *trade off* zwischen Diversifikation und Informationsproduktion. Die Ausführungen zum Diversifikationsprinzip zeigten zwar, daß auch innerhalb einer Branche ein bestimmtes Ausmaß an Risikokonsolidierung möglich ist (vgl. Abschnitt 1.2.1). Dies gilt jedoch hauptsächlich bei Branchen und Kreditnehmern mit geringem Ausfallrisiko. In den TL erscheint das Kreditgeschäft insgesamt als stark risikobehaftet. Die Diversifikation innerhalb einer Branche wird nicht

---

[34] Vgl. Buch et. al. 1994 S. 82 sowie explizit für Rußland IfW 'Rußland' 1994 S. 33.

ausreichen, um das Bankrottrisiko der Banken entscheidend zu verringern, und die Diversifikation über möglichst viele, voneinander unabhängige Branchen erscheint daher dringend notwendig. Andererseits kann unter dem Gesichtspunkt der Informationsproduktion die Spezialisierung auf bestimmte Kreditnehmertypen oder Branchen sinnvoll sein. Aufgrund der fehlenden Erfahrung der Banken in den TL im Bereich Informationsproduktion sind beträchtliche Investitionen in Humankapital für eine effiziente Kreditwürdigkeitsprüfung und Überwachung notwendig. Durch die Spezialisierung auf bestimmte Branchen lassen sich dabei Größenvorteile realisieren, da bei neuen Kreditnehmern nur noch firmenspezifische Informationen beschafft werden müssen und für weitere Informationen auf den bereits aufgebauten Informationskapitalstock zurückgegriffen werden kann.

Neben direkten Eingriffen und Vorschriften zur Kreditvergabe werden die Diversifikationsmöglichkeiten im Aktivgeschäft maßgeblich durch die Eigenkapital- und Großkreditrichtlinien für Banken beeinflußt. Während Großkreditrichtlinien der Vermeidung einer übermäßigen Konzentration auf einzelne Kreditrisiken dienen, ist der eigentliche Zweck der Eigenkapitalvorschriften die Sicherung einer Mindestkapitalausstattung der Banken, um dadurch eine Beschränkung des Bankrottrisikos der Kreditinstitute zu erreichen. Aufgrund der Unteilbarkeit von Bankkrediten beschränken die Eigenkapitalvorschriften jedoch gleichzeitig die Anzahl möglicher einzelner Kredite und damit die Diversifikation der Banken. Die Richtlinien der Bank für internationalen Zahlungsausgleich (BIZ) von 1988 sehen einen Solvabilitätskoeffizienten (SbK) der Banken von mindestens 8% vor, d.h. die Summe aller mit einem vorgegebenen Risikofaktor gewichteten Aktivpositionen einer Bank müssen zu 8% mit Eigenkapital unterlegt sein. Anders ausgedrückt dürfen die Risikoaktiva einer Bank das 12,5-fache ihres Eigenkapitals nicht übersteigen.

Die BIZ-Richtlinien sehen beispielsweise Risikogewichte von mindestens

- 0,0 für Kredite an OECD-Staaten;
- 0,2 für Kredite an Banken mit einer Laufzeit von unter einem Jahr;
- 0,5 für Grundschuld- und Hypothekendarlehen und
- 1,0 für alle anderen Kredite, Beteiligungen usw. vor.[35]

Zu beachten ist dabei, daß auch bestimmte nicht bilanzwirksame Positionen zu den Risikoaktiva zu rechnen sind. Diese Richtlinien sind stark kritisiert worden. So gibt es z.B. keine empirisch gesicherte Begründung für die konkreten Risikogewichtungen einzelner Geschäftsarten, und auch die Frage, warum gera-

---

[35] Vgl. Dewatripont/Tirole 1994 S. 52f.

de 8% und nicht z.B. 4% oder 16% eine angemessene Eigenkapitalausstattung darstellen, konnte nicht zufriedenstellend beantwortet werden.[36] Ferner werden bei der Ermittlung der einzelnen Komponenten mögliche Korrelationen zwischen den einzelnen Risiken nicht berücksichtigt. Theoretisch dient das Eigenkapital einer Bank der Absicherung der Depositen gegen das nicht diversifizierbare Risiko der Bank. Die tatsächliche Höhe dieses *Restrisikos* kann aber nicht eindeutig geklärt werden, zumal die Korrelation zwischen den einzelnen Kreditrisiken nicht unveränderbar gegeben ist, sondern u.a. vom Konjunkturverlauf und dem Kreditvergabeverhalten der Bank beeinflußt wird.

Angesichts der jüngsten Finanzkrisen in einigen OECD-Ländern kann bereits für diese entwickelten Staaten hinterfragt werden, ob ein SbK von 8% eine ausreichende Eigenkapitaldecke darstellt. Für die Banken in den TL gilt dies aufgrund der zu geringen Diversifikation, dem Fehlen von Kreditsicherheiten und dem instabilen makroökonomischen Umfeld um so mehr. Caprio et. al. (1994 S. 12) verweisen daher auf die US-amerikanischen und deutschen Banken, die in der frühen Phase der industriellen Entwicklung ihrer Länder Eigenkapitalquoten von 25% und höher hatten. Die Forderung nach einer hohen Eigenkapitalausstattung der Banken in den TL ist allerdings nicht unproblematisch.

Aufgrund makroökonomischer Schocks und verbreiteter Unsicherheit schränkten die Banken in vielen TL ihrer reale Kreditvergabe zu Beginn des Transformationsprozesses stark ein[37]. Wegen der starken Unterkapitalisierung der osteuropäischen Banken (vgl. Tab. 21 S. 213) würden hohe Eigenkapitalanforderungen, auch bei einer erfolgreichen Lösung des Problems notleidender Kredite, zu einem weiteren realen Rückgang der Kreditvergabe führen. Dies würde die ohnehin beträchtlichen Finanzierungsprobleme vieler Unternehmen verschärfen und so letztlich den Transformationsprozeß behindern. Zudem senkt ein hoher SbK zwar das Bankrottrisiko der Bank über die gestiegene Eigenkapitalquote, gleichzeitig sinken allerdings auch die Diversifikationsmöglichkeiten der Bank, wodurch tendenziell ein gegenläufiger Effekt eintritt.

Scott (1994 S. 230f.) schlägt in diesem Zusammenhang für die Anfangszeit entweder einen SbK von 12% vor, der dann über einen Zeitraum von fünf Jahren auf 8% gesenkt werden könnte. Alternativ käme für ihn ein Koeffizient von

---

[36] Vgl. Blattner 1995. Zu einer ausführlichen Darstellung und Kritik der BIZ-Richtlinien S. Dewatripont/Tirole 1994.

[37] Vgl. u.a. BIZ 1994 S. 73. Im gesamten Zeitraum 1990 bis 1994 war in Polen, Ungarn und der tschechischen Republik die Netto-Kreditvergabe an Unternehmen deutlich geringer als deren Netto-Zinsverpflichtungen. "This implies that banks, in the aggregate, have not provided enterprises with new funds in excess of the firms' interest liabilities" (Buch 1996b S. 191).

8% in Betracht, in den Kredite an Unternehmen mit einem Gewichtungsfaktor von 150% eingehen.

Buch et. al. (1994 S. 91f.) sprechen sich für die Übernahme der BIZ-Richtlinien bzw. der EU-Standards aus. Dies würde Zeit und Humankapital zur Entwicklung eigener Vorstellungen einsparen und gleichzeitig Ineffizienzen durch versuchte Einflußnahme von Seiten der Banken und/oder Eigennutzenmaxmierung der Regulierer vermindern. Zur Berücksichtigung der besonderen Situation in den TL empfehlen sie:

1. dic Rckapitalisierung der Banken durch verzinsliche Staatspapiere, kombiniert mit der Schuldenstreichung für Unternehmen,
2. die Kombination dieser Maßnahme mit der Privatisierung der Banken und strikten Kreditobergrenzen für Kredite der Staatsbanken an Staatsunternehmen, um moral hazard zu verhindern,
3. niedrigere Obergrenzen für einzelne Kreditengagements für staatliche Banken als für neue private Banken,
4. stärkere Einschränkungen des Erwerbs von Beteiligungen für Staatsbanken als für private Universalbanken bzw. eine generelles Verbot (Der Erwerb von Beteiligungen an Banken durch Unternehmen sollte für alle Banken stark beschränkt werden, um bestehende alte Seilschaften aufzubrechen.),
5. eine Stärkung des Wettbewerbs im Finanzsektor, durch möglichst freien Marktzutritt, geringe geographische und sektorelle Restriktionen sowie die Zulassung ausländischer Banken.

Gros/Steinherr (1995 S. 206) kritisieren eine Übertragung der BIZ-Richtlinien aus folgenden Gründen. 1. Ein Gewichtungsfaktor von Null für Staatskredite würde die Privatisierung behindern. 2. Aufgrund der großen makroökonomischen Instabilität und der generellen Ungewißheit über den Fortgang der Reformen sollte die Fristigkeit der Kredite berücksichtigt werden. 3. Kurzfristige Kredite an Unternehmen sollten nicht als riskanter als langfristige Kredite an Banken betrachtet werden. Um diese Besonderheiten in den TL zu berücksichtigen, schlagen sie folgende Formel zur Ermittlung der Risikoaktiva vor:

$$RWA = 0{,}2\,(G + B_s) + 1{,}0\,(B_l + P_s) + 1{,}5\,P_l\,.$$

G bezeichnet Kredite an den Staat, B_s kurzfristige Kredite an andere Banken, B_l langfristige Kredite an Banken, P_s kurzfristige Kredite an Nicht-Banken und P_l langfristige Kredite an Nicht-Banken. Die Summe dieser Aktiva sollte dann zu 8% mit Eigenkapital gedeckt sein.

Husemann (1995 S. 264ff. und 281f.) schlägt u.a. vor, das besondere Risiko in den TL durch Risikogewichtungsfaktoren von bis zu 250% für Forderungen gegenüber inländischen Banken und Nichtbanken sowie weiteren Forderungskategorien zu erfassen. Für eine gewisse Übergangszeit hält er eine Eigenmittel-Risiko-Relation von 5% bis 6% für vertretbar, die mit fortschreitenden Reformerfolgen auf 8% angehoben werden sollte.

Generelle Vorteile eines dieser Vorschläge sind nicht erkennbar. Dem Vorschlag Scotts kann entgegengehalten werden, daß ein SbK von 12% bei vielen Banken zur Rückführung der Portfolios führen würde. Dies hätte einen Rückgang der realen Kreditvergabe und damit eine Beeinträchtigung des Transformationsprozesses zur Folge. Ähnliches gilt für die von Gros/Steinherr und Husemann vorgesehen Faktoren von 1,5 für langfristige Kredite respektive 2,5 für Kredite an Unternehmen und Banken. Die Unternehmen in den TL benötigen gerade langfristiges Kapital, um die notwendigen Investitionen in den Kapitalstock durchführen zu können. Aufgrund makroökonomischer Unsicherheiten vergeben Banken bereits vermehrt kurzfristige Kredite anstelle langfristiger. Diese Entwicklung würde durch eine höhere Gewichtung langfristiger Kredite verstärkt.

Darüberhinaus erscheint der Vorschlag Husemanns in sich inkonsistent, da der geringe Sbk von 5 bis 6% durch die Gewichtungsfaktoren von bis zu 250% in den relevanten Forderungskategorien kompensiert oder überkompensiert wird. Der Vorschlag von Buch et. al. kann ebenfalls zu Finanzierungsproblemen führen, da die ehemaligen Staatsbanken kumulierte Marktanteile von bis zu achtzig Prozent halten und die neuen privaten Banken zu klein sind, um den enormen Kapitalbedarf während der Transformation zu decken.

Ebenso wie die BIZ-Richtlinien vernachlässigen die zitierten Vorschläge von Scott, Buch et. al. und Husemann das Portfoliorisiko der Bank, d.h. die Korrelation der Ertragsschwankungen einzelner Aktiva. Das erhöhte Bankrottrisiko der Banken aufgrund einer unzureichenden Diversifikation wird allein durch die pauschale Forderung nach einem höheren SbK und/oder höheren Gewichtungsfaktoren einzelner Forderungsarten berücksichtigt. Lediglich Gros/Steinherr (1995 S. 206) berücksichtigen die Diversifikation. Sie schlagen vor, bei der Berechnung der Mindesteigenkapitalausstattung einer individuellen Bank den Diversifikationsgrad zu berücksichtigen. An diversifiziertere Banken würden dann geringere Kapitalanforderungen gestellt.

Durch die Schaffung eines hinreichend großen Diversifikationsspielraumes allein wird die tatsächliche Diversifikation der Banken nicht sichergestellt. Durch die Konzentration der Kreditvergabe auf einige wenige Kunden, bestimmte Branchen oder durch die Bevorzugung verbundener Unternehmen kann auch bei ausgeprägten Diversifikationsmöglichkeiten die tatsächliche Diversifikation gering sein. Caprio/Vittas (1995) halten eine unbeschränkte Haftung oder zumindest eine Nachschußpflicht in Höhe des ausgewiesenen Eigenkapitals der Bankeigentümer für geeignet, Diversifikationsanreize zu setzen. Sie räumen allerdings ein, daß entsprechende Anreize allein nicht ausreichen werden, um eine angemessene Diversifikation aller Banken sicherzustellen.

Regulative Vorschriften, die die Diversifikation der Banken beeinflussen, sind die Bestimmungen der BIZ-Richtlinien für Großkredite. Großkredite sind Kreditengagements gegenüber einem Kreditnehmer, die mehr als 10% des Eigenkapitals der Bank ausmachen. Der einzelne Großkredit darf nach der BIZ-Richtlinie 25%, bei verbundenen Unternehmen 20% des Eigenkapitals der Bank, die Summe alle Großkredite das Achtfache des Eigenkapitals nicht übersteigen.[38] Angesichts fehlender Kreditsicherheiten und unzureichender Diversifikation darf die Obergrenze für osteuropäische Banken nicht zu hoch festgelegt werden. Bei fehlenden Sicherheiten könnte im Extremfall bereits der Ausfall weniger Kreditnehmer zur Zahlungsunfähigkeit der Bank führen. Die Obergrenze sollte dennoch nicht zu niedrig angesetzt werden, denn dies würde die Rückführung zahlreicher Kredite und damit u.U. den Konkurs der betreffenden Unternehmen bedeuten. Daneben besteht ein trade off zwischen Diversifikation und Unternehmenskontrolle. Eine geringe Obergrenze erhöht zwar den Diversifikationszwang für die Banken und trägt so zu einer Risikoreduzierung bei. Gleichzeitig nimmt dann aber beim einzelnen Kreditnehmer die mögliche Gläubigerkonzentration ab, und die Effektivität der Unternehmenskontrolle wird beeinträchtigt.

Scott (1994 S. 229) schlägt eine Obergrenze für den einzelnen Großkredit von 15% des Eigenkapitals vor. Für unbesicherte Kredite sollte die Grenze 5% betragen. Großkredite sind regelmäßig der Bankenaufsicht zu melden. Nach einen Zeitraum von fünf Jahren sollte eine sukzessive Anhebung dieser Grenzen auf 25% respektive 15% erfolgen. Die Summe aller Großkredite sollte das Vierfache des Eigenkapitals nicht übersteigen dürfen, mit einer sukzessiven Anhebung auf das Achtfache des Eigenkapitals während einer Übergangszeit von fünf Jahren. Analog zur Kritik an den BIZ-Richtlinien läßt sich an Scotts Vorschlägen zum SbK und zur Großkreditregelung die fehlende theoretische und/oder empirische Begründung der konkreten Prozentangaben beanstanden.

Gerade für die Transformationsökonomien sollten pauschale Empfehlungen zur maximalen Höhe der Großkredite und des SbK vorsichtig betrachtet werden. Eine Obergrenze von 5% für unbesicherte Kredite mag unter dem Aspekt

---

[38] Zum Vergleich: Bis vor kurzem waren nach deutschem Recht Großkredite Kreditengagements, die über 15% des Eigenkapitals der Bank betrugen, der einzelne Großkredit durfte 40% des Eigenkapitals der Bank, bei verbundenen Unternehmen 30%, nicht übersteigen. Mit der Neufassung des KWG wurden diese Vorschriften entsprechend den BIZ-Richtlinien reformiert. Bestehenden Banken wurde ein Übergangsfrist bis zum 31.12.1998 eingeräumt (vgl. §§13 u. 64d KWG). In den USA darf der einzelne Großkredit 15% des Eigenkapitals nicht überschreiten (Prowse 1994 S. 39).

des Bankrottrisikos der einzelnen Bank sinnvoll sein. Mit Blick auf den gesamten Transformationsprozeß erscheint sie allerdings nicht zweckmäßig, denn sie würde in einigen Ländern die Reduzierung vieler Kredite bedeuten. Dies kann zur Zahlungsunfähigkeit reformwürdiger Unternehmen und dadurch zu zusätzlicher Arbeitslosigkeit führen. Entscheidend ist hier insbesondere die landesspezifische Lösung der Altschuldenproblematik und der Frage der Rekapitalisierung der Banken.

Während die Vorschriften für Großkredite die Konzentration auf wenige Kunden einschränken, kann die Diversifikation über verschiedene Branchen durch zusätzliche Detailvorschriften zur maximalen Kreditvergabe an eine bestimmte Branche erreicht werden. Hat eine Bank ihre maximale Kreditlinie (in Prozent des Eigenkapitals) für eine bestimmte Branche oder ein bestimmtes Kundensegment ausgeschöpft, sind Kredite an potentielle neue Kunden dieser Branche und/oder die Erhöhung bestehender Kredite an Kunden dieser Branche untersagt. Der risikoreduzierenden Wirkung von Kreditsicherheiten kann durch die Berücksichtigung besicherter Kredite mit einem Gewichtungsfaktor von kleiner als eins Rechnung getragen werden. Dabei könnte eine Staffelung der Gewichtungsfaktoren nach der Werthaltigkeit der Kreditsicherheit (Grundschulden, Sicherungsübereignungen, Forderungsabtretungen usw.) sinnvoll sein.

Ein niedriger SbK hätte einerseits den Vorteil, daß er den Kreditvergabe- und den Diversifikationsspielraum der Banken erhöhen würde, andererseits hätte er den Nachteil, daß die geringe Eigenkapitalausstattung der Banken das Bankrottrisiko der Kreditinstitute erhöhen würde. Dieses höhere Bankrottrisiko einer geringeren Eigenkapitalausstattung würde durch branchenspezifische Obergrenzen zur Kreditvergabe zumindest teilweise kompensiert. Die Banken wären zu einer tatsächlichen Ausschöpfung des vorhandenen Diversifikationsspielraumes durch die Vergabe von Krediten an verschiedene, möglichst voneinander unabhängige Branchen gezwungen.

Anstelle einer festen Kreditobergrenze je Branche, die nicht überschritten werden darf, könnte alternativ die Vergabe weiterer Kredite an die Zustimmung der Bankenaufsichtsbehörde gebunden werden. Der Vorteil dieser Alternative ist die flexiblere Handhabung und die Möglichkeit, bank- und kreditnehmerspezifische Besonderheiten zu berücksichtigen. Der Nachteil besteht in den hohen Anforderungen an die Kompetenz der Aufsichtsbehörde und der möglichen Einflußnahme durch die zu regulierenden Banken. Die konkrete Höhe dieser Branchenobergrenzen sollte unter Beachtung länderspezifischer Besonderheiten wie der Bedeutung einzelner Branchen, der Wettbewerbssituation im Finanz- und im Unternehmenssektor usw., festgelegt werden. Für Bankenneugründen sollten diese Bestimmungen ab Geschäftsaufnahme gelten, für bereits bestehende Banken sollte - ähnlich den Vorschriften zur Eigenkapitalausstattung - ein gewisser Anpassungszeitraum gelten, um unnötige Kreditkündigungen zu vermeiden. Diese Detailvorschriften könnten dann mit zunehmender Entwicklung des Finanzsystems gelockert werden. In einem entwickeltem Stadium sollte ihre Abschaffung erfolgen.

3.3.2 Die aktuelle Situation in einigen Transformationsländern

Rechtliche Beschränkungen der geographischen Niederlassungsfreiheit bestehen in den TL nicht. In Polen wurde die Monobank Anfang 1989 durch die Ausgliederung regionaler Filialen in neun Geschäftsbanken aufgespalten. Zur Stärkung des Wettbewerbs wurden zusätzlich jeder Bank einige Niederlassungen in anderen Regionen zugeteilt.[39] Ausdrückliches Ziel der Reformschritte war es zwar, daß sich jede Bank bemühen sollte, in ganz Polen als Universalbank vertreten zu sein. Weiterhin verfügt jedoch allein die Sparkasse über ein flächendeckendes Zweigstellennetz. Die neun Regionalbanken sind außerhalb ihrer Region nur vereinzelt vertreten, und neue private in- und ausländische Banken verfügen kaum über Zweigstellen. Während z.B. in Deutschland eine Bankstellendichte von 1.600 Einwohner je Zweigstelle verzeichnet wird, sind es in Polen 21.700 Einwohner.[40] Schwierigkeiten in der Ausdehnung der Filialnetze bestehen insbesondere bei der Suche nach entsprechenden Räumlichkeiten und Kommunikationseinrichtungen.[41]

In Ungarn wurden die Geschäftsfelder der Monobank auf drei Institute aufgeteilt, eines für Industrie, Verkehrs- und Nachrichtenwesen, eines für Landwirtschaft, Handel und Lebensmittelindustrie und eines für Energie, Bergbau und Kooperativen. Die Anfälligkeit der Banken gegenüber branchenspezifischen Risiken ist dementsprechend hoch. Die branchenbezogene Aufteilung stärkte zwar die geographische Diversifikation, da alle Banken über ein landesweites Zweigstellennetz verfügen. Dieses Netz muß jedoch als extrem dünn bezeichnet werden, obwohl die Zahl der Zweigstellen von 1987 (96) bis 1991 (222) mehr als verdoppelt wurde.[42]

Auch in der früheren CSFR wurde das Kredit- und Einlagengeschäft auf je drei Geschäftsbanken aufgeteilt, deren Kreditportfolios stark auf bestimmte Wirtschaftssektoren konzentriert waren.[43] In Rußland wiederum ist die geographische Diversifikation der Banken sehr begrenzt. Allein 12% aller Bankfilialen entfallen auf Moskau, während die ländlichen Gebiete benachteiligt werden.

---

39 Vgl. Husemann 1995 S. 110.

40 Vgl. Lemnitzer/Donnerstag 1996 S. 413.

41 Vgl. Müller 1993 S. 34ff.

42 Vgl. Müller 1993 S. 71ff.

43 Vgl. Buch et. al. 1994 S. 80.

Die großen räumlichen Entfernungen erschweren dabei die angestrebte stärkere Diversifikation.[44] Insgesamt wird die Umsetzung der rechtlichen Möglichkeiten in tatsächliche Zweigstellennetze noch einige Zeit benötigen.

In Polen, der früheren CSFR, Rumänien, Bulgarien und Rußland wurde ein Universalbankensystem, in Ungarn ein Trennbankensystem angelsächsischer Prägung verwirklicht.[45] Da auch in Ungarn der Umfang der erlaubten Geschäftstätigkeit ansonsten sehr weitgefaßt ist, dürfte daher in den betrachteten Reformländern prinzipiell ein ausreichender Diversifikationsspielraum geschaffen worden sein. Es ist allerdings zu erwarten, daß das Verbot des Wertpapierhandels für ungarische Geschäftsbanken ihre Möglichkeiten, Kapital zu aquirieren, erschweren wird.

Die meisten der betrachteten TL haben ihre Eigenkapital- und Großkreditvorschriften entsprechend den Vorstellungen der BIZ reformiert (vgl. Tab. 20). Für eine gewissen Übergangszeitraum sind in allen Ländern Unterschreitungen der SbKs zulässig.

In Polen wurden die Risikogewichtungsfaktoren mit 0%, 10%, 20%, 30%, 50% und 100% stärker differenziert als es die BIZ-Richtlinien vorsehen. Die Eigenkapitalanforderungen wurden in einem SbK von 8% formuliert. Abweichend von dieser generellen Anforderung gilt für Banken, die neu in den Markt eintreten, im ersten Geschäftsjahr ein Sbk von 15% und im zweiten ein SbK von 12%. Erst im dritten Geschäftsjahr erfolgt die Gleichstellung mit bereits existierenden Banken.[46] Für die Staatsbanken ist im Rahmen der Rekapitalisierung eine Anhebung auf 12% beabsichtigt. Die Obergrenze für einzelne Kreditengagements wurde auf 15% des Eigenkapitals der Bank festgelegt, der einzelne Kreditvertrag darf 10% des Eigenkapitals nicht überschreiten. Die Summe aller Kredite soll das Achtfache des Eigenkapitals nicht übersteigen, dies entspräche einem Sbk von 12,5%.[47] Die relativ strengen Kreditkonzentrationsregeln haben sich nicht nur vorteilhaft ausgewirkt. "Die Banken müssen nämlich zu syndizierten Krediten greifen, wo sie sonst in ihrer Rolle als Hausbank zumindest dominanter Kreditgeber sein könnten." (Lemnitzer/Donnerstag 1996 S. 415)

In Ungarn war für 1992 ein SbK von 7,25% vorgesehen. Seit Jahresbeginn 1993 beträgt der geforderte SbK 8%, individuelle Ausnahmen waren bis Ende Dezember 1994 möglich. Der einzelne Großkredit darf 25%, bei verbundenen Unternehmen 5%, des garantierten Kapitals oder 50 Mill. Forint nicht übersteigen, die Summe aller Großkredite ist auf das Sechsfache des garantierten Kapi-

---

44 Vgl. IfW 'Rußland' 1994 S. 26.

45 Vgl. Thorne 1993 S. 968f. und Müller 1993 S. 129.

46 Vgl. Husemann 1995 S. 276 u. 282.

47 Vgl. Schmieding/Buch 1992 S. 21.

tals begrenzt.[48] Die Einhaltung dieser Großkreditgrenze war allerdings auch 1996 vielen ungarischen Banken nicht möglich.[49]

Tabelle 20

Eigenkapitalanforderungen und Großkreditgrenzen (Angaben in %)

Land	Solvabilitätskoeffizient (EK in % Bilanzsumme)	Großkreditgrenze (in % des EK)	Max. Summe aller Großkredite (in % des EK)
Bulgarien	8,0	25,0	-
Estland	8,0	25,0	-
Polen	8,0	15,0	800
Rumänien	8,0	20,0	-
Rußland	4,0 / 5,0 / 6,7[a)] (4,0[b)])	10,0	-
Tschech. Rep.	8,0 (1,0[c)])	25,0 (125,0[d)])	230[e)]
Slowak. Rep.	8,0	15,0	-[f)]
Ungarn	8,0	25,0 (5,0[g)])	600[h)]
Weißrußland	6,0	50,0	800 (300[i)])

EK = Eigenkapital;
a) Staatsbanken / Banken mit beschr. Haftung / Aktiengesellschaften;
b) maximale Relation von Bilanzvolumen zu Eigenkapital;
c) Sonderregelung für die Sparbank;
d) Sonderregelung für Banken in OECD-Ländern;
e) maximales Volumen der zehn größten Kreditnehmer;
f) individuelle Regelungen für die drei größten Kreditinstitute;
g) Sonderregelung für verbundene Unternehmen;
h) in Prozent des garantierten Kapitals;
i) in Prozent des freien Kapitals.

Quelle: Buch 1996b Tab. A1; Thorne 1993 S. 968ff.; Krerouš 1995 S. 82f.; Euromoney 1996 S. 6; OECD 'Slovak Republic' 1996 S. 52; IMF 'Belarus' 1993 S. 83f; IMF 'Russian Federation' 1994 S. 206.

In der früheren CSFR wurde zu Beginn der Reformen der SbK für Banken, die vor dem 1.1.1990 gegründet wurden auf 2%, für die Sparbank auf 1% festgelegt. Banken, die nach dem 1.1.1990 gegründet wurden, mußten einen SbK

48 Vgl. Thorne 1993 S. 968ff. sowie Buch et. al. 1994 S. 110.

49 Vgl. Euromoney 1996 S. 11.

von 8% erfüllen. 1992 wurden diese Vorschriften in der tschechischen Republik reformiert, um eine Angleichung an internationale Standards zu erreichen. Für alte Banken (vor 1990 gegründet) galt ab Dezember 1993 ein SbK von 6,25%. Im Dezember 1996 lief diese Sonderregelung aus und auch für diese Banken gilt ein SbK von 8%. Eine Ausnahme bildet die Sparbank, für die ein SbK von 1% vorgesehen ist. Der einzelne Großkredit durfte zu Beginn der Reformen 40% des Eigenkapitals nicht übersteigen, für verbundene Unternehmen galt eine Obergrenze von 30%. Das gesamte Kreditvolumen der zehn größten Gläubiger darf 230% des Eigenkapitals nicht übersteigen.[50] Seit Ende 1995 gilt für Großkredite eine generelle Obergrenze von 25%. Ausgenommen sind tschechische Banken sowie Banken in OECD-Ländern. Für diese Kreditnehmer gilt eine Obergrenze von 125%.[51]

In der slowakischen Republik war für Ende 1994 ein SbK von 6,75%, für Ende 1995 einer von 7,25% vorgegeben. Für den Bankensektor als ganzes lag der SbK 1995 bei 6,7%, obwohl die Einhaltung des vorgeschriebenen SbKs von 7,25% nur zwei Banken nicht möglich war[52]. Seit 1996 gilt ein SbK von 8%. Die Großkreditgrenze lag ursprünglich bei 40%, seit Ende 1995 liegt sie bei 15% des Eigenkapitals. Das Gesamtvolumen an Großkrediten wurde nur für die drei größten slowakischen Banken individuell begrenzt.[53]

In Estland, Rumänien und Bulgarien wurde ebenfalls ein SbK von 8% implementiert. Die Großkreditgrenze wurde in Rumänien auf 20%, in Bulgarien und Estland auf 25% des Eigenkapitals festgelegt.[54] In Weißrußland muß das Gesamtvermögen vermindert um Sachanlagen, Beteiligungen und Rückstellungen mindestens mit 6% durch *freies* Eigenkapital unterlegt sein. Dieses freie Eigenkapital ergibt sich aus *gesamtes Eigenkapital abzüglich Sachanlagen und Beteiligungen*. Die Großkreditgrenze liegt bei 50% des freien Eigenkapitals und die Summe aller Großkredite darf dessen Achtfaches nicht übersteigen. Ein Großkredit liegt vor, wenn die bilanziellen und außerbilanziellen Forderungen gegen einen Kunden 15% des freien Eigenkapitals übersteigen. Die fünf größten Kreditengagements dürfen das Dreifache des freien Eigenkapitals nicht übertreffen.[55]

---

50 Vgl. Kerouš 1995 S. 82f.

51 Vgl. Euromoney 1996 S. 6. Nach Angaben von Kerouš (1995 S. 83) und Buch (1996b Tab. A1) beträgt die Obergrenze für Kredite an Banken jedoch nur 80% des Eigenkapitals.

52 Vgl. OECD 'Slovak Republic' 1996 S. 52.

53 Vgl. Múcková et. al. 1995 S. 93.

54 Vgl. Thorne 1993 S. 968ff.; Kern 1996 S. 45. Der IMF ('Estonia' 1994 S. 25) hingegen gibt für Estland eine Großkreditgrenze von 50% an.

55 Vgl. IMF 'Belarus' 1993 S. 83f.

In Rußland müssen die risikogewichteten Aktiva einer Bank zu 4% (bei ehemaligen Staatsbanken), 5% (bei Bankgesellschaften mit beschränkter Haftung) oder 6,7% (bei Banken in der Rechtsform der Aktiengesellschaft) mit Eigenkapital gedeckt sein. Gleichzeitig sind die gesamten Aktiva einer Bank mit mindestens 4% Eigenkapital zu unterlegen. Dies entspricht einem einheitlichen Risikogewichtungsfaktor von 1,0. Die Großkreditgrenze liegt bei 10% des Eigenkapitals, wobei Kredite, die von dritter Seite garantiert werden oder mit tangiblen Sicherheiten gedeckt sind, nicht angerechnet werden.[56] Zusätzlich ist ein bestimmtes Mindestverhältnis zwischen Krediten und Einlagen notwendig. Banken, die Kredite vergeben wollen, sind daher gezwungen, neue Einlagen zu akquirieren.[57] Der geforderte SbK liegt mit 4% deutlich unter den internationalen Standards und impliziert eine extrem dünne Eigenkapitaldecke der Banken. Eine gewisse Verschärfung erfährt diese Regelung durch den generellen Gewichtungsfaktor von 100%. Zum 1.1.1994 betrug die durchschnittliche Eigenkapitalquote der 20 größten russischen Banken 6,1%, die durchschnittliche Relation Eigenkapital zu Kreditvolumen 25,3%.[58] Da detaillierte Angaben über die Bilanzstruktur nicht vorliegen, ist eine Berechnung der SbKs nach internationalen Standards nicht möglich. Es kann lediglich festgehalten werden, daß zumindest die zwanzig größten russischen Banken die landesspezifischen Eigenkapitalanforderungen erfüllen.

Eine separate Obergrenze für unbesicherte Kredite, wie Scott sie vorschlug, wurde von keinem der betrachteten Reformstaaten eingeführt. Auch die von Buch et. al. vorgeschlagenen höheren Eigenkapitalanforderungen und niedrigeren Großkreditgrenzen für Staatsbanken wurden ebenso wenig umgesetzt wie die Unterscheidungen zwischen staatlichen und privaten Banken bei den Großkreditregelungen und beim Erwerb von Beteiligungen durch und an Banken. Die von Gros/Steinherr und Husemann vorgesehenen Gewichtungsfaktoren von über 100% für bestimmte Forderungskategorien fanden ebenfalls keine Anwendung, und auch die Einführung separater Kreditobergrenzen für einzelne Branchen erfolgte nicht.

3.3.3 Fazit

Durch die Abschaffung regionaler und sektoraler Beschränkungen der Geschäftstätigkeit, die Erweiterung des erlaubten Geschäftsumfanges sowie die

---

[56] Vgl. IMF 'Russian Federation' 1994 S. 206. Für Anfang 1999 ist die Einführung eines SbKs von 8% vorgesehen (vgl. EBRD 1996b S. 171).

[57] Vgl. IfW 'Rußland' 1994 S. 32.

[58] Eigene Berechnungen basierend auf IfW 'Rußland' 1994 S. 27.

Ausrichtung der Eigenkapitalvorschriften und Kreditobergrenzen an internationalen Standards wurden die Diversifikationsmöglichkeiten der Banken in den TL de jure an die der Banken in Europa angeglichen. De facto sind allerdings die Kreditportfolios der Banken regional und/oder sektoral weiterhin hoch konzentriert. Die Angleichung der tatsächlichen Diversifikation osteuropäischer Banken an westliche Standards wird noch längere Zeit in Anspruch nehmen. Eine wirkungsvolle geographische Diversifikation z.B. ist entweder auf umfangreiche Zweigstellennetze der einzelnen Banken oder auf einen funktionierenden Interbankenmarkt zwischen den regional tätigen Banken angewiesen. Beide Alternativen benötigen zu ihrer Implementierung mehrere Jahre.

Die durchschnittliche Eigenkapitalausstattung der Banken ist trotz umfangreicher Rekapitalisierungsmaßnahmen in allen TL noch immer nicht zufriedenstellend. Der offizielle Ausweis positiver oder gar hoher Solvabilitätskoeffizienten (vgl. Tab. 21) ist hier irreführend und beruht auf zum Teil erheblichen Abweichungen der nationalen Rechnungslegungsvorschriften von den International Accounting Standards (IAS). Die in Tabelle 21 in Klammern angegebenen Berechnungen von Gros/Steinherr (1995) deuten das Ausmaß der Überbewertung der Eigenkapitalausstattung an.

Tabelle 21

Die durchschnittlichen Solvabilitätskoeffizienten in der früheren CSFR, Ungarn und Polen*

	1988	1990	1991	1992	1993	1994
CSFR	2,9	14,6 (5,2)	10,9 (2,1)	12,5[a)]	13,1	16,1
Ungarn	7,6	11,6 (7,3)	15,5 (11,6)	14,4	11,8	13,9
Polen	0,5	7,9 (0)	8,7[b)] (0)	12,0	14,6	12,2

* Berechnet auf Basis des Eigenkapitals gemäß Bilanzausweis. Angaben auf Basis des ausgewiesenen Eigenkapitals abzüglich noch nicht erfolgter Abschreibungen auf Problemkredite in Klammern.

a) nur große Banken;

b) Angaben gemäß Gros/Steinherr (1995 S. 207), Buch (1996b S. 185) gibt einen Wert von 11,9 an.

Quelle: Gros/Steinherr 1995 S. 207; Buch 1996b S. 183, 185 u. 256.

Dittus (1994 S. 48) veranschaulicht diesen Sachverhalt an folgenden drei Beispielen:

1. Der SbK der ungarischen Budapest Bank betrug 1991 'national' 6%, nach den IAS 3,6%.

2. Die SbKs der polnischen Banken lagen 1992 nach nationalen Vorschriften zwischen 5,5 und 13,4%; nach den IAS hingegen verzeichneten etliche dieser Banken ein negatives Eigenkapital.

3. In der früheren CSFR wies die Komercni Bank 1992 nach nationalen Vorschriften einen Gewinn von 4,8 Mrd. Kronen auf, nach den IAS jedoch einen Verlust von -4,3 Mrd.

Trotz zum Teil deutlicher Verbesserungen der Eigenkapitalausstattung gilt daher nach Einschätzung von Marktbeobachtern auch 1996 für die Einhaltung der BIZ-Richtlinien in den TL, "these norms are still a long way off for many banks" (Euromoney 1996 S. 2). Dies unterstützt die bereits geäußerten Zweifel an der Umsetzbarkeit der Vorschläge von Scott, Gros/Steinherr und Husemann. Die Realisierung dieser Vorschläge würde neuerliche Rekapitalisierungsmaßnahmen und/oder einen starken Rückgang der Kreditvergabe nach sich ziehen. Insgesamt erscheint somit für eine Übergangszeit die Einführung branchenbezogener Kreditobergrenzen weiterhin als sinnvolle Möglichkeit, die nach wie vor unzureichende Diversifikation der Banken zu verbessern.

3.4 Das Problem der Kreditrationierung und wirtschaftspolitische Implikationen

Im Rahmen des vorhergehenden Abschnittes wurde bereits mehrfach das hohe Bankrottrisiko der Banken aufgrund des Problems notleidender Kredite angesprochen. Das hohe Ausmaß an akkumulierten notleidenden Krediten bedeutet jedoch nicht nur ein erhöhtes Bankrottrisiko. Gleichzeitig ist es eine der Hauptursachen für die Kreditrationierung neuer privater Unternehmen. Die notleidenden Kredite und die Informationsasymmetrie zwischen Unternehmen und Banken als Ursache der Kreditrationierung sind Gegenstand dieses Abschnitts.

3.4.1 Ursachen, Folgen und Lösungsmöglichkeiten zum Problem notleidender Kredite

Das Problem notleidender Kredite bezeichnet die Unfähigkeit der meisten Staatsbetriebe, ihre Kredite fristgerecht zu bedienen und die gleichzeitige Bereitschaft der Banken, in dieser Situation nicht auf der Erfüllung ihrer Forderungen zu bestehen, sondern bestehende Kredite zu prolongieren und aufgelaufene Zinsrückstände in neue Kredite umzuwandeln. Es läßt sich in eine Stock- und eine Flow-Komponente unterteilen. Das Stock-Problem resultiert aus der ineffizienten *alten* Kreditvergabe unter sozialistischem Regime, während die

Vergabe *neuer* notleidender Kredite seit Beginn des Transformationsprozesses das Flow-Problem kennzeichnet.

Unter sozialistischem Regime hatten die Banken lediglich die Funktion, die Staatsbetriebe mit den angeordneten Mengen an Kapital zu versorgen. Deren Kapitalnachfrage war unabhängig von Zins und Grenzproduktivität des eingesetzten Kapitals.[59] Kreditwürdigkeitsprüfungen und Rentabilitätsüberlegungen durch die Banken unterblieben, so daß auch unproduktive bzw. unrentable Investitionen finanziert wurden. Der massive Einbruch der industriellen Produktion zu Beginn der Reformen hatte somit zwangsläufig die Zahlungsunfähigkeit der meisten Staatsbetriebe zur Folge (die Stock-Komponente). Im Zuge der ersten Reformmaßnahmen hat sich die Situation der Unternehmen u.a. aufgrund von

- Maßnahmen zur Eindämmung des Budgetdefizites, die zu Subventionsabbau führten,
- Hyper-Inflation, infolge der Freigabe der Preise ohne ausreichende Kontrolle der Geldmenge,
- starke Wechselkursschwankungen,
- veraltete Technologien und
- positive Realzinsen, aufgrund der Liberalisierung der Kredit- und Depositenzinsen

zusätzlich verschlechtert.[60]

Da die Abschaffung der zentralen Kontrolle über die Finanzströme ohne die gleichzeitige Durchsetzung harter Budgetrestriktionen erfolgte, verstärkte sich in allen Transformationsstaaten die Verschuldungspraxis der Unternehmen, um notwendige Anpassungen und Umstrukturierungen bzw. Liquidationen zu verzögern oder zu vermeiden (die Flow-Komponente).[61] Die Banken waren nicht nur wegen ihrer mangelnden Fähigkeit zu einer Abschätzung der Kreditwürdigkeit der Unternehmen und eventueller Widerstände gegen die Reformen bereit, diese Kreditwünsche zu erfüllen. Aufgrund der verschlechterten wirtschaftlichen Situation bestand eine hohe Wahrscheinlichkeit, daß die Regierungen, u.a.

[59] Vgl. Kornai 1986 S. 4ff.

[60] Vgl. Saunders/Summariva 1993 S. 933.

[61] Vgl. Borish et. al. 1995 S. 1. Das Ausmaß dieser Flow-Komponente darf nicht unterschätzt werden. So waren nach Raiser (1994 S. 15) in Ungarn 85% der 300 - 400 Mrd. Forint an zweifelhaften Forderungen gegen Staatsbetriebe, die sich bis Ende 1992 akkumuliert hatten, erst nach 1990 vergeben worden.

um keine Arbeitsplätze zu vernichten, staatliche Unternehmen weiterhin vor einem Bankrott schützen würden. Da diese *Überlebensgarantie* auch für die Banken selbst bestand, war ein glaubhafter Übergang zu harten Budgetrestriktionen nicht gegeben. Im Ergebnis entstand ein enormes Ausmaß an notleidenden Krediten, das den gesamten Transformationsprozeß belastet und gefährdet.

Tabelle 22 gibt in diesem Zusammenhang die Berechnungen von Thorne (1993) für 1991 wieder. Die bisher vorliegenden Erfahrungen der Reformländer bestätigen die pessimistische Einschätzung Thornes über das Ausmaß an notleidenden Krediten und die hohen gesamtwirtschaftlichen Kosten der notwendigen Rekapitalisierungsmaßnahmen.

Tabelle 22

Die Bedeutung notleidender Kredite 1991

	Ungarn	Polen	CSFR	Bulgarien	Rumänien
relative Bedeutung von Bankkrediten an Unternehmen (in % des BIP)	24,0	18,4	62,4	47,8	44,6
Anteil notleidender Kredite an allen Krediten (in %)[a)]	50,0	40,0	55,0	44,2	36,6
Kosten der Beseitigung aller notleidenden Kredite (in % des BIP)[a,b)]	5,4	6,5	5,6	17,7	22,9

a) geschätzt;
b) berechnet wurden die Zinskosten von Staatsanleihen-Kredit-Swaps bzw. einer Staatsgarantie für alle notleidenden Kredite. Der durchschnittliche Nominalzins diente als Proxy-Variable.

Quelle: Thorne 1993 S. 977.

In Polen stieg die Anzahl der zahlungsunfähigen Unternehmen von 500 Firmen 1990 auf 5764 im Dezember 1993.[62] In Rußland betrug der Anteil notleidender Forderungen am gesamten Kreditportfolio bei manchen Banken bis zu 90%.[63] Buch et.al (1994 S.101ff.) ermittelten in der früheren CSFR einen Anstieg des durchschnittlichen Anteils notleidender Kredite von 0,3% 1987 auf 11% 1992, in Ungarn von 8% 1991 über 38% 1992 auf 15% 1993 und in Polen von 16% 1991 auf 32% 1993. Im Unterschied zu diesen Angaben beträgt nach jeweils nationalen Schätzungen der Anteil notleidender Kredite 1992 in der CSFR 19%, in Ungarn 28% und in Polen 26%, während Schätzungen des IMF

[62] Vgl. Chudzik 1995 S. 209.

[63] IfW 'Rußland' 1994 S. 12f., 25, 31ff.

wiederum für die CSFR und Ungarn marode Kredite von 15 - 20%, für Polen von 25 - 60% des gesamten Kreditportfolios ergeben.[64] Andere Berechnungen kommen für die CSFR zu einem Anteil notleidender Kredite von 60 bis 66% in der Anfangszeit des Transformationsprozesses.[65]

Die Kosten einer Lösung des Problems notleidender Kredite sind beachtlich. Dittus (1994 S. 19) ermittelt für ein *worst-case scenario* von 30% notleidenden Krediten jährliche Zinskosten einer Rekapitalisierung der Banken zwischen 2,1% (Ungarn) und 2,8% (CSFR) des BIP. Unter der Annahme eines 50%igen Anteils notleidender Kredite und einer Relation *Kredite zu BIP* von etwa 17% kommt Rostowski (1995 S. 26f.) zu gesamtwirtschaftlichen Kosten einer Bereinigung der Bankbilanzen für Polen und Rußland in Höhe von je drei bis vier Prozent des BIP, für Ungarn in Höhe von etwa fünf Prozent. Für die tschechische Republik wäre aufgrund einer Relation *Kredite zu BIP* von 75% die Situation erheblich schlechter.

Bei gegebenem Gesamtkreditvolumen bedeutet die Refinanzierung unproduktiver Staatsbetriebe ein *Crowding Out* für neue private Betriebe, da ihre Kreditanträge abgelehnt werden oder der zugestandene Kredit unverhältnismäßig teuer ist. Nach den Umfrageergebnissen Websters (1992) ist das Ausmaß dieser Rationierung beachtlich. Zwar hatten 65% der befragten polnischen Unternehmen Bankkredite in Anspruch genommen, und nur bei vier Unternehmen wurde der Kreditantrag abgelehnt. Gleichzeitig hatten aber 28% der befragten Firmen aufgrund überhöhter Konditionen[66] von sich aus auf Bankkredite verzichtet. In Ungarn wiesen nur 30% der befragten Unternehmen Kredite auf. Ein hoher Anteil an Kreditanträgen wurde abgelehnt. Lediglich in der CSFR konnten keine signifikanten *Crowding Out* Effekte für private Unternehmen festgestellt werden.[67] Ein ähnliches Bild wie in Polen ergibt sich in Rußland. Während Staatsunternehmen Sonderkonditionen gewährt werden, erhalten private Kredite Unternehmen nur zu überhöhten Konditionen.[68]

Dieses Problem läßt sich durch Privatisierungen von Kreditinstuten und die Verstärkung des Wettbewerbs im Finanzsektor allein nicht lösen. Auch privati-

---

[64] Vgl. Dittus 1994 S. 15.

[65] Vgl. OECD 'Czech Republik' 1996 S. 113f.

[66] Im März 1991 betrug die durchschnittliche Zinsmarge zwischen Krediten und Sichteinlagen 56%, zwischen Krediten und Drei-Monats-Einlagen 15% (vgl. Begg/Portes 1993 S. 238).

[67] Zitiert bei Begg/Portes 1993 S. 238f. Angesichts des in Tab. 22 dokumentierten ähnlichen Ausmaßes der Altschuldenproblematik erscheint dieses Ergebnis überraschend. Eine Erklärung hierfür kann die 1991 im Vergleich zu Polen und Ungarn geringe Bedeutung des privaten Sektors in der CSFR sein (vgl. Begg/Portes 1993 S. 239).

[68] Vgl. IfW 'Rußland' 1994 S. 31.

sierten Banken würde jeglicher Anreiz zu einer marktwirtschaftlichen harten Kreditvergabepolitik fehlen, und die *unfreiwillige* Kreditvergabe würde fortgesetzt.[69] Zum einen ist die Liquidation einer größeren Anzahl zahlungsunfähiger Kunden unter den gegebenen Rahmenbedingungen faktisch kaum durchführbar. In vielen TL sind die gesetzlich vorgesehen Konkursverfahren langsam und ineffizient und die Gerichte mit der Aufgabe überfordert. Ferner ist der realisierbare Liquidationserlös extrem gering, da die Verwendungsmöglichkeiten für das Firmenvermögen stark eingeschränkt sind, potentielle Käufer vielfach fehlen, seitens eventueller Käufer ebenfalls Finanzierungsengpässe bestehen und der wirtschaftliche Einbruch die erzielbaren Preise zusätzlich drückt.[70] Zum anderen besteht für die Banken kein Anreiz, die Eintreibung ihrer Forderungen zu forcieren. Durch solche Handlungen würden die Banken auf Schwierigkeiten mit ihren Kreditnehmern hinweisen und entsprechende Maßnahmen der Regierung oder Regulierungsbehörde hervorrufen. Bei einem hohen Ausmaß an notleidenden Krediten und nur geringen Erwartungswerten für die Liquidationserlöse ist auch die Bank de facto bankrott. Es kann dann für die betreffende Bank rational sein, weitere Kredite an zahlungsunfähige Kreditnehmer zu vergeben, um so den eigenen Konkurs hinauszuzögern.[71] Gleichzeitig besteht ein *free riding*-Problem zwischen den Gläubigern. Geht eine Bank davon aus, daß staatliche Lösungen notwendig werden, "because other creditors take no action, such an expectation may become self-fulfilling" (Begg/Portes 1993 S. 234).[72]

Eine frühzeitige Lösung der Altschuldenproblematik ist somit von entscheidender Bedeutung für weitere Erfolge in der Reform der Finanzsysteme. Erstens wird die Solvenz der Banken wiederhergestellt und damit die Gefahr von *bank runs* und daraus resultierenden Zusammenbrüchen des Finanzsystems gemildert. Zweitens wird die Privatisierung der Banken wesentlich erleichtert und ihre Funktion als Unternehmenskontrolleure gestärkt. Drittens ist die Restrukturierung der Banken eine Voraussetzung für die Öffnung des Finanzsektors für mehr Wettbewerb. Insbesondere joint ventures mit ausländischen Banken und der damit verbundene Transfer an Technolgie und Humankapital sind auf die

---

[69] Unfreiwillige Kreditvergabe bezeichnet eine Situation, in der weitere Kredite nur zur Vermeidung des Schuldnerkonkurses gewährt werden.

[70] Vgl. Saunders/Summariva 1993 S. 936f.; ähnlich Kalman 1995 S. 430. Die Überforderung der Gerichte trifft auch in fortgeschritteneren TL zu. In Estland wurden z.B. seit der Reform des Konkursrechtes im September 1992 insgesamt 450 Anträge auf Eröffnung eines Konkursverfahrens gestellt, von denen bisher lediglich zwanzig abgeschlossen wurden (vgl. EBRD 1996b S. 18).

[71] Vgl. Fries/Lane 1994 S. 25.

[72] Zu einer formalen Analyse des Bankverhaltens bei hohem Bestand an notleidenden Forderungen S. u.a. Perotti (1993) und Berglöf/Roland (1995).

Existenz solventer Banken angewiesen.[73] Schließlich kann eine Bereinigung sowohl der Bank- als auch der Unternehmensbilanzen um diese notleidenden Altkredite den Zyklus der unfreiwilligen Kreditvergabe durchbrechen. Die Lösung der Altschuldenproblematik ermöglicht den Banken, sich bei der Kreditvergabe an der Finanzkraft des Kreditnehmers bzw. an der Rentabilität der zu finanzierenden Objekte zu orientieren.

Entsprechend seiner Bedeutung im Transformationsprozeß fand das Problem notleidender Kredite breite Beachtung in der wissenschaftlichen Literatur. Eine einheitliche Klassifikation der verschiedenen Lösungsansätze konnte sich allerdings nicht durchsetzen. Calvo/Frenkel (1991) trennen zwischen Schuldenstreichung und Schuldensozialisierung. Letzteres bezeichnet den Austausch notleidener Kredite gegen Staatsanleihen. Begg/Portes (1993) unterscheiden zwischen selektiven Kreditkontrollen, erhöhten Zinsmargen und einer Rekapitalisierung der Banken als potentiellen Lösungsmöglichkeiten. Saunders/Summariva (1993) grenzen interne und externe Verfahren gegeneinander ab, während Fries/Lane (1994) sowie Borish et. al. (1995) zwischen dezentralisierten und zentralisierten Lösungsansätzen separieren. Bei den internen Verfahren verbleiben die notleidenden Kredite in der Bankbilanz, bei den externen Verfahren werden die Kredite ausgebucht. Im Rahmen der dezentralisierten Ansätze liegt die Verantwortung bei den Banken selbst, die zentralisierten beruhen auf entsprechenden staatlichen Maßnahmen. Begg/Portes (1993) verstehen ebenso wie Schmieding/Buch (1992) unter Rekapitalisierung generell die Restrukturierung der Banken, während Saunders/Summariva (1993) unter Rekapitalisierung nur die Reorganisation der Passivseite der Bankbilanzen, d.h. die Zuführung neuen Eigenkapitals, subsumieren.

Betrachtet man die Entscheidung für einen konkreten Lösungsansatz als mehrstufigen Entscheidungsprozeß, lassen sich die angeführten Klassifikationen in ein umfassendes Raster einordnen:

Auf der ersten Entscheidungsebene besteht die Wahl zwischen bloßem Abwarten, der Schließung aller insolventen Kreditinstitute und entsprechenden Rettungsmaßnahmen. Die Strategie des bloßen Abwartens wird von Saunders/ Summariva (1993 S. 934f.) als *bank forbearance* bezeichnet, und "is one of simply ignoring the problem, hoping that a more favourable set of economic conditions will materialize - e.g., low inflation, improved exchange rates, etc. - which will turn-around the fortunes of state controlled firms and result in a widespread resumption in their ability to meet bank interest and principal payments, i.e., the banks will grow out of their problems." Diese Strategie würde allerdings mit großer Wahrscheinlichkeit die Insolvenzproblematik der Unter-

73 Vgl. Begg/Portes 1993 S. 240f.

nehmen und der Banken verschärfen und so den gesamten Reform- und Transformationsprozeß gefährden.

Eine andere Form des Abwartens wäre die Hinnahme hoher Inflationsraten, die zu einer realen Entwertung ausstehender Kredite führen würde. Auch diese Politik kann als inadäquat bezeichnet werden, da sie das Flow-Problem vernachlässigt. Die Schließung aller insolventen Banken wiederum hätte in vielen TL mit großer Wahrscheinlichkeit einen Zusammenbruch des Finanzsystems zur Folge. Darüber hinaus würden die - wegen der impliziten bzw. expliziten Staatsgarantie für nahezu alle Depositen - immensen volkswirtschaftlichen Kosten dieses Vorgehens eine nicht tragbare Belastung der Staatshaushalte bedeuten[74].

Fällt die Entscheidung aus diesen Gründen zu Gunsten angemessener Rettungsmaßnahmen, müssen dann *auf der zweiten Stufe* Vor und Nachteile von generellem Schuldenerlaß und adäquatem Restrukturierungsprogramm abgewogen werden. Ein genereller Schuldenerlaß, durch einfache Streichung der notleidenden Kredite aus den Bilanzen von Banken und Unternehmen, stellte aufgrund der Budgetbelastungen sowie der damit verbundenen negativen Anreizeffekte für die meisten TL keine akzeptable Alternative dar.[75]

Bei der verbleibenden Alternative 'Restrukturierungsmaßnahmen' kann dann - *auf der dritten Entscheidungsebene* - u.a. zwischen internen und externen Verfahren unterschieden werden, innerhalb der internen Verfahren zwischen einer Reorganisation der Aktiv- und der Passivseite der Bankbilanz. Abbildung 11 gibt einen Überblick über verschiedene Verfahren:

Verfahren 1.a dient der Reorganisation der Passivseite, alle anderen Verfahren der Reorganisation der Aktivseite der Bankbilanz. Die Verfahren 1.b, 1.c, 1.d und 2.b kennzeichnen dezentrale, die Verfahren 1.a, 2.c und 2.d zentralisierte Lösungsansätze. Verfahren 2.a ist sowohl als dezentraler Lösungsansatz als auch zentralisiert einsetzbar.[76] Die von Calvo und Frenkel (1991) propagierte Schuldensozialisierung entspricht ebenso wie die Rekapitalisierungsansätze von Begg/Portes (1993) und Schmieding/Buch (1992) Verfahren 2.d. Sowohl bei Verfahren 1.a *Rekapitalisierung* als auch bei Verfahren 2.d *Staatsanleihen-Kredit-Swaps* werden die zu restrukturierenden Banken in der Regel mit verzinslichen Staatsanleihen ausgestattet. Bei Verfahren 1.a verbleiben allerdings

---

[74] Vgl. Saunders/Summariva 1993 S. 934.

[75] Vgl. Schmieding/Buch 1992 S. 8f. und Fries/Lane 1994 S. 26.

[76] In den USA wurde dieses Verfahren von einigen *Bank Holding Companies* genutzt, um marode Kredite an entsprechende Tochtergesellschaften zu übertragen, also dezentral (vgl. Saunders/ Summariva 1993 S. 944). In der früheren CSFR wurde es mit der Gründung der Konsolidierungsbank zentralisiert eingesetzt (vgl. S. 223).

die notleidenden Forderungen in der Bankbilanz, es kommt zu einer Bilanzverlängerung. Im Unterschied hierzu stellt Verfahren 2.d einen Aktivtausch dar.

Art des Verfahrens	Beschreibung
1 Interne Verfahren	*Die Umstrukturierung erfolgt innerhalb der Bankbilanz.*
1.a Rekapitalisierung	Banken werden ausreichend mit zusätzlichen Eigenkapital ausgestattet, so daß Abschreibungen auf Kredite keine Überschuldung der Banken hervorrufen.
1.b loan hospital	Problemkredite werden als besonderer Posten in der Bilanz abgegrenzt und durch ein Krisenkomitee verwaltet.
1.c Umschuldungen	Bank und Schuldner handeln einen neuen Kreditvertrag aus, der an die Stelle des alten Vertrages tritt.
1.d Debt-Equity-Swaps	Ausstehende Kredite werden in Beteiligungen umgewandelt, die Gläubiger werden dadurch Miteigentümer.
2 Externe Verfahren	*Die notleidenden Kredite werden aus der Bankbilanz entfernt.*
2.a Guter Bank/schlechte Bank - Ansatz	Gründung einer zweiten Bank, an die alle notleidenden Kredite übertragen werden. Durch diese Übertragung wird die neue Bank zur schlechten und die alte bilanzbereinigte Bank zur guten Bank.
2.b Kredit-Kredit-Swaps	Die Banken handeln Kredite untereinander auf einem Sekundärmarkt zu entsprechenden Marktpreisen.
2.c Gründung einer staatlichen Institution	Schaffung einer Staatsbehörde zur Überwachung und gegebenfalls Restrukturierung oder Liquidation der Banken.
2.d Staatsanleihen-Kredit-Swaps	Der Staat erwirbt die maroden Forderungen und stattet die Banken im Gegenzug mit verzinslichen Staatsanleihen aus.

Abb. 11: Verfahren zur Lösung der Altschuldenproblematik

Quelle: eigene Darstellung

Der Vorteil der dezentralen Verfahren liegt in ihrer hohen Flexibilität, der Betonung der Eigenverantwortung der Banken für die Lösung ihrer Probleme und in ihrer geringen Budgetbelastung. Die Nachteile bestehen in der Bindung knapper Bankressourcen, die dann für die Gewährung neuer Kredite nicht zur Verfügung stehen, sowie dem langen Zeithorizont bis zu einer endgültigen Problemlösung. Ferner sind die Banken bei der Eintreibung ausstehender Forderungen bzw. den Umschuldungsverhandlungen und der damit verbundenen

Bewertung von Unternehmensrestrukturierungen in finanzieller und personeller Hinsicht vielfach überfordert.

Die Verfahren 1.d und 2.b werden dabei durch die Unterentwicklung der Kapitalmärkte zusätzlich erschwert. Genereller Nachteil der internen Verfahren ist, daß der Anteil an notleidenden Krediten in der Bankbilanz eine moderate Höhe nicht übersteigen darf, wenn die Verfahren erfolgreich sein sollen. Dies gilt auch für einen möglichen dezentralen Einsatz von Verfahren 2.a. Die zentralisierten Verfahren erlauben eine zügige und sichere Problemlösung sowie die Vermeidung von Bankliquidationen, bedeuten aber gleichzeitig eine hohe Budgetbelastung des Staates. Ferner besteht die Gefahr eines induzierten moral-hazard Verhaltens der Banken, wenn die Einmaligkeit der Rettungsaktion nicht glaubwürdig sichergestellt wird.

Die verschiedenen Verfahren schließen sich nicht gegenseitig aus, sondern können miteinander kombiniert werden. Insbesondere können die Restrukturierung der Aktivseite der Bilanz und die Rekapitalisierung sowie dezentrale und zentralisierte Ansätze miteinander verbunden werden. Die konkreten Maßnahmen sind an den landesspezifischen Besonderheiten auszurichten, u.a. dem Ausmaß an notleidenden Krediten und der jeweiligen politischen Zielfunktion.[77] Aufgrund des hohen Anteils an maroden Forderungen erscheint es allerdings in den meisten TL als fraglich, ob die Banken allein aus eigener Kraft, durch eine Kombination der Verfahren 1.b bis 2.b, zu einer Lösung der Altschuldenproblematik in der Lage sind. Die Verknüpfung dieser Maßnahmen mit der gleichzeitigen Verbesserung der Eigenkapitalbasis der Banken durch die (staatlichen/zentralisierten) Verfahren 1.a, 2.a, oder 2.d erscheint notwendig. Schmieding/ Buch (1992), Begg/Portes (1993) sowie Gros/Steinherr (1995 S. 211) favorisieren dabei generell die Anwendung von *Staatsanleihen-Kredit-Swaps* und empfehlen die Restrukturierung aller vor einem bestimmten Zeitpunkt gewährten Kredite. Aufgrund der hohen Inflation in den meisten Reformstaaten schlagen Begg/Portes (1993) Schatzwechsel mit einer Laufzeit von drei Monaten als adäquates Instrument vor, Schmieding/Buch (1992) geben indexierten Staatsanleihen den Vorzug.

Unabhängig von der konkreten Ausgestaltung der Bankrestrukturierung erfordert eine langfristige Lösung der Problematik den Übergang zu einer *harten* Kreditvergabepolitik durch die Banken. Dies setzt entsprechende mikroökonomische Incentives auf Seiten der Banken voraus. Die Restrukturierunganätze sollten daher mit

---

[77] Zu einer ausführlichen Diskussion der einzelnen Verfahren vgl. Saunders/Summariva 1993 sowie Schmieding/Buch 1992, Blommestein/Spencer 1994 S. 147ff. u. Buch 1996b S. 135ff.

- einer Privatisierung der Banken,
- einer Reform der Vorschriften und Regelungen zur Bankenaufsicht,
- der Freigabe des Wettbewerbs im Finanzsektor (auch für ausländische Kreditinstitute) bei gleichzeitig hohen Anforderungen an die fachliche Qualifikation der Bankmanager,
- entsprechenden Maßnahmen zur Lösung der Schuldenproblematik im Unternehmenssektor und
- einem Übergang zu harten Budgetrestriktionen

verknüpft werden, um langfristig erfolgreich zu sein. Letzteres erfordert neben der glaubwürdigen Einmaligkeit einer staatlichen Rettungsaktion entsprechende Reformen des Bankrott- und Konkursrechtes.

3.4.2 Lösungsansätze zum Problem notleidender Kredite

Konkrete Restrukturierungsprogramme wurden in Polen, Ungarn, der früheren CSFR, Lettland, Rumänien und Bulgarien durchgeführt. Estland, Litauen und Rußland verzichteten bewußt auf Rettungsmaßnahmen und betonten die Eigenverantwortung der Banken bei der Eintreibung fälliger und überfälliger Forderungen. In Weißrußland, Moldavien, der Ukraine und anderen Nachfolgestaaten der UdSSR sind, entsprechend den generell schleppend verlaufenden Wirtschaftsreformen, keine Anhaltspunkte für eine Bankensanierung zu beobachten.[78] Aufgrund der Datenlage beschränken sich die folgenden Ausführungen allerdings auf die Schilderung der Reformmaßnahmen in der früheren CSFR, Polen, Ungarn sowie Rußland, da allein für diese Staaten einigermaßen detaillierte und verläßliche Informationen vorliegen.

3.4.2.1 Die frühere CSFR

Das in der früheren CSFR angewandte Verfahren besteht aus einer Kombination der Verfahren 1.a, 2.a und 2.d und wurde in erster Linie auf die aus der

---

[78] Vgl. im Überblick Borish et. al. 1996 S. 42ff. sowie Blommestein/Spencer 1994 S. 145ff. Für Estland sind die vorliegenden Informationen nicht eindeutig, da nach Angaben der EBRD (1996 S. 149) die Mehrzahl der notleidenden Kredite 1994 an die staatseigene North-Estonian Bank übertragen wurden. Dies entspräche einer Anwendung des Verfahrens 2.a. Buch (1996b S. 36) berichtet, daß die North Estonian Bank durch die Verschmelzung zweier notleidender Institute entstand und mit 400 Mrd. estl. Kronen rekapitalisiert wurde.

Aufspaltung der Monobank hervorgegangenen Geschäftsbanken angewandt. Bereits im Februar 1991 wurde die Konsolidierungsbank gegründet, deren alleinige Aufgabe in der Verwaltung und späteren Eintreibung notleidender Kredite besteht. An diese Bank wurden notleidende Kredite und Verbindlichkeiten in Höhe von je 110 Mrd. Ksc. übertragen. Die übertragenen Verbindlichkeiten bestanden aus Einlagen der Zentralbank, der staatseigenen Versicherungen und der Sparbank bei den Geschäftsbanken. Im weiteren Verlauf des Jahres 1991 wurden dem Finanzsektor Staatsanleihen im Gesamtwert von 50 Mrd. Ksc. zugeführt. Davon entfielen 38 Mrd. Ksc. auf Schuldenerlasse an überschuldete, aber lebensfähige Unternehmen und 12 Mrd. Ksc. auf die Rekapitalisierung (Verfahren 1.a) von vier Geschäftsbanken und zwei Sparkassen.[79] Durch diese Maßnahmen gelang es der Regierung, den SbK der vier Geschäftsbanken auf 4,2%, den der Sparkassen auf 3,2% anzuheben. Allerdings reichten diese Maßnahmen nicht aus, alle notleidenden Kredite aus den Portfolios der staatlichen Banken zu entfernen.[80] Ende 1992 übernahm die tschechische Konsolidierungsbank[81] daher weitere 15 Mrd. Ksc. zu einem Kaufpreis von 80% des Nominalwertes. 1993 erhielten die Geschäftsbanken eine Kapitalzufuhr von vier Mrd. Ksc. Insgesamt wurden den tschechischen Banken mit Rekapitalisierungsanleihen im Wert von 127 Mrd. Ksc. zugeführt, von denen ca. 70% auf Verfahren 2.d (Staatsanleihen-Kredit-Swaps) entfielen. Der restliche Betrag diente der Stärkung der Eigenkapitalbasis der Banken (Verfahren 1.a).[82]

Gleichzeitig erhielt die Konsolidierungsbank von 1993 bis 1995 Kapitalzufuhren von insgesamt 50,7 Mrd. Ksc.[83] Infolge der Restrukturierung der Banken ging die Kreditvergabe an den Staatssektor real um fast 50% zurück, und der Anteil des privaten Sektors an der Gesamtkreditvergabe stieg bis September 1993 auf 40%. In Verbindung mit einer konsequent restriktiven Geldpolitik und gleichzeitig eingeführten Kreditobergrenzen für Staatsbetriebe führte die tschechische Bankenrestrukturierung dazu, daß neue Unternehmen Kredite zu akzeptablen Konditionen erhielten.[84] Allerdings kann der tschechische Bankensektor

---

[79] Vgl. Thorne 1993 S. 981f.; Buch 1996b S. 30f.

[80] Nach Angaben von Thorne (1993 S. 982) belief sich der verbliebene Betrag an maroden Forderungen auf ungefähr 25% des Forderungsbestandes.

[81] Mit der Trennung der Republiken zum 01.01.1993 wurde die Konsolidierungsbank in zwei separate Institute aufgespalten.

[82] Vgl. Buch 1996b S. 31. Der IMF 'Road Maps' (1995 S. 31) beziffert dagegen die "total net contributions to banks by the authorities of the former CSFR and the Czech Republic" bis Mitte 1994 mit 132 Mrd. Ksc. Da der Kaufpreis der notleidenden Forderungen im Durchschnitt deutlich unter 100% lag, ist das Volumen der betroffenen Kredite wesentlich höher als diese Beträge.

[83] Vgl. OECD 'Czech Republik' 1996 S. 52ff.

[84] Vgl. Buch et. al. 1994 S. 104ff. sowie Raiser 1994.

auch weiterhin nicht als endgültig saniert betrachtet werden, da die ungenügende Bildung von Rückstellungen und Wertberichtigungen die Stabilität des Bankensektors beeinträchtigt. Durch die Einführung strengerer Klassifizierungsvorschriften sank der Anteil der einwandfreien Kredite von 78,2% Ende 1993 auf 62,1% Ende 1994. Der Anteil der als *Loss* eingestuften Forderungen stieg im 1. Halbjahr 95 auf 20,8%. Auch im 2. Halbjahr 1995 ergab sich keine spürbare Änderung. Zwar stieg der Anteil der einwandfreien Kredite um 2,2 Prozentpunkte auf 63,7%, gleichzeitig stieg jedoch auch der Anteil der *Loss*-Kategorie auf 21,3%.[85]

In der slowakischen Republik wurde die Lösung der Altschuldenproblematik nach der Trennung der Republiken zuerst nur langsam fortgesetzt. Ende 1995 mußten 37,8% aller Kredite an Nicht-Banken als notleidend bzw. uneinbringbar eingestuft werden, für weitere 15% waren Zahlungsrückstände zwischen dreißig und neunzig Tagen zu beobachten. Mittlerweile wurden weitere Maßnahmen eingeleitet, die innerhalb der nächsten zwei oder drei Jahre zu einer Problemlösung führen sollen.[86]

3.4.2.2 Polen

In Polen wurde die Bedeutung des Flow-Problems sehr bald offensichtlich, da die reale Entwertung der Stock-Komponente durch die hohen Inflationsraten 1989 und 1990 nicht zu einer dauerhaften Lösung geführt hatte. Im Rekapitalisierungsprogramm Polens von 1992 war ein genereller Schuldenerlaß nicht geplant, vielmehr entschied man sich bei der Restrukturierung der neun Staatsbanken in der Grundstruktur für ein dezentrales Vorgehen. Dieses Verfahren "consists of recapitalizing the banks to such a level that they will be able to create adequate provisions for the bad loans and of introducing mechanisms that will encourage and even force the banks to undertake specific actions with respect to the bad debtors. The amount of ex ante recapitalization is not dependent on the amount of bad loans to be recovered by the individual banks. This creates incentives for the bank to recover as much of the bad debt as possible." (Kawalec et. al. 1994 S. 53)

Die eingeleiteten Maßnahmen entsprechen in etwa einer Kombination der Verfahren 1.b *loan hospital*, 1.a *Rekapitalisierung* und 2.d *Staatsanleihen-*

---

[85] Vgl. OECD 'Czech Republik' 1996 S. 55; zu einer ausführlichen Beschreibung der verschiedenen Kreditkategorien ebenda S. 55.

[86] Vgl. OECD 'Slovak Republic' 1996 S. 52ff. Diese Maßnahmen sehen bestimmte Rettungsaktionen des Staates vor. Ferner hat nach Angaben von Schröder/Pieper (1996 S. 85) die Zentralbank zugesagt, Bankenkonkurse zu verhindern. Genauere Angaben sind nicht verfügbar.

Kredit-Swaps. Die Banken waren aufgefordert, alle bis Dezember 1991 vergebenen und als zweifelhaft oder uneinbringbar eingestuften Forderungen aus den Kreditportfolios auszugliedern, eine eigenständige neue Abteilung zu gründen und diese mit der Verwaltung und Bearbeitung der maroden Kredite zu betrauen. Für uneinbringbare Forderungen waren Wertberichtigungen in Höhe von 100%, für zweifelhafte Forderungen in Höhe von 50% zu bilden. Weitere Kredite an zahlungsunfähige Unternehmen waren nur in Zusammenhang mit erfolgreichen Vergleichsverfahren zulässig. Für alle notleidenden Kredite mußte bis spätestens März 1994 eine der folgenden Bedingungen erfüllt sein: 1. der Kredit wurde vollständig beglichen, 2. eine Vergleichsvereinbarung wurde erzielt, 3. der Schuldner wurde gerichtlich für bankrott erklärt, 4. die Liquidation des Unternehmens wurde eingeleitet, 5. der Schuldner erfüllte für mindestens drei Monate Zins- und Tilgungsverpflichtungen ordnungsgemäß und konnte daher wieder als kreditwürdig eingestuft werden. Wurde keine dieser Bedingungen erfüllt, mußte die Forderung am Sekundärmarkt veräußert werden. Die Regierung behielt sich die Möglichkeit subsidiärer Interventionen vor. "Strict implementation of the program will result in the termination of financial cooperation with a number of enterprises that are regarded by the Government as sensitive and important from the socioeconomic perspective. The goal of subsidiary government intervention is to address the situations in which sudden and unstructured liquidation of such enterprises would cause severe negative macroeconomic and social consequences of a scale that would be intolerable to the Government" (Kawalec et. al. 1994 S. 57).

Die Rekapitalisierung wurde durch die Ausstattung der Banken mit Schatzwechseln durchgeführt und sollte einen Solvabilitätskoeffizienten von 12% sicherstellen. Die Laufzeit dieser Schatzwechsel beträgt fünfzehn Jahre, ein Weiterverkauf ist an die Zustimmung der Regierung gebunden. Das Emissionsvolumen betrug 1993 21 Bill. Zloty. Davon entfielen 11 Bill. auf sieben *Commercial Banks* und 10 Bill auf die Sparbank und die Agrarbank. 1994 erhielten die Spar- und die Agrarbank weitere 19 Bill. Zloty zur Rekapitalisierung.[87] Mitt-

[87] Vgl. OECD 'Poland' 1994 S. 119. Chudzik 1995 S. 209f. sowie Buch 1996 S. 85. Bei einem durchschnittlichen Wechselkurs von 18383 Zloty/$ 1993 (OECD 'Poland' 1994) entspricht dies einer Gesamtbelastung des Staatshaushaltes von 2,18 Mrd. US-$. Diese Einschätzung geben auch Buch et.al (1994 S. 103) wieder. Rostowski (1995 S. 26) geht von einer Budgetbelastung von drei bis vier Prozent des BIP bzw. einem Volumen von 2,5 bis 3,3 Mrd. US-$ auS. Die EBRD (1996 S. 166) hingegen erwähnt 2,1 Bill. Zloty (1,5% des BIP) 1993 und 0,6 Bill. Zloty 1996. Die Divergenz zwischen der EBRD und den anderen Berechnungen um eine Zehnerpotenz dürfte auf einem Umrechnungsfehler zwischen alten und neuen Zloty seitens der EBRD zurückzuführen sein (Anfang 1995 wurde die bisherigen 'alten' Zloty im Verhältnis 10.000:1 in 'neue' Zloty umgewandelt. Der durchschnittliche Wechselkurs hätte dann 1993 1,84 'neue' Zloty je US-$ betragen. Dies entspricht in etwa dem Wechselkurs, den die EBRD für 1993 an-

lerweile ist offensichtlich, daß diese Maßnahmen auf Dauer nicht ausreichen werden. Weiterhin bestehen große Widerstände von seiten der Unternehmen, die keine eigenen Anstrengungen unternehmen, sondern sich auf weitere Rettungsmaßnahmen des Staates verlassen.[88] Die polnischen Erfahrungen zeigen somit, wie wichtig die Kombination der Bankensanierung mit einer entsprechenden Restrukturierung des Unternehmenssektors ist. Von entscheidender Bedeutung ist ferner die Glaubwürdigkeit des Überganges zu harten Budgetrestriktionen, d.h. die Regierung muß glaubhaft versichern, daß Banken und Unternehmen nicht mit weiteren staatlichen Hilfen rechnen können.

3.4.2.3 Ungarn

In Ungarn leitete die Regierung 1991 ein Restrukturierungsprogramm für die drei Nachfolgeinstitute der Monobank ein. Für 50% der Ende 1987 aufgelaufenen Forderungen dieser Institute wurden Staatsgarantien von insgesamt 10,5 Mrd. Forint (Ft) abgegeben. Diese Garantien sollten fünf Jahre gelten und konnten nur bei Einleitung eines Konkursverfahrens gegen den entsprechenden Schuldner in Anspruch genommen werden. Weitere Maßnahmen waren die Möglichkeiten der Dividendenaussetzung und *debt-equity-swaps.* Zusätzlich wurde neben der Unternehmensprivatisierung die Privatisierung der Banken forciert, da darin eine Chance der Kapitalbeschaffung für die Banken gesehen wurde.[89]

Diese Maßnahmen erwiesen sich sehr schnell als unzureichend. Nach dem Gesetz für Finanzinstitutionen und Banken waren alle Problemkredite in drei Kategorien zu unterscheiden und entsprechende Wertberichtigungen zu bilden. Die Höhe dieser Wertberichtigungen betrug für *schleche* Kredite 100%, für *zweifelhafte* 50% und für *substandard* 20%.[90] Die Höhe dieser Wertberichtigungen hätte ohne weitere Konsolidierungsmaßnahmen Ende 1992 zwischen 265 und 288 Mrd. Ft betragen. Bereits 1992 war somit ein zweites Restrukturierungsprogramm notwendig. Dieses *Kreditkonsolidierungsprogramm* beruhte in erster Linie auf Verfahren 2.d. Für Forderungen, die vor 1992 als schlecht ein-

---

gibt. Das Emissionsvolumen 1993 betrug dann 21 Mrd. 'neue' Zloty und nicht 2,1 Bill.). Aber selbst wenn man diesen Berechnungsfehler berücksichtigt, bleiben erhebliche Unterschiede, da die EBRD die 19 Bill. Zloty 1994 nicht erwähnt und statt dessen von 0,6 (bzw. 6) Bill. 1996 berichtet.

88 Vgl. Chudzik 1995 S. 209f., Berglöf/Roland 1995 S. 356.

89 Vgl. Thorne 1993 S. 978f.

90 Als schlecht waren Kredite an bankrotte oder liquidierte Unternehmen einzustufen sowie Kredite für die seit 360 Tagen die Zahlungsverpflichtungen nicht erfüllt wurden (vgl. Blommestein/Spencer 1994 S. 149).

gestuft wurden, betrug der Kaufpreis 50%, für die 1992 als schlecht eingestuften 80%, in bestimmten Einzelfällen 100%. Zur Teilnahme an diesem Programm waren alle Banken berechtigt, deren Haftkapitalquote unter 7,25% lag[91]. Insgesamt erwarb die Regierung marode Forderungen in Höhe von ca. 120 Mrd. Ft gegen die Ausgabe von Staatspapieren mit einem Emissionsvolumen von knapp 100 Mrd. Ft. Diese Staatpapiere wurden mit einer Laufzeit von 20 Jahren und einer Verzinsung, die sich an dreimonatigen Schatzwechseln orientiert, ausgestattet.[92]

Das Programm erwies sich ebenfalls als nicht ausreichend. Ursache hierfür war u.a. die Beschränkung der Swaps auf inländische schlechte Forderungen. *Zweifelhafte* Forderungen und die *substandard* Kredite waren ebensowenig einbezogen wie marode Kredite an ausländische Kreditnehmer. Zwar wurde eine neue Kreditkategorie (*for special monitoring*) eingeführt und mit der Einrichtung von Bandbreiten bei der Bildung von Wertberichtigungen (*schlecht*: 70-100%, *zweifelhaft*: 30-70%, *substandard*: 10-30% und *for special monitoring*: 0-10%) wurde den Banken ein größerer Bewertungsspielraum geschaffen. Dennoch entstand aus der sich verschlechternden wirtschaftlichen Situation der Unternehmen 1993 ein Bedarf an zusätzlichen Wertberichtigungen von 200 Mrd. Ft und dadurch bedingt ein Gesamtverlust des Finanzsektors in Höhe von 150 Mrd. Ft.

1993 wurde daher das dritte Programm, die sogenannnte Bankenkonsolidierung, in die Wege geleitet. Dieses Verfahren besteht aus der Methode 1.a (Rekapitalisierung) mit gleichzeitigem Zwang zur Bildung von Wertberichtigungen und sieht eine sukzessive Anhebung der Solvabilitätskoeffizienten auf 8% vor. Mit der Rekapitalisierung gingen Änderungen in der Organisation, dem Management und den Anreizstrukturen einher. Ferner werden seitdem Banken aktiv in die Konsolidierung im Unternehmenssektor eingebunden. Im Rahmen dieses Verfahrens erhielten die Banken Ende 1993 Kapitalzuschüsse, die eine Eigenkapitaldeckung von ungefähr Null sicherten; bis Mai 1994 konnte durch weitere Kapitalzufuhren ein SbK von 4% sichergestellt werden.[93] In der daran an-

---

[91] Vgl. Baur 1995 S. 232.

[92] Vgl. Balassa 1995 S. 101. Baur (1995 S. 233) zitiert zahlenmäßig andere Angaben. Demnach wurde im Konsolidierungsprogramm ein Forderungsvolumen von insgesamt 104,9 Mrd. Ft berücksichtigt. Die Banken erhielten Staatsanleihen im Volumen von 79,4 Mrd. Ft und zusätzlich 2,4 Mrd. Ft in bar. Der Restbetrag war von den Banken abzuschreiben. Dagegen wurden nach Angaben von Buch (1996b S. 32) notleidende Kredite mit einem Gesamtvolumen von 102,6 Mrd. Ft gegen Staatsanleihem im Volumen von 79,4 Mrd. Ft getauscht. Die Übertragung von 2,4 Mrd. Ft in bar erwähnt Buch nicht.

[93] Zur Höhe der Gesamtkosten dieser Maßnahmen liegen unterschiedliche Angaben vor. Nach Balassa (1995 S. 106) und Buch (1996a S. 84, 1996b S. 34) entstanden aus

schließenden sog. dritten Phase sollen die Banken aus eigener Kraft versuchen, eine Eigenkapitalquote von 8% zu erreichen[94]. Trotz dieser umfangreichen Maßnahmen kann von einer endgültigen Lösung des Problems notleidender Kredite in Ungarn weiterhin nicht ausgegangen werden[95].

3.4.2.4 Rußland

Ein Restrukturierungsprogramm für Banken und/oder Unternehmen wurde in Rußland nicht beschlossen und auch nicht für notwendig erachtet, da die hohen Inflationsraten zu einer realen Entwertung bestehender Forderungen führen und dadurch die Altschuldenproblematik entschärfen würden.[96]

Diese Überlegung vernachlässigt jedoch das Flow-Problem. Die noch immer bestehende Praxis, Subventionen über zinsbegünstigte Kredite durch die alten ehemals staatlichen Geschäftsbanken in die Unternehmen zu schleusen, sowie die Kreditgewährung neuer privater Banken an ihre Anteilseigner ohne entsprechende Kreditwürdigkeitsprüfungen verursachten einen weit über die ursprünglichen Altschulden hinausgehenden Bestand an notleidenden Krediten. Allein von Mai 1993 bis März 1994 verfünffachten sich die überfälligen Bankkredite von 1,32 Bill. Rubel auf 6,51 Bill. Rubel, ihr Realwert blieb im gleichen Zeitraum konstant (vgl. Tab. 23).

Dieses Problem verschärfte sich 1995 durch den Übergang zu einer restriktiveren Geldpolitik.[97] Der Anteil notleidender Kredite an den Gesamtforderungen der Banken stieg von ca. 20% im Mai 1994 auf 37,7% Ende Mai 1995. Zwischen 1991 und August 1995 wurden 168, allerdings überwiegend kleinere,

---

den verschiedenen Programmen 300 Mrd. Ft an Staatsverbindlichkeiten, Kalman (1995 S. 436) ermittelte Gesamtkosten in Höhe von 250 Mrd. Ft, die EBRD (1996 S. 154) in Höhe von 334 Mrd. Ft. Auch über die relative Höhe dieser Kosten bestehen Unterschiede. Kalman und die EBRD veranschlagen trotz unterschiedlicher absoluter Höhe das Emissionsvolumen mit 8% des BIP. Nach Balassa (1995 S. 106) betrugen allein 1994 die tatsächlichen Zinsverpflichtungen aus den Staatspapieren schätzungsweise 4% des BIP, während die Ungarische Nationalbank diese Zinskosten mit 1,2% des BIP angibt (vgl. Buch 1996a S. 84). Nach Berechnungen von Buch (1996b S. 104), die auf der hypthotetischen Rekapitalisierung der Banken für die gesamten notleidenden Kredite beruhen, würden durch diese Maßnahme Zinskosten in Höhe von 4,5% des BIP entstehen.

94 Vgl. Gnoth 1994. Zumindest alle großen Banken konnten 1994 einen SbK von über 8% ausweisen (vgl. EBRD 1996b S. 155).

95 Vgl. Kalman 1995 sowie Fink/Haiss 1996.

96 Vgl. Akamastu 1995 S. 176 sowie Borish et. al. 1995 S. 45.

97 Die jährliche Inflationsrate betrug 1995 190% im Vergleich zu 303% 1994 und 896% 1993 (vgl.Tab. 14).

Banken geschlossen. Im August 1995 mußten bereits 600 der 2.500 Banken als technisch insolvent eingestuft werden. Ein konkretes Programm zur Bankensanierung bzw. zur Lösung der Altschuldenproblematik erscheint für Rußland insgesamt sehr unwahrscheinlich. Für die großen ehemaligen Spezialbanken wurden noch keine Lösungskonzepte zum Problem notleidender Kredite geschaffen; bisher fehlen den Banken selbst die Möglichkeiten, Rückstellungen auf Kredite zu bilden und marode Forderungen abzuschreiben[98].

Tabelle 23

Höhe und Struktur von Zahlungsrückständen und überfälligen Bankkrediten

	1993								1994		
	Mai	Juni	Juli	Aug.	Sept.	Okt.	Nov.	Dez.	Jan.	Feb.	März
(in Billionen Rubel)											
Zahlungsrückstände	3,41	3,95	4,56	5,42	7,10	9,13	13,45	17,69	22,51	27,37	32,5
davon Bankkredite	1,32	1,49	1,58	1,69	2,16	2,43	2,98	3,62	4,68	5,40	6,51
(Index, Mai 1993=100)											
reale Rückstände, ges.	100	97	91	86	93	99	125	146	157	173	191
Bankkredite	100	94	81	69	73	68	71	77	84	88	99

Quelle: IMF 'Russian Federation' 1994 S. 99.

3.4.3 Weitere Reformen zur Informationsproduktion und ihre Umsetzung

Auch bei einer erfolgreichen Lösung des Problems notleidender Kredite wird das Problem starker Kreditrationierung längerfristig relevant sein. Durch den Umbruch des Wirtschaftssystems wurde der bestehende Informationskapitalstock der Banken vernichtet. Die unter sozialistischem Regime aufgebaute Reputation der Unternehmen ist in einer Marktwirtschaft so gut wie wertlos, so daß es den Unternehmen an einer kreditwürdigen Vergangenheit fehlt. Der ob-

[98] Vgl. IfW 'Rußland' 1995 S. 15.

solete Kapitalstock und die Notwendigkeit hoher Investitionen in intangibles Kapital bedeuten einen Mangel an Kreditsicherheiten. Sofern dennoch Sicherheiten gestellt werden können, erschwert ein lückenhafter Rechtsrahmen die potentielle Verwertung. Gleichzeitig fehlen verläßliche Informationen über die Finanzkraft eines Unternehmens, da die Rechnungslegung der Firmen undurchsichtig ist und einheitliche und eindeutige Buchführungsvorschriften fehlen. Fehlende Informationen zur Kreditwürdigkeitsprüfung und mangelnde Sicherheiten betreffen insbesondere junge und neue Unternehmen und verstärken deren Kreditrationierung. Hohe Fixkosten der Kreditvergabe führen zu einer weiteren Benachteiligung kleiner und mittlerer Unternehmen[99]. Die Unternehmen sind somit in ihren Investitionsentscheidungen vielfach auf ihre intern erwirtschafteten Mittel angewiesen, da Kredite oder externes Eigenkapital nicht verfügbar oder mit prohibitiven Kosten (inkl. Agency-Kosten) verbunden sind. Da der Kapitalbedarf die Innenfinanzierungsmöglichkeiten der Unternehmen weit übersteigt, wird der gesamte Transformationsprozeß durch die unzureichende unternehmensexterne Bereitstellung von Kapital behindert. In dieser Situation kommt der Informationsproduktion durch Banken besondere Bedeutung zu, denn die Benachteiligung der reformfreudigen Unternehmen nimmt mit steigendem Informationsstand der Finanzintermediäre, und dadurch sinkender Informationsasymmetrie, ab.

Informationsproduktion und Informationsstand einer Bank werden durch die Technik der Informationsproduktion, den Diskontsatz der Gewinnfunktion, die Diversifikation auf Aktiv- und Passivseite der Bilanz und die individuelle Marktmacht der Bank determiniert. Je ausgeprägter die Diversifikation ist und je geringer der Diskontsatz, die Informationssuchkosten und die Marktmacht der Bank sind, desto höher sind Informationsproduktion und Informationsstand (vgl. ausführlich Abschnitt 1.2.3).

Die Höhe des Diskontsatzes[100] wird durch die Zeitpräferenzrate der Aktionäre bestimmt und hängt damit u.a. vom Ausmaß an Ungewißheit bzw. Risiko in einer Volkswirtschaft ab. Wie bereits in Abschnitt 2.2.2 erörtert, nimmt die Hö-

---

99 Vgl. Buch et. al. 1994 S. 82f. sowie BIZ Jahresbericht 1993/94 S. 73.

100 Die Diversifikation der osteuropäischen Banken war ausführlicher Gegenstand des Abschnittes 3.2. Die Technik der Informationsproduktion wird durch die Möglichkeit bzw. Existenz langfristiger Beziehungen zwischen Banken und Kreditnehmern beeinflußt. Diese Beziehungen sind in bankorientierten Finanzsystemen wesentlich häufiger als in marktorientierten. Den TL wäre somit c.p. der Übergang zu einem bankorientierten System zu empfehlen. Die Diskussion über die betreffenden Reformmaßnahmen wurde allerdings in erster Linie unter dem Aspekt der Unternehmenskontrolle geführt und wird daher in Abschnitt 3.4 detaillierter wiedergegeben. Für die Marktmacht der Banken ist die Ausgestaltung des Wettbewerbs im Finanzsektor ausschlaggebend. Diesbezügliche Reformmaßnahmen werden in Abschnitt 3.5 erörtert.

he des Diskontsatzes mit dem Ausmaß an Ungewißheit zu. Dieses Ausmaß an Ungewißheit ist durch ordnungspolitische Maßnahmen beeinflußbar. Eine konsequente, auf Preisniveaustabilität ausgerichtete Geldpolitik, Maßnahmen zur Bekämpfung des Budgetdefizites, klare und stabile Steuergesetze sind dabei ebenso grundlegend wie exakt definierte, eindeutig zuweisbare und einklagbare Eigentumsrechte. Vor allem durch die Glaubwürdigkeit dieser Maßnahmen werden Risiko und Opportunitätskosten der Banken gemindert und entsprechende Anreize zur Informationsproduktion und Kreditvergabe gesetzt.

Unabhängig von der Ausgestaltung des Finanzsystems als markt- oder bankorientiert wird der Informationsstand der Kreditinstitute durch ihre Informationsrechte bzw. die Informationspflichten der Kreditnehmer und die Fähigkeit der Bankmitarbeiter, diese Informationen entsprechend auszuwerten, beeinflußt. Den Aufbau bankspezifischen Humankapitals können die westlichen Industrieländer durch Personaltransfers, joint ventures, Schulungsmaßnahmen usw. entscheidend unterstützen. Die TL selbst können den Know-how-Import durch freien Marktzutritt für ausländische Banken, d.h. die uneingeschränkte Möglichkeit zur Gründung von Niederlassungen, Zweigstellen und Repräsentanzen, fördern.

Die Informationspflichten der Kreditnehmer sind i.d.R. im Bankengesetz geregelt und schreiben ganz allgemein die Offenlegung der wirtschaftlichen Verhältnisse, insbesondere durch Vorlage von Jahresabschlüssen, vor. Angesichts des unzureichenden Informationsstandes der Banken in den TL sollte diese Offenlegungspflicht generell, d.h. unabhängig von der Kredithöhe, bestehen. Zur Unternehmensbeurteilung sollten diese Daten durch die jeweiligen Branchen-Durchschnittswerte ergänzt werden. Für die Beurteilung der Kreditwürdigkeit können allerdings darüber hinausgehende Informationen über die Verschuldungssituation erforderlich sein, wie z.B. Gläubigerstruktur, Rückzahlungsverhalten, Neuverschuldung seit Erstellung des Jahresabschlusses usw. Diese Angaben können den Banken durch die Etablierung von *Informationsaustauschsystemen* zugänglich gemacht werden, wie sie z.B. in Deutschland in Form der SCHUFA-Auskünfte und der Meldepflicht für Groß- und Millionenkredite u.a. bestehen. Der Informationsaustausch könnte z.B. über die Zentralbank erfolgen, an die alle Banken Informationen über Kredithöhe, -laufzeit, Tilgungsverhalten usw. weiterleiten.[101] Durch Anfragen der Banken bei der Zentralbank vor einer

---

[101] Ähnliche *credit information exchanges* bestehen in Frankreich und Italien (vgl. Borio/Filosa 1995 S. 71f.). In Deutschland ist der Nutzen dieser Instrumente für Firmenkreditentscheidungen allerdings begrenzt. Im Rahmen der SCHUFA werden nur Konsumenten- und Hypothekarkredite gemeldet. Die Millionkreditmeldung (§14 KWG) kann ein Kreditnehmer durch mehrere kleinere Kredite bei verschiedenen Banken unterlaufen, und Kreditinstitute, die noch keinen Kredit an einen bestimmten Kunden vergaben, erhalten über diesen keine Auskünfte.

Kreditentscheidung würde sich der Informationsstand der Banken verbessern, und durch die Meldepflicht der Kreditinstitute würden sich gleichzeitig Vorteile der Zentralbank bei der Wahrnehmung der Bankenaufsicht ergeben.

In allen TL ist den Geschäftsbanken der Abschluß langfristiger Finanzierungen und der Erwerb von Beteiligungen gestattet. Die Grundlagen für die in einem bankorientierten System entscheidenden langfristigen Beziehungen zwischen Banken und Kreditnehmern wurden somit geschaffen. Inwieweit sich aus diesen Grundlagen Vorteile bei der Informationsproduktion ergeben, kann noch nicht beantwortet werden. In den meisten Transformationsökonomien bestehen bereits aus sozialistischer Vergangenheit enge Beziehungen zwischen Banken und Unternehmen. Diese resultierten jedoch nicht aus ökonomischen Überlegungen der Banken und Unternehmen, sondern aus der vorgeschriebenen regionalen und sektoralen Spezialisierung der Banken bzw. Konzentration der Kreditportfolios und sind mit ursächlich für die Krisen der Finanzsysteme. So sind z.B. das Ausmaß der Altschuldenproblematik und die Praxis der unfreiwilligen Kreditvergabe Folgen der Verflechtungen von Finanz- und Unternehmenssektor. Gleichzeitig bieten diese historischen Beziehungen den Managern von Banken und Unternehmen die Möglichkeit, notwendige Reformen zu behindern, um so ihre Arbeitsplätze, Machtpositionen usw. zu sichern.

Diese Ineffizienz alter, langfristiger Beziehungen ist eine Folge des sozialistischen Anreizsystems. Unter marktwirtschaftlichen Bedingungen dürfte trotz der aktuellen Probleme auf die Dauer ein Finanzsystem, das langfristige und enge Beziehungen zwischen Kreditnehmern und Banken fördert, die in Teil 2 dargelegten Vorteile bei der Informationsproduktion aufweisen. Entscheidend hierfür ist, daß es den TL gelingt, die ineffizienten Beziehungen aufzubrechen bzw. in effiziente umzuwandeln. Wichtiger als umfangreiche Personalentlassungen erscheint in diesem Zusammenhang die Schaffung entsprechender Anreizstrukturen für Unternehmens- und Bankmanager.

Zum einen kann aufgrund des knappen Humankapitals die Ablösung der Manager nicht generell, sondern nur in Einzelfällen das geeignete Instrument darstellen. Zum anderen bestünden ohne die Änderung der Rahmenbedingungen weiterhin Anreize zur Kreditvergabe an liquidationswürdige Unternehmen. Durch die konsequente Durchsetzung harter Budgetrestriktionen, eine zügige Privatisierung der Unternehmen und Banken und die Sicherung freien Marktzutrittes im Unternehmens- und im Finanzsektor werden für die Banken Anreize zu einer marktwirtschaftlich orientierten Kreditvergabe geschaffen, und der vorhandene Informationskapitalstock kann effizient genutzt werden.

Über die Einführung von *Informationsaustauschsystemen* sind nur wenig Informationen verfügbar. In Polen dürfen Banken nach Art. 48 des Bankengesetzes Informationen über gewährte und zugesagte Kredite, Transaktionen eines

Kunden und seine Kontenstände untereinander austauschen, sofern diese Informationen in Zusammenhang mit Kreditgewährungen, Bank-Bürgschaften usw. benötigt werden. Relevante Informationen über Geschäftskunden werden periodisch an die Zentralbank gemeldet.[102] Mittlerweile scheinen die polnischen Banken diese Möglichkeit zu nutzen und sich ausführlich über ihre Kunden zu informieren.[103] Detailliertere Angaben sind allerdings nicht verfügbar. In der slowakischen Republik sind die Kreditinstitute verpflichtet, Kredite und Garantien ab einem Betrag von einer Million Kronen der Notenbank zu melden.[104] Ob diese Informationen anderen Banken zugänglich sind, wird nicht angegeben.

3.4.4 Fazit

Im Unterschied zu den westlichen Industrieländern, in denen Finanzierungsschwierigkeiten von Unternehmen bzw. Kreditrationierung überwiegend Folge der asymmetrischen Informationsverteilung zwischen Banken und Unternehmen sind, besteht das Hauptproblem in den Reformstaaten Osteuropas im hohen Anteil an notleidenden Forderungen in den Bankbilanzen. Naturgemäß stellten daher die verschiedenen Ansätze zur Lösung der Altschuldenproblematik sowie ihre Umsetzung den Schwerpunkt dieses Kapitels dar.

Während Kalman (1995) in diesem Zusammenhang dem polnischen Rekapitalisierungsansatz eine Vorbildfunktion zuspricht, betrachten Buch et. al. (1994 S. 104ff.) sowie Raiser (1994) die Restrukturierung der Banken in der früheren CSFR als beispielhaft. Abschließende Beurteilungen der verschiedenen Programme zur Restrukturierung und Rekapitalisierung der Banken erscheinen jedoch verfrüht, da bisher in keinem Reformstaat eine endgültige Stabilisierung des Finanzsektors erreicht werden konnte. Der Vorteil des tschechischen Ansatzes liegt in der frühzeitigen und konsequenten Rekapitalisierung, die eine erfolgreiche Lösung des Stock-Problems bei gleichzeitig relativ stabilem Geldwert bewirkte. In Polen führten lediglich die hohen Inflationsraten zu einer Lösung dieses Problems. Das Flow-Problem scheint in beiden Ländern noch ungelöst.[105] Hier könnte sich jedoch mittel- bis langfristig ein Vorteil des polnischen

---

[102] Vgl. Butkiewicz 1996 S. 95.

[103] Vgl. Chudzik 1995 S. 209.

[104] Vgl. EBRD 1996b S. 174.

[105] Der Anteil notleidender Kredite an den gesamten Krediten lag 1994 in Polen bei 29,3% in der tschechischen Republik bei 37,7%. Allerdings wird angenommen, daß tschechische Banken bei der Forderungsklassifizierung sehr konservativ vorgehen, so daß insgesamt betrachtet in beiden Ländern, ebenso wie in Ungarn, der Anteil notleidender Kredite bei etwa 30% liegen dürfte (vgl. Buch 1996a S. 79). Es besteht jedoch die Wahrscheinlichkeit, daß diese Angaben das tatsächliche Problem notleidender For-

Ansatzes ergeben. Vielfach wird neben unzureichenden Anreizstrukturen für die Banken die Unerfahrenheit der Banken bei der Kreditwürdigkeitsprüfung, Unternehmenskontrolle sowie der Restrukturierung von Unternehmen als ursächlich für das Flow-Problem gesehen.[106] Das Problem dieser Unerfahrenheit läßt sich weder über zentralisierte Rekapitalisierungsmaßnahmen noch über eine Änderung der Anreizstrukturen lösen, sondern nur längerfristig über den Aufbau entsprechenden Humankapitals. Die explizite Einbindung der polnischen Banken durch den dezentralen Rekapitalisierungsansatz fördert diese Humankapitalakkumulation und kann sich so als vorteilhaft erweisen. Eindeutige Vorteile eines der beiden Ansätze scheinen somit nicht vorzuliegen. Es soll an dieser Stelle daher lediglich noch einmal betont werden, daß sich die konkreten Maßnahmen an den länderspezifischen Besonderheiten orientieren müssen, um erfolgreich zu sein.

Festgehalten werden können im Moment drei Schlußfolgerungen.

1. Um induziertes moral hazard der Banken und Unternehmen auszuschließen, ist die Glaubwürdigkeit, daß es sich um eine einmalige Rettungsaktion handelt, von grundlegender Bedeutung. Diese Glaubwürdigkeit ist ausschlaggebend für relativ rasche Erfolge bei der Restrukturierung der Finanzsysteme, wie der Vergleich sowohl des polnischen als auch des tschechischen Programms mit den ungarischen Erfahrungen zeigt.
2. Auch eine rasche Restrukturierung des Finanzsektors muß mit anderen Reformmaßnahmen verbunden werden, um längerfristig erfolgreich zu sein. Hierzu zählen insbesondere entsprechende Reformen des Unternehmenssektors und die Änderung der Anreizstrukturen für Banken.[107]

---

derungen überzeichnen. Der hohe Anteil notleidender Forderungen in der tschechischen Republik beruht z.B. auch darauf, daß alle nicht einwandfreien Kredite vollständig zu den notleidenden Forderungen gerechnet werden. Aufgrund der strengen Klassifizierungsvorschriften (vgl. OECD 'Czech Republik' 1996 S. 55) bedeutet dies, daß z.B. Kreditnehmer, die mit der Vorlage ihrer Bilanzen um mehr als 30 Tage im Verzug sind, und Kredite, deren Tilgungsmodalitäten vor mehr als sechs Monaten und weniger als drei Jahren geändert wurden, als notleidend eingestuft werden.

[106] Vgl. u.a. Buch 1996a.

[107] Die Ausführungen zum polnischen Ansatz zeigen die Notwendigkeit entsprechender Reformmaßnahmen im Unternehmenssektor (s.o.). Die Bedeutung der Anreizstrukturen der Banken zeigt wiederum der Fall Lettlands besonders deutlich. Trotz einer erfolgreichen Rekapitalisierung Anfang 1994 kam es aufgrund der fehlenden Abstimmung mit anderen Maßnahmen im Frühjahr 1995 zu einer Bankenkrise, die mit einem Verlust von 40% aller Forderungen und Verbindlichkeiten des Bankensystems als eine der schwersten Bankenkrisen aller Nachfolgerstaaten der UdSSR eingestuft werden muß (vgl. Fleming/Talley 1996).

3. Der Verzicht auf staatliche Rettungsmaßnahmen in Estland, Rußland sowie den meisten Nachfolgestaaten der ehemaligen UdSSR erscheint wenig transformationsfördernd. In Estland führte diese Politik zur Schließung von insgesamt fünf größeren Banken, dem Zusammenschluß von zehn kleineren Instituten sowie einem großen Verlust an Vertrauen in den Bankensektor.[108] Die erfolgreiche Beilegung dieser Krise dürfte entscheidend durch landesspezifische Besonderheiten, insbesondere dem geringen Monetisierungsgrad, bedingt sein. In Rußland und anderen Staaten führte die reale Entwertung alter Kredite durch hohe Inflationsraten zu keiner Lösung. "At the same time, bank balance sheets showed revalued loans or interest capitalisation, artificially inflating the value of the loans. Once inflation slowed, enterprise and bank losses were exposed at higher nominal (and real) levels, shrinking bank balance sheets, making access to new credit more difficult, and devastating depositors' savings" (Borish et. al. 1996 S. 45).

Unabhängig von der Altschuldenproblematik ist die Informationsasymmetrie zwischen Kreditnehmern und Gläubigern in den Transformationsökonomien stark ausgeprägt. Durch die institutionelle Ausgestaltung des Finanzsystems werden Anreize und Möglichkeiten der Banken zur Informationsproduktion beeinflußt. Die Analyse bank- und marktorientierter Finanzsysteme im dritten Kapitel zeigte in diesem Zusammenhang mögliche Vorteile eines bankorientierten Finanzsystems. Entscheidend für diese Vorteile sind insbesondere langfristige Beziehungen zwischen Banken und Unternehmen. Die Grundlagen für solche Beziehungen wurden in den betrachteten TL geschaffen. Ob sich daraus ähnliche Vorteile einer Bankorientierung entwickeln und ob es gelingt, die noch bestehenden 'alten Seilschaften' aufzubrechen, wird sich in den nächsten Jahren herausstellen müssen. Ferner bleibt aufgrund der *Präsenzdominanz angloamerikanisch geprägter Berater*[109] abzuwarten, ob der Übergang zur Bankorientierung dauerhaft angelegt ist oder nur eine Interimslösung auf dem Weg zu einem marktorientierten Finanzsystem darstellt.

Entscheidender für Informationsproduktion und Kreditvergabe sind in der aktuellen Situation der TL allerdings entsprechende ordnungspolitische Maßnahmen, denn diese bestimmen das Ausmaß an Ungewißheit und Risiko wirtschaftlicher Aktivität. Dieses Risiko ist in vielen Ländern aufgrund hoher und schwankender Inflationsraten, nicht exakt definierter und zuweisbarer Eigen-

---

[108] Vgl. Kern 1996 S. 45; Buch 1996b S. 36. Nach Angaben der EBRD (1996b S. 149) reduzierte sich die Anzahl der Kreditinstitute von 42 in 1992 auf 14 in 1996. Mittlerlweile scheint in Estland eine Änderung dieser Politik eingetreten zu sein. "More recently, the Estonian authorities opted for a less radical approach to dealing with troubled banks." (Buch 1996b S. 37)

[109] Hannig 1994 S. 67; Müller 1993 S. 27.

tumsrechte, unklarer und sich ständig ändernder Steuergesetze, mangelhafter Konsistenz und fehlender Glaubwürdigkeit der Reformmaßnahmen usw. weiterhin stark ausgeprägt. Die Informationsproduktion der Banken dient der Minderung des kundenspezifischen Kreditrisikos. Aufgrund des hohen allgemeinen Risikos verliert das kundenspezifische Risiko jedoch relativ an Bedeutung, und die Anreize der Banken zur Informationsproduktion und Kreditvergabe werden verringert.

Die Informationsproduktion reduziert nicht nur die Informationsasymmetrie zwischen Unternehmen/Unternehmensleitung und Kapitalgebern und verringert dadurch das Problem der Kreditrationierung. Eine ausreichende Informationsbasis ist auch die Grundlage für eine effiziente Unternehmenskontrolle. Eine effiziente Kontrolle setzt allerdings zusätzlich die Möglichkeit der Einflußnahme voraus, d.h. der Kontrolleur muß in der Lage sein, Fehlverhalten zu unterbinden oder zumindest zu bestrafen. Die entsprechenden Reformempfehlungen sind Gegenstand des nächsten Abschnittes.

3.5 Unternehmenskontrolle in Osteuropa

Bei managergeführten Unternehmen ist eine Kontrolle der Unternehmensleitung durch die Eigentümer erforderlich sein. Gleichzeitig bestehen zwischen den Gläubigern und den Eigentümern sowie den Managern Agency-Konflikte, die zu einer Kontrolle der Unternehmung durch die Gläubiger führen. Diese Unternehmenskontrolle erfolgt in modernen Finanzsystemen unternehmensintern und -extern. Intern wird die Unternehmung durch das in der Unternehmensverfassung vorgesehene Kontrollorgan (den board bzw. Aufsichtsrat) überwacht; unternehmensextern erfolgt die Kontrolle durch die Gläubiger und über den *market for corporate control* sowie den Arbeitsmarkt für Führungskräfte (vgl. auch ausführlich Abschnitt 2.3).

3.5.1 Reformempfehlungen

3.5.1.1 Die unternehmensinterne Kontrolle

Im Rahmen der Reformen zur unternehmensinternen Kontrolle muß festgelegt werden, welchem Personenkreis Kontrollrechte eingeräumt und mit welchen Mitteln diese Rechte wahrgenommen werden sollen. Beide Problemkreise werden in Abhängigkeit von der Rechtsform des Unternehmens durch die Ausgestaltung des Unternehmens- und Gesellschaftsrechtes bestimmt. Dabei ist zu beachten, daß eine Kontrolle der Unternehmensleitung bei allen Unternehmen notwendig ist, bei denen Eigentum und Kontrolle auseinanderfallen. Daher sollten unabhängig von der gewählten Rechtsform des Unternehmens allen nicht-geschäftsführenden Gesellschaftern angemessene Informations- und Kontrollmöglichkeiten eingeräumt werden, d.h. neben den Aktionären einer AG auch GmbH-Gesellschaftern, Kommanditisten usw.

Explizite Kontrollorgane in Form von boards bzw. Aufsichtsräten existieren für Kapitalgesellschaften. Die dabei bestehenden Unterschiede zwischen ein- und zweistufigen Unternehmensverfassungen wurden im zweiten Teil dargelegt und sollten bei den Reformen in den TL berücksichtigt werden. Aus Sicht der Aktionäre ergaben sich aufgrund der leichteren Vermeidung intrapersoneller Konflikte Vorzüge der zweistufigen Verfassungen. Die strikte personelle Trennung von geschäftsführendem Organ (Vorstand) und Kontrollorgan (Aufsichtsrat) kann zwar keine objektive Kontrolle der Unternehmensleitung garantieren, diese erscheint jedoch insgesamt wesentlich einfacher durchsetzbar als in einstufigen Verfassungen, in denen die Geschäftsführung im Kontrollorgan vertreten ist.

Unabhängig von der Ein- bzw. Zweistufigkeit der Unternehmensverfassung ist über die Vertretung der Arbeitnehmer im Kontrollorgan zu entscheiden. Während z.B. der board US-amerikanischer Unternehmen allein mit Vertretern der Anteilseigner besetzt ist, sind in deutschen Unternehmen auch die Arbeitnehmer im Aufsichtsrat vertreten. Die Beteiligung der Arbeitnehmer an der Unternehmenskontrolle bedeutet eine Stärkung ihrer Position. Eine alleinige Orientierung der Unternehmung an der Eigenkapitalrentabilität ist dann schwieriger durchsetzbar, da die Arbeitnehmerinteressen diesem Ziel entgegenstehen können. Auf der anderen Seite kann die Beteiligung der Arbeitnehmer an der Unternehmenskontrolle konsensfördernd wirken.

Welchem Modell der Vorzug gegeben wird, ist in erster Linie eine politische Entscheidung. Für die Transformationsökonomien hat das deutsche Modell einer Vertretung der Arbeitnehmer im Kontrollorgan allerdings gewisse Vorteile. So ist zu erwarten, daß angesichts der sozialistischen Vergangenheit der Länder das deutsche Mitbestimmungsmodell auf größere Akzeptanz in der Bevölkerung treffen dürfte und somit politisch leichter durchsetzbar ist. Ferner trägt die Vertretung der Arbeitnehmer im Kontrollorgan dem faktisch bereits bestehenden Einfluß der Arbeitnehmer Rechnung und ermöglicht ihre auch formelle Beteiligung an der Unternehmenskontrolle. Die in den TL stark ausgeprägte Gefahr einer Behinderung des Strukturwandels durch die Wahrung von Belegschaftsinteressen dürfte durch den formalen Einbezug der Arbeitnehmer in die Unternehmenskontrolle kaum beeinflußt werden. Der tatsächliche Einfluß der Arbeitnehmer war und ist in vielen TL sehr hoch und wird durch die Vertretung im Kontrollorgan nicht oder nur geringfügig verstärkt, während sich gleichzeitig den Arbeitnehmervertretern durch ihren verbesserten Zugang zu entscheidungsrelevanten Informationen die Notwendigkeit von Strukturänderungen verdeutlicht.

Um die Interessen möglichst vieler Anteilseigner zu wahren und Interessenskonflikte weitgehend zu vermeiden, sollten personelle Überkreuzverflechtungen untersagt werden. D.h. Managern/Mitarbeitern einer Unternehmung A, in deren Aufsichtsrat Manager/Mitarbeiter einer Unternehmung B vertreten sind, ist die Wahl in den Aufsichtsrat der Unternehmung B untersagt. Die Umgehung einer solchen Regelung wird erschwert, wenn sie auf mehrheitsbeteiligte Unternehmen ausgedehnt wird. In obigem Beispiel wäre dann den Managern von Unternehmen A auch die Vertretung im Aufsichtsrat von Unternehmen C verboten, wenn Unternehmen B an Unternehmen C eine Beteiligung von über 50% aufweist.

Die Sicherung einer effektiven Kontrolle kann ferner eine Beschränkung der Anzahl an Aufsichtsrats- bzw. board-Mandaten und die Vorgabe einer Mindestanzahl an Aufsichtsratssitzungen erfordern. In Deutschland dürfen Personen bis zu zehn Mandate gleichzeitig wahrnehmen (§ 100 Abs.2 AktG); Aufsichtsratssitzungen müssen einmal pro Kalenderhalbjahr und sollen einmal pro Kalendervierteljahr durchgeführt werden (§110 Abs.3 AktG). Diese Vorschriften sind in jüngster Zeit stark kritisiert worden, da bezweifelt wird, daß durch diese Regelungen eine effektive Kontrolle der Unternehmung sichergestellt ist. Dies gilt verstärkt für die TL, in denen der Kontroll- und Überwachungsbedarf aufgrund der Transformation erheblich größer ist und die potentiellen Aufsichtsräte über wenig bzw. keine Erfahrung in der Unternehmenskontrolle verfügen. Eine Übernahme der momentanen deutschen Regelungen ist daher nicht zu empfehlen. Eine weitergehendere Beschränkung der Aufsichtsratsmandate und wesentlich häufigere Sitzungen sollten erwogen werden.

Wichtigste Grundlagen für die Arbeit des Kontrollorgans sind die Prüfungs und Sanktionsmöglichkeiten. Neben umfangreichen Informationspflichten der Unternehmensleitung müssen dem Kontrollorgan adäquate Mittel zur Überprüfung der Angaben der Unternehmensleitung eingeräumt werden, wie z.B. das Recht, die Bücher und Schriften der Unternehmung einzusehen, den Bestand an Waren und Wertpapieren zu prüfen usw. Sofern das Kontrollorgan für Ernennung und Entlassung der Unternehmensleitung bzw. die Verlängerung der Arbeitsverträge zuständig ist, verfügt es auch über die notwendigen Sanktionsmöglichkeiten, um insgesamt die Unternehmensleitung wirksam kontrollieren zu können.

Ausführliche Regulierungen allein stellen allerdings noch keine wirkliche Kontrolle der Unternehmensleitung sicher, entscheidend ist vielmehr der Wille der einzelnen Aufsichtsratsmitglieder, ihre Pflichten wahrzunehmen. Durch die Wahl der Vertreter der Anteilseigner entsteht zwischen Aktionären und Aufsichtsratsmitgliedern ebenfalls eine Principal-Agent-Beziehung, mit der Interessenskonflikte verbunden sind. Für die Aufsichtsratsmitglieder müssen daher die notwendigen Anreize bestehen, die de jure vorhandenen Kontrollmöglichkeiten zu nutzen. Über eine Schadensersatzpflicht der Aufsichtsratsmitglieder gegenüber den Anteilseignern oder der Gesellschaft (wie im deutschen Recht) bei einer Vernachlässigung ihrer Kontrollpflichten, können diesbezügliche Anreize u.U. induziert werden. Entscheidender ist allerdings die Höhe der Eigentümerkonzentration, denn im Unterschied zu Kleinaktionären besteht für Großaktionäre der Anreiz, selbst im Kontrollgremium vertreten zu sein und die vorhandenen Kontrollmöglichkeiten auszuschöpfen.

3.5.1.2 Privatisierung und Eigentümerkonzentration

Die Eigentümerkonzentration wird für das Gros der Unternehmen in den TL durch die Wahl der Privatisierungsmethode(n) determiniert. "Privatisierung des sozialistischen Eigentums bezweckt Entstaatlichung und Entkollektivierung der Wirtschaft und bedeutet demnach die Übertragung der Eigentumsrechte von staatlichen oder sonstigen kollektiv verfaßten Organen an selbständige und selbstverantwortliche natürliche oder juristische Personen." (Leipold 1995 S. 14) Die Privatisierung "wird zu Recht deshalb angestrebt, weil anzunehmen ist, daß das Privatinteresse von Eigentümern der beste Garant für die Sicherung wirtschaftlicher Effizienz und technischen Fortschritt ist" (Neumann 1992 S. 167). Dabei versteht man unter der sogenannten *kleinen Privatisierung* die Übertragung der Eigentumsrechte an kleinen und mittleren Unternehmen, Einzelhandelsgeschäften, privat genutzten Immobilien usw. Die *große Privatisierung* bezieht sich i.d.R. auf die Umwandlung der staatseigenen Großbetriebe in Aktiengesellschaften mit anschließendem Wechsel der Eigentümer. Grundlegendes Ziel der Privatisierungen ist in allen TL der Übergang zu einer überwiegend privatwirtschaftlichen Eigentumsstruktur.

Die erfolgreiche Durchführung dieser Privatisierungsvorhaben setzt die Existenz notwendiger gesetzlicher Grundlagen voraus. Dies umfaßt zu erst die juristische Definition und gesetzliche Verankerung des Eigentumbegriffes, die Festlegung der mit dem Eigentum verbundenen Rechte und Pflichten, die Regeln für die Überlassung und Übertragung von Eigentum usw. Hinzu kommt der Erlaß entsprechender Privatisierungsgesetze. Im weiteren ist dann festzulegen, "von wem welche Objekte für wen zu welchen Preisen und Konditionen übertragen werden sollen" (Leipold 1995 S. 14) und *wie* die Eigentumsübertragung konkret vorzunehmen ist.

Die Überlegung *von wem* richtet sich an den Aufbau entsprechender Institutionen, die mit der Durchführung der Privatisierung betraut werden. Diese kann dezentral über das Management bzw. die Belegschaft des Unternehmens erfolgen oder über eine zentrale Behörde wie z.B. die deutsche Treuhandanstalt.

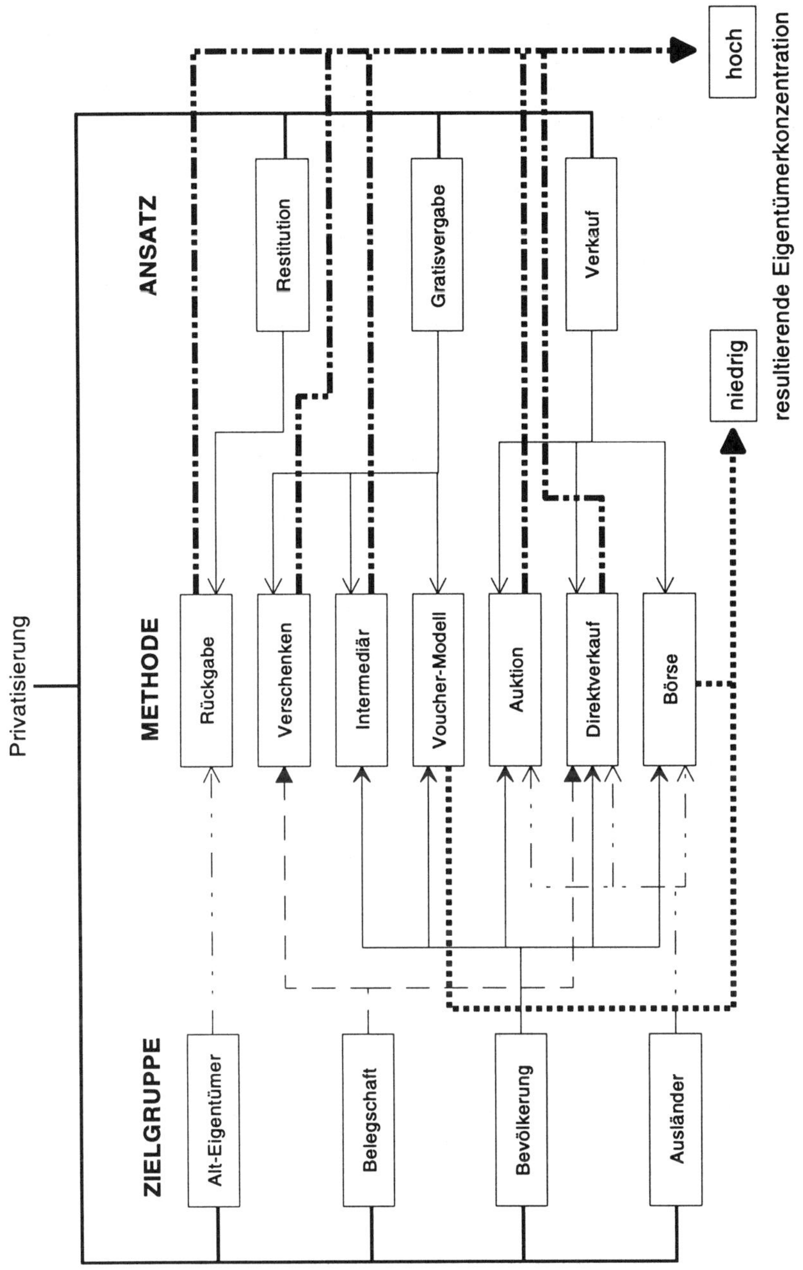

Abb. 12: Grundmethoden der Privatisierung

Quelle: eigene Darstellung.

Die Frage *welche Objekte* beschäftigt sich mit dem Umfang der Privatisierung. Zu ihrer Beantwortung muß entschieden werden, welche Betriebe bzw. Wirtschaftszweige von der Privatisierung auszuschließen sind, z.B. Versorgungs- und Rüstungsunternehmen, Infrastruktureinrichtungen usw.

Als Zielgruppe der Privatisierungsmaßnahmen (*für wen*) stehen die ehemaligen Eigentümer, die Belegschaft und das Management der Unternehmen sowie die Bevölkerung zur Auswahl. Gleichzeitig ist zu entscheiden, ob und in welchem Umfang ausländische Investoren das Recht zur Partizipation an der Privatisierung eingeräumt werden soll. Aus rein ökonomischen Gesichtspunkten ist die Beteiligung ausländischer Investoren klar zu befürworten, da so der Import dringend benötigten Know-hows und Kapitals gefördert wird und c.p. die erzielbaren Privatisierungserlöse steigen. Gegen Erwerbsmöglichkeiten für Ausländer spricht aus politischen Gründen die häufig verbreitete Angst vor einem Ausverkauf des Landes bzw. einer Überfremdung der heimischen Wirtschaft. Die im Rahmen der Privatisierung erzielbaren *Preise und Konditionen* hängen zum einen davon ab, ob als grundlegender Privatisierungsansatz die Gratisvergabe, der Verkauf oder die Restitution der Alt-Eigentümer gewählt wird. Zum anderen werden sie durch die konkrete Privatisierungsmethode (*wie*) bestimmt. Abbildung 12 zeigt die zur Auswahl stehenden Methoden unter Berücksichtigung von Zielgruppe, grundlegendem Ansatz und daraus resultierender Eigentümerkonzentration.[110]

Die Restitution der Alt-Eigentümer durch physische Rückgabe anstelle finanzieller Entschädigung führt naturgemäß zu einer hohen Eigentümerkonzentration und ist daher unter dem Gesichtspunkt der Unternehmenskontrolle positiv zu beurteilen. Gleichzeitig gestaltet sich aber aufgrund unsystematischer Grundbücher sowie von Betriebszusammenlegungen, Ersatz- und Erweiterungsinvestitionen usw. die konkrete Zuordnung von Eigentumsrechten auf die Alt-Eigentümer in vielen Fällen schwierig, wenn nicht unmöglich. Eine uneingeschränkte Politik der *Rückgabe vor Entschädigung* kann dann die Privatisierung hemmen, notwendige Investitionen verhindern und so u.U. den Transformationsprozeß gefährden.[111] Diese Probleme zeigten sich bereits im Rahmen der kleinen Privatisierungen. Für die großen Staatsunternehmen erscheint die Rückgabe generell wenig geeignet, da die Aufspaltung der Betriebe in die ursprünglichen Einheiten nur in Ausnahmefällen möglich sein dürfte. Unter ökonomischen Gesichtspunkten ist daher die Entschädigungspolitik vorzuziehen. Dadurch werden die Eigentumsrechte der Erwerber und Investoren klar von den

---

[110] Ausführliche Darstellungen der Privatisierungsproblematik geben u.a. Leipold 1993; Frydman/ Rapaczynski 1994; Wieners 1994; Gray 1995; World Bank 1996 sowie Laier 1996.

[111] Siehe auch Blommestein et. al. 1993 S. 18; Leipold 1993 S. 17.

Ansprüchen der Alt-Eigentümer gegen den Staat abgegrenzt. Da gleichzeitig unter sozialen und verteilungspolitischen Überlegungen die Ermittlung einer angemessenen Höhe der Entschädigung Probleme bereiten kann, erscheint ein Kompromiß zwischen Rückgabe und Entschädigung notwendig. Bei Privatgrundstücken und in anderen Fällen, in denen die Alt-Eigentümer relativ einfach eindeutig ermittelt werden können, sollte die Rückgabe erfolgen. In allen anderen Fällen erscheint eine Entschädigung als die geeignete Politik.[112]

Die von der Rückgabe ausgenommenen Unternehmen/Betriebe können im Wege der Gratisvergabe oder des Verkaufs privatisiert werden. Mögliche Verkaufsmethoden sind der Direktverkauf, die Auktion und der Verkauf über den Kapitalmarkt. Als Käufer kommen die Belegschaft, die Bevölkerung sowie und ausländische Investoren in Betracht.

Ein *Direktverkauf* an die Arbeitnehmer bzw. die Manager kann über *Employee Shareownership Plans* respektive *Management Buy Outs* (MBOs) erfolgen. Die Vorteile dieser Ansätze werden in einer höheren Arbeitsproduktivität, leichteren Sanierungen, einer Berücksichtigung der bereits bestehenden Verhältnisse und einem geringen organisatorischen Aufwand gesehen. Aus Sicht der Unternehmenskontrolle sind die relativ hohe Eigentümerkonzentration und die relativ geringe Informationsasymmetrie zwischen Management und Arbeitnehmern anzuführen.[113] Diese Vorteile sind nicht unumstritten. Aufgrund des Machtvakuums in der Übergangszeit üben die Arbeitnehmer bzw. das Management de facto in vielen Fällen die Kontrolle über das Unternehmen aus. Sie können dadurch bei strategischen Unternehmensentscheidungen ihre eigenen Interessen durchsetzen und so u.U. Privatisierung und Restrukturierung der Unternehmen beeinflussen bzw. behindern. "The insiders may have incentives to consume as much of the revenue of the enterprise as possible on the job or in the form of supracompetitive compensation before repayments to lenders or dividend payments to shareholders are made" (Aoki 1995 S. 15). Um diese Anreizprobleme zu überwinden, ist die Kontrolle durch Unternehmensexterne notwendig.[114] Die Beteiligung der *Insider* an der Privatisierung würde ihre Position stärken und den Übergang zu einer reinen Gewinnorientierung sowie eine effektive Unternehmenskontrolle und Restrukturierung verhindern.

Diese Überlegungen treffen allerdings bei einem Unternehmenserwerb durch die Manager nicht zu. Durch die Privatisierung der Unternehmung an die Unternehmensleitung wird die Trennung von Eigentum und Kontrolle beseitigt und

---

[112] Vgl. Leipold 1993 S. 17.

[113] Zur Beschreibung der Verfahren sowie einem Überblick über verschiedene Vor- und Nachteile vgl. Wieners 1994 S. 95ff.

[114] Vgl. z.B. Aoki 1995 S. 8ff.

damit naturgemäß auch der entsprechende Agency-Konflikt. Die so privatisierten Betriebe werden zu eigentümergeführten Unternehmen. Die früheren angestellten Manager sind als Eigentümer die alleinigen Residualgläubiger und haben dadurch die nötigen Anreize zur Gewinnmaximierung. Bei einer Privatisierung an die Arbeitnehmer hingegen ist dieser Effekt nicht sichergestellt. Die resultierende Eigentümerkonzentration ist geringer als bei MBOs, und die Abstimmung der unterschiedlichen Interessen sowie die gegenseitige Kontrolle der Arbeitnehmereigentümer ist schwierig. Sofern für den einzelnen Arbeitnehmer die Einkünfte aus der Beteiligung geringer sind als sein Arbeitseinkommen, sind die Anreize zur Restrukturierung und Gewinnmaximierung gering. Der Vorrang einer Arbeitsplatzsicherung vor Gewinnerzielung bei Unternehmensentscheidungen ist dann nicht auszuschließen[115].

Unabhängig von der Käuferzielgruppe bereitet bei einem Direktverkauf die Ermittlung eines angemessenen Kaufpreises in den Transformationsökonomien große Probleme, denn in der aktuellen Situation stellen weder Buch- noch Liquidations- noch Ertragswerte eine adäquate Bewertungsgrundlage dar. Die Buchwerte stammen noch aus planwirtschaftlicher Zeit und sind bei sich entwickelnden marktwirtschaftlichen Preisstrukturen stark verzerrt. Liquidationswerte führen zu einer systematischen Unterschätzung des Firmenwertes und sind generell ungeeignet, wenn die Fortführung des Betriebes angestrebt wird. Die vorhandenen Vergangenheitsdaten sind zur Ermittlung eines realistischen Ertragswertes unbrauchbar, und die Abschätzung des zukünftigen Erfolges sowie die Ermittlung des relevanten Diskontfaktors werden durch makroökonomische Instabilitäten beeinträchtigt.[116] "The level of uncertainty is illustrated by the fact that in cases where independent auditors from the West were called in to evaluate the value of a firm in order to set a sale prices, their estimates often differed by several hundred percent" (Dittus/Prowse 1995 S. 16).

Der Verkauf der Unternehmen über öffentliche Bietungsverfahren - *Auktionen* - hat in dieser Situation klare Vorzüge. Sofern die Anonymität der Teilnehmer der Auktionen sichergestellt wird, lassen sich Preisabsprachen zwischen den Teilnehmern vermeiden und die maximale Zahlungsbereitschaft der Kaufinteressenten wird unmittelbar offengelegt. Dies führt zu einer subjektiven Unternehmensbewertung durch die potentiellen Käufer und spart dem Staat Ressourcen und Zeit, die zur Wertermittlung und für langwierige Preisverhandlungen aufgewendet werden müßten. Geben mehrere (vieler) Bieter von einander unabhängige Preisangebote ab, bewirkt dies eine Objektivierung der Unternehmensbewertung.

---

[115] Ähnlich Wieners 1994 S. 100ff.

[116] Vgl. Blommestein et. al. 1993 S. 16; Wieners 1994 S. 71f.; Leipold 1993 S. 18ff.

Auch für die Einbindung der Unternehmensleitung in den Privatisierungsprozeß über MBOs bieten Unternehmensauktionen gegenüber Direktverkäufen deutliche Vorteile. Nachhaltige Effizienzsteigerungen lassen sich nicht allein durch die Lösung von Anreizproblemen erzielen, vielmehr muß die Unternehmung von den fähigsten *Unternehmern* geleitet und kontrolliert werden. Die bisherigen Manager dürften die bisherigen Märkte, Geschäftspartner und unternehmensinternen Strukturen besser kennen als Unternehmensexterne. Leipold (1993 S. 29f.) folgert daraus, daß sie die beste verfügbare Alternative unter den Zielgruppen der Privatisierung darstellen. Zu einer gegenteiligen Einschätzung kommen hingegen Blommestein et. al. (1993 S. 14f.). "Under the old planning systems management was very much a matter of production or supply management whereas the transition to the market can only succeed if managers develop a very strong commercial orientation towards demand or marketing issues while maximising the return on invested funds. For the managers of many firms, this is likely to prove an extraordinarily difficult shift in the nature and requirements of their jobs. It must be expected, therefore, that without substantial retraining a substantial fraction of the managers from the old economic systems of Eastern Europe will be unable to cope with the new demands placed upon them." Durch den Wettbewerb mit anderen potentiellen Eigentümern im Rahmen von Unternehmensauktionen werden die tatsächlichen Fähigkeiten des alten Managements zumindest tendenziell offengelegt. Wird der Unternehmensleitung das Unternehmen nicht im Direktverkauf angeboten, sondern lediglich die Kaufmöglichkeit im Rahmen einer Auktion angeboten, steht sie in Konkurrenz zu unternehmensexternen in- und ausländischen Bietern. Da die Höhe des Kaufangebotes von der Höhe der erwarteten Erträge abhängt, wird so die Selbsteinschätzung der potentiellen Eigentümer ersichtlich. Durch die Privatisierung über Auktionen wird dann prinzipiell die Unternehmung an den *fähigsten* Erwerber übertragen.

Die marktgerechteste Preisfindung würde theoretisch durch eine Privatisierung über den Kapitalmarkt, d.h. eine Plazierung der Unternehmen an der *Börse*, erfolgen. Durch die mögliche größere Diversifikation würde ferner eine Risikominderung für den einzelnen Anleger erreicht und dadurch u.U. eine größere Nachfrage sowie eine schnellere Privatisierung zu besseren Preisen bewirkt[117]. Allerdings ist diese Methode aufgrund der Unterentwicklung der Kapitalmärkte in den TL in der Realität kaum anwendbar. Unter dem Kontrollaspekt besteht ihr Nachteil in der daraus folgenden geringen Eigentümerkonzentration. Gleichzeitig kann aber aufgrund der Unterentwicklung der Kapitalmärkte die Kontrolle der Unternehmung nicht über den *market for corporate control* erfolgen. Ferner erfordert eine Börsenplazierung einen größeren Zeitrahmen und

---

[117] Vgl. Keilhofer 1995 S. 111.

verlängert dadurch das Kontrollvakuum der Transformationsphase. Insgesamt stellt diese Methode für die konkrete Situation der TL die ungeeignetste Privatisierungsalternative dar. Insgesamt stellen somit Auktionen unter den aktuellen Umständen das geeignetste Verfahren für eine marktgerechte Preisfindung und eine Privatisierung durch Verkauf dar[118].

Die Abgabe eines Kaufangebotes induziert die Erwartung zukünftiger Erträge durch den/die Käufer und die Bereitschaft, diese Erträge zu realisieren. Prinzipiell wird so die produktivste Unternehmensverwendung erreicht. Für die kleinen Privatisierungen sind die Methoden *Direktverkauf* und *Auktion* daher dringend zu empfehlen. Für die großen Privatisierungen dagegen ist i.d.R. die potentiell mobilisierbare Kaufkraft zu gering, um für die Masse an Privatisierungsobjekten in naher Zukunft zu vernünftigen Preisen Käufer zu finden. Dies gilt insbesondere angesichts der in vielen Ländern beträchtlichen Widerstände gegen die Beteiligung von Ausländern an der Privatisierung[119]. Als weiterer Nachteil läßt sich unter politischen Gesichtspunkten der Eindruck sozialer Ungerechtigkeit des Verkaufsprozesses und der Verteilung der Eigentumsrechte anführen. Dieser Eindruck ensteht aus dem Unvermögen vieler Normalbürger, an der Verkaufsprivatisierung teilzunehmen, sowie der Undurchsichtigkeit des Verkaufsprozesses.[120]

Der Eindruck sozialer Ungerechtigkeit läßt sich durch die Gratisvergabe der Unternehmen an die Bevölkerung vermeiden. Als Privatisierungsmethoden stehen grundsätzlich die Alternativen Voucher-Modell oder Intermediär-Ansatz zur Verfügung. Beim *Voucher-Modell* erfolgt die direkte Vergabe der Betriebe an die Bevölkerung. Jeder erwachsene Inländer erhält die gleiche Anzahl an Privatisierungsgutscheinen, die dann nach eigener Wahl in Unternehmens- oder Investment-Fondsanteile umgewandelt werden können. Beim *Intermediär*-Ansatz werden die Unternehmen an dezentrale Fondsgesellschaften übertragen und die Bevölkerung kann gegen Gutscheine lediglich Anteile an den Fonds - aber nicht an den Unternehmen direkt - erwerben.[121] Die Vorzüge des Voucher-Modells werden in der relativen Unkompliziertheit, Schnelligkeit und sozialen Gerechtigkeit gesehen. Gleichzeitig werden die Probleme *inländische Kapitalknappheit* und *Bewertung des Unternehmens* umgangen. Das Verfahren kann zudem Anreize schaffen, sich mit den Unternehmen, ihren Märkten und dem Kapitalmarkt zu befassen, und so die Entwicklung des Kapitalmarktes fördern.

---

[118] Vgl. Aghion/Burgess 1993 S. 308 sowie Wieners 1994 S. 76f. und Leipold 1993 S. 21.

[119] Vgl. Keilhofer 1995 S. 112f.

[120] Vgl. Gray 1995 S. 11.

[121] Zu einer ausführlichen Beschreibung der Verfahren siehe u.a. Gray 1996, Leipold 1993 und Wieners 1994 S. 130ff.

Allerdings ist auch mit diesem Verfahren keine dauerhaft egalitäre Vermögensbeteiligung erreichbar. Ferner bringt die Gratisvergabe weder unternehmerische Sanierungskonzepte noch notwendiges Kapital in die Betriebe ein. Ein weiterer Nachteil ist die tendenziell geringe Eigentümerkonzentration. Dies fördert eine Kontrolle durch *exit* anstelle von *voice*. Ersteres setzt aber funktionierende Kapitalmärkte voraus. Der hohe Zeitbedarf zur Entwicklung leistungsfähiger Kapitalmärkte sowie die relativ geringen Landesgrößen verhindern jedoch eine effektive Kontrolle durch *exit*.[122] Zudem kann diese Form der Kontrolle zum aktuellen Zeitpunkt auch den Aufbau von Kapitalmärkten in den Reformländern behindern[123]. Das Problem einer zu geringen Eigentümerkonzentration wird beim Intermediär-Ansatz auf Unternehmensebene vermieden.[124] Generell wird von den Investment-Fonds Gewinnmaximierung und die effektive Nutzung der vorhandenen Kontroll- und Einflußmöglichkeiten erwartet. Die Erfüllung dieser Erwartungen darf aber zumindest bezweifelt werden, da die Fonds vielfach weder über das Kapital noch das unternehmerische Potential verfügen, um die erforderlichen Umstrukturierungen durchzusetzen. Gleichzeitig besteht das Ziel der Investment-Fonds in einer hohe Rentabiltität des eingesetzten Kapitals, wodurch eher Anreize zu Portfolioumschichtungen und Investitionen in Marktindices gesetzt werden als zur Kontrolle der Unternehmen[125]. Zudem bestehen auch für die Fonds-Manager Anreizprobleme, so daß letztlich durch die Zwischenschaltung der Fonds das Problem einer niedrigen Eigentümerkonzentration nicht gelöst, sondern lediglich auf die Ebene des Intermediärs verlagert wird.

Mit Blick auf die Unternehmenskontrolle ergeben sich aus den verschiedenen Privatisierungsansätzen zusammenfassend folgende Schlußfolgerungen:

- Die Privatisierung sollte möglichst über den Verkauf der Unternehmen erfolgen, d.h. den Direktverkauf oder Auktionen. C.p. wird über diese Privatisierungsverfahren die effizienteste Unternehmenskontrolle erreicht, da sie, stärker als alle anderen Verfahren, die notwendigen Anreize setzen und für ausreichenden Einfluß auf die Unternehmung sorgen. Angesichts der Probleme einer objektiven Unternehmensbewertung ergeben sich klare Vorteile für den Verkauf über Auktionen.
- Von Management-Buy-Outs abgesehen, ist die vollständige oder mehrheitliche Privatisierung an die Belegschaft abzulehnen. Sofern die Einbindung

[122] Vgl. Neumann 1992 S. 167.

[123] Vgl. Keilhofer S. 118f.

[124] Daß auch das Voucher-Modell nicht zwingender Weise zu einer niedrigen Eigentümerkonzentration führt, zeigen die Erfahrungen der tschechischen Privatisierung (vgl. Abschnitt 3.5.2.).

[125] Vgl. Aoki 1995 S. 13f.

der Arbeitnehmer in die Privatisierung aus politischen und sozialen Gründen notwendig erscheint, sollte sie über Minderheitsbeteiligungen oder besser über stimmrechtslose Vorzugsaktien erfolgen.[126] Durch vollständige MBOs wird die Trennung von Eigentum und Kontrolle aufgehoben, und zumindest für die Eigentümer entfällt dann logischerweise die Notwendigkeit der Unternehmenskontrolle. Wird gleichzeitig die Regierungsunabhängigkeit und die Gültigkeit harter Budgetrestriktionen sichergestellt, ist ein gewinnmaxierendes Verhalten der Unternehmensleitung mit entsprechenden Effizienzsteigerungen zu erwarten. Die MBOs sollten jedoch nicht über Direktverkäufe erfolgen, sondern über mögliche Kaufangebote im Rahmen von Unternehmensauktionen.

- Durch die Gratisvergabe der Unternehmen läßt sich eine rasche Durchführung der großen Privatisierung erreichen, und der Eindruck sozialer Ungerechtigkeit wird eher vermieden als bei Unternehmensverkäufen. Die Privatisierung über Vouchers führt zu einer geringen direkten, der Intermediär-Ansatz zu einer geringen indirekten Eigentümerkonzentration. Klare Vorteile eines bestimmten Verfahrens bestehen nicht. Beide Verfahren führen zu einer tendenziell schlechteren Unternehmenskontrolle als Direktverkäufe oder Auktionen.

3.5.1.3 Gläubigerkontrolle

Insbesondere bei unzureichender Kontrolle durch die Eigentümer kommt der Unternehmenskontrolle durch die Gläubiger Bedeutung zu. Durch die Entscheidung zwischen Markt- und Bankorientierung beeinflußt die Ausgestaltung des Finanzsystems die Möglichkeiten der Informationsbeschaffung sowie der Unternehmenskontrolle durch Banken. Unter diesem Gesichtspunkt stellt die Eignung eines *Universalbankensystems* zur Unterstützung der Reformen einen Schwerpunkt in der wissenschaftlichen Forschung dar. Das Hauptaugenmerk liegt dabei jedoch weniger auf der in Kapitel drei angeführten Klassifikation einer Universalbank als auf dem Aufbau langfristiger Beziehungen, Beteiligungen am Eigenkapital des Kreditnehmers und der Vertretung der Bank im Kontrollgremium (Aufsichtsrat bzw. board). D.h. es wurden in erster Linie die Unterschiede zwischen markt- und bankorientierten Finanzsystemen bei der Informationsproduktion und Unternehmenskontrolle erörtert. Mögliche Vorteile von Universalbanken und bankorientierten Finanzsystemen wurden in Kapitel drei ausführlich dargelegt. Sie beruhen insbesondere auf der Möglichkeit einer effektiveren Informationsproduktion und Unternehmenskontrolle aufgrund enger

---

[126] Ebenso Wieners 1994 S. 105 u. 155.

Beziehungen zwischen Banken und Kreditnehmern und erlauben einer langfristige Orientierung der Unternehmensstrategie. In Bezug auf die Reformen in den TL ist neben diesen Vorteilen zusätzlich die Eignung einer Bankorientierung für die konkrete Situation in Transformationsökonomien umstritten.

Ihre Befürworter[127] betonen neben den geschilderten Vorteilen insbesondere die Tatsache, daß die Entstehung eines funktionierenden Kapitalmarktes mit entsprechender Marktkultur wesentlich mehr Zeit erfordert als die Reform und Restrukturierung des Bankensektors. Ein marktorientiertes Finanzsystem benötigt: 1. eine hinreichend stabile, politische, wirtschaftliche und finanzielle Basis, auf der Kapitalmarktaktivitäten aufbauen können, d.h. niedrige und stabile Inflationsraten, Wachstum, Investitionsmöglichkeiten und politische Stabilität; 2. eine ausgereifte rechtliche Infrastruktur, die Vertragssicherheit, die Durchsetzbarkeit von Ansprüchen usw. garantiert; 3. ein hinreichend effizientes Bankensystem, das kurzfristige Einlagen mobilisiert, den Zahlungsverkehr abwickelt, das Umlaufvermögen finanziert und über eine ausreichende Kapitalbasis verfügt, um Risiken abzufedern. Diese Bedingungen werden in den TL auf längere Zeit noch nicht hinreichend erfüllt sein, so daß sich allein dadurch Vorteile einer Bankorientierung ergeben.[128]

Ferner kann ein bankorientiertes System auf bereits bestehende Strukturen wie langfristige Beziehungen zwischen Unternehmen und Banken sowie hohe Gläubigerkonzentrationen zurückgreifen und diese effizient nutzen. Insbesondere für die aufgrund ihrer geringen Eigentümerkonzentration und der fehlenden Übernahmegefahr nur unzureichend kontrollierten privatisierten Großbetriebe ist die Kontrolle durch die Gläubigerbanken erforderlich. Durch die Möglichkeit von Bankbeteiligungen ließen sich die Kreditinstitute außerdem in den Privatisierungsprozeß und die Restrukturierung des Unternehmenssektors einbinden, und auch die im vorhergehenden Abschnitt angesprochenen *debt-equity-swaps* zur Lösung der Altschuldenproblematik setzen die Möglichkeit der Banken voraus, Beteiligungen zu halten.

Dic Argumentation einer geringeren Informationsasymmetrie und effektiveren Unternehmenskontrolle aufgrund von Bankbeteiligungen wurde in Kapitel drei für die entwickelten bankorientierten Länder Japan und Deutschland kritisch analysiert. Zumindest für diese beiden Länder scheinen Bankbeteiligungen bestenfalls eine hinreichende, aber keine notwendige Bedingung für Informations- und Kontrollvorteile der Banken zu sein. In den TL kommt möglichen Bankbeteiligungen allerdings eine andere Bedeutung zu. Aufgrund der unsiche-

---

127 Vgl. u.a. Corbett/Mayer 1991; Buch/Monti 1991; Saunders/Walter 1992; Walter/Smith 1992; Gros/ Steinherr 1995.

128 Vgl. Walter/Smith 1992 S. 19ff.

ren Rechtslage und mangelhaften Durchsetzbarkeit von Verträgen können Unternehmen von ihren Lieferanten kaum zur Einhaltung vorgegebener Zahlungsziele gezwungen werden. Über die Ausweitung *unfreiwilliger* zwischenbetrieblicher Kredite können Unternehmen Bankkredite durch Lieferantenkredite ersetzen und so die Unternehmenskontrolle der Banken beeinträchtigen. Selbst neu gegründeten Banken, ohne notleidende Alt-Kredite, ist dann die Kontrolle über die Kreditvergabe nicht oder kaum möglich.[129] Solange die Schuldenproblematik auf Unternehmensebene nicht gelöst wurde und die rasche Durchsetzung von Forderungen nicht gewährleistet ist, kann die Effektivität der Unternehmenskontrolle durch Banken über mögliche Beteiligungen entscheidend gestärkt werden. Die Unternehmen können dann über die Akkumulation unbezahlter Rechnungen lediglich die Form ihrer Fremdfinanzierung variieren, die Kontrollstellung der Banken bleibt davon unbeeinflußt.

Ein weiterer Vorteil eines bankorientierten Finanzsystems ergibt sich aus den Überlegungen des Abschnitts 1.3 zum Arbeitsmarkt für Führungskräfte und zur Nutzenmaximierung der Manager. Mittlerweile beginnt sich in einigen Reformländern ein solcher Arbeitsmarkt für Führungskräfte zu etablieren. Es zeigt sich, daß sich die Manager von Staatsbetrieben bei absehbarer Privatisierung im Rahmen ihrer Fähigkeiten gewinnmaximierend verhalten, um entweder ihre Position für die Zeit nach der Privatisierung zu festigen und/oder sich für Führungspositionen in anderen Privatunternehmen zu empfehlen.[130] Brada (1996 S. 12f.) nennt zwei Bedingungen für eine nachhaltig positive Wirkung des Arbeitsmarktes. "The first of these is that managers believe that they are likely to retain their tenure once privatisation occurs. ... The second necessary condition to induce managers to signal their ability by means of rational activity is that the economic environment is such that potential owners have some confidence that there is a relationship between the manager's ability and supply of effort and enterprise performance." Solange der Marktmechansimus aufgrund von Preisverzerrungen, Markmacht, Staatseinflußnahme usw. nicht reibungslos funktioniert und hohe, schwankende Inflationsraten sowie andere Unsicherheitsfaktoren die Rentabilität nachhaltig beeinflussen, liefert die Unternehmensrentabilität wenig Information über die Fähigkeiten / den Arbeitseinsatz der Unternehmensleitung, und der Anreiz zu gewinnmaximierendem Verhalten wird geschmälert.[131]

---

[129] Vgl. Wieners 1994 S. 174f. In Rußland z.B. stiegen die überfälligen Bankkredite von Mai 1993 bis März 1994 lediglich von 1,32 Bill. auf 6,51 Bill. Rubel, während sich die gesamten Zahlungsrückstände von 3,41 Bill. auf 32,5 Bill. Rubel erhöhten (vgl. Tab. 23).

[130] Vgl. Brada 1996 S. 11f. sowie Berglöf 1995 S. 64.

[131] Vgl. Brada 1996 S. 13.

Gerade in dieser Situation ergeben sich klare Vorteile einer Bankorientierung gegenüber einer Marktorientierung. Wie in Kapitel drei erläutert, können in bezug auf die Unternehmenskontrolle bankorientierte Finanzsysteme auch als Insider-Systeme bezeichnet werden, in denen Eigentümer und Gläubiger aufgrund ihrer höheren Konzentration starke Anreize zur Informationsbeschaffung und Überwachung des Unternehmens haben. Eigentümer und Gläubigerbanken entscheiden über die Besetzung von Führungspositionen und beeinflussen so den Marktwert eines Managers am Arbeitsmarkt. Durch ihre Kontrolle der Unternehmung verfügen sie in diesen Finanzsystemen über weitergehende Insider-Informationen und können daher die Fähigkeiten und den Arbeitseinsatz der Unternehmensleitung unabhängig von der aktuellen Unternehmensrentabilität beurteilen. Die Manager eines Unternehmens können dann trotz ausgeprägter makroökonomischer Unsicherheiten ihren Marktwert durch unternehmerisches Handeln beinflussen, ohne sich allzusehr an kurzfristigen Rentabilitätskennzahlen orientieren zu müssen. Auf diese Weise setzt ein bankorientiertes System zum einen die notwendigen Anreize zu langfristiger Gewinnmaximierung. Gleichzeitig wird die alleinige Abhängigkeit des Marktwertes der Führungskräfte von der Unternehmensrentabilität gemindert und so c.p. der Erwartungswert der persönlichen Bankrottkosten eines Managers gesenkt. Dies erhöht den Anreiz zur Durchführung produktiver, aber riskanter Projekte, wie weitreichende Umstrukturierungen, Investitionen in Forschung und Entwicklung usw.

Die Kritiker einer Bankorientierung halten diesen Argumenten die folgenden Überlegungen entgegen. Überkreuzbeteiligungen zwischen Industrieunternehmen bzw. Banken und Unternehmen seien negativ zu beurteilen. Das japanische und das deutsche Finanzsystem wären die einzigen Ausnahmen, in denen sich Überkreuzbeteiligungen als vorteilhaft erwiesen hätten. Reformempfehlungen für die TL sollten jedoch nicht von diesen Ausnahmen abgeleitet werden.[132] Ferner würde die Kombination von Kreditgeschäft und Beteiligung das systematische Risiko der Banken erhöhen und so u.U. zu ineffizienten Firmenfortführungen durch die Vergabe weiterer Kredite führen, während die Banken gleichzeitig ihren Informationsvorsprung zum Nachteil anderer Investoren nutzen könnten.[133] Darüber hinaus wäre eine große Anzahl an Informationsproduzenten notwendig, um eine effiziente Kapitalallokation sicherzustellen. Enge Bankverbindungen könnten zwar bei der Lösung des *moral hazard* Problems komparative Vorteile bedingen, nicht aber bei der Lösung des *adverse selection* Problems. Hierfür wäre die Projekt- bzw. Firmenbewertung durch viele externe Bieter am Kapitalmarkt notwendig. Banken wären nicht in der Lage "to provide a fresh view of the company's potential or to offer views on the likely future

---

[132] Vgl. Roe, A. 1992.

[133] Vgl. Buch 1996a S. 93.

performance of an investment in competition with another." (Grosfeld 1994 S. II) Die engen Beziehungen zwischen Banken und Unternehmen in bankorientierten Systemen würden die dringend notwendige Informationsproduktion durch viele unabhängige Informationsproduzenten behindern.[134]

Als häufigster Kritikpunkt wird die Überforderung der Banken mit der Rolle, die ihnen in bankorientierten Finanzsystemen zukommt, angeführt. Die Banken verfügen zum aktuellen Zeitpunkt nicht über genügend Personal, das zudem nur unzureichend ausgebildet ist. Insbesondere fehlt es an entsprechendem Know-how und der notwendigen Erfahrung, die Rentabilität von Investitionsprojekten, Kreditrisiken usw. abzuschätzen und zu bewerten. In dieser Situation könnten Bankbeteiligungen falsche Anreize setzen und zur generellen Kreditvergabe an beteiligte Unternehmen führen, unabhängig von ihrer Kreditwürdigkeit. Überdies würde die gleichzeitige Ausübung von Kreditgeschäft und Unternehmenskontrolle zu einem verstreuten Einsatz des ohnehin knappen Humankapitals führen, und auch die Bankenaufsicht wäre mit der Überwachung von Universalbanken überfordert.[135] Bankbeteiligungen sollten daher verboten und enge Beziehungen zwischen Banken und Unternehmen nach Möglichkeit vermieden werden.

Diese Überlegungen können nicht von der besseren Eignung eines marktorientierten Finanzsystems für Transformationsökonomien überzeugen. Auch in marktorientierten Finanzsystemen ist die Anzahl an Informationsproduzenten in Form von Rating-Agenturen gering. Die Veröffentlichung der Informationen der externen Bieter wiederum setzt einen effizienten Kapitalmarkt mit vielen Marktteilnehmern voraus. Diese sind in den Reformstaaten nicht vorhanden, und ihr Aufbau wird noch längere Zeit beanspruchen. Ferner konnte auch für Länder mit entwickelten Finanzsystemen die Überlegenheit der Marktorientierung weder theoretisch noch empirisch nachgewiesen werden. Die Argumentation der fehlenden Erfahrung und Sachkenntnis für eine effektive Unternehmenskontrolle ist zum aktuellen Zeitpunkt sicherlich richtig, aber sie trifft nicht nur für die Banken, sondern generell zu. Dittus/Prowse (1995, 1996) gehen als einzige Kritiker einer Bankorientierung in den TL auf diese Tatsache ein. Die momentane Überforderung der Banken spricht nach ihrer Ansicht nur dann gegen eine Bankorientierung, wenn eine relative Überforderung der Banken gege-

---

[134] Vgl. Grosfeld 1994, ähnlich Allen 1993.

[135] Vgl. Frydman et. al. 1993; Scott 1994 S. 188ff.; Blommestein/Spencer 1994 S. 163ff.; Winkler 1995 S. 36f. Trotz dieser Kritik favorisieren Frydman et. al. (1993) einen bankorientierten Ansatz, in dem Banken und andere Finanzintermediäre den Schwerpunkt der Unternehmenskontrolle bilden. Kern dieser Bankorientierung sollten jedoch nicht die etablierten Banken sein, sondern die Privatisierungsintermediäre, denen die Betätigung als Bank ermöglicht werden sollte.

ben ist, d.h. andere inländische Institutionen mit der Unternehmenskontrolle in geringerem Ausmaß überfordert sind.

Einen klaren Nachweis für das Vorliegen dieser relativen Überforderung liefern die Autoren nicht. Dittus/Prowse (1995, 1996) führen an, daß die Mehrheit des Bankpersonals unter sozialistischem Regime angestellt und ausgebildet wurde. Der Schwerpunkt dieser Ausbildung lag auf Buchführungs- und nicht auf Banktätigkeiten. Das Personal sei daher wahrscheinlich nicht in der Lage, sich die nun erforderlichen Fähigkeiten und Kenntnisse anzueignen. Ferner wären die Banken mit der Aufgabe, eine effiziente Grundversorgung an Finanzdienstleistungen aufzubauen, ausgelastet. Die gleichzeitige Betätigung als Unternehmenskontrolleure bzw. Investmentbanken würde die Kapazität des Bankmanagements überfordern.

Diese Ausführungen legen die Ursachen der momentanen Überforderung osteuropäischer Institutionen offen, eine relative Überforderung der Banken belegen sie nicht. In keiner sozialistischen Institution wurden die Mitarbeiter für die Ermittlung der Kreditrisiken und der Rentabilität von Investitionsprojekten geschult. Mögliche Ursachen, warum die Aneignung dieser Kenntnisse Bankmitarbeitern schwerer fallen sollte als den Mitarbeitern anderer Institutionen, sind nicht ersichtlich und werden von den Autoren auch nicht genannt. Die Autoren vernachlässigen vielmehr die Tatsache, daß Banken aufgrund ihrer bisherigen Kreditbeziehungen Vorteile gegenüber anderen Institutionen besitzen, da sie z.B. genauer über Organisationsstrukturen und mögliche Wettbewerbsvorteile ihrer Kreditnehmer informiert sind.[136]

Gleichzeitig übersieht die Überlegung, die simultane Ausübung von Kreditgeschäft und Unternehmenskontrolle bzw. Kredit- und Wertpapiergeschäft würde die Kapazität der Banken übersteigen und zu einem verstreuten Einsatzes von Humankapital führen, zwei entscheidende Aspekte. Erstens wird ignoriert, daß Unternehmenskontrolle und Kreditgeschäft auf den gleichen Grundlagen beruhen. Grundlegende Kenntnisse zur Bewertung von Investitionsprojekten (Rentabilität, Risiko, Alternativen usw.) sind für eine effektive Unternehmenskontrolle unerläßlich. Sie stellen aber gleichzeitig die Basis für die Bewertung von Kreditrisiken dar. Das hierfür notwendige Humankapital muß von den Banken somit ohnehin aufgebaut werden. Durch die Bündelung beider Aufgaben in einer Institution wird ein verstreuter Humankapitaleinsatz eher vermieden als gefördert. Zweitens wird vernachlässigt, daß das Prinzip einer Universalbank nicht auf dem universellen Einsatz aller Mitarbeiter beruht, sondern auf der Realisierung von Umfangsvorteilen durch die Bündelung vieler Spezialisten unter einem Dach. Diese Spezialisierung auf bestimmte Aufgabengebiete durch-

---

[136] Vgl. Buch 1996b S. 159, Fn. 153.

zieht in der Regel alle Hierarchieebenen inklusive der Unternehmensleitung, so daß eine Überforderung der Mitarbeiter- bzw. Managerkapazitäten in Universalbanken letztlich kaum wahrscheinlicher ist als in spezialisierten Kreditinstituten.

Eine Zerstreuung knappen Humankapitals ist durch diese Spezialistenbündelung ebenfalls nicht zu erwarten, denn gesamtwirtschaftlich ergeben sich keine Nachteile, wenn sich knappes Humankapital innerhalb einer Bank auf verschiedene Abteilungen und nicht auf Kredit- und Investmentbanken bzw. Banken, Investment-Fonds und Wertpapierhäuser verteilt. Ersteres kann sogar den effektivsten Einsatz knappen Humankapitals darstellen.[137]

Nach Dittus/Prowse (1996) würden desweiteren Banken mehr als anderen Institutionen die notwendigen Anreize zur Unternehmenskontrolle fehlen, da die Kredite in der Hand weniger meist staatseigener Banken konzentriert seien, diese Banken immer noch starkem staatlichem Einfluß ausgesetzt wären und die disziplinierende Wirkung des Wettbewerbs aufgrund der hohen Konzentration fehlen würde. Notwendige Unternehmensumstrukturierungen durch Banken seien nicht zu erwarten, denn langfristige Beziehungen bestünden nur in Form alter Seilschaften und die Banken verfügten nicht über die notwendigen Fähigkeiten und das entsprechende Kapital zu einer effektiven Umstrukturierung. Eine relative Überforderung der Banken ist hier ebenfalls nicht zu erkennen, denn der Mangel an Fähigkeiten und Kapital zur Umstrukturierung wird auch bei anderen inländischen Investoren beklagt.[138] Auch die Anreizargumentation belegt eher die Notwendigkeit, die Reformen zur Unternehmenskontrolle mit anderen Reformmaßnahmen wie der Privatisierung der Banken und der Einführung harter Budgetrestriktionen abzustimmen, als daß sie eine Unterbindung des Beteiligungsbesitzes durch Banken rechtfertigt. Privatisierte Banken, die nicht mit weiteren staatlichen Rettungsmaßnahmen rechnen können, werden sich gewinnmaximierend verhalten und ihre Kreditentscheidungen unabhängig von alten sozialistischen Beziehungen treffen[139].

Angesichts der nicht überzeugenden Kritik an der Eignung eines bankorientierten Finanzsystems sowie der geschilderten Vorteile für die aktuelle Situation in den TL, kann den TL der Übergang zu einem solchen System empfohlen werden. Sofern die Implementierung eines bankorientierten Finanzsystems durch andere Reformschritte flankiert wird, werden die Banken nicht nur in der Lage sein, die ihnen zukommenden Aufgaben zu erfüllen, sondern auch über die nötigen Anreize zur Erfüllung dieser Aufgaben verfügen. Zu den erforderlichen

---

137 Vgl. auch Buch 1996b S. 157f.

138 Vgl. die Ausführungen zur Massenprivatisierung über Investmentfonds.

139 Ähnlich Roland 1995 S. 52.

flankierenden Reformschritten zählen insbesondere die Einführung harter Budgetrestriktionen, die Lösung des Problems notleidender Kredite, die Sicherung des Wettbewerbs im Finanzsektor und die Etablierung eines Arbeitsmarktes auch für Bankmanager.[140] Werden die Vorteile einer Bankorientierung gleichzeitig mit einer konsequenten Förderung der Kapitalmarktreformen verbunden, wird zudem eine Gegenkontrolle aufgebaut, die einen übermäßigen Machteinfluß der Banken auf ihre Kreditnehmer verhindern kann[141].

Innerhalb der verschiedenen Formen der Bankorientierung lassen sich gewisse Vorzüge der deutschen Bankorientierung gegenüber der japanischen feststellen. Das deutsche Finanzsystem ist den Reformstaaten vertrauter und dürfte als 'System des Nachbarn' eher akzeptiert werden.[142] Gleichzeitig hat es sich als flexibler und weniger reformbedürftig erwiesen als das japanische System.[143] Darüber hinaus besteht aufgrund der Möglichkeit zur Realisierung von Diversifikations- und Umfangsvorteilen eine gewisse Überlegenheit eines Universal- gegenüber einem Trennbankensystem und damit ein weiterer Vorteil des deutschen Finanzsystems gegenüber dem japanischen.

3.5.1.4 Die Reform des Konkursrechtes

Eine effektive Kontrolle der Unternehmen durch die Gläubiger ist auf ein klares und eindeutiges Konkursrecht angewiesen. Wichtigster Bestandteil des Konkursrechtes sind die Insolvenztatbestände, d.h. die Kriterien, die zur Einleitung eines Konkursverfahrens führen. Eine ökonomisch effiziente Definition der Insolvenztatbestände liegt vor, wenn ineffiziente Unternehmensfortführungen und ineffiziente Unternehmensliquidationen gleichermaßen vermieden werden.

Unter sozialistischem Regime existierten keine Insolvenztatbestände, da der Konkurs von Unternehmen nicht vorgesehen war. Ineffiziente Firmenfortführungen waren die Folge. Die starke Betonung der Zahlungsunfähigkeit als Insolvenztatbestand in vielen westlichen Industrieländern führte wiederum zu einer tendenziellen Bevorzugung von Unternehmensliquidationen im Rahmen of-

---

140 So auch Berglöf 1995. Buch (1996a, 1996b) betont als zusätzliche Anforderungen eine hinreichend effetive Bankenaufsicht und eine Änderung der staatlichen Einlagenversicherung, die momentan zu einer automatischen Verlustdeckung bei den Banken führt.

141 Vgl. Corbett 1990 S. 228.

142 Vgl. Steinherr/Gilibert 1994 S. 102. Nach Belyanova/Rozinsky (1995 S. 209) hatte z.B. das russische Finanzsystem vor der sozialistischen Revolution starke Ähnlichkeit mit dem deutschen System.

143 Vgl. Walter/Smith 1992 S. 22f.

fizieller Konkursverfahren und hat eine Reihe von Reformvorschlägen ausgelöst.[144]

Neben der Zahlungsunfähigkeit kann die Überschuldung des Unternehmens einen Insolvenztatbestand darstellen. Die Anzahl ineffizienter Liquidationen läßt sich durch eine Kombination dieser Tatbestände reduzieren. Dies kann erreicht werden, wenn z.B. Zahlungsunfähigkeit kein eigenständiger Grund für die Einleitung eines Konkursverfahrens ist, sondern einen Anlaß für eine Neubewertung der Unternehmensaktiva, d.h. eine Überschuldungsprüfung, darstellt. Liegt gleichzeitig zur Zahlungsunfähigkeit eine Überschuldung vor, stellt die Liquidation des Unternehmens eine effiziente Strategie dar. Besteht hingegen nur vorübergehende Zahlungsunfähigkeit, wäre die Liquidation ineffizient. Es sollte dann versucht werden, das Unternehmen durch Umschuldungen und Reorganisationsmaßnahmen zu restrukturieren und fortzuführen.

3.5.2 Die aktuelle Situation

3.5.2.1 Unternehmensinterne Kontrolle

In Polen, der tschechischen und der slowakischen Republik, Ungarn und Weißrußland wurden zweistufige Unternehmensverfassungen mit einer strikten personellen Trennung von Geschäftsführung (Vorstand) und Kontrollorgan (Aufsichtsrat) eingeführt. Lediglich das russische *Gesetz über Aktiengesellschaften* sieht aufgrund seiner starken Anlehnung an amerikanisches Recht eine einstufige Verfassung vor und verzichtet auf diese personelle Trennung.[145] Es besteht lediglich die Einschränkung, daß die ausführenden Organe der Gesellschaft im Direktorenrat (board) nicht die Mehrheit bilden dürfen und daß im Falle eines alleinigen Geschäftsführers dieser nicht Vorsitzender des Direktorenrates sein kann. Aufgrund dieser starken personellen Verflechtung von Geschäftsführung und Direktorenrat ist bei russischen Aktiengesellschaften mit Interessenskonflikten bei der Überwachung der Geschäftsführung zu rechnen, die auch durch die hohe Anzahl an vorgeschriebenen Direktorenratssitzungen (eine je Kalendermonat) kaum gemildert werden dürften.

In Polen sowie der tschechischen und der slowakischen Republik steht den Arbeitnehmern ein Drittel der Aufsichtsratsmandate zu. In Ungarn gilt diese

---

[144] Vgl. Aghion et. al. 1992; Aghion et. al. 1993; Burger/Schellberg 1995.

[145] Zu den rechtlichen Grundlagen dieses Abschnittes siehe für Rußland Lenga (1996) und Akamatsu (1995 S. 157ff.); für Weißrußland Rietsch (1994), für Ungarn BfAI (1989); für Polen Frydman et. al. (1993) und für die tschechische und die slowakische Republik Bohata (1992) sowie Waldvogel/Weigl (1996).

Regelung ab 200 Mitarbeitern. Das russische Aktiengesetz sieht eine explizite Mitbestimmung nicht vor. Das passive Wahlrecht für den Direktorenrat besitzen nur Aktionäre bzw. ihre Repräsentanten. Aufgrund der starken Berücksichtigung der Belegschaften bei der Privatisierung sind die Einflußmöglichkeiten der Arbeitnehmer auf die Unternehmensleitung in Rußland jedoch letztlich höher als in anderen TL.[146]

Die unterschiedlichen Einflußmöglichkeiten von Kontrollorgan und Aktionären können nicht eindeutig beurteilt werden. In Rußland sind die direkten Einflußmöglichkeiten der Aktionäre stark eingeschränkt, während der von ihnen gewählte Direktorenrat über weitreichende Kompetenzen verfügt. In der tschechischen Republik und in Ungarn erscheinen die direkten Einflußmöglichkeiten der Aktionäre höher, da der Vorstand direkt von der Hauptversammlung gewählt und entlassen wird und nicht vom Aufsichtsrat. Gleichzeitig haben die Aktionäre jedoch erst ab einer Beteiligung von 10% das Recht, die Einberufung der Hauptversammlung zu verlangen.

Hinweise auf ein Verbot personeller Überkreuzverflechtungen zwischen verschiedenen Unternehmen liegen für keines der betrachteten TL vor.

3.5.2.2 Ergebnisse der Privatisierungen

Die Privatisierung wurde in den TL mit unterschiedlicher Intensität betrieben. Als Vorreiter können die tschechische Republik, Estland, Ungarn, Polen und Rußland bezeichnet werden. Bulgarien, Weißrußland und die Ukraine verzeichnen nur geringe Fortschritte. Generell erfolgten die großen Privatisierun-

---

[146] Die OECD ('Russia' 1995 S. 79f.) stuft den tatsächlichen Einfluß der Arbeitnehmer jedoch gering ein, da diese i.d.R. nicht im Direktorenrat vertreten sind, weniger als ein Drittel an Aktionärsversammlungen teilnimmt und die Mehrzahl aller Arbeitnehmer ihr Stimmrecht an die Unternehmensleitung delegiert. Die OECD führt ferner Umfrageergebnisse an, nach denen 65% der Befragten davon ausgehen, daß die russischen Unternehmen managerkontrolliert sind. Gleichzeitig sind 45% der Befragten der Ansicht, daß diese Aufgabe vom Kollektiv der Arbeitnehmer wahrgenommen werden sollte. Die Delegation der Stimmrechte an die Unternehmensleitung wäre insofern irrational. Sie läßt sich jedoch erklären, wenn man davon ausgeht, daß die Mehrzahl der Arbeitnehmer eine Interessenskongruenz zwischen sich und der Unternehmensleitung unterstellt und sich von der Unternehmensleitung effizient vertreten fühlt. Wie bereits ausgeführt, kann es im Interesse der Arbeitnehmeraktionäre sein, auf eine Maximierung der Eigenkapitalrendite zugunsten einer Arbeitsplatzsicherung zu verzichten. Eine Unternehmensleitung, die in diesem Sinne verfährt und auf Umstrukturierungen, die mit Entlassungen verbunden sind, verzichtet, handelt im Interesse der Arbeitnehmer. Besteht zwischen den Arbeitnehmern und der Unternehmensleitung keine Interessensdivergenz, ist auch keine Kontrolle der Manager durch die Arbeitnehmer notwendig.

gen durch eine Kombination der verschiedenen Privatisierungsmethoden. Tabelle 24 zeigt die Unterschiede zwischen den *Vorreiter*-Ländern, die sich aus unterschiedlichen Gewichtungen der einzelnen Methoden ergaben.[147]

Von den neuen Bundesländern abgesehen, stellte bei der großen Privatisierung der Verkauf an Unternehmensexterne lediglich in Estland und Ungarn[148] die dominante Privatisierungsmethode dar. Allerdings profitierten dabei die neuen Bundesländer von der wirtschaftlichen Stärke der alten Länder, Estland von der geringen Landesgröße und Ungarn von den bereits zu sozialistischen Zeiten eingeleiteten Reformen. Ein Überblick über alle Reformländer bestätigt die im vorigen Abschnitt geäußerte Vermutung, daß über Unternehmensverkäufe allein eine rasche und weitgehende Privatisierung i.d.R. nicht erreichbar ist.[149]

In der früheren CSFR stellte die Privatisierung über das Voucher-Modell einen Schwerpunkt dar.[150] Entgegen allgemeiner Erwartungen führte diese Methode nicht zu einer breiten Eigentumsstreuung. Bereits vor den ersten Privatisierungsrunden wurden etliche *Investment Privatisation Funds* (IPFs) gegründet, auf die viele Bürger ihre Vouchers übertrugen. Die rechtlichen Vorschriften und Regulierungen der IPFs wurden infolge des Ausmaßes der ersten Gründungswelle erlassen. Gemäß diesen Vorschriften durfte die einzelne Beteiligung eines IPF 20% des Eigenkapitals der jeweiligen Unternehmung und 10% des eigenen Kapitals nicht übersteigen. Diese Vorschrift wurde vor kurzem reformiert. "[A] recent amendment to the Investment Law has permitted these funds to transform themselves into holding companies and take majority stakes in enterprises." (EBRD 1996b S. 16) Mittlerweile bestehen 420 IPFs, an die insgesamt 72% aller Vouchers delegiert wurden. Die 13 größten IPFs halten 43% aller Vouchers. Da gleichzeitig wechselseitige Beteiligungen zwischen den großen Banken und IPFs bestehen, ist die Eigentümerkonzentration der meisten

[147] Mittlerweile sind auch in Moldavien, Kirgistan, Albanien, Armenien, Georgien, Kasachstan, Rumänien und der Ukraine erste Ansätze einer Massenprivatisierung über Vouchers beobachtbar (vgl. EBRD 1996b).

[148] In Ungarn wurde in einem Zeitraum von sechs Jahren 40% der staatlichen Firmen durch den Verkauf an Unternehmensexterne privatisiert. Diese Privatisierung wurde zu großen Teilen von ausländischen Investoren getragen. Allein 1991 erhielten ausländische Investoren in 12 von 13 Privatisierungen eine strategische Mehrheitsbeteiligung. Insgesamt sind im Rahmen der Privatisierungen bis Ende 1995 annähernd 12,1 Mrd. US-$ an Direktinvestitionen nach Ungarn gelangt. (vgl. Wieners 1994 S. 185ff. u. BMWi 'Transform' 1996 S. 78)

[149] Vgl. Gray 1995; World Bank 1996.

[150] Allerdings wurde aufgrund von Widerständen der Unternehmensleitung und der Belegschaft kein Unternehmen vollständig über Vouchers privatisiert. Die Voucher-Anteile schwanken zwischen 10% und 97% (vgl. Wieners 1994 S. 195f.).

Unternehmen trotz des Voucher-Modells hoch, und es bestehen ausgeprägte Überkreuzbeteiligungen.[151]

Tabelle 24

Angewandte Privatisierungsmethoden für mittlere und große Unternehmen (Angaben in %; Stand Ende 1995)

	Verkauf an Externe	MEBO[a)]	Gratis-vergabe	Restitu-tion	andere[d)]	Staats-eigentum
Tschechische Republik						
Anzahl[b)]	32	0	**22**	9	28	10
Firmenwert[c)]	5	0	**50**	2	3	40
Estland						
Anzahl	**64**	30	0	0	2	4
Firmenwert	**60**	12	3	10	0	15
Ungarn						
Anzahl	**38**	7	0	0	33	22
Firmenwert	**40**	2	0	4	12	42
Polen						
Anzahl	3	14	6	0	**23**	54
Rußland						
Anzahl	0	**55**	11	0	0	34

Die hervorgehobenen Zahlen zeigen die jeweils vorherrschende Methode.
a) Management-Employee-Buy-Out;
b) Anzahl der privatisierten Firmen als Anteil aller ursprünglich staatl. Unternehmen;
c) Wert der privatisierten Firmen als Anteil am Wert aller ursprünglich staatl. Unternehmen.
d) inkl. Übertragungen auf Städte, Gemeinden und Sozialversicherungen, *debt-equity swaps*, Veräußerungen über Insolvenzverfahren;

Quelle: World Bank 1996 S. 53.

Infolge der ursprünglich schleppenden Privatisierungserfolge über Veräußerungen wurde in Polen im April 1993 die Gratisvergabe über das Intermediär-

[151] Vgl. Wieners 1994 S. 194ff.; Gray 1995.

Modell beschlossen. Insgesamt wurden 15 *National Investment Funds* (NIFs) gegründet, an denen die Bevölkerung über Vouchers beteiligt ist. Die Privatisierung über den Intermediär-Ansatz sieht folgende Aufteilung des Eigenkapitals der Unternehmen vor: 25% verbleiben in Staatsbesitz, 15% erhält die Belegschaft gratis, 33% werden an jeweils einen NIF als *Core Investor* übertragen und 27% gehen zu gleichen Teilen an die anderen NIFs.[152] Mittlerweile wurden die Aktien von insgesamt 514 Betrieben auf die NIFs verteilt.[153]

Analog dem tschechischen Ansatz beruhte die Gratisvergabe in der russischen großen Privatisierung auf dem direkten Voucher-Modell, wobei die relative Bedeutung der Voucher-Privatisierung deutlich geringer ausfiel. Auch in Rußland kam es zu einer Gründungswelle von Privatisierungsfonds. Die *Voucher Investment Funds* (VIFs) dürfen bis zu fünf Prozent ihres Eigenkapitals in eine Unternehmung investieren und Beteiligungen bis zu 25% erwerben. Im April 1994 existierten 659 zugelassene VIFs, von denen nach Angaben Akamatsus (1995 S. 137) die größten fünfzig etwa die Hälfte des industriellen Vermögens kontrollieren. Aufgrund der sehr starken Stellung der russischen Belegschaften ergaben sich jedoch große Unterschiede zur tschechischen und polnischen Privatisierung. Die Belegschaft entschied eigenständig, welche Privatisierungsoption auf ihr Unternehmen angewandt wurde. In ungefähr drei Viertel aller Fälle entschied sich die Belegschaft für die Option, die ihr eine Mehrheitsbeteiligung von 51% sicherte.[154] Ziel dieser Wahl war die Abschottung vor einer effektiven Kontrolle durch Unternehmensexterne und die Sicherung des Status quo. Die Beschränkung der maximalen Anzahl an Direktorenratsmandaten für Belegschaft und Management auf ein Drittel konnte die dominante Stellung der Unternehmensinsider nicht beseitigen.[155] Das Auslaufen der Voucher-Privatisierungen zum 30.6.1994 und der Übergang zu Unternehmensverkäufen als ausschließliche Privatisierungsmethode ist daher in der wirtschaftspolitischen und -theoretischen Literatur auf durchgehend positive Reso-

---

[152] Vgl. Brada 1996 S. 16; EBRD 1996b S. 17. Nach Angaben von Leipold (1993) war ursprünglich ein Staatsanteil von 30% und eine Belegschaftsbeteiligung von 10% beabsichtigt. Die bereits angesprochene Macht der polnischen Belegschaften könnte ursächlich für die Änderung der Kapitalaufteilung sein.

[153] Vgl. BMWi 'Wirtschaftslage' 1996 S. 12.

[154] 1993 hielten die russischen Arbeitnehmer durchschnittlich 56,4% aller Aktien, die Unternehmensleitung zusätzliche 8,6%. 1994 war der Anteil der Arbeitnehmer auf 42% gesunken, der der Manager aber auf 17% gestiegen. Durchschnittlich wurden somit 59% der Aktien von unternehmensinternen Aktionären gehalten (vgl. Blasi/Shleifer 1996). Zu einer ausführlicheren Beschreibung der russischen Privatisierung und der verschiedenen Optionen siehe OECD 'Russia' 1995 u. Wagner 1996.

[155] Diese Vorschrift wird in der Realität entweder ignoriert oder umgangen. "On average, four out of six board members represent managers" (OECD 'Russia' 1995 S. 80).

nanz gestoßen.[156] Die im Endeffekt entscheidende Abschaffung der Belegschaftsprivilegien erfolgte allerdings erst im Juli 1996.[157]

Über die Auswirkungen der unterschiedlichen Privatisierungmaßnahmen auf die Unternehmenskontrolle können noch keine endgültigen Bewertungen abgegeben werden. Ein erster Vergleich der ungarischen, tschechischen, polnischen und russischen Privatisierungen bestätigt jedoch die theoretischen Überlegungen. Die bisher vorliegenden Hinweise bekräftigen die Vorteile einer Privatisierung durch Verkauf. Der Verkauf an Unternehmensexterne - insbesondere ausländische Investoren - war mit ausgeprägteren Unternehmensrestrukturierungen verbunden als die Voucher- und Insiderprivatisierungen, da so erforderliches Kapital und Know-how leichter mobilisiert werden konnte. Bei den Insiderprivatisierungen zeigt der Vergleich der osteuropäischen Länder mit Rußland die Notwendigkeit, die Privatisierung mit anderen Reformmaßnahmen abzustimmen, sowie die bereits jetzt bestehende Bedeutung des Arbeitsmarktes für Führungskräfte. Im Unterschied zu Rußland kam es in Ungarn, Polen und der tschechischen Republik durch die erfolgreiche Härtung der Budgetrestriktionen auch bei insiderprivatisierten Firmen zu Restrukturierungsmaßnahmen in Form von Entlassungen und Lohnkürzungen. Aufgrund des in diesen Ländern entstehenden Arbeitsmarktes für Führungskräfte waren gleichzeitig die Restrukturierungsbemühungen von managerdominierten Firmen stärker ausgeprägt als die der belegschaftsdominierten Unternehmen. In allen Ländern zeigten Unternehmen in Staatsbesitz bzw. mit dominanter Staatsbeteiligung die geringsten Umstrukturierungsanstrengungen.[158]

Das Beispiel der tschechischen Republik zeigt, daß Voucher-Modelle einen effizienten Ansatz für eine rasche Privatisierung darstellen können, sofern sie mit freiem Marktzutritt für Finanzintermediäre, der uneingeschränkten, sofortigen Handelbarkeit der Ansprüche, geringer Bevorzugung der Insider usw. verknüpft sind.[159] Der Vergleich mit dem polnischen Intermediär-Ansatz ergibt analog den theoretischen Überlegungen keine eindeutigen Vorteile eines bestimmten Ansatzes. In beiden Ländern sind die Investmentfonds in den Kontrollorganen der Unternehmung vertreten, und für beide Länder liegen widersprüchliche Ergebnisse über die Effektivität der Fonds-Kontrolle vor. Die EBRD (1995 S. 128ff) betont die geringe Kontrollwirkung der tschechischen IPFs - insbesondere der bankeigenen - und sieht Vorteile des polnischen Ansatzes, da dort die Unternehmenskontrolle durch die NIFs über staatliche Regulierungen klar vorgegeben ist. Brada (1996) hingegen kommt zu dem Ergebnis,

---

156 Vgl. BMWi 'Wirtschaftslage' 1996 S. 122 sowie BMWi 'Transform' 1996 S. 23.

157 Vgl. EBRD 1996b S. 169.

158 Vgl. u.a. EBRD 1995 S. 128ff.; Brada 1996.

159 Vgl. Gray 1995 S. 30.

daß in der tschechischen Republik zwar nicht alle, aber doch einige Banken und bankeigene IPS eine Vorreiterrolle bei der Kontrolle von Problem-Unternehmen übernommen haben, während gleichzeitig Leipold (1993 S. 26f.) bezweifelt, daß sich die polnischen NIFs gegen das *polnische Bermuda-Dreieck* aus Management, Belegschaft und Gewerkschaften durchsetzen können. Auch das Anreizproblem der polnischen NIF-Manager scheint noch nicht zufriedenstellend gelöst.[160] Ein abschließendes Urteil erscheint hier nicht möglich.

Generell wurde die ursprüngliche Beteiligungsbeschränkung der tschechischen IPFs auf maximal 20% einer Unternehmung als nachteilig gesehen, da eine effektive Kontrolle durch die IPFs sowie deren Kontrollanreize durch diese Vorschriften beeinträchtigt wurden.[161] Die EBRD (1995 S. 128ff.) sowie die World Bank (1996 S. 50ff) und Gray (1995) halten zudem die ausgeprägten Überkreuzbeteiligungen in der tschechischen Republik für bedenklich, da sie zu einer hohen Eigentümer- und Machtkonzentration bei den Banken, dem Staat und einigen Nicht-Bank-IPFs geführt hätten. Dieser Einschätzung kann so nicht gefolgt werden. Die tschechische Entwicklung von einer breiten Streuung der Voucher zu hoher Eigentümerkonzentration und vielen Überkreuzbeteiligungen ähnelt der Entwicklung in Japan nach dem Zweiten Weltkrieg, die sich dort als effiziente Lösung für Agency-Konflikte herauskristallisierte. Auch die geschilderten Vorteile des deutschen Finanzsystems beruhen zumindest zum Teil auf der hohen Eigentümerkonzentration und den damit verbundenen Überkreuzbeteiligungen (vgl. Teil 2). Ob hohe Eigentümerkonzentrationen und Überkreuzbeteiligungen auch in der tschechischen Republik zu einer effizienten Lösung von Agency-Konflikten beitragen werden, bleibt zwar abzuwarten. Sie sollten jedoch nicht bereits vorab negativ beurteilt werden.

3.5.2.3 Instrumente der Gläubigerkontrolle

In nahezu allen betrachteten TL wurde ein Universalbankensystem deutscher Prägung implementiert. Lediglich in Ungarn erfolgte die strikte Trennung von Kredit- und Wertpapiergeschäft, aber auch ungarischen Geschäftsbanken ist der Erwerb von Beteiligungen gestattet. Die Höhe möglicher Beteiligungen variiert zwischen den TL sowie gegenüber dem Referenzpunkt Deutschland zum Teil erheblich. In Deutschland dürfen die Investitionen in Grundstücke, Gebäude, Betriebs- und Geschäftsausstattung, Schiffe sowie Beteiligungen u.ä. zusammen 100% des haftenden Eigenkapitals nicht übersteigen. Die Beteiligung an einem einzelnen Nicht-Finanzunternehmen ist auf 15% des Eigenkapitals der Bank be-

---

160 Vgl. EBRD 1996b S. 165.

161 Vgl. Wieners 1994 S. 200; Gray 1995; World Bank 1996 S. 56; EBRD 1995 S. 130.

schränkt, bedeutende Beteiligungen dürfen in der Summe 60% des Bankkapitals nicht übersteigen. Weitergehende Beschränkungen des Beteiligungsausmaßes bestehen nicht (§ 12 KWG). In der tschechischen Republik können Banken ohne Zustimmung der Zentralbank bis zu 25% ihres Eigenkapitals in Beteiligungen investieren, die einzelne Beteiligung darf 10% des Eigenkapitals des betreffenden Unternehmens nicht übersteigen. Polnische Banken dürfen Beteiligungen bis zu insgesamt 25% ihres Eigenkapitals erwerben, auf Genehmigung des Präsidenten der polnischen Zentralbank sind Ausnahmen bis zu 50% des Eigenkapitals möglich. Beschränkungen des Beteiligungsausmaßes bestehen in Polen nicht. In Ungarn wiederum dürfen Banken bis zu 60% ihres Eigenkapitals in Beteiligungen an Nicht-Finanzunternehmen investieren, während die Beteiligung an einem einzelnen Unternehmen bei Geschäftsbanken auf 15% und bei Investmentbanken auf 40% des Eigenkapitals der Bank begrenzt ist. Beteiligungen an Nicht-Finanzunternehmen dürfen 51% des Eigenkapitals des betreffenden Unternehmens nicht übersteigen. Den ausgeprägtesten Regulierungen unterliegt der Beteiligungserwerb der russischen Banken. Diese dürfen maximal 5% ihres Eigenkapitals in Unternehmensanteile investieren, wobei die einzelne Beteiligung 10% des Eigenkapitals der betreffenden Unternehmung nicht übersteigen darf.[162]

Die vorliegenden Berichte zum tatsächlichen Beteiligungsbesitz der Banken sowie der Unternehmenskontrolle durch Kreditinstitute sind nicht eindeutig. Gray (1995), Dittus/ Prowse (1996) und Dittus (1996) schätzen die Bedeutung von Bankbeteiligungen sowie die Unternehmenskontrolle durch Banken gering ein. So hätten sich in der tschechischen Republik bankeigene IPFs im Unterschied zu einigen großen Nicht-Bank-IPFs und den von ausländischen Banken gegründeten Fonds stark diversifiziert, anstatt in einer geringeren Anzahl an Unternehmen eine effektive Kontrolle anzustreben. Ferner würde die Möglichkeit von *debt-equity-swaps* kaum genutzt. Die bankeigenen Fonds würden eher durch passives Verhalten auffallen. Im Unterschied hierzu ermitteln die OECD ('Czech Republik' 1996 S. 66ff.) und Brada (1996) einen erheblichen Einfluß der tschechischen Banken auf Unternehmen, wenn auch häufig indirekt über die bankeigenen IPFs.

Durch Interviews mit tschechischen, polnischen und ungarischen Bankmanagern kommen Dittus/Prowse (1996) und Dittus (1996) zu dem Ergebnis, daß die befragten Banken aus mehreren Gründen kein Interesse an Beteiligungen und/oder einer aktiven Rolle bei der Unternehmenskontrolle über den *ownership channel* haben:

---

[162] Vgl. für Polen und Ungarn Blommestein/Spencer 1994 S. 164; für die tschechische Republik OECD 'Czech Republik' 1996 Note 83 und für Rußland Litwack 1995.

1. Die Banken betrachten die Rolle eines aktiven Aktionärs als extrem kostenintensiv und wenig ertragreich.

2. Es fehlt im Moment an genügend, ausreichend geschultem Personal, um neben dem normalen Tagesgeschäft eine aktive Rolle bei der Umstrukturierung und Überwachung der Unternehmen auszuüben.

3. Aufgrund der Unterschiede zwischen *commercial* und *investment banking* sehen die Banken kaum Synergieeffekte zwischen dem Kreditgeschäft und einer Kontrolle durch Beteiligungen.

4. Die Banken sind überzeugt, daß sie über ihre Kreditbeziehungen und die Abwicklung des Zahlungsverkehrs bereits genügend Informationen über und Einfluß auf ihre Kreditnehmer haben. Der zusätzliche Nutzen von Beteiligungen wird als gering eingeschätzt.

5. Die relative Abneigung der Banken gegen den Einsatz von *debt-equity-swaps* beruht darauf, daß die Banken nicht bereit sind, auf gestellte Sicherheiten zu verzichten und *schlechte* Kredite in *schlechtes* Eigenkapital umzuwandeln.[163]

6. Beteiligungen werden in folgenden Ausnahmefällen erworben:
   a) sofern von den Unternehmen gewünscht, Beteiligungen bis zu 5%, um langfristige Beziehungen zu etablieren;
   b) wenn die Banken die Möglichkeiten sehen, über Beteiligungen ihre Kreditforderungen zu sichern;
   c) das Ausschlachten des Unternehmens durch das Management durch Beteiligungen verhindert werden kann.

Aus diesen Ergebnissen ein Verbot von Bankbeteiligungen abzuleiten bzw. auf die mangelnde Eignung eines bankorientierten Systems zu schließen,[164] erscheint verfehlt. Vielmehr stellen diese Resultate erste Indizien für eine effiziente Nutzung der Vorteile eines bankorientierten Finanzsystems in den betrachteten Ländern dar. Die Effektivität der Gläubigerkontrolle in bankorientierten Systemen beruht nicht in erster Linie auf Bankbeteiligungen, denn in der Mehrzahl aller Fälle verfügen die Banken aufgrund langfristiger Beziehungen, des Kreditgeschäftes und der Abwicklung des Zahlungsverkehrs über genügend Informationen und Einfluß für eine effiziente Unternehmenskontrolle. Beteiligungen dienen mehr der Kapitalanlage oder der Festigung der Kundenbeziehungen. Aspekte der Unternehmenskontrolle sind nur dann ausschlaggebend, wenn sich

---

[163] Weitere Gründe für die Abneigungen gegen *debt-equity-swaps* sind steuerrechtliche Barrieren und langwierige Verhandlungen mit dem Privatisierungsministerium (vgl. Buch 1996 S. 94).

[164] Vgl. Dittus/Prowse 1996.

die Bank davon eine nachhaltige Stärkung ihres Einflusses verspricht. Nach den Ergebnissen der Autoren ist jedoch exakt dieses Verhalten bei den befragten tschechischen, polnischen und ungarischen Banken beobachtbar. Der mangelnde Verbreitungsgrad von Bankbeteiligungen ist daher kein Indiz einer mangelnden Eignung der Bankorientierung für die TL oder einer Überforderung der Banken, sondern Ausdruck für weitreichende Fortschritte bei den institutionellen Reformen. Durch die Etablierung einklagbarer Eigentumsrechte sowie der Einführung und Anwendung von Konkursvorschriften können Unternehmen nun ihre Kundenforderungen durchsetzen. Dies bedeutet gleichzeitig, daß die Substitution von Bankkrediten durch Lieferantenkredite stark eingeschränkt ist und den Banken die Unternehmenskontrolle über die Kreditvergabe ermöglicht wird.

Zumindest für die tschechische Republik und Polen wird diese Einschätzung durch die Berechnungen Buchs (199b S. 210 u. 262ff.) zur quantitativen Bedeutung von Bankkrediten bestätigt. In der tschechischen Republik stieg demnach der Anteil der Bankkredite am Brutto-Finanzierungsstrom von 3% 1992 auf 25% 1994, in Polen von 10% 1987 auf 46% 1991. In beiden Ländern sind Bankkredite nach der Innenfinanzierung mit Abstand die wesentlichste Finanzierungsquelle. Aufgrund dieser hohen Bedeutung der Bankkredite verfügen Kreditinstitute auch ohne Beteiligungen über genügend Einfluß für eine effektive Unternehmenskontrolle.

Nach Einschätzung von Litwack (1995) und Belyanova/Rozinsky (1995) sowie der OECD ('Russia' 1995 S. 101ff.) engagiert sich die Mehrzahl der russischen Banken nicht aktiv in der Unternehmenskontrolle. Angesichts des momentanen Standes der russischen Transformation und des hohen Ausmaßes an Unsicherheit sei dies jedoch nicht verwunderlich. Entscheidend sei, daß sie über das "genuine potential for becoming critical players in creating institutions of corporate governance" (Litwack 1995 S. 115) verfügten. Litwack (1995), Belyanova/Rozinsky (1995) sowie die OECD ('Russia' 1995 S. 101ff.) betonen dabei die komparativen Vorteile der Banken bei der Unternehmenskontrolle. Die Banken verfügen bereits über einen Informationskapitalstock und erhebliche Erfahrung in der Überwachung des Tagesgeschäftes. Auch wenn sie sich in der Rechnungslegung und ihren Überwachungsmöglichkeiten umstellen müßten, bestünde kein Nachteil gegenüber anderen inländischen Institutionen. Litwack (1995) hebt ferner die ausgeprägte Tradition langfristiger Beziehungen in der russischen Wirtschaft, insbesondere durch persönliche Beziehungen/Bindungen, hervor.[165] Grundlegend für wesentliche Änderungen und eine aktive

[165] Ähnlich die OECD ('Russia' 1995 S. 101). Belyanova/Rozinsky (1995) und Akamatsu (1995) bestreiten dagegen die Existenz langfristiger Beziehungen zu Zeiten der UdSSR.

Rolle der Banken bei der Unternehmenskontrolle ist die Streichung ex- und impliziter staatlicher Subventionen, die nach wie vor über die Banken in den Unternehmenssektor geschleust werden.

Im Unterschied zu diesen Resultaten versuchen nach den Ergebnissen von Akamatsu (1995 S. 163ff.) Banken bereits jetzt, Aufgaben der Unternehmenskontrolle auszuüben. Aufgrund der starken Regulierungen des Beteiligungsbesitzes stellten zwar Bankbeteiligungen kein wirkungsvolles Kontrollinstrument dar, aber durch die Ausübung von Depotstimmrechten sei der Einfluß der Banken zum Teil erheblich. Allein die Inkombank scheine 20% der Aktien aller Unternehmen in St. Petersburg zu kontrollieren. Gleichzeitig versucht eine kleine Gruppe von Kreditinstituten, ihre Kundenbeziehungen durch die Vergabe mittelfristiger Kredite in harten Währungen zu intensivieren. Für diese Hartwährungskredite stellt die Drohung der Kreditkündigung ein wirksames Instrument der Unternehmenskontrolle dar, so daß diese Banken die generellen Schwierigkeiten der russischen Banken bei der Unternehmenskontrolle überwinden können.[166] Inwieweit russische Banken langfristig eine bedeutende Rolle bei der Unternehmenskontrolle spielen werden, bleibt abzuwarten.

3.5.2.4 Reformen des Konkursrechtes

Im Rahmen der Konkursrechtsreformen bereitete die Aufgabe, ineffiziente Unternehmensliquidationen zu vermeiden und gleichzeitig ineffiziente Fortführungen zu unterbinden, allen TL große Probleme.[167]

Die ungarische Reform von 1991 hatte vorrangig die Unterbindung von ineffizienten Fortführungen zum Ziel. Unternehmen mit Zahlungsrückständen von neunzig Tagen waren automatisch gezwungen, ihre Reorganisation bzw. Liquidation zu beantragen. Dieser Automatismus sollte den Gläubigerschutz stärken, führte jedoch zu einer Welle an Unternehmensvergleichen und -konkursen. Allein 1992 und 1993 wurden aufgrund des Automatismus' 17.000 Anträge auf Liquidation gestellt. Ende 1993 wurde daher in einer zweiten Reform die Antragspflicht in ein Antragsrecht umgewandelt und gleichzeitig die Möglichkeit außergerichtlicher Einigungen zwischen Gläubigerbanken und Schuldnern geschaffen.

In Polen, Rußland, der tschechischen und der slowakischen Republik wurde ein solcher Automatismus vermieden. In Rußland ist die Gleichzeitigkeit von

---

[166] Vgl. Akamatsu 1995 S. 163ff. und Belyanova/Rozinsky 1995.

[167] Zu den rechtlichen Grundlagen der folgenden Ausführungen siehe Baer/Gray (1995) für Ungarn und Polen, Nesrovnal (1996) und Munkova (1995) für die tschechische Republik, Verny für die slowakische Republik sowie Micheler (1996) für Rußland.

Zahlungsunfähigkeit und Überschuldung, in den drei anderen Ländern das Vorliegen von Zahlungsunfähigkeit oder Überschuldung Insolvenztatbestand. Dabei werden in allen Ländern Zahlungsschwierigkeiten, die erkennbar vorübergehender Natur sind, nicht als Zahlungsunfähigkeit gewertet.

In Polen haben sich allerdings die ursprünglichen Vorschriften als zu inflexibel erwiesen. 1993 wurde daher eine Wahlmöglichkeit zwischen gerichtlichen und außergerichtlichen Verfahren geschaffen. Das außergerichtliche Verfahren wird durch die Banken initiiert und ist mit hoher Verantwortung der *Lead Bank* verbunden. Wenn sie bei Verstößen gegen den Reorgansiationsvertrag die Vergleichsvereinbarung nicht unmittelbar beendet, haftet sie anderen Gläubigern für entstehende Verluste. Obwohl durch diese Vorschriften die Anreize für außergerichtliche Einigungen stark beeinträchtigt werden, findet das Verfahren mittlerweile verbreiteten Einsatz, da sowohl die Kosten als auch die Blockademöglichkeiten der Mindergläubiger gering sind. Eine weitere Ursache kann darin gesehen werden, daß das polnische Konkursrecht nur Unternehmensliquidationen und keine -fortführungen vorsieht. Aufgrund der ausgeprägten Liste bevorrechtigter Forderungen besteht im Konkursfall selbst für besicherte Gläubiger kaum eine Aussicht auf eine auch nur teilweise Bedienung ihrer Forderungen.

Zur Vermeidung ineffizienter Liquidationen wurde in der tschechischen und der slowakischen Republik 1993 ein Einigungsverfahren eingeführt, das dem offiziellen Vergleichs- bzw. Konkursverfahren vorgeschaltet ist. Das Einigungsverfahren soll den Unternehmen die Möglichkeit einräumen, unter der vorrangigen Wahrung der Gläubigerinteressen Rationalisierung- und Umstrukturierungsmaßnahmen außergerichtlich zu erreichen. In der tschechischen Republik handelte es sich dabei um ein fakultatives Verfahren, dennoch wurde es mit der zum 1.6.1996 wirksamen Gesetzesnovelle eingeschränkt, da es zu Konkursverschleppungen mißbraucht worden war. In der slowakischen Repblik ist das Einigungsverfahren weiterhin zwingend vorgeschrieben, d.h. es ist auch dann durchzuführen, wenn es im Endeffekt nur die Konkursmasse schmälert und eine Gläubigerschädigung bewirkt. Das Problem ineffizienter Fortführungen bzw. der Konkursverschleppungen ist in der slowakischen Republik daher ungelöst.

Ein entscheidender Vorteil der bankorientierten Finanzsysteme Japans und Deutschlands besteht in der größeren Bereitschaft der Banken, bereits vor Eintritt der Insolvenztatbestände aktiv an der Umstrukturierung der Untenehmen mitzuwirken. Es zeigte sich, daß die Anreize zu diesem Verhalten entscheidend von der Behandlung dieser 'aktiven' Gläubigerbanken bzw. ihrer Forderungen im Fall eines Anschlußkonkurses abhängen (vgl. Kapitel 3). Diese Anreize werden durch einen generellen Rangrücktritt bzw. die Haftung gegenüber anderen Gläubigern beeinträchtigt. Die in Polen bestehende Haftung der *Lead Bank* ist unter diesem Gesichtspunkt eher negativ zu beurteilen, die tschechische Erweiterung des Kataloges vorrangiger Forderungen um Sicherungsübereignungen und Forderungsabtretungen dagegen zu begrüßen.

Trotz dieser positiven Tendenzen besteht gerade beim Konkursrecht noch in allen TL ein erhebliches Reformdefizit. De jure ist die Rangfolge der verschiedenen Gläubiger im Konkursfall ebensowenig zufriedenstellend geklärt, wie die Behandlung besicherter Forderungen. Dies führt dazu, daß de facto von Seiten der Gläubiger kaum Konkursanträge gestellt, sondern oft weiterhin Kredite vergeben werden, da der Erwartungswert des Rückzahlungsbetrages bei dieser Politik deutlich höher ist als bei der Einleitung eines Konkursverfahrens. Erschwerend kommt die weiterhin bestehende Überforderung der Gerichte mit der Anwendung der neuen Vorschriften und der hohen Anzahl an zahlungsunfähigen Unternehmen hinzu. Inwieweit in den TL längerfristig eine Angleichung an die deutsche bzw. japanische Konkurspraxis erfolgt oder ob analog dem in den USA und im UK praktizierten Recht Gläubigerbanken, die sich aktiv bei der Umstrukturierung zahlungsunfähiger Unternehmen engagieren, eine Rangrückstufung oder gar Schadensersatzforderungen anderer Gläubiger riskieren, kann daher nicht einmal ansatzweise beurteilt werden.

3.5.3 Fazit

Die tschechische Republik und Polen haben sich mit der Ausgestaltung ihrer Finanzsysteme insgesamt stark an das deutsche System angelehnt. Das ungarische Finanzsystem mit seiner Trennung von Kredit- und Wertpapiergeschäft bei gleichzeitigem Beteiligungsbesitz durch Geschäftsbanken ähnelt im regulatorischen Aufbau eher dem japanischen System. Trotz aller Unterschiede kann in allen drei Ländern von den Grundlagen eines bankorientierten Systems gesprochen werden. In allen drei Ländern versprach man sich die in Japan und Deutschland beobachtbaren Vorteile einer Bankorientierung. Diese Erwartungen wurden zumindest in der Anfangszeit der Transformation enttäuscht, da die Banken weder über genügend Human- noch Sachkapital verfügten, und die institutionellen Bedingungen einer effektiven Unternehmenskontrolle durch Banken nicht genügten. Infolge der konsequenten institutionellen Reformen und der Erfolge bei der makroökonomischen Stabilisierung beginnen sich in diesen Ländern jedoch mittlerweile die Vorteile einer bankorientierten Unternehmenskontrolle abzuzeichnen.

Für die russische Föderation ergibt sich noch kein eindeutiges Bild. Zwar wurde auch in Rußland ein Universalbankensystem eingeführt, die Regulierungen zur Unternehmenskontrolle sind jedoch stark an das amerikanische System angelehnt. Durch die personelle Verflechtung von Geschäftsführung und Direktorenrat sind Interessenkonflikte vorprogrammiert, und die Unternehmenskontrolle wird erschwert. Im amerikanischen System wird diese Schwächung der Kontrolle mittels der Übernahmegefahr auf einem hochentwickelten Kapitalmarkt zumindest gemildert. In Rußland ist ein entwickelter Kapitalmarkt noch nicht gegeben, und die starke Stellung der Belegschaften und Manager erschwert eine Kontrolle der Unternehmung durch externe Aktionäre zusätzlich. Gleichzeitig ist eine effektive Unternehmenskontrolle durch Banken nur sehr eingeschränkt möglich. Aufgrund der starken Ausdehnung zwischenbetrieblicher Zahlungsrückstände stellt die Kreditvergabe außer bei den zitierten Hartwährungskrediten kein wirksames Kontrollinstrument dar. Der Einfluß der Banken über den *ownership channel* wird wiederum durch die starken Beschränkungen des Beteiligungsbesitzes erschwert. Entscheidend dürften hier jedoch nicht höhere Bankbeteiligungen sein, sondern die Härtung der Budgetrestriktionen und ein hinreichend stabiles makroökonomisches Umfeld.

Litwack (1995) betonte die Tradition langfristiger Beziehungen in Rußland. In Japan kam es trotz der Reform des Finanzsektors nach amerikanischen Vorbild nach dem Zweiten Weltkrieg zu einer starken Bankorientierung des Finanzsystems. Die lange Tradition enger Beziehungen zwischen Unternehmen und Banken im Rahmen der früheren Zaibatsus konnte durch die Zerschlagung dieser Zaibatsus nicht dauerhaft unterbunden werden und setzte sich letztendlich trotz der Trennung von Kredit- und Wertpapiergeschäft und starker Begrenzungen des Beteiligungsbesitzes der Banken in den Keiretsus fort. Äußerungen von Litwack (1995 S. 112) und Akamatsu (1995 S. 165, 176) deuten darauf hin, daß sich in Rußland bereits ähnliche Finanz-Industrie-Gruppierungen zu bilden beginnen. Inwieweit diese Einschätzung zutrifft und diese Gruppierungen zu einer signifikanten Lösung von Agency-Problemen der Finanzierung und Kontrolle von Unternehmen beitragen werden, wird die Entwicklung der nächsten Jahre zeigen müssen.

3.6 Die Rolle des Wettbewerbs im Finanzsystem

3.6.1 Theoretische Überlegungen

Die wohlfahrtssteigernde Wirkung intensiven Wettbewerbs zwischen Anbietern ist für Gütermärkte unumstritten. Wettbewerbsbeschränkungen führen i.d.R. zu Marktmacht und damit zu einer Pareto-ineffizienten Allokation auf dem betreffenden Markt. Wettbewerb auf Güternmärkten wird daher allgemein befürwortet. Für den Bankensektor hingegen wird die Rolle des Wettbewerbs kontrovers diskutiert.

Argumente für Wettbewerb zwischen Banken sind die Vermeidung von Marktmacht und Effizienzsteigerungen im Finanzsektor. Fehlender Wettbewerb führt sowohl im Kredit- als auch im Einlagengeschäft zu Marktmacht der Kreditinstitute und resultiert in allokativen Verzerrungen. Wettbewerb hingegen erhöht generell die *funktionelle Effizienz* des Finanzsektors, d.h. neben der allokativen Effizienz, die Kosteneffizienz der Kreditinstitute, die dynamische Effizienz des Finanzsystems sowie die Verfügbarkeit und Qualität der Intermediärsprodukte.[168]

Die Kritiker eines Wettbewerbs zwischen Banken sehen indessen eine Beeinträchtigung der Funktionen der Banken durch Wettbewerb. Unter dem Aspekt der Risikodiversifikation wird Wettbewerb als nachteilig beurteilt, da die Diversifikationsmöglichkeiten der einzelnen Bank eingeschränkt werden.[169] Gegen diese Überlegung spricht allerdings die Tatsache, daß die *marginal returns to scale* der Diversifikation zwar stets positiv sind, jedoch mit zunehmender Größe der Bank gegen Null gehen.[170] Das Beispiel Deutschlands mit 3.622 Kreditinstituten im Kalenderjahr 1995 zeigt in diesem Zusammenhang, daß Banken bereits mit relativ geringen Betriebsgrößen eine hinreichend effiziente Diversifikation anbieten können und eine hohe Zahl an Kreditinstituten die Stabilität eines Bankensystems nicht gefährden muß.

Nach Einschätzung von Berglöf (1995 S. 91) könnten Beschränkungen des Wettbewerbs die Rolle der Banken bei der Unternehmenskontrolle stärken. Die Monopolrenten würden die Krisenanfälligkeit bzw. Labilität von Bankensystemen, die stark in der Unternehmenskontrolle involviert sind, mindern. Dieser Einschätzung kann die Argumentation von Dittus (1994 S. 53ff.) entgegengehalten werden, daß ohne Wettbewerb Banken aufgrund ihrer Monopolmacht eine geringe Portfolioqualität durch höhere Spreads kompensieren können und so weniger Anreiz zu einer effektiven Unternehmenskontrolle haben. Durch Wettbewerbsdruck werden dagegen überhöhte Spreads der Banken verhindert, so daß für die Banken Anreize bestehen, ihre Portfolioqualität u.a. durch die Überwachung und Kontrolle der Kreditnehmer zu optimieren. Wettbewerb im Finanzsektor ist daher eine notwendige Bedingung für eine konstruktive Rolle der Banken bei der Unternehmenskontrolle.

Gegen Bankenwettbewerb wird ferner vorgebracht, Wettbewerb führe bei Informationsasymmetrie zwischen Banken und Kreditnehmern zu einer ineffizienten Kapitalallokation, da im Wettbewerbsgleichgewicht des Kreditmarktes zu viele schlechte Risiken einen Kredit erhalten. Überlegungen dieser Art unter-

---

[168] Vgl. z.B. Bröker 1989 S. 1.

[169] Vgl. z.B. Mayer 1994 und van Damme 1994.

[170] S. Dowd 1992 und die dort zitierte Literatur.

stellen Bertrand-Wettbewerb zwischen Banken, d.h. die Höhe des einzelnen Kredites wird als gegeben betrachtet und Banken konkurrieren untereinander um gute Kreditrisiken über die Höhe des Kreditzinses. Das von den Banken kostenlos oder gegen Fixkosten beobachtbare Kreditwürdigkeitssignal kann von den Kreditinstituten nicht beeinflußt werden und ist mit Unsicherheit behaftet. Es besteht für jede Bank die positive Wahrscheinlichkeit einer Fehleinschätzung der tatsächlichen Kreditwürdigkeit. Unter dieser Konstellation kommt es bei Wettbewerb zu dem aus der Auktionstheorie bekannten Phänomen des 'Fluchs des Gewinners'. Das Kreditangebot einer bestimmten Bank wird vom Kreditnehmer deshalb akzeptiert, weil alle anderen Banken ein schlechteres Kreditwürdigkeitssignal erhalten und nicht bereit sind, zu diesen Konditionen Kredit zu gewähren. Im Mittel macht die kreditgewährende Bank damit Verluste. Dieses *winner's curse*-Problem verschlimmert sich mit zunehmender Anzahl an konkurrierenden Banken. Im Ergebnis verhält sich unter Wettbewerb jede Bank konservativer, während der Markt als ganzes aggressiver ist. Es werden zwar weniger gute Kreditrisiken abgelehnt, aber es werden insgesamt auch mehr Darlehen an schlechte Kreditrisiken vergeben. Wettbewerb wirkt sich schädlich auf die Kapitalallokation aus.[171]

Dieses Ergebnis tritt jedoch nur unter den Annahmen des Preiswettbewerbes und des durch Banken nicht beeinflußbaren Kreditwürdigkeitssignals ein. Geht man statt dessen von Mengenwettbewerb aus und berücksichtigt, daß Banken gegen Kosten ihren Informationsstand verbesseren können, ergeben sich entgegengesetzte Schlußfolgerungen. Wettbewerbsbeschränkungen führen zu Marktmacht und beeinträchtigen Informationsproduktion und Kreditvergabe der Banken. Wie das in Abschnitt 2.2.3. vorgestellte Modell D. Neubergers zeigt, hängt die Höhe dieser Beeinträchtigung von der Preiselastizität der Kreditnachfrage und dem Kollusionsgrad der im Markt agierenden Banken ab. Der nachteilige Effekt von Wettbewerbsbeschränkungen zeigt sich in diesem Modell insbesondere bei einer Zunahme der Kreditnachfrage. Zwar führt eine Steigerung der Kreditnachfrage bei gegebener Anbieterzahl zu erhöhter Informationsproduktion und Kreditvergabe der einzelnen Bank, während bei vollkommen freiem Markteintritt die Ausdehnung der individuellen Kreditvergabe nur vorübergehender Natur ist. Allerdings ist eine Nachfrageerhöhung in der Regel mit einem Rückgang der Preiselastizität der Nachfrage verbunden. Bei exogener Marktstruktur, d.h. gegebener Anbieterzahl, steigt dadurch die Marktmacht der Anbieter, so daß gleichzeitig mit der Ausdehnung der Kreditvergabe der einzelnen Bank der Gleichgewichtspreis steigt und die insgesamt angebotene Menge nur geringfügig ausgedehnt wird. Freier Marktzutritt ist hier entscheidend für ein ausreichendes Kreditangebot. Durch die erhöhte Marktnachfrage und die erziel-

---

[171] Vgl. Riordan 1993.

baren Monopolgewinne der etablierten Banken werden neue Anbieter in den Markt gelockt. Dadurch sinkt zwar die individuelle Marktnachfrage der etablierten Institute, so daß langfristig Informationsproduktion und Kreditvergabe der einzelnen Bank auf ihr Ausgangsniveau zurückgehen. Es treten aber neue Anbieter in den Markt ein, die Informationssuche betreiben und Kredite vergeben, so daß das Marktergebnis letztlich näher am Pareto-Optimum des Wettbewerbsgleichgewichtes liegt.

Diese Überlegungen treffen auch dann zu, wenn Informationen nicht innerhalb einer Periode veralten, sondern über mehrere Perioden genutzt werden können und daher natürliche Eintrittsbarrieren in Form des Informationskapitalstocks der etablierten Anbieter bestehen. Aus Sicht eines potentiellen Neuanbieters stellt dieser Informationskapitalstocks einen Fixkostenblock dar. Ist der Markteintritt nicht durch sonstige Regulierungen beschränkt, determiniert die Höhe dieser Fixkosten die Anzahl der überlebensfähigen Anbieter bei gegebener Nachfrage. Steigt jedoch die Kreditnachfrage an, erfolgt langfristig der Markteintritt neuer Kreditinstitute, und die gesamtwirtschaftliche Kreditversorgung erhöht sich in stärkerem Maße als bei gegebener Anbieterzahl.[172] Auch bei natürlichen Eintrittsbarrieren besteht somit die Tendenz zu einer Ausdehnung des Kreditangebotes durch neue Kreditinstitute.

Zur Beurteilung des Wettbewerbs muß nun geklärt werden, welcher Ansatz die Realität auf den Finanzmärkten besser abbildet bzw. welche Entscheidungen durch das Modell abgebildet werden sollen. Für Industrieunternehmen kann man davon ausgehen, daß mit der Strategie der Preisfixierung lediglich bei gegebener Produktionskapazität die tatsächliche Preisabsatzfunktion ermittelt werden soll, während für die Planung der Produktionskapazität die Produktionsmenge als Planungsinstrument betrachtet wird.[173] Bei begrenzter Anbieterzahl ist dann aufgrund des langfristigen Mengenwettbewerbes trotz möglichen (kurzfristigen) Preiskämpfen zwischen den Anbietern mit Marktmachteffekten zu rechnen. Die Beurteilung des Wettbewerbs zwischen Banken auf Grundlage des Preiswettbewerbes erscheint daher nur sinnvoll, wenn diese industrieökonomischen Resultate für den Bankensektor keine Geltung besitzen. Dies wäre dann zu rechtfertigen, wenn Banken ihr Angebot ohne Kosten, augenblicklich und vollständig an die jeweilige Marktnachfrage anpassen könnten. Diese Bedingung ist weder theoretisch gerechtfertigt noch in der Realität erfüllt.

Die volkswirtschaftlichen Funktionen der Banken bestehen in Informationsproduktion, Unternehmenskontrolle und Risikoversicherung. Alle drei Funktionen sind nicht kostenlos möglich und erfordern die Bereitstellung entsprechen-

---

[172] Vgl. die Ausführungen zur Industrieökonomie bei Neumann 1994 S. 182.

[173] Vgl. Neumann 1994 S. 164.

der Produktionskapazitäten. Ferner beschränkt der Aspekt der Risikoversicherung durch Banken den Kreditvergabespielraum einer Bank in Abhängigkeit ihres Eigenkapitals[174]. Zudem erfordert in der Realität bereits die reine Intermediärsleistung als bloße Vermittlungstätigkeit den Einsatz von Human- und Sachkapital. Alle diese Faktoren lassen sich nicht unendlich schnell in beliebigem Ausmaß variieren, und ihre Anpassung verursacht Kosten. Auch Banken unterliegen somit Kapazitätsrestriktionen, die sie im Rahmen ihres Angebotsverhaltens berücksichtigen müssen. Ausgangspunkt für die Beurteilung des Bankenwettbewerbs sollte somit Mengenwettbewerb sein. Fehlender Wettbewerb führt dann zu Marktmacht und beeinträchtigt die Kapitalallokation. Wettbewerbsbeschränkungen sollten demzufolge vermieden werden.

Ein entscheidendes Argument gegen Wettbewerb im Finanzsektor bezieht sich direkt auf den Unterschied zwischen markt- und bankorientierten Finanzsystemen. Wie in Abschnitt 2.2.3 erörtert, besteht ein grundlegender Vorteil der in bankorientierten Systemen üblichen langfristigen Beziehungen darin, daß die Gläubigerbanken bereit sind, vorübergehend Verluste hinzunehmen und Unternehmen mit finanziellen Schwierigkeiten zu finanzieren, wenn sie diese Verluste durch erhöhte Gewinne nach erfolgreicher Restrukturierung überkompensieren. Diese Vorteile der Bankorientierung setzen die Möglichkeit der finanzierenden Bank voraus, in den Folgeperioden der Restrukturierung überhöhte Kreditzinsen zu verlangen. Sie sind somit nur bei eingeschränktem Wettbewerb im Finanzsektor zu erwarten. Bei der Existenz mehrerer konkurrierender Banken ist ein bindendes Versprechen der Unternehmen für entsprechende Gewinne der Bank nicht möglich. Für die Unternehmung besteht der Anreiz, nach der erfolgreichen Restrukturierung den Kreditgeber zu wechseln, um sich billiger zu finanzieren. Der Wettbewerb zwingt die Bank, die Finanzierungskosten zu senken, und sie wird für ihre Anfangsverluste nicht kompensiert. Im Wettbewerbsgleichgewicht werden dann derartige Sanierungen nicht finanziert und langfristige Beziehungen kommen nicht zustande.[175]

Zu analogen Schlußfolgerungen kommen Petersen/Rajan (1995) für die Kreditvergabe an junge Unternehmen. Eine effiziente Kreditvergabe durch eine Bank erfordert die Berücksichtigung der zukünftigen Erträge der Kreditnehmer bei der Kreditwürdigkeitsprüfung. Besteht nun Wettbewerb zwischen Banken, kann die einzelne Bank nicht an zukünftigen Gewinnen der Kreditnehmer partizipieren. "She is constrained to break even on a period-by-period basis because she would drive away business if she charged a rate above the competitive one." (Petersen/Rajan 1995 S. 407) Da die Unsicherheit über junge Unternehmen besonders hoch ist, muß die Bank unter Wettbewerb das hohe Verlustrisiko

---

[174] Vgl. Neuberger, D. 1994 S. 100ff.

[175] Vgl. z.B. Mayer 1988 u. 1994.

der Anfangsperiode durch entsprechend hohe Zinsen in dieser Periode kompensieren. "This can be extremely distortionary to the firm's incentives and may, in fact, result in the firm not receiving credit at all." (Petersen/Rajan 1995 S. 407f.) Monopolmacht ist in dieser Situation vorteilhaft. Ein monopolistischer Kreditgeber muß aufgrund seiner Marktmacht nicht in jeder einzelnen Periode Gewinn erwirtschaften, sondern kann den Kapitalwert einer Kreditbeziehung maximieren, indem er in der Anfangszeit niedrige Zinsen verlangt und die dadurch entstehenden erwarteten Verluste durch zukünftige Monopolgewinne in Form überhöhter Zinsen kompensiert.

Diese Begründung nachteiliger Effekte des Wettbewerbs zwischen Banken überzeugt ebenfalls nicht. Zum einen würde Marktmacht seitens der Bank den Vorteil langfristiger Beziehungen aus Sicht der Unternehmung mindern. Zum anderen können durch Bankbeteiligungen sowie Reputationseffekte bei Banken und Unternehmen auch bei Wettbewerb langfristige Beziehungen zwischen Banken und Kreditnehmern entstehen. Desweiteren können sich Banken im Sanierungsfall aufgrund ihrer Verhandlungsmacht auch ohne langfristige Beziehung eine angemessene Kompensation ihrer Verluste sichern (vgl. ausführlicher Abschnitt 3.2.3).

Empirisch fundierte Belege negativer Wirkungen des Bankenwettbewerbes liegen gleichfalls nicht vor. Die von Petersen/Rajan (1995) in diesem Zusammenhang angeführten empirischen Unterschiede zwischen hoch und niedrig konzentrierten Banksektoren sind klar insignifikant. Auch die Existenz negativer Marktmachteffekte konnte empirisch nicht eindeutig widerlegt werden. Während einige SCP-Studien zu einem insignifikanten Zusammenhang zwischen Anbieterkonzentration und Bankgewinnen kamen, wurde in anderen Studien ein positiver Zusammenhang nachgewiesen.[176] Berger (1995) fand in seiner Untersuchung neben Indizien für die Gültigkeit der *efficient-structure*-Hypothese auch die *relative-market-power*-Hypothese bestätigt.[177] Die Existenz negativer Effekte durch Marktmacht bei beschränkter Anbieterzahl kann daher nicht ausgeschlossen werden. Desgleichen läßt sich zwischen Bankorientierung und Wettbewerb kein negativer Zusammenhang nachweisen. Der kumulierte Marktanteil der fünf größten Kreditinstitute (C5) war 1986 im UK mit 0,36

---

176 Vgl. die Überblicke bei Gilbert 1984 und Molyneux et. al. 1996 S. 119ff.

177 Nach der *relative-market-power*-Hyopthese können Unternehmen mit großen Marktanteilen und gut-differenzierten Produkten Marktmacht entfalten und so 'supernormal' Gewinne realisieren. Nach der *efficient-structure*-Hypothese weisen Unternehmen mit besserer Technologie und/oder besserem Management geringere Kosten und damit höhere Gewinne auf. Diese Unternehmen können somit ihre Marktanteile vergrößeren. Unter beiden Hypothesen ist dann eine positive Korrelation von Anbieterkonzentration und Rentabilität zu beobachten. (vgl. Berger 1995 S. 404f.)

deutlich höher als in Japan (0,2) oder Deutschland (0,16)[178], und generell ist seit 1987 der C5 in Deutschland unter den niedrigsten aller EU-Staaten und deutlich niedriger als im UK.[179] Ferner ist in allen OECD-Ländern unabhängig von der Ausrichtung des Finanzsystems gerade das Firmenkundengeschäft der Banken durch starken Wettbewerb gekennzeichnet[180].

Insgesamt fehlt bis heute eine überzeugende Begründung für nachteilige Wettbewerbseffekte, die eine Einstufung des Bankensektors als wettbewerbspolitischen Ausnahmebereich rechtfertigen würden, während allokative Verzerrungen und Ineffizienzen aufgrund von Marktmacht bei fehlendem Wettbewerb nicht ausgeschlossen werden können. Analog den Gütermärkten sollte daher auch im Bankensektor Wettbewerb nicht beschränkt, sondern gefördert werden. Diese Förderung bedeutet nicht den Verzicht auf jegliche Form der Regulierung und damit u.U. eine Gefährdung der Stabilität des Bankensystems. Dies läßt sich anhand der Unterscheidung zwischen *Economic Regulation* und *Prudential Regulation* verdeutlichen. Unter *Economic Regulation* fallen Beschränkungen des Marktein- und -austrittes, der Zinssätze, der Preise usw., während *Prudential Regulation*, die Festlegung von Kapital- und Liquiditätsanforderungen, Großkreditgrenzen, Mindestkapital, persönlichen Anforderungen an die Bankgründer usw. beinhaltet[181]. Die Zielharmonisierung von Markteffizienz und Stabilität des Finanzsystems läßt sich am ehesten durch den Verzicht auf *Economic Regulation* und die Beschränkung auf entsprechende Maßnahmen der *Prudential Regulation* erreichen. Mindestanforderungen zur Human- und Sachkapitalausstattung, Eigenkapitalrichtlinien, Großkreditgrenzen usw. erhöhen zwar die Markteintrittskosten und stellen somit eine Eintrittsbarriere dar, doch lassen sie im Unterschied zu direkten Eintrittsbeschränkungen genügend Spielraum für Markteintritte (tatsächliche oder potentielle) und beschränken so den Preissetzungsspielraum der etablierten Kreditinstitute. "Indeed, it is now widely accepted that adequate regulation and efficiency are not necessarily conflicting objectives, and that a well-functioning financial system, in fact, needs to be based on adequate prudential regulation" (Bröker 1989 S. 16).

Als Reformempfehlung ergibt sich aus diesen Überlegungen folgende Schlußfolgerung. Ein weitgehender Verzicht auf *Economic Regulation* sollte nicht nur die Liberalisierung der Zinssätze und der Kreditallokation umfassen, sondern die Öffnung des Bankensektors für Markteintritte beinhalten. Insbesondere die Möglichkeit des Markeintrittes durch ausländische Kreditinstitute reduziert die Marktmacht der bestehenden Banken. Gegenüber Neugründungen

---

178 Vgl. Dermine 1990b S. 16f.

179 Vgl. Molyneux et. al. 1996 S. 67.

180 Vgl. Bröker 1989 S. 10f.

181 Vgl. White, L.J. 1994.

hätten die etablierten Institute einen zweifachen Informationsvorsprung, denn sie verfügen nicht nur über kundenspezifische Informationen, sondern haben auch im Vergleich zu Neugründungen bereits Erfahrungswissen in der Kreditwürdigkeitsprüfung akkumuliert. Im Vergleich zu ausländischen Banken ist dieser Informationsvorsprung wesentlich geringer, da diese Konkurrenten lediglich die kundenspezifischen Verhältnisse noch nicht kennen, ihre Erfahrung in der Kreditwürdigkeitsprüfung jedoch deutlich höher ist. Gleichzeitig stellt für ausländische Kreditinstitute die *Prudential Regulation* keine Eintrittsbarriere dar. Die Einhaltung von Kapital- und Liquiditätsrichtlinien, Mindestanforderungen an Human- und Sachkapital usw. wird ihnen nicht nur leichter fallen als inländischen Neugründungen. Auch gegenüber den existierenden Altbanken sind sie hier klar im Vorteil. Schließlich dürfte der mit der Zulassung ausländischer Banken verbundene Human- und Sachkapitalimport nachhaltig zur Stärkung von Effizienz und Stabilität der Bankensysteme in den TL beitragen.

3.6.2 Die Wettbewerbssituation in den Transformationsländern

Aufgrund des früheren Monobankensystems war und ist die Konzentration im Bankensektor in allen TL naturgemäß deutlich höher als in westlichen Ländern. Gleichzeitig läßt der Spread zwischen Kredit- und Einlagenzins kaum verläßliche Aussagen über das Ausmaß an Wettbewerb zu, da er stark von anderen Faktoren beeinflußt wird, wie z.B. dem Ausmaß an notleidenden Krediten und der generellen makroökonomischen Unsicherheit. Zur Beurteilung des Wettbewerbsausmaßes sollte daher neben der aktuellen Marktkonzentration insbesondere ihre Veränderung seit Beginn der Transformation und die konkrete Ausgestaltung der Marktzutrittsbedingungen herangezogen werden.[182] Tabelle 25 gibt einen ersten Überblick über die Entwicklung des Bankenwettbewerbs in der tschechischen Republik, Polen und Ungarn.

In der früheren CSFR wurden 1991 privatwirtschaftliche inländische Bankgründungen ermöglicht.[183] Voraussetzungen für eine Bankgründung sind insbesondere der Nachweis einer entsprechenden bankwirtschaftlichen Befähigung der Bankgründer und ein Mindesteigenkapital von 300 Mio. Kronen[184]. Seit 1992 ist auch die Lizenzvergabe an ausländische Banken vorgesehen. Durch zahlreiche Gründungen erhöhte sich die Anzahl der Banken in der tschechischen Republik bis 1996 auf 55 Kreditinstitute. Von diesen befanden sich 12

---

[182] Vgl. auch Dittus 1994 S. 53ff.

[183] Soweit nicht anders vermerkt, beziehen sich die folgenden Ausführungen auf OECD 'Czech Republik' 1996 sowie OECD 'Slovak Republic' 1996.

[184] Vgl. Schröder/Pieper 1996 S. 77f.

Institute zu 100% in Auslandsbesitz, an 13 bestanden ausländische Beteiligungen, und 9 stellten ausländische Zweigstellen dar.

Tabelle 25

Der Wettbewerb im Bankensektor 1990 - 1994

	1990	1991	1992	1993	1994
			Tschechische Republik		
Anzahl der Kreditinstitute	14[a)]	39[a)]	48	53	51
Marktanteil alter Banken im Kreditgeschäft	97,9	77,1	68,4	64,5	69,4
Marktanteil alter Banken im Depositengeschäft	99,3	93,3	88,0	78,9	-
Marktanteil der drei (fünf) größten Kreditinstitute[b)]		63,5 (78,6)	59,8 (76,5)	56,5 (74,1)	
			Ungarn		
Anzahl der Kreditinstitute	29	36	40	43	44
Marktanteil alter Banken im Kreditgeschäft	-	77,1	77,7	69,6	68,2
Marktanteil alter Banken im Depositengeschäft	-	81,0	81,6	77,2	-
Marktanteil der drei (fünf) größten Kreditinstitute	-	58,2 (75,5)	58,2 (74,9)	54,2 (69,4)	-
			Polen		
Anzahl der Kreditinstitute	52	74	84	87	82
Marktanteil alter Banken im Kreditgeschäft	96,8	91,9	87,7	83,8	82,3
Marktanteil alter Banken im Depositengeschäft	96,8	96,5	91,4	87,2	86,9
Marktanteil der drei (fünf) größten Kreditinstitute	-	47,4 (63,7)	37,8 (53,3)	42,4 (56,3)	42,3 (52,3)

a: Angaben für die frühere CSFR;
b: Hochrechnung basierend auf den Bilanzen der zehn größten Institute, die insgesamt 1993 einen Marktanteil von 87% hatten.

Quelle: Buch 1996b; eigene Berechnungen.

Mittlerweile wird allerdings die Lizenzvergabe an ausländische Kreditinstitute sehr restriktiv gehandhabt, in den letzten zwei Jahren wurden keine neuen Lizenzen an ausländische Institute vergeben. Die Zunahme bei den Kreditinstituten hat in der tschechischen Republik zu einem Absinken der Marktkonzentration geführt. Zusätzlich wurde zur Förderung des Wettbewerbs der Marktanteil eines einzelnen Kreditinstitutes auf maximal 30% begrenzt[185]. Dennoch lag der kumulierte Marktanteil der drei größten Banken 1994 im Einlagengeschäft bei 75% und im Kreditgeschäft bei 60%, allein der Marktanteil der Ceska Sporitelna an den Einlagen privater Haushalte beträgt noch 70%, der Anteil der Komercni Banka am Kreditgeschäft um die 30%. Das Fehlen von Kreditgenossenschaften scheint sich hier nachteilig auszuwirken[186]. Gleichzeitig hat die zu liberale Lizenzvergabe zu Beginn der Transformation zu einigen Bankzusammenbrüchen geführt.[187] 1994 wurde daher das Mindesteigenkapital auf 500 Mill. Kronen erhöht. Die Rolle der ausländischen Banken ist nicht eindeutig. Auf der einen Seite dominieren diese Banken das stark wachsende Marktsegment der Fremdwährungskredite. Andererseits besteht Konkurrenz durch ausländische Institute i.d.R. nur bei besonders kreditwürdigen Unternehmen und bei Außenhandelsfinanzierungen. Im Kreditgeschäft mit inländischen Unternehmen ist ihr Verhalten durch große Zurückhaltung geprägt. Ihre Marktanteile im Kredit- und im Einlagengeschäft sind von 1994 auf 1995 dementsprechend nur um je zwei Prozentpunkte (auf 8% bzw. 6%) gestiegen.

In der slowakischen Republik bestehen derzeit 31 Kreditinstitute, davon 16 mit ausländischer Beteiligung und 7 als Zweigstellen ausländischer Banken. Auch hier machen sich die Bankgründungen in sinkenden Marktkonzentrationen bemerkbar. 1996 ist der Marktanteil der drei größten Institute auf 62% gesunken, und es sind erste Anzeichen eines verstärkten Bankenwettbewerbes beobachtbar. Die Niederlassungen ausländischer Banken und die Kreditinstitute mit ausländischer Beteiligung konnten seit 1993 ihre Marktanteile im Kredit- und im Einlagengeschäft verdoppeln. Der Marktanteil der neuen kleinen Privatbanken verdreifachte sich von 2% auf 6%. Trotz dieser positiven Tendenzen kann weder in der tschechischen noch in der slowakischen Republik der Bankenwettbewerb bereits als zufriedenstellend bezeichnet werden. Zusammenfassend fällt zum einen die in beiden Republiken immer noch dominante Stellung der ehemals staatlichen Banken negativ auf. Zum anderen besteht insbesondere um kleine und mittlere Unternehmen weiterhin kein Wettbewerb. Für diese

185 Vgl. Schröder/Pieper 1996 S. 77f.

186 Vgl. Schröder/Pieper 1996 S. 77f.

187 Nach verbreiteter Einschätzung sind die momentan beobachtbaren Bankenschließungen nicht Ausdruck einer generellen Krise des tschechischen Finanzsystems, sondern Folge dieser zu liberalen Lizenzvergabe 1990/91 (vgl. FAZ 18.9.1996 S. 18).

Unternehmen sind Finanzierungskosten und Sicherheitenanforderungen weiterhin sehr hoch bzw. prohibitiv.

In Polen[188] ist seit 1992 ein zunehmender Wettbewerb im Bankensektor beobachtbar. Von 1994 auf 1995 sank der Marktanteil der staatseigenen Institute am Kreditgeschäft von 80% auf 60%. Wettbewerb besteht allerdings hauptsächlich im Einlagengeschäft, da sich aufgrund der hohen und stark schwankenden Zinssätze auf dem Interbankenmarkt viele Geschäftsbanken bemühen, ihre Einlagenbasis zu stärken. Trotz einer sehr restriktiven Lizenvergabe an ausländische Banken besteht offensichtlich ein starker Einfluß der bereits vorhandenen Institute auf die Preissetzung in allen Marktsegmenten. Für gute Kreditrisiken macht sich dieser Wettbewerb bereits in sinkenden Finanzierungskosten bemerkbar. Darüberhinaus besteht nach Einschätzung der OECD ('Poland' 1994 S. 103ff.) eine explizite Wettbewerbsstrategie vieler Banken darin, sich als Universalbank zu etablieren, Unternehmen bei ihrer Umstrukturierung zu unterstützen und so langfristige Beziehungen mit ihren Kunden aufzubauen. Dennoch kann auch in Polen der Bankenwettbewerb noch nicht als ausreichend bezeichnet werden. Der Marktanteil der staatlichen Banken ist mit 60% weiterhin beträchtlich, zumal zwischen den einzelnen staatlichen Banken nur schwacher Wettbewerb besteht. Eine Stärkung des Wettbewerbs würde durch den Abbau der Markteintrittsbarrieren für ausländische Kreditinstitute erreicht. Die Schaffung gleicher Marktzugangsvoraussetzungen für In- und Ausländer stellt daher weiterhin die wichtigste Reformempfehlung für Polen dar.

In Ungarn hat sich durch die Freigabe des Marktzutrittes die Zahl der Banken von neun (1987) auf 44 (1995) erhöht, hinzu kommen 255 Spargenossenschaften. Auch in Ungarn bestehen Sonderregelungen für den Markteintritt ausländischer Kreditinstitute, dennoch ist hier eine ausgeprägte Präsenz ausländischer Banken beobachtbar. Allein 1993 wurden sechs Kreditinstitute mit ausländischer Mehrheitsbeteiligung zugelassen. 1995 wiesen 20 Banken ausländische Beteiligungen auf. Dennoch erweisen sich gerade in Ungarn alte Bankverbindungen als besonders stabil. Der Marktanteil der drei Staatsbanken ging innerhalb von acht Jahren lediglich um 12 Prozentpunkte (von 87% auf 75%) zurück.[189] Eine konsequente Förderung des Wettbewerbs ist weiterhin dringend erforderlich.

Die liberale Vergabe von Banklizenzen führte zu Beginn der russischen Transformation zu einem Banken-Gründungsboom.[190] 1994 waren in Rußland

---

[188] Die folgenden Ausführungen basieren auf OECD 'Poland' 1994 S. 103ff. u. Schröder/Pieper 1996 S. 47ff.

[189] Vgl. Balassa 1995 u. Schröder/Pieper 1996 S. 96ff.

[190] Die Ausführungen basieren auf den Angaben bei IfW 'Rußland' 1994; Lemnitzer/Müller 1995 u. EBRD 1996b S. 169ff.

bereits über 2.000 Banken vertreten, Anfang 1995 ungefähr 2.600. Dennoch war die Marktkonzentration sehr hoch. Die fünf größten Kreditinstitute hielten 1994 65% der Bilanzsumme der 20 größten Banken. 1995 betrug der Marktanteil der zehn größten Institute 42%. Durch die hohen Inflationsraten hat sich der Realwert des Bankeigenkapitals stark reduziert. Zum 1.1.1994 wiesen lediglich 28 Banken ein Eigenkapital von über 5 Mrd. Rubel auf (zum damaligen Wechselkurs entsprach dieser Betrag ungefähr 3,8 Mill. US-$), 90% aller Banken hatten ein Kapital von unter 1 Mrd. Rubel (800.000 US-$). Die Mehrzahl dieser Banken muß daher als stark unterkapitalisiert bezeichnet werden. Die mangelhafte Kapitalausstattung führte zum Zusammenbruch etlicher Banken. Allein 1995 wurde 350 Instituten die Lizenz entzogen.[191] Ferner wurde die Mindestkapitalanforderung indexiert und auf den Gegenwert von 2 Mill. ECU (für eine Voll-Lizenz) festgelegt. Bis Mitte 1998 ist die Erhöhung auf 5 Mill. ECU geplant.

Über die Bedeutung ausländischer Kreditinstitute liegen widersprüchliche Einschätzungen vor. Nach Angaben des IfW ('Rußland' 1994) wurde die Betätigung ausländischer Banken mit Erlaß vom 18.11.1993 faktisch auf das Off-Shore-Geschäft beschränkt. Lediglich drei ausländische Banken haben bisher eine Voll-Lizenz erhalten, die Vergabe weiterer Lizenzen ist erst nach 1996 geplant. Die Wirkung dieser Vorschriften ist jedoch gering, da ausländische Kreditinstitute kein Interesse am Geschäft mit Kleinanlegern und Kleinkreditnehmern hätten. Im Unterschied hierzu betonen Lemnitzer/Müller (1995) die verstärkte Auslandskonkurrenz im russischen Bankenbereich. Diese führe zu größer werdenden Widerständen der russischen Banken, die über erheblichen politischen Einfluß verfügen. Die Neufassung des russischen Bankengesetzes sieht daher weitere Beschränkungen für die Geschäftstätigkeit von Auslandsbanken vor. Unabhängig von der tatsächlichen Konkurrenz durch Auslandsbanken, sind die Beschränkungen ihrer Geschäftstätigkeit klar negativ zu beurteilen. Durch derartige Beschränkungen wird die Marktmacht der etablierten Banken gefördert und der dringend benötigte Import von Humankapital behindert.

3.6.3 Fazit

Insgesamt kann von ausreichendem Wettbewerb in den Bankensektoren der TL noch nicht gesprochen werden. Zwar hat sich in den meisten Ländern die Konzentration im Bankensektor deutlich reduziert, sie ist jedoch in allen Ländern noch um ein Vielfaches höher als in den westlichen Industrieländern. Nach Berechnungen der EBRD (1995 S. 161) lag der Marktanteil der fünf größten

[191] Vgl. EBRD 1996b S. 25.

Kreditinstitute in den Transformationsländern 1994 zwischen 33% und 79%. Die in allen betrachteten TL beobachtbaren Sonderregelungen für den Marktzutritt ausländischer Banken sind unter dem Gesichtspunkt des Wettbewerbs nachteilig zu beurteilen. Eine Ursache dieser Beschränkungen sind in Ungarn, in der tschechischen Republik und in Polen die 1991 abgeschlossenen Assoziierungsabkommen mit der Europäischen Union, die Marktzutrittsbeschränkungen bis Ende 1996 zulassen. Erst ab 1997 müssen diese Beschränkungen graduell bis 2001 abgebaut werden.[192] Hinzu kommt zumindest in der tschechischen Republik und in Polen der Versuch der Regierungen, ausländische Banken zur Übernahme maroder inländischer Institute zu bewegen, anstelle Filialen zu gründen. In Polen führte diese Politik nicht zum gewünschten Ergebnis und auch für die tschechische Republik darf ihr Erfolg bezweifelt werden.[193]

Generell zeigen die bisherigen Erfahrungen in allen TL, daß eine Förderung des Wettbewerbs durch eine extrem liberale Lizenzvergabe an Inländer fehlschlug. Viele der gegründeten Banken waren stark unterkapitalisiert, so daß etliche bereits wieder geschlossen werden mußten. Durch nunmehr strengere Vorschriften der *Prudential Regulation* wird sich die Anzahl dieser Neugründungen weiter verringern.[194] Wettbewerb bei gleichzeitig strengen Anforderungen an Humankapital und Mindestkapitalausstattung ist jedoch durch die Öffnung der Finanzmärkte für ausländische Kreditinstitute möglich, da für diese Banken die Anforderungen der *Prudential Regulation* keine wirkliche Markteintrittbarriere darstellen. Diese Öffnung hätte in der Situation der TL neben der Stärkung des Wettbewerbs zwei weitere Vorteile.

- Erstens beschleunigt der Auslandswettbewerb den Import dringend benötigten Human- und Sachkapitals.
- Zweitens wird aufgrund der wesentlich besseren Kapitalausstattung ausländischer Banken trotz verstärkten Wettbewerbs die Stabilität der Finanzsysteme gefördert.

Die Aufhebung des Moratoriums für Lizenzen an ausländische Banken in der tschechischen Republik im Juni 1996[195] sollte daher anderen TL als Vorbild dienen, denen nur empfohlen werden kann, möglichst rasch den Marktzutritt für ausländische Kreditinstitute freizugeben und nach Möglichkeit von einer Ausnutzung der Anpassungsfristen abzusehen.

---

192 Vgl. Buch 1996a.

193 Vgl. Schröder/Pieper 1996 S. 47ff. u. OECD 'Czech Republik' 1996 S. 47.

194 Vgl. Fink/Haiss 1996; EBRD 1995 S. 160f.

195 Vgl. EBRD 1996b S. 20.

3.7 Bestandsaufnahme

Eine Bewertung des Transformationsstandes in den einzelnen Transformationsländern hängt stark vom Standpunkt des Betrachters ab, d.h. ob das bisher Erreichte oder das noch zu Erreichende in den Vordergrund gestellt wird.[196] In den meisten Ländern wurden seit Beginn der Transformation Anfang dieses Jahrzehnts enorme Fortschritte beim Übergang zur Marktwirtschaft erzielt. Gleichzeitig bestehen jedoch noch starke Abweichungen vom Ideal der reinen Marktwirtschaft. Allerdings sollte dieses Ideal der reinen Marktwirtschaft nicht die Meßlatte für die Transformationserfolge des ehemaligen Ostblocks bilden.

Hanley et. al. haben zu Recht bereits 1991 darauf hingewiesen, daß "it is naive to expect Eastern Europe to switch to a true market economy, when both the European Community (EC) and the United States are riddled by a complex structure of agricultural subsidies, regional incentives, tax relief, and other distortions" (Hanley et. al. 1991 S. 11). Ähnlichen Überlegungen folgt die *European Bank for Reconstruction and Development* (EBRD), die bei ihrer Bewertung des Transformationsprozesses die Reformstaaten nicht mit einer *perfekten* Marktwirtschaft vergleicht, sondern mit "real economies that function 'reasonably well'." (EBRD 1996b S. 15; H.i. O.) Dabei betont die EBRD die erzielten Transformationserfolge und die verbleibenden Transformationsanforderungen gleichermaßen.

Die Beurteilung des Transformationsprozesses durch die EBRD stellt die umfassendste, einheitliche Bewertung dieser Art dar. Sie wird in einem Rating- bzw. Indikatorensystem zusammengefaßt, das im folgenden kurz erläutert wird.[197]

---

[196] Dies läßt sich am unterschiedlichen Tenor verschiedener EBRD Publikationen verdeutlichen. Angesichts deutlicher Transformationsfortschritte 1994/1995 und beeindruckender Wachstumsraten überwiegt im *Transition Report 1995* und im *Transition Report Update 1996* der positive Tenor, und die erzielten Erfolge der Transformation werden verstärkt hervorgehoben. "These rewards have not come instantly but they can and do begin to appear within two to four years of decisive transition measures being implemented ... in historical terms four years must be regarded as a remarkably short period for the returns on such a radical economic and social change to start to emerge." (EBRD 1995 S. 7) Unter dem Eindruck eines sich verlangsamenden Transformationstempos und makroökonomischen Entwicklungen, die schlechter als erwartet ausfielen, werden im *Transition Report 1996* dagegen eher die noch verbleibenden Probleme in den Vordergrund gestellt. Auch in den fortgeschritteneren Ländern bestehen noch erhebliche Transformationsprobleme " and their magnitude underlines the conclusion that the transition is not a process that can be completed in only a few years." (EBRD 1996b S. 7)

[197] Vgl. ausführlich EBRD 1996b S. 10ff. Ausführliche Bewertungen des Transformationsprozeßes geben auch die World Bank im *World Development Report 1996*

Die Bewertungskala der EBRD umfaßt die Ratingstufen *1, 2, 3, 4* und *4**. Ein Rating von *1* wird vergeben, wenn die Reformen über die allerersten Schritte bzw. Absichtserklärungen noch nicht hinausgekommen sind. Ein Rating von *4** entspricht in etwa dem Niveau in den entwickelten Industrieländern.

Die EBRD betrachtet die vier Bereiche *Unternehmenssektor, Märkte und Handel, Finanzinstitutionen* und *rechtliche Reformen.* Für die Bewertung des Unternehmenssektors ist ausschlaggebend, "how far enterprises have moved into private hands and how far their functioning and production structures have adapted to the market" (EBRD 1996b S. 10).[198] "Enterprises and households interact in markets. The indicators ... summarise how these markets function, their openness, and how far competitive practices and cost-reflective pricing are supported and achieved." (EBRD 1996b S. 10/15). Die Kriterien zum Finanzsystem wiederum sollen die Eigentümerstruktur der Finanzinstitutionen, ihren Beitrag zur Unternehmenskontrolle und -restrukturierung sowie den Wettbewerbsgrad und den Umfang der angebotenen Produktpalette im Finanzsektor erfassen. Schließlich werden die rechtlichen Reformen, die die Investitionstätigkeit in- und ausländischer Unternehmen im Transformationsland beeinflussen, nach ihrem Ausmaß und ihrer Effektivität beurteilt.

Tabelle 26 zeigt die Einstufung der in den Tabellen 14 bis 17 erfaßten TL vom November 1996.In fast allen TL erfolgte eine weitgehende Liberalisierung der Preise und Bedingungen für den Außenhandel. Die kleine Privatisierung ist ebenfalls in fast allen Ländern abgeschlossen bzw. so gut wie abgeschlossen. Erhebliche Defizite bestehen in vielen Ländern noch bei der großen Privatisierung und in nahezu allen Ländern bei der Unternehmensrestrukturierung und der Wettbewerbspolitik. Das Rating der gibt allerdings eher den Status eines Landes als seine Transformationsbemühungen wieder. Ein Rating von z.B. *4** bei der kleinen Privatisierung kann auch darauf beruhen, daß sich in dem betreffenden Land bereits vor der Transformation eine große Anzahl kleiner Unternehmen in Privateigentum befanden.[199]

und die OECD in verschiedenen *Economic SurveyS.* Im Unterschied zu diesen Veröffentlichungen bewertet die EBRD den Transformationsstand regelmäßig (und nicht einmalig wie die World Bank) und einheitlich für alle TL (im Unterschied zur OECD).

[198] Bei der großen Privatisierung z.B. wird ein Rating von 3 vergeben, wenn mehr als 25% des kumulierten Vermögens der großen Unternehmen sich in Privateigentum befinden oder gerade privatisiert werden, die Probleme der Unternehmenskontrolle aber noch nicht zufriedenstellend gelöst sind. Ein Rating von 4 erfordert, daß mehr als 50% der staatlichen Betriebe, inklusive der Landwirtschaft, privatisiert wurden.

[199] Vgl. EBRD 1996b S. 11.

Tabelle 26

Der Stand des Transformationsprozesses

Land	Unternehmenssektor			Märkte und Handel			Finanzsektor		rechtl. Reformen
	große Privatisierung	kleine Privatisierung	Restrukturierung	Preisfreigabe	Außenwirtschaft	Wettbewerbspolitik	Bankenreformen und Zinsfreigabe	Wertpapiermärkte und Nicht-Bank-Institutionen	Ausmaß und Effektivität von 'legal rules on investment'
Bulgarien	2	3	2	3	4	2	2	2	4
Estland	4	4*	3	3	4	3	3	2	4
Polen	3	4*	3	3	4*	3	3	3	4
Rumänien	3	3	2	3	3	1	3	2	3
Rußland	3	4	2	3	4	2	2	3	3
Tschech. Rep.	4	4*	3	3	4*	3	3	3	4
Slowak. Rep.	3	4*	3	3	4*	3	3	3	3
Weißrußland	1	2	2	3	2	2	1	2	1
Ungarn	4	4*	3	3	4*	3	3	3	4
Ukraine	2	3	2	3	3	2	2	2	3

Quelle: EBRD 1996 S. 11;

Die Transformationsgeschwindigkeit läßt sich für den Zeitraum 1994 bis 1996 durch den Vergleich der verschiedenen EBRD-Ratings beurteilen. Die Transformationsländer werden dabei von der EBRD entsprechend dem Stand der Transformation in die Gruppierungen 'Länder im fortgeschrittenen Stadium', 'Länder im mittleren Stadium' und 'Länder im frühen Stadium' eingeteilt. Zur Gruppe 'Länder im fortgeschrittenen Stadium' zählen die tschechische und die slowakische Republik, Polen, Ungarn, und Kroatien sowie die drei baltischen Staaten Estland, Lettland und Litauen. Albanien, Bulgarien, die FJR Mazedonien, Rumänien sowie die GUS-Staaten Georgien, Kirgisien, Kasachstan, Moldavien, Rußland, Ukraine und Uzbekistan werden als 'Länder im mittleren Stadium' betrachtet. Aserbaidschan, Weißrußland, Tadschikistan und Turkmenistan befinden sich im frühen Stadium.

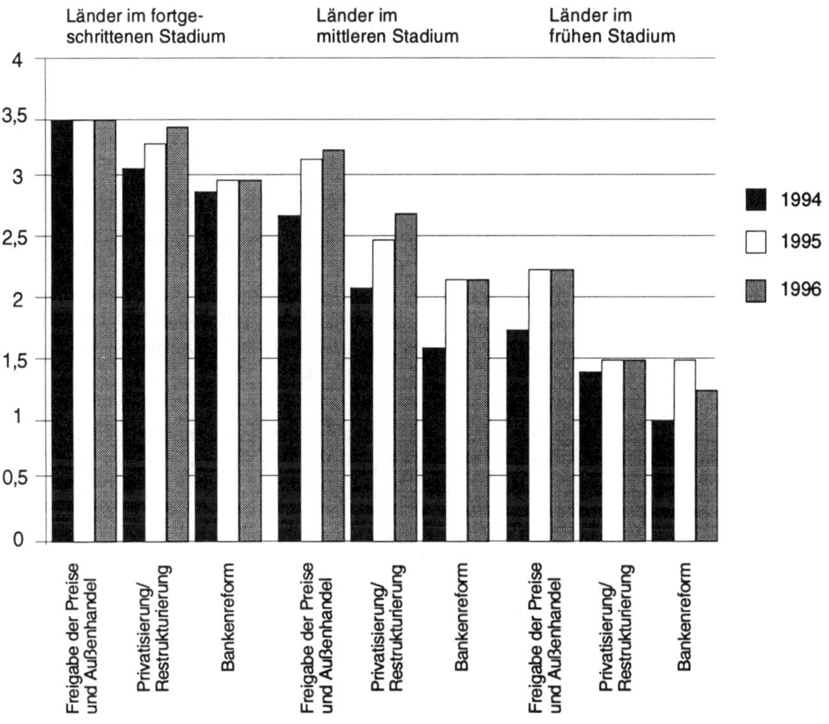

Abb. 13: Transformationsfortschritte im Zeitraum 1994 - 1996

Quelle: EBRD 1995; EBRD 1996b; eigene Berechnungen.

Wie aus Abbildung 13 ersichtlich, hat die Geschwindigkeit des Transformationsprozesses seit Anfang der 90er Jahre in allen TL deutlich nachgelassen. Zumindest in den fortgeschrittenen TL beruht dies jedoch hauptsächlich darauf, daß die leichter durchzuführenden Transformationsschritte zu Beginn der Transfor-mation vorgenommen wurden, während die schwierigeren Probleme wie die Restrukturierung der Unternehmen und die Stärkung des Finanzsektors, deren Lösung mehrere Jahre beanspruchen wird, nun anstehen.[200]

Für den Bankensektor der hier näher betrachteten TL stellt das Rating der EBRD auch eine Zusammenfassung der Ergebnisse dieses Kapitels dar. Die Rating-Kriterien lauten im Detail:

"1 Little progress beyond establishment of a two-tier system

2 Significant liberalisation of interest rates and credit allocation; limited use of directed credit or interest rate ceilings

3 Substantial progress in establishment of bank solvency and of a framework for prudential supervision and regulation; full interest rate liberalisation with little preferential access to cheap refinancing; significant lending to private enterprises and significant presence of private banks

4 Significant movement of banking laws and regulations towards BIS standards; well-functioning banking competition and effective prudential supervision; significant term lending to private enterprises; substantial financial deepening

4* Standards and performance norms of advanced industrial economies: full convergence of banking laws and regulations with BIS standards; provision of full set of competitive banking services" (EBRD 1996b S. 13).

Auf der einen Seite wurden bei der Transformation des Finanzsektors deutliche Fortschritte erzielt. Moderne, marktwirtschaftlich orientierte Bankengesetze wurden ebenso erlassen wie entsprechende Vorschriften zur Eigenkapitalausstattung und Liquidität der Kreditinstitute. Der Marktzutritt zum Bankensektor wurde gelockert, und die Dominanz der staatlichen Banken ist zurückgegangen. In allen betrachteten Ländern scheinen sich die Bankmanager am Prinzip der Gewinnmaximierung zu orientieren. Auf der anderen Seite ist in allen betrachteten TL der Anteil notleidender Kredite noch immer sehr hoch, der aufsichtsrechtliche Rahmen unzureichend und die Aufsichtsbehörde vielfach überfordert. Ferner ist der Einfluß des Staates auf den Bankensektor ebenso ungebrochen wie die marktbeherrschende Stellung der alten Institute.

---

[200] Vgl. EBRD 1996b S. 9f.

Ein Teil dieser Probleme ist auf bisher unzureichende Reformmaßnahmen zurückzuführen. Durch die Freigabe des Marktzutrittes für ausländische Kreditinstitute würde sich der Wettbewerb im Bankensektor verstärken, und die dominante Stellung der (ehemaligen) Staatsbanken würde schneller abgebaut. Durch die Privatisierung der Banken ließe sich die Anreizsituation im Bankensektor verbessern. Zusammen mit einer konsequenteren Anwendung der BIZ-Richtlinien, einer Stärkung der Bankenaufsicht und einer erfolgreichen Restrukturierung der Unternehmen würde dadurch auch das Problem notleidender Kredite gemildert und die Stabilität der Finanzsysteme gefördert. Gerade das Problem notleidender Kredite zeigt jedoch, daß die Probleme der Bankensektoren in den TL nur zum Teil auf unzureichende institutionelle Reformen zurückzuführen sind. "Zum Teil sind die Schwierigkeiten aber auch unabwendbarer Bestandteil des Transformationsprozesses, der eine völlige Umstrukturierung bestehender Institutionen erforderlich gemacht hat" (Buch 1996a S. 70).

Zum einen läßt sich im Rahmen dieser völligen Umstrukturierung eine hohes Maß an Unsicherheit, insbesondere Planungsunsicherheit der Unternehmen und Banken, nicht vermeiden, zum anderen ist die für eine erfolgreiche Transformation notwendige makroökonomische Stabilität[201] in vielen TL nicht gegeben. Schließlich ist für einen effizienten Umgang mit den geänderten Institutionen Erfahrungswissen notwendig, das zu Beginn einer Transformation naturgemäß nicht vorhanden ist. Z.B. erfordert eine effektive Unternehmenskontrolle durch die Banken ebenso wie eine Lösung der Flow-Komponente des Problems notleidender Kredite nicht nur entsprechende Anreize seitens der Banken, sondern auch die Fähigkeit zu einer wirklichen Kreditwürdigkeitsprüfung und Überwachung der Unternehmung. Der hierfür erforderliche Humankapitalstock kann nur über längere Zeit aufgebaut werden. Durch die Freigabe des Marktzutrittes für ausländische Kreditinstitute läßt sich dieser Prozeß beschleunigen, dennoch wird es Jahre dauern, bis das Ausmaß an notleidenden Krediten auf ein den Industrieländern vergleichbares Niveau gesunken ist.

Auch wenn sich selbst in den fortgeschrittenen TL die Lösung aller Transformationsprobleme noch längere Zeit fortsetzen wird, kann allen TL die Weiterführung des Transformationsprozesses nur dringend empfohlen werden. Die Transformation einer Wirtschaftsordnung als Wechsel des konstituierenden Prinzips der Handlungs-, Verfügungs- und Planungsrechte sowie der Wirtschaftsrechnung (vgl. S. 184) erfordert zwangsläufig Zeit und verursacht unabwendbare Kosten. Diese Kosten lassen sich aber durch eine zügige und konsequente Transformation reduzieren. Der Vergleich der Tabelle 26 mit den Tabellen 14 bis 17 zeigt, daß eine verzögerte bzw. schleppende Transformation die

---

[201] Vgl. S. 184 u. 192.

damit verbundenen Anpassungskosten in Form negativer Wachstumsraten, steigender Arbeitslosigkeit und sinkender Industrieproduktion deutlich erhöht.

"That this change takes time does not, of course, imply that the process should be delayed or pursued less rigorously. Indeed, the evidence is coming through still more stronlgy that those who embarked on the process early and more firmly have experienced the emergence of growth sooner and at lower social and economic costs" (EBRD 1995 S. I). Die Länder im frühen und mittleren Stadium sollten daher ebenso wie die Staaten im fortgeschrittenen Stadium die Transformation zur Marktwirtschaft entschieden fortführen und so die Basis für Wachstum und Entwicklung und damit zukünftigen Wohlstand festigen.

Schlußbetrachtung

Does finance matter? Dieser Frage wurde in der vorliegenden Arbeit unter drei Gesichtspunkten nachgegangen und unter allen betrachteten Aspekten lautete das eindeutige Ergebnis, daß *finance matters*.

In Teil 1 wurde zunächst theoretisch der mögliche Einfluß von Finanzintermediation auf Wohlstandsniveau und gleichgewichtige Wachstumsrate einer Volkswirtschaft nachgewiesen. Dieser positive Einfluß wird durch die vorgestellte neuere empirische Evidenz bestätigt. Gleichzeitig wurde deutlich, daß der positive Einfluß von Finanzintermediation weniger von der Senkung der direkten Kosten der Kapitalbeschaffung abhängt als vielmehr von der Funktion der Finanzintermediäre als Risikoversicherer, Informationsproduzenten und Unternehmenskontrolleure. Diese Funktionen wurden anhand mikroökonomischer Ansätze zur Theorie der Finanzintermediation analysiert. Banken/Finanzintermediäre produzieren zum einen im Rahmen ihrer Kreditwürdigkeitsprüfung und der anschließenden Überwachung ihrer Kreditnehmer Informationen und reduzieren so die Informationsasymmetrie zwischen Kapitalgebern und Kapitalverwendern. Zum anderen tragen sie durch ihre Informationsproduktion und die gleichzeitige Koordination aller Gläubigerinteressen unter dem Aspekt der Unternehmenskontrolle zur Vermeidung ineffizienter Unternehmensliquidationen und ineffizienter Firmenfortführungen bei.

Neben der Existenz von Unteilbarkeiten in der Bereitstellung dieser Dienstleistungen ist für gesamtwirtschaftliche Effizienzgewinne jedoch die Diversifikation des Intermediärs im Kreditgeschäft entscheidend. Durch diese Diversifkation werden im Verhältnis von Intermediär und Einleger Informationsproduktion und Kontrolle überflüssig. Darüberhinaus kann in der Diversifikation der Banken/Finanzintermediäre im Kredit- bzw. Einlagengeschäft eine Versicherung gegen die Ertragsrisiken der Kapitalverwender (aus Sicht der Anleger) respektive die Liquiditätsschwankungen der Kapitalanleger (aus Sicht der Kreditnehmer) gesehen werden. Diese Versicherung ist gesamtwirtschaftlich vorteilhaft, sofern die Wirtschaftssubjekte risikoavers sind und/oder durch die Ertrags- bzw. Liquiditätsrisiken Anpassungskosten entstehen.

Die anschließend betrachtete Theorie der Unternehmensfinanzierung lieferte eine Erklärung für die Kreditnachfrage von Unternehmen. Offensichtlich wurde, daß eine zufriedenstellende Erklärung dieses Verhaltens den Aspekt der Eigennutzenmaximierung durch die Unternehmensmanager beinhalten muß. Das

Verhalten von Führungskräften wurde durch den Wettbewerb der Manager am Arbeitsmarkt für Führungskräfte erklärt. Manager maximieren ihren Marktwert durch die Verwirklichung rentabler Investitionsprojekte. Dabei kann die Informationsasymmetrie zwischen Management und Aktionären sowie Gläubigern zu persönlichen Bankrottkosten der Unternehmensleitung führen und so risikoaverses Verhalten induzieren. Je geringer die Informationsasymmetrie zwischen der Unternehmung und ihren Kapitalgebern ist, desto geringer sind c.p. die persönlichen Bankrottfolgen der Unternehmensleitung. Als entscheidendes Ergebnis des zweiten Kapitels zeigte sich, daß insbesondere junge Unternehmen in neuen Branchen, Unternehmen in Wachstumsbranchen und Unternehmen mit einem hohen Anteil an Aufwendungen für Forschung und Entwicklung von Finanzintermediation profitieren. Banken/Finanzintermediäre erhöhen durch ihre Informationsproduktion und Unternehmenskontrolle für diese Unternehmen die Verfügbarkeit von Kapital und fördern so gesamtwirtschaftlich gesehen Wachstum und Wohlstand einer Volkswirtschaft. Ferner ergaben sich bei Informationsasymmetrie aus Sicht der Unternehmen Vorteile einer hohen Eigentümer- und Gläubigerkonzentration, da mit der Konzentration der Anreiz zu Informationsproduktion und Kontrolle steigt.

Diese Resultate bildeten den Ausgangspunkt für den in Teil 2 vorgenommenen Vergleich westlicher Industrieländer auf Unterschiede in ihren Finanzsystemen. Im Mittelpunkt dieses Vergleichs standen die Finanzsysteme der USA und des UK, als typische Vertreter marktorientierter Systeme, und die Systeme Japans und Deutschlands, als typische Vertreter bankorientierter Finanzsysteme. Zunächst stellte sich heraus, daß die Diversifikationsmöglichkeiten der Banken durch die Markt- bzw. Bankorientierung des Finanzsystems kaum beeinflußt werden. Entscheidend sind hier vielmehr die Ausgestaltung des Finanzsystems als Universal- bzw. Trennbankensystem sowie die Regulierungen zur geographischen Niederlassungsfreiheit. Aus Sicht des Firmenmanagements ergaben sich ebenfalls keine klaren Unterschiede zwischen den Systemen. Zum einen ließ sich festhalten, daß in allen Systemen die Rentabilität einer Unternehmung ein Maßstab zur Beurteilung der Qualität der Unternehmensführung ist. Zum anderen zeigte sich, daß in marktorientierten Finanzsystemen unfreiwillige Ablösungen der Unternehmensleitung wesentlich häufiger waren als in bankorientierten. Es konnte jedoch weder für Japan noch für Deutschland geklärt werden, wie häufig Unternehmensverluste zur Ablösung des Managements führen.

Den zentralen Befund bildeten die Vorteile bankorientierter Finanzsysteme bei der Informationsproduktion und Unternehmenskontrolle. Diese Vorteile beruhen nach den hier vorgestellten Erkenntnissen allerdings, entgegen weitverbreiteter Ansicht, nur in geringem Ausmaß auf den in bankorientierten Systemen möglichen Beteiligungen von Kreditinstituten am Eigenkapital ihrer Kreditnehmer. Entscheidender sind

1. die in bankorientierten Systemen üblichen langfristigen Beziehungen zwischen Kreditinstituten und Kreditnehmern,
2. die höhere Eigentümerkonzentration,
3. die höhere Gläubigerkonzentration sowie
4. die unterschiedliche Behandlung der Gläubigeransprüche im Konkursfall.

Langfristige Beziehungen führen zu einer überlegenen Informationsbeschaffungstechnik der Kreditinstitute, während die höhere Eigentümer- und Gläubigerkonzentration den tatsächlichen Einfluß der Kapitalgeber auf die Unternehmung und ihre Anreize, diesen Einfluß zur Kontrolle der Unternehmensleitung zu nutzen, verstärkt. Die positive Anreizwirkung einer hohen Gläubigerkonzentration kann sich jedoch nur entfalten, wenn durch entsprechende konkursrechtliche Rahmenbedingungen sichergestellt ist, daß die Ansprüche der Gläubiger bei aktiver Kontrolle der Kreditnehmer nicht zurückgestuft werden, sondern ihr ursprünglicher Status gewahrt bleibt.

Diese Vorteile einer Bankorientierung schlugen sich unter dem Gesichtspunkt der Unternehmensfinanzierung in einem höheren Verschuldungsgrad sowie im leichteren Zugang der Unternehmen zu Fremdkapital und einer geringeren Abhängigkeit von den selbsterwirtschafteten Mitteln nieder. Insbesondere ließ sich für deutsche und japanische Unternehmen, im Unterschied zu US-amerikanischen, kein negativer Einfluß der Forschungsintensität auf den Verschuldungsgrad nachweisen. Für deutsche Unternehmen war darüberhinaus kein negativer Zusammenhang zwischen Rentabilität und Verschuldungsgrad beobachtbar. Sowohl für Japan als auch für Deutschland waren die beobachtbaren Vorteile der Bankorientierung unabhängig von eventuell bestehenden Bankbeteiligungen.

Abschließend wurden in Teil 3 die Probleme der osteuropäischen Transformationsländer mit der Neuordnung ihrer Finanzsysteme analysiert, mögliche Lösungsvorschläge dargelegt sowie deren Umsetzung untersucht. Festgestellt wurde, daß die Diversifikationsmöglichkeiten der Banken in den Transformationsökonomien maßgeblich durch die unterschiedlichen Vorschläge zu den Eigenkapitalvorschriften und Großkreditgrenzen beeinflußt werden. Alle vorliegenden Reformempfehlungen sahen für die Transformationsländer wesentliche höhere Eigenkapitalvorschriften und geringere Großkreditgrenzen vor, als sie die Richtlinien der BIZ beinhalten. Es zeigte sich jedoch, daß die Umsetzung dieser Empfehlungen zwar die Sicherheit des Bankensystems erhöhen könnte, aber eine solche partialanalytische Betrachtung des Bankensektors der Situation der Transformationsländer nicht gerecht würde. Die geschilderten Vorschläge könnten in der aktuellen Situation der Reformstaaten einen Rückgang der realen Kreditvergabe bewirken und somit letztlich den Transformationsprozeß behindern. Zur Förderung der tatsächlichen Diversifikation der Banken wurde daher in dieser Arbeit die Einführung branchenbezogener Kreditobergrenzen für eine gewisse Übergangszeit vorgeschlagen. In allen Transformationsländern war/ist allerdings - mit von Land zu Land variierendem Übergangszeitraum - die alleinige Angleichung der Vorschriften an die BIZ-Richtlinien vorgesehen. Keiner der vorgestellten Reformansätze wurde in der Realität umgesetzt.

Die Analyse des Problems der Kreditrationierung verdeutlichte die Notwendigkeit einer raschen Lösung der Altschuldenproblematik in den Transformationsländern. Die kritische Betrachtung der verschiedenen Lösungsansätze ergab zum einen eine hohe Bedeutung der landesspezifischen Besonderheiten bei der konkreten Umsetzung bestimmter Maßnahmen. Zum anderen stellte sich heraus, daß der Verzicht auf staatliche Rettungsmaßnahmen als wenig transformationsfördernd bezeichnet werden kann. Schließlich zeigte sich, daß erfolgreiche Rekapitalisierungsansätze mit Reformen des Unternehmenssektors und der Änderung der Anreizstrukturen für Banken verbunden werden müssen. Letzteres wird entscheidend dadurch beeinflußt, daß weitere Rettungsmaßnahmen glaubwürdig ausgeschlossen werden. Unter dem Gesichtpunkt der Informationsproduktion hatten sich in den Teilen 1 und 2 Vorteile langfristiger Beziehungen zwischen Banken und Unternehmen ergeben. Die Grundlagen für solche Beziehungen wurden in den betrachteten Ländern geschaffen. Es bleibt abzuwarten, inwieweit daraus ähnliche Vorteile einer Bankorientierung entstehen.

Mit Blick auf die Unternehmenskontrolle wurde und wird die Eignung der Bankorientierung für die Situation der Transformationsländer kontrovers diskutiert. Die Auseinandersetzung mit dieser Diskussion ergab, daß die vorgebrachte Kritik einer ausführlichen Analyse nicht standhält, sondern vielmehr die Bankorientierung gerade für Transformationsökonomien entscheidende Vorteile aufweist. Die Ausgestaltung der Finanzsysteme in der tschechischen Republik, der slowakischen Republik und Polen durch die Anlehnung an das deutsche System sowie in Ungarn durch die Anlehnung an das japanische System, ist daher zu begrüßen. Nach anfänglichen Startschwierigkeiten werden nun die Vorteile einer bankorientierten Unternehmenskontrolle in diesen Ländern bereits sichtbar. Die russischen Regulierungen zur Unternehmenskontrolle sind hingegen stark an das amerikanische System angelehnt. Ob dies zu einer dauerhaften Marktorientierung des Finanzsystems führt, kann zum aktuellen Zeitpunkt nicht geklärt werden.

Die darauf folgenden Ausführungen zum Bankenwettbewerb ergaben eine klare Ablehnung von Marktzutrittsbeschränkungen, da Marktmacht zu allokativen Verzerrungen und Ineffizienzen führt. Als wichtigster Bestandteil zur Eindämmung von Marktmacht etablierter 'Altinsitute' wurde die Marktöffnung für ausländische Kreditinstitute herausgearbeitet, die zusätzlich durch Human-

und Sachkapitalimporte den Transformationsprozeß unterstützen kann. Die zusammenfassende Bewertung des Transformationsprozesses schließlich hob noch einmal den beachtlichen Zeitbedarf einer vollständigen Transformation und die nicht zu unterschätzenden gesamtwirtschaftlichen Anpassungskosten hervor. Die Notwendigkeit einer nachhaltigen Verbesserung der Lebensbedingungen der Bevölkerungen läßt jedoch keine Alternative zu, und der eingeschlagene Weg sollte mit Entschlossenheit fortgesetzt werden.

Literaturverzeichnis

Adams, M. (1994): Die Usurpation von Aktionärsbefugnissen mittels Ringverflechtung in der "Deutschland AG", Die Aktiengesellschaft 39, S. 148-158.

Aghion, Ph. / *Bolton*, P. (1989): The Financial Structure of the Firm and the Problem of Control, European Economic Review 33, S. 286-293.

- (1992): An Incomplete Contracts Approach to Financial Contracting, The Review of Economic Studies 59, S. 473-494.

Aghion, Ph. / *Burgess*, R. (1993): Financing and Development in Eastern Europe and the Former Soviet Union: Issues and Institutional Support, in Giovannini, A. (Hrsg.) (1993): Finance and Development: Issues and Experience, Cambridge, S. 303-339.

Aghion, Ph. / *Hart*, O. / *Moore*, J. (1992): The Economics of Bankrupty Reform, Journal of Law, Economics and Organization 8, S. 523-546.

- (1993): A Proposal for Bankruptcy Reform in the UK, LSE Financial Markets Group Discussion Paper No. 167.

Akamatsu, N. (1995): Enterprise Governance and Investment Funds in Russian Privatization, in *Aoki*, M. / *Kim*, H-K. (Hrsg.) (1995): Corporate Governance in Transitional Economies, Washington, D.C., S. 121-184.

Aktiengesetz (AktG): in Beck'sche Textausgaben Wirtschaftsgesetze, Textsammlung für Juristen und Wirtschaftsfachleute, München.

Albach, H./*Hundsdiek*, D./*Kokalj*, L. (1987): Finanzierung mit Riskokapital, Stuttgart.

Allen, F. (1990): The Market for Information and the Origin of Financial Intermediation, Journal of Financial Intermediation 1, S. 3-30.

Allen, F. / *Gale*, D. (1995): A Welfare Comparison of Intermediaries and Financial Markets in Germany and the US, European Economic Review 39, S. 179-209.

Altunbas, V. / *Molyneux*, Ph. (1996): Economies of Scale and Scope in European Banking, Applied Financial Economics 6, S. 367-375.

Aoki, M. (1995): Controlling Insider Control: Issues of Corporate Governance in Transition Economies, in *Aoki*, M. / *Kim*, H-K. (Hrsg.) (1995): Corporate Governance in Transitional Economies, Washington, D.C., S. 3-30.

Apolte, Th. / *Cassel*, D. (1991): Osteuropa: Probleme und Perspektiven der Transformation sozialistischer Wirtschaftssysteme, List-Forum für Wirtschafts- und Finanzpolitik, S. 22-55.

Atje, R. / *Jovanovic*, B. (1993): Stock Markets and Development, European Economic Review 37, S. 632-640.

Audretsch, D. / *Elston*, J.A. (1994): Does Firm Size Matter? Evidence on the Impact of Liquidity Constraints on Firm Investment Behaviour in Germany, CEPR Discussion Paper Nr. 1072, London.

Baer, H.L. / *Gray*, Ch.W. (1995): Debt as a Control Device in Transitional Economies - The Experiences of Hungary and Poland-, World Bank Policy Research Working Paper No. 1480, Washington, D.C.

Balassa, A. (1995): Transformation and the Hungarian Banking System, Bedingungen ökonomischer Entwicklung in Zentralosteuropa 3, S. 81-108.

Baltensperger, E. (1980): Alternative Approaches to the Theory of the Banking Firm, Journal of Monetary Economics 6, S. 1-37.

Baltensperger, E. / *Milde*, H. (1987): Theorie des Bankverhaltens, Berlin.

Bank Austria (1996): East-West Report Extra, Nr. 1, Business Information for the Central European Investor, Wien.

Bank für internationalen Zahlungsausgleich (1992): 62. Jahresbericht 1991/92, Basel.

- (1994): 64. Jahresbericht 1993/94, Basel.

Bank of England (1990): Corporate Finance, Banking Relationships and the London Rules, Bank of England Quarterly Bulletin, S. 511-513.

Baur, G. (1995): Bedingungen und Prozesse der Entstehung von Kapitalmärkten in Ungarn, Frankfurt/M.

Begg, D. / *Portes*, R. (1993): Enterprise Debt and Economic Trnasformation: Financial Restructuring in Central and Eastern Europe, in *Mayer*, C. / *Vives*, X. (Hrsg.) (1993): Capital Markets and Financial Intermediation, Cambridge/MA, New York, S. 230-254.

Behm, Ulrich (1994): Shareholder-Value und Eigenkapitalkosten von Banken, Bern.

Belyanova, E. / *Rozinski*, I. (1995): Evolution of Commercial Banking in Russia and the Implications for Corporate Governance, in *Aoki*, M. / *Kim*, H-K. (Hrsg.) (1995): Corporate Governance in Transitional Economies, Washington, D.C., S. 185-214.

Bencivenga, V.R. / *Smith*, B.D. (1991): Financial Intermediation and Endogenous Growth, Review of Economic Studies 58, S. 195-209.

Benston, G. (1990): The Separation of Commercial and Investment Banking: The Glass-Steagall-Act Revisited and Reconsidered, New York.

- (1994): Universal Banking, Journal of Economic Perspectives 8, Autum, S. 121-143.

Benston, G. / *Hanweck*, G. / *Humphrey*, D. (1992): Scale Economies in Banking, Journal of Money, Credit and Banking 24, S. 436-456.

Berger, A.N. (1995): The Profit-Structure Relationship in Banking - Tests of Market-Power and Efficient-Structure Hypotheses, Journal of Money, Credit and Banking 27, S. 404-431.

Berger, A.N. / *Hancock*, D. / *Humphrey*, D. (1993): Bank Efficiency Derived from the Profit Function, Journal of Banking and Finance 17, S. 317-347.

Berger, A.N. / *Hanweck*, G. / *Humphrey*, D. (1987): Competitive Viability in Banking. Scale, Scope and Product Mix Economies, Journal of Monetary Economics 20, S. 501-520.

Berger, A.N. / *Humphrey*, D. (1991): The Dominance of Inefficiencies Over Scale and Product Mix Economies in Banking, Journal of Monetary Economics 28, S. 117-148.

Berger, A.N. / *Udell*, G.F. (1990): Collateral, Loan Quality, and Bank Risk, Journal of Monetary Economics 25, S. 21-42.

Berglöf, E. (1991): Corporate Control and Capital Structure, Stockholm.

- (1995): Corporate Governance in Transition Economies: The Theory and Its Policy Implications, in *Aoki*, M. / *Kim*, H-K. (Hrsg.) (1995): Corporate Gover-nance in Transitional Economies, Washington, D.C., S. 59-98.

Berglöf, E. / *Roland*, G. (1995): Bank Restructuring and Soft Budget Constraints in Financial Transition, Journal of the Japanese and International Economies 9, S. 354-375.

Bester, H. (1987): The Role of Collateral in Credit Markets with Imperfect Information, European Economic Review 31, S. 887-899.

Bisignano, J.R. (1991): Corporate Control and Financial Information, The AMEX Bank Review Prize Essays 5, S. 106-121.

Blasi, J. / *Shleifer*, A. (1996): Corporate Goverance in Russia: Initial Results, in *Frydman*, R. / *Gray*, Ch. / *Rapaczynski*, A. (Hrsg.) (1996): Corporate Governance in Central Europe and Russia, Oxford University Press, Vol. II.

Blattner, N. (1995): Introduction. Capital Adequacy Rules as Instruments for the Regulation of Banks, Schweizerische Zeitschrift für Volkswirtschaft und Statistik 131, S. 719-722.

Bleicher, K. / *Paul*, H. (1986): Das amerikanische Board-Modell im Vergleich zur deutschen Vorstands/Aufsichtratsverfassung, Die Betriebswirtschaft 46, S. 263-288.

Blommestein, H.J. (1995): Structural Changes in Financial Markets: Overview of Trends and Prospects, in OECD (1995): The New Financial Landscape, Paris, S. 9-48.

Blommestein, H.J. / *Geiger*, R. / *Hare*, P.G. (1993): Privatising Large Enterprises: Overview of Issues and Case Studies, in OECD (1993): Methods of Privatising Large Enterprises, Paris, S. 11-38.

Blommestein, H.J. / *Spencer*, M.G. (1994): The Role of Financial Institutions in the Transition to a Market Economy, in *Caprio*, G. / *Folkerts-Landau*, D. / *Lane*, T.D. (Hrsg.) (1994): Building Sound Finance in Emerging Market Economies, Washington, D.C., S. 139-189.

Bohata, P. (1992): CSFR: HGB-Vorschriften über die Aktiengesellschaft, Wirtschaft und Recht in Osteuropa 1, S. 223-231.

Böhm, J. (1992): Der Einfluss der Banken auf Großunternehmen, Hamburg.

Bohnet, A. / *Ohly*, C. (1992): Zum gegenwärtigen Stand der Transformationstheorie - Eine Literaturstudie -, Zeitschrift für Wirtschaftspolitik 41, S. 27-50.

Borio, C. (1990): Leverage and Financing of Non Financial Companies: an International Perspective, BIS Economic Papers No. 27, Basel.

Borio, C. / *Filosa*, R. (1995): The Changing Borders of Banking: Trends and Implications, in OECD (1995): The New Financial Landscape, Paris, S. 49-96.

Borish, M.S. / *Long*, M.F. / *Noël*, M. (1995): Restructuring Banks and Enterprises - Recent Lessons from Transition Countries, World Bank Discussion Papers 279, Washington, D.C. 1995.

- (1996): Lessons from Bank and Enterprise Restructuring in the Transition Economies of Europe and Central Asia, The World Economy 19, S. 39-62.

Boyd, J.H. / *Prescott*, E.C. (1986): Financial Intermediary-Coalitions, Journal of Economic Theory 38, S. 211-232.

Boyd, J.H. / *Smith*, Br. (1992): Intermediation and the Equillibrium Allocation of Investment Capital, Journal of Monetary Economics 30, S. 409-432.

Brada, J. (1996): Corporate Governance in Transition Economies: Lessons from Recent Developments in OECD Member Countries, OECD Working Papers No. 49, Paris.

Brainard, L.J. (1991): Reform in Eastern Europe: Creating a Capital Market, Federal Reserve Bank of Kansas City Economic Review Jan/Feb, S. 49-58.

Brander, J.A. / *Lewis*, T.R. (1986): Oligopoly and Financial Structure, American Economic Review 76, S. 956-970.

Brealey, R.A. / *Myers*, St.A. (1991): Principles of Corporate Finance, 4 ed., New York.

Breuer, W. (1994): Finanzintermediation und Wiederverhandlungen, Kredit und Kapital 20, S. 291-309.

Broecker, Th. (1990): Credit-Worthiness Test and Interbank Competition, Econometrica 58, S. 429-452.

Bröker, G. (1989): Competition in Banking, Paris.

Buch, C.M. (1994): Insolvency Costs and Incomplete Information in Commercial Banks - Implications for Eastern Europe, Kieler Arbeitspapiere Nr. 616, Kiel.

- (1995): Bank Behaviour and Bad Loans - Implications for Reforms in Eastern Europe -, Kieler Arbeitspapiere Nr. 679, Kiel.

- (1996a): Banken im Transformationsprozeß - eine Bestandaufnahme für Polen, die Tschechische Republik und Ungarn, Die Weltwirtschaft, S. 70-102.

- (1996b): Creating Efficient Banking Systems, Tübingen.

Buch, C.M. / *Funke*, N. / *Heinrich*, R. / *Raiser*, M. (1994): Overcoming Obstacles to Successful Reforms in Economies in Transition, Kieler Studien Nr. 261, Tübingen.

Buch, C.M. / *Monti*, P. (1991): The Development of Capital Markets and the Reform of the Banking Systems in Eastern Europe, Kiel.

Bühner, R. (1990): Erfolg von Unternehmenszusammenschlüssen in der Bundesrepublik Deutschland, Stuttgart.

- (1991): The Success of Mergers in Germany, International Journal of Industrial Organization 9, S. 513-532.

Bundesministerium für Wirtschaft 'Transform' (1996): Die Beratung Mittel- und Osteuropas beim Aufbau von Demokratie und sozialer Marktwirtschaft, BMWi Dokumentation Nr. 398 Transform.

- 'Wirtschaftslage' (1996): Wirtschaftslage und Reformprozesse in Mittel- und Osteuropa, BMWi Dokumentation Nr. 397 Sammelband 1996.

Bundesstelle für Außenhandelsinformation (Hrsg.) (1989): Ungarn - Gesetz über ausländische Investitionen, Gesetz über Wirtschaftsgesellschaften von 1988, Köln.

Buono, M.J. / *Eakin*, B.K. (1990): Branching Restrictions and Banking Costs, Journal of Banking and Finance 14, S. 1151-1162.

Burger, A. / *Schellberg*, B. (1995): Die Überschuldung im neuen Insolvenzrecht, WiSt, S. 226-231.

Butkiewicz, E. (1996): Banking Law in Poland, Economic Papers / Warsaw School of Economics 1996, 28, S. 89-99.

Calomiris, C. / *Hubbard*, R.G. (1990): Firm Heterogeneity, Internal Finance and Credit Rationing, The Economic Journal 100, S. 90-104.

Calvo, G. / *Frenkel*, J. (1991): Credit Markets, Credibility, and Economic Transformation, Journal of Economic Perspectives 5, S. 139-148.

Cameron, R. (Hrsg.) (1967): Banking in the Early Stages of Industrialization, New York.

- (Hrsg.) (1972): Banking and Economic Development, New York.

Campbell, T.S. / *Kracaw*, W.A. (1980): Information Production, Market Signalling, and the Theory of Financial Intermediation, Journal of Finance 35, S. 863-882.

Caprio, G. / *Vittas*, D. (1995): Financial History - Lessons of the Past for Reformers of the Present, World Bank Policy Research Working Paper 1535, Washington, D.C.

Cargill, Th. / *Royama*, S. (1988): The Transition of Finance in Japan and the United States, Stanford.

Catte, P. / *Mastropasqua*, Cr. (1993): Financial Structure and Reforms in Central and Eastern Europe in the 1980s, Journal of Banking and Finance 17, S. 785-817.

Cecco, M. de (1989): Alternative Modes of Financial Organization, in *Kessides*, Ch. (Hrsg.) (1989): Financial Reform in Socialist Economies, Washington, D.C., S. 196-204.

Charkham, J.P. (1994): Keeping Good Company: A Study of Corporate Governance in Five Countries, Oxford.

Chudzik, R. (1995): Das polnische Bankwesen, Österreichisches Bank-Archiv 43, S. 204-211.

Claassen, E.M. (1993): Cleaning the Balance Sheets of Commercial Banks in Eastern Europe and Their Role in Corporate Governance, Weltwirtschaftliches Archiv 129, S. 600-609.

Clapham, R. (1992): Anforderungen an die Theorie der Systemtransformation, in *Görgens*, E. / *Tuchtfeldt*, E. (Hrsg.) (1992): Die Zukunft der wirtschaftlichen Entwicklung - Perspektiven und Probleme, Stuttgart, Bern, S. 111-130.

Clark, J. (1988): Economies of Scale and Scope at Depository Financial Institutions: a Review of the Literature, Federal Reserve Bank of Kansas City Economic Review Sept/Okt, S. 16-33.

Clark, J. / *Speaker*, P. (1994): Economies of Scale and Scope in Banking: Evidence from a Generalized Translog Cost Function, Quarterly Journal of Business Economics 33, S. 3-25.

Clemenz, G. (1986): Credit Markets with Asymmetric Information, Berlin.

Cororey, Sh. / *Mecagni*, M. / *Offerdal*, E. (1997): Designing Disinflation Programs in Transition Economies: The Implications of Relative Price Adjustment, IMF Paper on Policy Analysis and Assessment, Washington D.C.

Corbett, J. (1987): International Perspectives on Financing: Evidence from Japan, Oxford Review of Economic Policy 3 Nr. 4, S. 30-54.

- (1990): Policy Issues in the Design of Banking and Financial Systems for Industrial Finance, European Economy, S. 205-215.

Corbett, J. / *Jenkinson*, T. (1994): The Financing of Industry, 1970-89: An International Comparison, CEPR Discussion Paper No. 948.

Corbett, J. / *Mayer*, C. (1991): Financial Reform in Eastern Europe: Progress with the Wrong Modell, Oxford Review of Economic Policy 7 Nr. 4, S. 57-75.

Corbo, V. (1992): Economic Transformation in Latin America: Lessons for Eastern Europe, European Economic Review 36, S. 407-416.

Damme, E. van (1994): Banking: A Survey of Recent Microeconomic Theory, Oxford Review of Economic Policy 10 Nr. 4, S. 14-33.

De Long, B. J. (1991): The Great American Universal Banking Experiment, The International Economy, V/1991, S. 68-79.

Dermine, J. (1990a): The Specialization of Financial Institutions: the EC Model, Journal of Common Market Studies 28, S. 219-233.

- (1990b): The Specialization of Financial Institutions: the EEC Model, in *Porta*, A. (Hrsg.) (1990): The Separation of Industry and Finance and The Specialization of Financial Institutions, Mailand, S. 13-30.

Deutsche Bundesbank (1993): Jahresabschlüsse westdeutscher Unternehmen 1971 bis 1991, Frankfurt/M.

- (1994): Ergebnisse der gesamtwirtschaftlichen Finanzierungs-rechnung für Westdeutschland 1960 bis 1992, Frankfurt/M.

- (1997): Monatsbericht Januar, Frankfurt/M.

Dewatripont, M. / *Tirole*, J. (1994): The Prudential Regulation of Banks, Cambridge/MA, London.

Diamond, D. (1984): Financial Intermediation and Delegated Monitoring, Review of Economic Studies 51, S. 393-414.

Dittus, P. (1996): Why East European Banks Don't Want Equity, European Economic Review 40, S. 655-662.

Dittus, P. / *Prowse*, St. (1995): Corporate Control in Central Europe and Russia -Should Banks Own Shares?-, World Bank Policy Research Working Paper 1481, Washington, D.C.

- (1996): Corporate Control in Central Europe and Russia - Should Banks Own Shares?, in *Frydman*, R. / *Gray*, Ch. / *Rapaczynski*, A. (Hrsg.) (1996): Corporate Governance in Central Europe and Russia, Oxford University Press, Vol. I.

Dornbusch, R. (1993): Stabilization, Debt, and Reform, New York, London.

Dowd, K. (1992): Is Banking a Natural Monopoly?, Kyklos 45, S. 379-392.

Dürr, E. (Hrsg.) (1991): Soziale Marktwirtschaft in Entwicklungs- und Schwellenländern, Stuttgart.

Edwards, J. / *Fischer*, K. (1991): Banks, Finance and Investment in West Germany since 1970, CEPR Discussion Paper No.497.

- (1994): Banks, Finance and Investment in Germany, Cambridge.

Edwards, S. (1991): Stabilization and Liberalization - Lessons from Latin Amerika, NBER Working Papers Nr.3816, Cambridge/MA.

Eli, M. (1988): Japans Wirtschaft im Griff der Konglomerate, Frankfurt/M.

Elston, J.A. / *Albach*, H. (1995): Bank Affiliations and Firm Capital Investment in Germany, Ifo-Studien, S. 3-16.

Euromoney (1996): Banking Services in Eastern Europe, London.

European Bank for Reconstruction and Development (1995): Transition Report 1995, London.

- (1996a): Transition Report Update April 1996, London.

- (1996b): Transition Report 1996, London.

- (1997): Transition Report Update April 1997, London

Fama, E.F. (1980): Banking in the Theory of Finance, Journal of Monetary Economics 6, S. 39-57.

- (1985): Whats Different About Banks?, Journal of Monetary Economics 15, S. 29-39.

Fama, E.F. / *Miller*, M.H. (1972): The Theory of Finance, Hinsdale.

FAZ, o.V. (Nr. 218, 1996): Die Bankenkrise in der Tschechischen Republik spitzt sich zu, FAZ Nr. 218 v. 18.09.1996 S. 18.

Fazzari, S. M. / *Hubbard*,G.R. / *Petersen*, B.C. (1988): Financing Constraints and Corporate Investment, Brookings Papers on Econmic Activity, S. 141-195.

Fazzari, S. M. / *Petersen*, B.C. (1993): Working Capital and Fixed Investment: New Evidence on Financing Constraints, RAND Journal of Economics 24, S. 328-342.

Fink, G. / *Haiss*, P. (1996): Finanzmarktreform in Osteuropa, Österreichisches Bank Archiv 44, S. 429-440 und S. 535-543.

Firth, M. (1995): The Impact of Institutional Stockholders and Managerial Interests on the Capital Structure of Firms, Managerial and Decision Economics 16, S. 167-175.

Fischer, B. (1982): Liberalisierung der Finanzmärkte und wirtschaftliches Wachstum in Entwicklungsländern, Tübingen.

Fischer, K. (1990): Hausbankbeziehungen als Instrument der Bindung zwischen Banken und Unternehmen, Bonn.

Flath, D. (1993): Shareholding in the Keiretsu, Japans Financial Groups, The Review of Economics and Statistics 75, S. 249-257.

- (1994): Keiretsu Shareholding Ties: Antitrust Issues, Contemporary Economic Policy 12, S. 24-36.

Fleming, A. / *Talley*, S. (1996): The Latvian Banking Crisis - Lessons Learned, World Bank Policy Research Working Paper 1590, Washington, D.C.

Folkerts-Landau, D. / *Garber*, P. / *Lane*, T.D. (1994): Payment System Reform in Formerly Centrally Planned Economies, in *Caprio*, G. / *Folkerts-Landau*, D. / *Lane*, T.D. (Hrsg.) (1994): Building Sound Finance in Emerging Market Economies, Washington, D.C., S. 91-112.

Francfort, A.J. / *Rudolph*, B. (1992): Zur Entwicklung der Kapitalstrukturen in Deutschland und in den Vereinigten Staaten von Amerika, Schmalenbachs Zeitschrift für betriebswirtschaftliche Forschung, S. 1059-1079.

Franke, G. / *Hax*, H. (1988): Finanzwirtschaft der Unternehmung und Kapitalmarkt, Berlin.

Frankel, A. / *Montgomery*, J. (1991): Financial Structure: an International Perspective, Brookings Papers on Economic Activity, S. 257-310.

Franks, J. / *Mayer*, C. (1990): Capital Markets and Corporate Control: a Study of France, Germany and UK, Economic Policy 5, S. 189-232.

- (1995): Ownership and Control, in Siebert, H. (Hrsg.) (1995): Trends in Business Organization: Do Participation and Cooperation Increase Competitiveness?, Tübingen, S. 171-195.

- (1996): Hostile Takeovers and the Correction of Managerial Failure, Journal of Financial Economics 40, S. 163-181.

Frisch, A. (1993): Unternehmensgröße und Innovation, Frankfurt/M.

Fry, M. J. (1988): Money, Interest, and Banking in Economic Development, Baltimore.

Frydman, R. / *Phelps*, E. / *Rapaczynski*, A. / *Shleifer*, A. (1993): Neede Mechanisms of Corporate Governance and Finance in Eastern Europe, Economics of Transition 1, S. 171-207.

Frydman, R. / *Rapaczynski*, A. (1994): Privatization in Eastern Europe: Is the State Withering Away?, Budapest, London, New York.

Frydman, R. / *Pistor*, K. / *Rapaczynski*, A. (1996): Exit and Voice after Mass Privatization: The Case of Russia, European Economic Review, S. 581-588.

Funke, N. (1993): Timing and Sequencing of Reforms, Competing Views and the Role of Credibility, Kyklos 46, S. 337-362.

Gerke, W. / *van Rüth*, V. / *Schöner*, M.A. (1992): Informationsbörse für Beteiligungen an mittelständischen Unternehmen, Stuttgart.

Gerschenkron, Alexander (1962): Economic Backwardness in Historical Perspective, Cambridge.

Gesetz über das Kreditwesen (KWG) v. 22. Januar 1996, in Deutsche Bundesbank, Bankrechtliche Regelungen 2, Frankfurt/M.

Gilbert, R.A. (1984): Bank Market Structure and Competition, Journal of Money, Credit and Banking 16, S. 617-660.

Gilligan, Th. / *Smirlock*, M. / *Marshall*, W. (1984): Scale and Scope Economies in the Multi-Product Banking Firm, Journal of Monetary Economics 14, S. 393-405.

Gilson, St. (1989): Management Turnover and Financial Distress, Journal of Financial Economics 25, S. 241-262.

- (1990): Bankruptcy, Boards, Banks and Blockholders, Journal of Financial Economics 27, S. 355-387.

Gilson, St. / *John*, K. / *Lang*, L.H.P. (1990): Troubled Debt Restructurings, Journal of Financial Economics 27, S. 315-353.

Gilson, St. / *Vetsuypens*, M. (1993): CEO Compensation in Financially Distressed Firms: an Empirical Analysis, Journal of Finance 38, S. 425-458.

Gnoth, W. (1994): Die Bankenkonsolidierung in Ungarn, Mittel- und Osteuropa - Beiträge zu den Wirtschaftsreformen, S. 50-58.

Goel, R.K. / *Ram*, R. (1994): Research and Development Expenditures and Economic Growth: a Cross-Country Study, Economic Development and Cultural Change 42, S. 403-410.

Goldsmith, R. (1969): Financial Structure and Development, Cambridge/MA.

Golob, J.E. (1994): Does Inflation Uncertainty Increase with Inflation?, Federal Reserve Bank of Kansas City, Economic Review No. 3, S. 27-38.

Gray, Ch.W. (1996): In Search of Owners - Lessons of Experience with Privatization and Corporate Governance in Transition Economies, World Bank Policy Research Working Paper 1595, Washington, D.C.

Greil, T. / *Schmid*, F.A. (1995): Betriebliche Effizienz österreichischer Geschäftsbanken, Östereichisches Bank-Archiv 43, S. 18-22.

Gros, D. / *Steinherr*, A. (1995): Winds of Change - Economic Transition in Central and Eastern Europe, London, New York.

Grosfeld, I. (1994): Financial Systems in Transition: Is there a Case for a Bank Based System, CEPR Discussion Paper No. 1062.

Gupta, K.L. (1984): Finance and Economic Growth in Developing Countries, London.

Gurley, J. /*Shaw*, E. (1955): Financial Aspects of Economic Development, American Economic Review 45, S. 515-538.

Haas, J. (1994): Der Anteilsbesitz der Kreditwirtschaft an Nichtbanken, Dissertation der Universität des Saarlandes, Saarbrücken.

Hall, M.J.B. (1993): Banking Regulation and Supervision - A Comparative Study of the UK, USA and Japan, Aldershot.

Hanley, L.Th. / *Leonard*, J. / *Glossman*, D.B. / *Davis*, St.I. (1991): Banking in Eastern Europe, Salomon Brothers Stock Research, June.

Hannig, A. (1994): Die Rolle von Sparkassen im Finanzsystem der Transformationsländer, Konjunkturpolitik 40, S. 67-99.

Harhoff, D. (1994): R&D and Productivity in German Manufacturing Firms, ZEW Discussion Paper No.94-01, Mannheim.

Harris, M. / *Raviv*, A. (1990): Capital Structure and the Informational Role of Debt, Journal of Finance 45, S. 321-349.

- (1991): The Theory of Capital Structure, Journal of Finance 46, S. 297-355.

Hart, O. (1995a): Corporate Governance: Some Theory and Implications, The Economic Journal 105, S. 678-689.

- (1995b): Firms, Contracts, and Financial Structure, Oxford.

Hart, O. / *Holmström*, B. (1987): The Theory of Contracts, in *Bewley*, T.F. (Hrsg.) (1987): Advances in Economic Theory, Cambridge, S. 71-156.

Hartwig, K-H. (1990): Das Geld- und Bankensystem in den sozialistischen Staaten: Funktionsprobleme und Reformstrategien, Referat zur Jahrstagung des Vereins für Socialpolitik, Würzburg.

Haubrich, J.G. (1989): Financial Intermediation - Delegated Monitoring and Long-term Relationships, Journal of Banking and Finance 13, S. 9-20.

Hellwig, M. (1988): Kreditrationierung und Kreditsicherheiten bei asymmetrischer Information: Der Fall des Monopolmarktes, in *Rudolph*, B. / *Willhelm*, J. (Hrsg.) (1988): Bankpolitik, finanzielle Unternehmensführung und die Theorie der Finanzmärkte, Berlin, S. 135-162.

- (1991): Banking, Financial Intermediation and Corporate Finance, in *Giovannini*, A. / *Mayer*, C. (Hrsg.) (1991): European Financial Integration, London, S. 35-63.

Hirshleifer, D. / *Thakor*, A.V. (1992): Managerial Conservatism, Project Choice, and Debt, Review of Financial Studies 13, S. 437-470.

Honohan, P. (1992): Financial Repression, in The New Palgrave Dictionary of Money and Finance, Vol. 2, S. 89 - 90.

Hoshi, T. / *Kashyap*, A. / *Scharfstein*, D. (1990): The Role of Banks in Reducing the Costs of Financial Distress in Japan, Journal of Financial Economics 27, S. 67-88.

- (1991): Corporate Structure, Liquidity and Investment. Evidence from Japanese Industrial Groups, Quarterly Journal of Economics 106, S. 67-88.

Hughes, J.P. / *Lang*, W. / *Mester*, L.J. / *Moon*, Ch.-G. (1996): Efficient Banking under Interstate Branching, Journal of Money, Credit and Banking 28, S. 1045-1071.

Humphrey, D. (1985): Costs and Scale Economies in Bank Intermediation, in *Aspinwall*, R. / *Eisenbeis*, R.E. (1985): Handbook of Banking Strategy, New York, S. 745-783.

- (1987): Cost Dispersion and the Measurement of Economics in Banking, Federal Reserve Bank of Richmond Economic Review May/June S. 24-38.

Hunter, W.C. / *Timme*, S. G. (1986): Technical Change, Organizational Form, and the Structure of Bank Production, Journal of Money, Credit and Banking 18, S. 152-166.

- (1995): Core Deposits and Physical Capital: a Reexamination of Bank Scale Economies and Efficiency, Journal of Money, Credit and Banking 27, S. 165-185.

Hunter, W.C. / *Timme*, S. G. / *Yang* (1990): An Examination of Cost Subadditivity and Multiproduct Production in large U.S. Banks, Journal of Money, Credit and Banking 22, S. 504-525.

Husemann, F. (1995): Bankenaufsicht in Osteuropa, Zürich.

Immenga, U. (1978): Beteiligungen von Banken an anderen Wirtschaftszweigen, Baden-Baden.

Institut für Weltwirtschaft 'Rußland' (1994): DIW, IfW, IWH: Die wirtschaftliche Lage Rußlands, 4. Bericht, Kiel.

- 'Rußland' (1995): DIW, IfW, IWH: Die wirtschaftliche Lage Rußlands, 7. Bericht, Teil 1, Kiel.

International Monetary Fund 'Belarus' (1993): IMF Economic Reviews 1993 Belarus, Washington, D.C.

- 'Estonia' (1994): IMF Economic Reviews 1994 Estonia, Washington, D.C.

- 'Russian Federation' (1994): IMF Economic Reviews 1994 Russian Federation, Washington, D.C.

- 'Road Maps' (1995): IMF Occasional Paper No. 127, Road Maps of the Transition, Washington, D.C.

- 'Outlook' (1997): World Economic Outlook, May 1997, Washington, D.C.

- 'Outlook' (1996): World Economic Outlook, October 1996, Washington, D.C.

Jackson, T. (1986): The Logic and Limits of Bankruptcy Law, Cambridge/MA, London.

Jarrell, G.A. / *Brickley*, J.A. / *Netter*, J.M. (1988): The Market for Corporate Control: The Empirical Evidence Since 1980, Journal of Economic Perspectives 2, Winter S. 59-68.

Jayaratne, J. / *Strahan*, Ph.E. (1996): The Finance-Growth Nexus: Evidence from Bank Branch Deregulation, Quarterly Journal of Economics 111, S. 639-670.

Jensen, M.C. (1988): Takeovers: Their Causes and Consequences, Journal of Economic Perspectives 2, Winter, S. 21-48.

Jensen, M.C. / *Meckling*, W.H. (1976): Theory of the Firm: Managerial Behavior, Agency Costs and Ownership Structure, Journal of Financial Economics 3, S. 305-360.

John, K. / *John*, T. / *Saunders*, A. (1994): Universal Banking and Firm Risk-Taking, Journal of Banking and Finance 18, S. 307-323.

Jones, Ch.I. (1995): Time Series Tests of Endogenous Growth Models, Quarterly Journal of Economics 110, S. 495-525.

Jung, W.S. (1986): Financial Development and Economic Growth: International Evidence, Economic Development and Cultural Change 34, S. 333-346.

Jungfer, J. (1994): Gemeinsamkeiten und Unterschiede der Transformationspolitik in Entwicklungsländern und ehemaligen Ostblockstaaten, in *Herrmann-Pillath*, C. (Hrsg.) (1994): Grundtexte zur Sozialen Marktwirtschaft Bd.3 - Marktwirtschaft als Aufgabe, Stuttgart, S. 213-228.

Kalman, M. (1995): Lessons from Bad Loan Management in East Economic Transition for the Second-Wave Reform Countries, Studies on Russian Economic Development 6, S. 429-438.

Kang, J-K / *Shivdasani*, A. (1995): Firm Performance, Corporate Governance, and Top Executive Turnover, Journal of Financial Economics 38, S. 29-58.

Kaplan, St.N. (1994a): Top Executive Rewards and Firm Performance: A Comparison of Japan and the United States, Journal of Political Economy 102, S. 510-546.

- (1994b): Top Executives, Turnover and Firm Performance in Germany, Journal of Economics and Organization 10, S. 142-159.

Kawalec, St. / *Sikora*, S. / *Rymaszewski*, P. (1994): Dealing with Bad Debts - The Case of Poland, in *Caprio*, G. / *Folkerts-Landau*, D. / *Lane*, T.D. (Hrsg.) (1994): Building Sound Finance in Emerging Market Economies, Washington, D.C., S. 51-59.

Keilhofer, F.X. (1995): Wirtschaftliche Transformation in der Tschechischen Republik und in der Slowakischen Republik, Stuttgart.

Kern, H. (1996): Das Bankensystem Estlands, Österreichisches Bank-Archiv 44, S. 43-48.

Kerous, M. (1995): Key Issues in Czech and Slovak Banking: A Central Banker's Perspektive, in *Griffith-Jones*, St. / *Drábak*, Zd. (Hrsg.) (1995): Financial Reform in Central and Eastern Europe, London, S. 67-92.

Kester, W.C.(1986): Capital and Ownership Structure: A Comparison of United States and Japanese Manufacturing Corporations, Financial Management 15, S. 5-16.

Kim, W. / *Sorensen*, E.H. (1986): Evidence on the Impact of the Agency Costs of Debt on Corporate Debt Policy, Journal of Financial and Quantitative Analysis, S. 131-144.

Kindleberger, Ch. (1984): A Financial History of Western Europe, London.

King, R.G. / *Levine*, R. (1993a): Finance and Growth: Schumpeter might be Right, Quarterly Journal of Economics 108, S. 717-737.

- (1993b): Finance, Entrepreneurship, and Growth, Journal of Monetary Economics 32, S. 513-542.

- (1993c): Financial Intermediation and Economic Development, in *Mayer*, C. / *Vives*, X. (Hrsg.) (1993): Capital Markets and Financial Intermediation, Cambridge/MA, New York, S. 156-189.

Kloten, N. (1991): Die Transformation von Wirtschaftsordnungen, Tübingen.

Klump, R. (1993): Geld, Währungssystem und optimales Wachstum, Tübingen.

Koh, W.T.H. (1992): Miscellany, A Note on Modelling Tournaments, Journal of Economics 55, S. 297-308.

Kolari, J. / *Zardkoohi*, A. (1987): Bank Costs, Structure and Performance, Lexington.

Kornai, J. (1986): The Soft Budget Constraint, Kyklos 39, S. 3-30.

Laier, R. (1996): Privatisierung in der Transformationsstrategie: Lehren aus der Privatisierungspolitik in Polen und Ostdeutschland für andere Reformländer, Osteuropa-Wirtschaft 41, S. 106-128.

Lang, G. / *Welzel*, P. (1994): Skalenerträge und Verbundvorteile im Bankensektor, Ifo-Studien, S. 155-177.

Leipold, H. (1993): Alternative Privatisierungs- und Sanierungsmethoden in Mittel- und Osteuropa, in *Thieme*, J.J. (1993) (Hrsg.): Privatisierungsstrategien im Systemvergleich, Berlin.

Leland, H.E. / *Pyle*, D.H. (1977): Informational Asymmetries, Financial Structure, and Financial Intermediation, Journal of Finance 32, S. 371-388.

Lemnitzer, K-H. / *Donnerstag*, H-C. (1996): Das polnische Bankwesen, Die Bank, S. 413-418.

Lemnitzer, K.-H. / *Müller*, H. (1995): Das russische Bankwesen, Die Bank, S. 407-411.

Lenga, G. (1996): Russische Föderation: das föderale Gesetz "Über Aktiengesellschaften" - Textdokumentation mit Einführung, Wirtschaft und Recht in Osteuropa 5, S. 131-143 und 172-184.

Levine, R. (1997): Financial Development and Economic Growth: Views and Agenda, Journal of Economic Literature XXXV, S. 688-726.

Li, J. (1994): Ownership Structure and Board Composition: A Multi-Country Test of Agency Theory Predictions, Managerial and Decision Economics 15, S. 359-369.

Liang, J.N. / *Rhoades*, St.A. (1991): Asset Diversification, Firm Risk, and Risk-based Capital Requirements in Banking, Review of Industrial Organisation 6, S. 49-59.

Litwack, J.M. (1995): Corporate Governance, Banks, and Fiscal Reform in Russia, in *Aoki*, M. / *Kim*, H-K. (Hrsg.) (1995): Corporate Governance in Transitional Economies, Washington, D.C., S. 99-120.

Long, M.S. / *Malitz*, H.B. (1985): Investment Patterns and Financial Leverage, in *Friedman*, B.M. (Hrsg.) (1985): Corporate Capital Structures in the United States, Chicago, S. 325-348.

Lowe, Ph. (1992): The Impact of Financial Intermediaries on Resource Allocation and Economic Growth, Reserve Bank of Australia Disc.Paper 9213.

Lucas, R.E. (1988): On the Mechanics of Economic Development, Journal of Monetary Economics 18, S. 3-42.

Malliaris, A.G. / *Brock*, W.A. (1982): Stochastic Methods in Economics and Finance, Amsterdam.

Martin, K.J. / *McConnell*, J.J. (1991): Corporate Performance, Corporate Takeovers, and Management Turnover, Journal of Finance 46, S. 671-687.

Maußner, A. / *Klump*, R. (1996): Wachstumstheorie, Berlin.

Mayer, C. (1988): New Issues in Corporate Finance, European Economic Review 32, S. 1167-1183.

- (1990): Financial Systems, Corporate Finance, and Economic Development, in *Hubbard*, R.G. (Hrsg.) (1990): Asymmetric Information, Corporate Finance and Investment, Chicago/London, S. 307-332.

- (1992): Corporate Finance, in The new Palgrave Dictionary of Money & Finance, Vol. 1, New York, S. 462-472

- (1994): The Assessment: Money and Banking: Theory and Evidence, Oxford Review of Economic Policy 10 Nr. 4, S. 1-13.

McAllister, P.H. / *McManus*, D. (1993): Resolving the Scale Efficiency Puzzle in Banking, Journal of Banking and Finance 17, S. 389-405.

McClure, K.G. / *Atkinson*, St.M. (1994): International Capital Structures: Are There Differences Among the G7 Nations' Multinational Firms, Journal of Business and Economic Perspectives 8, S. 74-87.

McKinnon, R. (1973): Money and Capital in Economic Development, The Brookings Institution, Washington, D.C.

- (1991): The Order of Economic Liberalization, Baltimore.

Mester, L.J. (1987): A Multiproduct Cost Study of Savings and Loans, Journal of Finance 42, S. 423-445.

- (1992): Traditional and Nontraditional Banking: An Information-Theoretic Approach, Journal of Banking and Finance 16, S. 545-566.

Micheler, E-M. (1996): Einleitung eines Insolvenzverfahrens in der Russischen Föderation, Wirtschaft und Recht in Osteuropa 5, S. 14-19.

Miles, D. (1993): Testing for Short Terminism in the UK Stock Market, The Economic Journal 103, S. 1379-1396.

Miller, M. / *Rock*, K. (1985): Dividend Policy under Asymmetric Information, Journal of Finance 40, S. 1031-1051.

Minkler, A.P. (1993): The Problem with Dispersed Knowledge: Firms in Theory and Practice, Kyklos 46, S. 569-587.

Mishkin, F. (1992): An Evaluation of the Treasury Plan for Banking Reform, Journal of Economic Perspectives 6, S. 133-153.

Miurin, P. / *Sommariva*, A. (1993): The Financial Reforms in Central and Eastern European Countries and in China, Journal of Banking and Finance 17, S. 883-911.

Modigliani, F. / *Miller*, M. (1958): The Cost of Capital, Corporation Finance and the Theory of Investment, American Economic Review 48, S. 261-297.

Molyneux, Ph. / *Altunbas*, Y. / *Gardener*, E. (1996): Efficiency in European Banking, Chichester.

Müller, H. (1993): Finanzmärkte im Transformationsprozeß, Stuttgart.

Munkova, J. (1995): Das tschechische Insolvenzrecht im Überblick, Wirtschaft und Recht in Osteuropa 4, S. 165-170.

Myers, St.C. (1984): The Capital Structure Puzzle, Journal of Finance 39, S. 575-592.

Nalebuff, B.J. / *Stiglitz*, J.E. (1983): Prizes and Incentives: Towards a General Theory of Compensation and Competition, Bell Journal of Economics 14, S. 21-43.

Nesrovnal, I. (1996): Novellierung des tschechischen Konkurs- und Vergleichgesetzes, Wirtschaft und Recht in Osteuropa 5, S. 371-372.

Neuberger, D. (1989): Finanzstruktur, Wettbewerb und Kapitalakkumulation, Frankfurt/M.

- (1991): Risk Taking by Banks and Capital Accumulation: A Portfolio Approach, Journal of Economics 54, S. 283-303.

- (1993): Kreditsicherheiten in einem portfoliotheoretischen Bankmodell, Jahrbücher für Nationalökonomie und Statistik, S. 145-158.

- (1994): Kreditvergabe durch Banken, Tübingen.

- (1997): Anteilsbesitz von Banken: Wohlfahrtsverlust oder Wohlfahrts-gewinn?, Ifo-Studien.

Neuberger, J. (1992): Bank Holding Company Stock Risk and the Composition of Bank Asset Portfolios, Federal Reserve Bank of San Francisco Economic Review Nr.3, S. 53-62.

Neuburger, H. / *Stokes*, H.H. (1974): German Banks and German Growth, 1883 - 1913: An Empirical View, Journal of Economics 37, S. 710-731.

Neumann, M. (1990): Zukunftsperspektiven im Wandel, Tübingen.

- (1992): Kapitalbildung, Effizienz und Privatisierung in Osteuropa und den neuen Bundesländern, in *Görgens*, E. / *Tuchtfeldt*, E. (Hrsg.) (1992): Die Zukunft der wirtschaftlichen Entwicklung - Perspektiven und Probleme, Stuttgart, Bern, S. 165-173.

- (1994): Theoretische Volkswirtschaftslehre III - Wachstum, Wettbewerb und Verteilung, 2. Auflage, München.

- (1995): Theoretische Volkswirtschaftslehre II - Produktion, Nachfrage und Allokation, 4. Auflage, München.

Nuti, D.M. (1989): Remonetisation and Capital Markets in the Reform of Centrally Planned Economies, Euroean Economic Review 33, S. 427-438.

- (1993): Die Rolle des Bankensektors im Privatisierungsprozeß, in *Herr*, H. / *Westphal*, A. (Hrsg.) (1993): Transformation in Mittel- und Osteuropa, Frankfurt/M, S. 172-201.

Oda, H. (1992): Japanese Law, London.

Odedokum, M.O. (1996): Alternative Econometric Approaches for Analysing the Role of the Financial Sector in Economic Growth: Time-Series Evidence from LDCs, Journal of Development Economics 50, S. 119-146.

OECD 'Bank' (o.J.): Bank Profitability, Financial Statements of Banks, Paris, versch. Jahrgänge.

- 'Czech Republic' (1996): OECD Economic Surveys: The Czech Republic 1996, Paris.

- 'Outlook' (o.J.): Economic Outlook, Paris, versch. Jahrgänge.

- 'Poland' (1994): OECD Economic Surveys: Poland 1994, Paris.

- 'Russia' (1995): OECD Economic Surveys: The Russian Federation 1995, Paris.

- 'Slovak Republic' (1996): OECD Economic Surveys: The Slovak Republic 1996, Paris.

- 'Statements' (o.J.): Financial Statements of Non-Financial Enterprises, Paris, versch. Jahrgänge.

Pack, H. (1994): Endogenous Growth Theory: Intellectual Appeal and Empirical Shortcomings, Journal of Economic Perspectives 8, S. 55-72.

Pagano, M. (1993): Financial Markets and Growth, European Economic Review 37, S. 613-622.

Patrick, H.T. (1966): Financial Development and Economic Growth in Underdeveloped Countries, Economic Developement and Cultural Change, S. 174-189.

Perotti, E. (1993): Bank Lending in Transition Economies, Journal of Banking and Finance 17, S. 1021-1032.

Petersen, M.A. / *Rajan*, R.G. (1994): The Benefits of Lending Relationships: Evidence from Small Business Data, Journal of Finance 39, S. 3-37.

- (1995): The Effect of Credit Market Competition on Lending Relationships, Quarterly Journal of Economics 110, S. 407-443.

Please, S. (1991): Financial Ressources for Development, The South African Journal of Economics 59, S. 331-351.

Pohl, H. / *Jachmich*, G. (1993): Einführung, in *Pohl*, H. (Hrsg.) (1993): Eurpoäische Bankengeschichte, Frankfurt/M, S. 13-32.

Postlewaite, A. (1992): Asymmetric Information, in The new Palgrave Dictionary of Money and Finance, Vol. 1, S. 78-81.

Poterba, J.M. (1991): Comparing the Cost of Capital in the United States and Japan: a Survey of Methods, Federal Reserve Bank of New York Quartely Review No.4, S. 20-32.

Prowse, St. D. (1990): Institutional Investment Patterns and Corporate Financial Behavior in the United States and Japan, Journal of Financial Economics 27, S. 43-66.

- (1992): The Structure of Corporate Ownership in Japan, Journal of Finance 47, S. 1121-1141.

- (1994): Corporate Governance in an International Perspective, BIS Economic Papers No.41, Basel.

Pyle, D.H. (1971): On the Theory of Financial Intermediation, Journal of Finance 26, S. 737-747.

Raiser, M. (1994): Ein tschechisches Wunder? Zur Rolle politikinduzierter Anreizstrukturen im Transformationsprozeß, Kieler Diskussionsbeiträge Nr. 233, Kiel.

Rajan, R.G. / *Zingales*, L. (1995): What do we know about Capital Structure? Some Evidence from International Data, Journal of Finance 50, S. 1421-1460.

Reichel, R. (1993): Die Sparquote in Entwicklungs- und Schwellenländern, Stuttgart 1993.

Rietsch, P. (1994): Weißrußland: Gesetz zu den Aktiengesellschaften, Gesellschaften mit beschränkter Haftung und Gesellschaften mit zusätzlicher Haftung - Textdokumentation mit Einführung, Wirtschaft und Recht in Osteuropa 3, S. 213-220.

Riordan, M. (1993): Competition and Bank Performance: A Theoretical Perspective, in *Mayer*, C. / *Vives*, X. (Hrsg.) (1993): Capital Markets and Financial Inter-mediation, Cambridge/MA, New York, S. 328-343.

Roe, A. (1992): Financial Sector Reform in Transitional Socialist Economies, EDI Seminar Report No. 29, Washington, D.C.

Roe, M.J. (1993a): Foundations of Corporate Finance: The 1906 Pacification of the Insurance Industry, Columbia Law Review 93.

- (1993b): Some Differences in Corporate Structure in Germany, Japan and the United States, Yale Law Journal 102, S. 1925-2003.

- (1994): Strong Managers, Weak Owners - The Political Roots of American Corporate Finance, Princeton.

Roland, G. (1995): Political Economy Issues of Ownership Transformation in Eastern Europe, in *Aoki*, M. / *Kim*, H-K. (Hrsg.) (1995): Corporate Governance in Transitional Economies, Washington, D.C., S. 31-58.

Rosen, Sh. (1986): Prizes and Incentives in Elimination Tournaments, American Economic Review 76, S. 701-715.

Rostowksi, J. (1995): The Banking System, Credit and the Real Sector in Transition Economies, in *Rostowski*, J. (Hrsg.) (1995): Banking Reform in Central Europe and the Former Soviet Union, Budapest, New York, S. 16-39.

Rybczynski, T. (1988): Financial Systems and Industrial Restructuring, National Westminster Quarterly Review.

Saint-Paul, G. (1992): Technological Choice, Financial Markets and Economic Development, European Economic Review 34, S. 763-781.

Santomero, A.M. (1984): Modelling the Banking Firm - a Survey, Journal of Money, Credit and Banking 16, S. 576-616.

Saunders, A. (1994): Banking and Commerce: An Overview of the Public Policy Issues, Journal of Banking and Finance 18, S. 231-254.

Saunders, A. / *Sommariva*, A. (1993): Banking Sector and Restructuring in Eastern Europe, Journal of Banking and Finance 17, S. 931-957.

Saunders, A. / *Walter*, I. (1992): The Reconfiguration of Banking and Capital Markets in Eastern Europe, in *Siebert*, H. (Hrsg.) (1992): The Transformation of Socialist Economies, Tübingen, S. 101-130.

Saunders, A. / *Walter*, I. (1994): Universal Banking in the United States: What Could We Gain? What Could We Loose?, Oxford.

Scherer, F.M. (1988): Corporate Takeovers: The Efficiency Arguments, Journal of Economic Perspectives 2, S. 69-82.

Schmidt, H. (1988): Einzelkredit und Kreditportfeuille, in *Rudolph*, B. / *Willhelm*, J. (Hrsg.) (1988): Bankpolitik, finanzielle Unternehmensführung und die Theorie der Finanzmärkte, Berlin, S. 245-259.

Schmieding, H. (1993): Gradualismus oder Schocktherapie? Eine Zwischenbilanz der ostmitteleuropäischen Erfahrungen, Beihefte zur Konjunkturpolitik Heft 40, S. 11-27.

Schmieding, H. / *Buch*, C.M. (1992): Better Banks for Eastern Europe, Kieler Diskussionsbeiträge Nr. 197, Kiel.

Scholtens, L. (1993): On the Foundations of Financial Intermediation: A Review of the Literature, Kredit und Kapital 19, S. 112-141.

Schrader, K. (1994): Estland auf dem Weg zur Marktwirtschaft: Eine Zwischenbilanz, Kieler Diskussionsbeiträge Nr. 226, Kiel.

Schröder, K. / *Pieper*, B. (1996): Osteuropas Bankensystem: Problematische Sanierung und Privatisierung der Staatsbanken, Baden-Baden.

Schumpeter, J. (1926): Theorie der wirtschaftlichen Entwicklung, 2. Auflage, München, Leipzig.

Schwalb Hotchkiss, E. (1995): Postbankruptcy Performance and Management Turnover, Journal of Finance 50, S. 3-21.

Schwiete, M. / *Weigand*, J. (1997a): Bankbeteiligungen und das Finanzierungsverhalten deutscher Unternehmen, Kredit und Kapital 23, S. 1-34.

- (1997b): Corporate Governance and Corporate Finance in Germany: Is there a Role for Bank Equity Holdings?, Arbeitspapier, Nürnberg.

Scott, D.H. (1994): Revising Financial Sector Policy in Transitional Socialist Economies: Will Universal Banks Prove Viable?, in *Caprio*, G. / *Folkerts-Landau*, D. / *Lane*, T.D. (Hrsg.) (1994): Building Sound Finance in Emerging Market Economies, Washington, D.C., S. 211-232.

Shaffer, Sh. (1988): A Revenue-Restricted Cost Study for 100 Large Banks, Federal Reserve Bank of New York, Research Paper No. 8806, New York.

Sharpe, St. A. (1990): Asymmetric Information, Bank Lending, and Implicit Contracts: A Stylized Model of Customer Relation, Journal of Finance 45, S. 1060-1087.

Shaw, E.S. (1973): Financial Deepening in Economic Development, New York.

Sheard, P. (1989): The Main Bank System and Corporate Monitoring and Control in Japan, Journal of Economic Behavior and Organization 11, S. 399-422.

Sheldon, G. (1992): Skalenerträge, Verbundvorteile und Ineffizienz im Schweizer Bankgewerbe, Ifo-Studien, S. 351-379.

Shleifer, A. / *Vishny*, R.W. (1988): Value Maximization and the Acquisition Process, Journal of Economic Perspectives 2, Winter S. 7-20.

Short, H. (1994): Ownership, Control, Financial Structure and the Performance of Firms, Journal of Economic Surveys 8, S. 203-249.

Sieburger, M. (1991): Aktuelle Probleme des sowjetischen Finanzsystems: Interdependenz von Bankenreform und Budgetdefizit, Berichte des Bundes-institutes für ostwissenschaftliche und internationale Studien.

Sinn, H.W. (1983): Economic Decisions under Uncertainty, 2. Auflage, Heidelberg.

Statistisches Bundesamt 'Länderberichte' (o.J.): Länderberichte des Auslandes, versch. Hefte, Wiesbaden.

Stehle, R. (1991): Die Bedeutung der Finanzmärkte für das Wirtschaftswachstum, in *Gahlen*, B. / *Hesse*, H. / *Ramser*, H.-J. (Hrsg.) (1991): Wachstumstheorie und Wachstumspolitik - Ein neuer Anlauf, Tübingen, S. 245-271.

Stein, J. (1989): Efficient Capital Markets, Inefficient Firms: A Model of Myopic Corporate Behavior, Quarterly Journal of Economics 104, S. 655-669.

Steinherr, A. (1993): An Innovatory Package for Financial Sector Reforms in Eastern European Countries, Journal of Banking and Finance 17, S. 1033-1057.

Steinherr, A. / *Gilibert*, P.-L. (1994): Six Proposals in Search of Financial Sector Reform in Eastern Europe, Moct-Most 4, S. 101-114.

Steinherr, A. / *Gros*, D. (1991): From Centrally Planned to Market Economies, London.

Steinherr, A. / *Huveneers*, C. (1990): Universal Banks: A Prototype of Successful Banks in the Intergrated European Market, CEPR Research Report No.2, Brüssel.

Steinherr, A. / *Huveneers*, C. (1994): On the Performance of Differently Regulated Financial Institutions: Some Empirical Evidence, Journal of Banking and Finance 18, S. 271-306.

Stiglitz, J. / *Weiss*, A. (1981): Credit Rationing in Markets with Imperfect Information, American Economic Review 71, S. 393-411.

Stiglitz, J. (1985): Credit Markets and the Control of Capital, Journal of Money, Credit and Banking 17, S. 133-152.

Summers, B.J. (1994): The Russian Payment System, in *Caprio*, G. / *Folkerts-Landau*, D. / *Lane*, T.D. (Hrsg.) (1994): Building Sound Finance in Emerging Market Economies, Washington, D.C., S. 113-128.

Suzuki, S. / *Wright*, R. (1985): Financial Structure and Bankruptcy Risk in Japanese Companies, Journal of International Business Studies, S. 97-110.

Szegö, G. (1993): Introduction, Journal of Banking and Finance 17, S. 773-783.

Tanzi, V. (1992): Financial Markets and Public Finance in the Transformation Process, CEPR Conference-Paper, Frankfurt/M.

Thadden, E-L. von (1990): Bank Finance and Long-term Investment, WWZ-Discussion Paper, Basel.

- (1995): Managementkontrolle in markt- und bankorientierten Finanzsystemen, in *Hengsbach*, F. / *Emunds*, B. (Hrsg.) (1995): Verfügungsrechte auf Finanzmärkten, Frankfurter Arbeitspapiere zur gesellschaftsethischen und sozialwissenschaftlichen Forschung, Frankfurt/M, S. 11-15.

Thorne, A. (1993): Eastern Europe's Experience with Banking Reform: Is there a Role for Banks in the Transition?, Journal of Banking and Finance 17, S. 959-100.

Titman, Sh. / *Wessels*, R. (1988): The Determinants of Capital Structure Choice, Journal of Finance 43, S. 1-19.

United Nations 'National Accounts' (o.J.): National Accounts Statistics: Main Aggregates and Detailed Tables, New York, versch. Jahrgänge.

Verny, A. (1996): Das neue Insolvenzrecht der Slowakischen Republik, Wirtschaft und Recht in Osteuropa 5, S. 10-14.

Wagner, G. (1996): Debt-Equity Swaps in Rußland, Köln.

Wagner, H. (1993): Reconstruction of the Financial System in East Germany: Description and Comparison with Eastern Europe, Journal of Banking and Finance 17, S. 1001-1019.

Waldvogel, M. /*Weigl*, B. (1996): Novelle des tschechischen Rechts der Aktiengesellschaften, Wirtschaft und Recht in Osteuropa 5, S. 367-371.

Walter, I. / *Smith*, R.C. (1992): Bank-Industry-Linkages: Models for Eastern European Economic Restructuring, Fontainebleau.

Webb, D.C. (1991): Long-term Financial Contracts Can Mitigate the Adverse Selection Problem in Project Financing, International Economic Review 32, S. 305-320.

Weigand, J. (1996): Innovationen, Wettbewerb und Konjunktur, Berlin.

Weltbank (1989): Weltentwicklungsbericht 1989, Washington, D.C.

White, E. (1983): The Regulation and Reform of the American Banking System 1900-1929, Princeton.

White, L.J. (1994): On the International Harmonization of Bank Regulation, Oxford Review of Economic Policy 10 Nr. 4, S. 94-105.

Wiendieck, M. (1992): Unternehmensfinanzierung und Kontrolle durch Banken, Wiesbaden.

Wieners, J. (1994): Privatisierung und Unternehmenskontrolle beim Übergang zur Marktwirtschaft, Köln.

Winiecki, J. (1991): Shaping the Institutional Infrastructure, Vortragspapier Kieler Konferenz 'The Transformation of Socialist Economies', 26-28 Juni 1991.

Winker, P. (1993): Firmenalter und Kreditrationierung. Eine mikroökonometrische Analyse mit ifo Umfragedaten, Ifo-Studien, S. 103-126.

Winkler, A. (1995): Wirtschaftspolitische Konsequenzen fehlender Managementkontrolle durch Finanzmärkte und -institutionen. Das Beispiel der mittel- und osteuropäischen Transformationsökonomien, in *Hengsbach*, F. / *Emunds*, B. (Hrsg.) (1995): Verfügungsrechte auf Finanzmärkten, Frankfurter Arbeitspapiere zur gesellschaftsethischen und sozialwissenschaftlichen Forschung, Frankfurt/M, S. 35-38.

World Bank (1996): World Development Report 1996, Washington, D.C.

Wyplosz, Ch. (1993): Post-Reform East and West: Capital Accumulation and the Labor Mobility Constraint, in *Baldassarri*, M. / *Mundell*, R (Hrsg.) (1993): Building a New Europe Vol. 2: Eastern Europe's Transition to a Market Economy, New York., S. 121-144.

Zecchini, S. (1993): Critical Issues in Privatisation, in OECD (1993): Methods of Privatising large Enterprises, Paris, S. 71-84.

Zimmer, St.A. / McCauley, R. (1991): Bank Cost of Capital and International Competition, Federal Reserve Bank of New York, Quartely Review No.4, S. 33-59.